Die grundlegenden Entscheidungen des deutschen Reichsgerichts.

Herausgegeben

von

Dr. Max Apt.

Dritter Band.

Berlin 1893.
J. J. Heines Verlag.

Die grundlegenden Entscheidungen des deutschen Reichsgerichts auf dem Gebiete des Strafprozeßrechts.

Für das Studium und die Praxis
bearbeitet
von

Curt Jacusiel.

Berlin 1893.
J. J. Heines Verlag.

Vorwort.

Das Strafprozeßrecht gehört nicht zu den Lieblingsfächern der Studierenden und Referendare. Die Gründe hierfür liegen nahe. Umsoweniger bedarf eine Bearbeitung besonderer Begründung, welche durch Vorführung strafprozessualer Musterbeispiele das Interesse des jungen Juristen zu erwecken sucht, indem sie ihm die praktische Bedeutsamkeit der sich so unscheinbar ausnehmenden Bestimmungen vor Augen führt und ihm zeigt, wie sehr viel mehr Geist in dem „Formelkram" steckt als er selbst bei eifrigem theoretischem Studium vermutet.

Größeren Nutzen freilich wird das Buch dem mit der Materie vertrauten Praktiker gewähren, vor allem demjenigen, welcher die offizielle Ausgabe der Entscheidungen nicht besitzt. Ihm wird es einen willkommenen Ersatz für dieselbe bilden. Zwar enthält es nur die grundlegenden Entscheidungen. Allein diese entwickeln ja die den Gesetzesbestimmungen zu Grunde liegenden Principien, so daß aus ihnen heraus zugleich der Maßstab für die große Zahl der sich anschließenden Spezialfragen gewonnen werden kann.

Aber auch dem Besitzer der offiziellen Sammlung soll vorliegendes Buch gute Dienste leisten. Der Praktiker, mag er als Vorsitzender des Schöffengerichtes oder der Strafkammer, als Staatsanwalt oder Verteidiger wirken, bedarf stets einer paraten Kenntnis der reichsgerichtlichen Judicatur, die ihn in den Stand setzt auch bei Anführung einer ihm unbekannten Spezialentscheidung Stellung zu nehmen. Dieses Ziel erreicht er am ehesten, wenn er die grundlegenden Entscheidungen des Reichsgerichts beherrscht. Hierfür wird sich vorliegende Sammlung als willkommenes Hilfsmittel erweisen.

Dem Kommentar und Lehrbuch tritt diese Arbeit zwar ergänzend, jedoch vollkommen selbständig gegenüber. Dort kommt es in erster Reihe darauf an die Ergebnisse der Rechtsprechung zu fixieren, hier aber handelt es sich grade darum, zu zeigen, auf welchem Wege das Reichsgericht zur Feststellung dieser Ergebnisse gelangt ist. So richtet sich dieses Buch mittelbar auch gegen den gedankenlosen Präjudizienkultus.

Bezüglich der Anlage des Buches im einzelnen kann auf das Vorwort zum ersten, das Strafrecht behandelnden Bande[1]) verwiesen werden, zu welchem vorliegende Bearbeitung die natürliche Ergänzung bildet. Möge dieselbe eine günstige Aufnahme seitens der Kritik und des Publikums finden, wie sie dem ersten Bande bereits zu Theil geworden ist.

Berlin, Juni 1893.

Curt Jacusiel.

---

[1]) Die grundlegenden Entscheidungen des deutschen Reichsgerichts auf dem Gebiete des Strafrechts. Für das Studium und die Praxis bearbeitet von Dr. Max Apt Berlin 1892.

Inhaltsverzeichnis.

Erstes Kapitel.

Allgemeine Bestimmungen.

Zweites Kapitel.

Verfahren in erster Instanz.

Drittes Kapitel.

Rechtsmittel.

Viertes Kapitel.

Fünftes Kapitel.

Beteiligung des Verletzten bei dem Verfahren.

Abkürzungen.

Binding = Binding, Handbuch des Strafrechts.

Glaser = Glaser, Handbuch des Strafprozesses.

K. = von Kries, Lehrbuch des deutschen Strafprozeßrechts.

L. = Löwe, Die Strafprozeßordnung, 7. Aufl.

St. = Stenglein, Die Strafprozeßordnung, 2. Aufl.

Erstes Kapitel.

Allgemeine Bestimmungen.

§ 1.

Sachliche Zuständigkeit der Gerichte.

1. **Übernimmt die Staatsanwaltschaft in einer durch Privatklage anhängig gewordenen Strafsache die Verfolgung, so verliert dadurch das Schöffengericht die Zuständigkeit und hat das Verfahren einzustellen.** conf. § 27 G. V. G. N. 14 contr. ibid. N. 9, S. 729. U. 13. März 1884 III E. X. 237, R. VI 200.

Auf vom Verletzten wegen Beleidigung und Hausfriedensbruches beim Schöffengerichte D. erhobene Privatklage und nach erfolgter Mitteilung der Privatklageschrift an den Angeklagten, sowie an die Amtsanwaltschaft, hat die letztere unter erklärter Übernahme der Strafverfolgung öffentliche Klage wegen Beleidigung und wegen Hausfriedensbruches auf Grund der §§ 123, 185 St. G. B.'s bei dem Schöffengerichte eingereicht. Daraufhin ist durch Beschluß dieses Gerichtes vom 23. October 1883, der vorerwähnten Anschuldigung entsprechend, Eröffnung des Hauptverfahrens vor dem Schöffengerichte verfügt, und nach stattgehabter Hauptverhandlung, in welcher der Verletzte als Nebenkläger vertreten war, der Angeklagte durch Erkenntnis des Schöffengerichtes vom 6. November 1883 wegen beider Anschuldigungen verurteilt worden.

Auf hiergegen eingelegte Berufung des Angeklagten hat die Strafkammer des Landgerichtes, in Gemäßheit § 369 Abs. 3 St. P. O. wegen angenommener Unzuständigkeit des Schöffengerichtes, anderweitig als Gericht erster Instanz in der Sache erkennend, es zwar bei der Verurteilung wegen Hausfriedensbruches belassen, dagegen wegen Beleidigung den Angeklagten freigesprochen, denselben auch von Erstattung der Auslagen an den Nebenkläger entbunden, und die Kosten des schöffengerichtlichen Verfahrens nebst der Hälfte der Auslagen des zweitinstanzlichen Verfahrens der Staatskasse auferlegt.

Diese letztere Entscheidung wird von der Revision der Staatsanwaltschaft als ungerechtfertigt bekämpft, weil nach Ansicht der Staatsbehörde das Schöffengericht zur Aburteilung der Anklage wegen Beleidigung zuständig gewesen sei, die Strafkammer folgeweise hierüber nur in der Berufsinstanz, nicht aber erstinstanzlich hätte erkennen dürfen.

Die von der Revision beregte Prozeßfrage findet in den Vorschriften der Strafprozeßordnung keine ausdrückliche Lösung. Es handelt sich um die praktische Anwendung einer Zuständigkeitsnorm, welche, abweichend von deu sonst festgehaltenen Grundsätzen, die Kompetenz zwischen Gerichten verschiedener Ordnung nicht sachlich nach dem Gegenstande der Anschuldigung, sondern lediglich nach der durch die Person des Anklägers bedingten Prozeßform regelt. Nach den §§ 27 Nr. 3, 73 Nr. 1 G. V. G.'s gehören die nur auf Antrag zu verfolgenden Beleidigungen und Körperverletzungen an sich ebensowohl zur Zuständigkeit der Schöffengerichte, wie zur Zuständigkeit der Strafkammern; „wenn die Verfolgung im Wege der Privatklage geschieht", sollen die ersteren, wenn die Verfolgung im Wege der öffentlichen Klage geschieht, die letzteren zuständig sein. Dabei ist aber offenbar nur an die gewöhnlichen Fälle gedacht, in denen das Verfahren der ursprünglich erhobenen Privat- oder öffentlichen Klage konform in normaler Weise verläuft, nicht an solche Fälle, in denen auf Grund § 417 St. P. O. das einmal anhängig gewordene Privatklageverfahren durch Übernahme der Verfolgung seitens der Staatsanwaltschaft schon während des Laufes des Strafprozesses in der ersten Instanz sich zu einem Verfahren auf öffentliche Klage umgestaltet. Das Gesetz begnügt sich hier mit der Erklärung, daß solche Umgestaltung „in jeder Lage der Sache" zulässig sein, und die Folge davon das Zurücktreten des Privatklägers in die Rolle des Nebenklägers bilden soll (§ 417 Abs. 2 und 3); über den möglichen Einfluß der veränderten Prozedur auf die Zuständigkeitsverhältnisse wird nichts erwähnt. Die Schwierigkeit der Lösung wird aber dadurch noch gesteigert, daß diejenigen anderweiten Prozeßvorschriften, welche dazu bestimmt sind, die Ueberleitung eines vor einem unzuständigen Gerichte anhängigen Verfahrens in die gesetzlichen Zuständigkeitsgrenzen zu ordnen, wiederum wesentlich nur die normalen sachlichen Zuständigkeitsnormen im Auge haben. Denn wenn § 270 St. P. O. voraussetzt, „die dem Angeklagten zur Last gelegte That" stelle sich nach dem Ergebnisse der Verhandlung als eine die Kompetenz des Gerichtes überschreitende dar, und für solche Fälle die gerichtlichen Unzuständigkeitserklärungen regelt, so paßt jene Voraussetzung offenbar nicht auf einen Fall, in welchem die dem Angeklagten zur Last gelegte Beleidigung oder Körperverletzung nach dem Ergebnisse der Verhandlung materiell absolut unverändert geblieben ist und nur der öffentliche Ankläger den Privatankläger verdrängt hat. Andererseits erscheint es ebensowenig zweifelhaft, daß der im § 429 St. P. O. vorgesehene Fall einer Einstellung des Privatklageverfahrens wegen fernerer Unanwendbarkeit dieser Prozeßform wiederum dem Wortlaute nach beschränkt ist auf eine thatsächliche Veränderung der „strafbaren Handlung" und eine hierdurch verursachte Beseitigung der materiellen Voraussetzungen der Privatklage in Gemäßheit § 414 St. P. O. Dennoch wird, dem inneren Gedanken nach, die letzterwähnte Prozeßnorm des § 429 St. P. O. immer noch diejenige bleiben, welche die meisten Anhaltspunkte analoger Anwendung für eine den Absichten der Gesetzgebung entsprechende Beantwortung unserer Frage darbietet.

Die allgemeine und kategorische Fassung des § 27 zu 3 G. V. G.'s,

„wenn die Verfolgung im Wege der Privatklage geschieht", spricht dafür, daß von einer Zuständigkeit eines Schöffengerichtes für nur auf Antrag verfolgbare Körperverletzungen und Beleidigungen immer nur so lange die Rede sein kann, als dem Schöffengerichte ein die Verfolgung betreibender Privatkläger gegenübersteht, daß aber unter allen Umständen und in jeder Lage des schöffengerichtlichen Verfahrens der Fortfall des Privatklägers auch die schöffengerichtliche Zuständigkeit beseitigt. Denn das Gesetz formulirt die Bedingung der Zuständigkeit nicht mit den Worten „wenn Privatklage erhoben ist", oder „wenn das Verfahren auf Grund einer erhobenen Privatklage eingeleitet worden ist", sondern schlechthin dahin, daß „die Verfolgung im Wege der Privatklage geschieht", d. h. daß im Privatklageverfahren zu erkennen ist", und es würde einer besonderen gesetzlichen Bestimmung, wie sie sich beispielsweise im § 28 G. V. G.'s vorfindet, bedürfen, um die Art der Anklageerhebung auch für die Zuständigkeit zur Urteilsfindung entscheidend ansehen zu können. Deshalb erscheint auch der von angesehenen Schriftstellern gemachte Versuch, eine Unterscheidung danach zu begründen, ob die Staatsanwaltschaft auf Grund § 417 Str. P. O. in ein Privatklageverfahren vor oder erst nach beschlossener Verweisung der Privatklage vor das Schöffengericht eingetreten ist, und letzteren Falls die Zuständigkeit des Schöffengerichtes als nicht alteriert anzusehen, weder mit dem Wortlaute des § 27 zu 3 G. V. G.'s vereinbar, noch auch in sich schlüssig. Soll dabei das entscheidende Gewicht auf die formelle Bedeutung des Eröffnungsbeschlusses und seine auf § 207 Abs. 2 St. P. O. begründete Rechtswirksamkeit gelegt werden, so wird übersehen, daß die prozessuale Unanfechtbarkeit eines Eröffnungsbeschlusses nicht weniger vorliegen würde, auch wenn derselbe auf eine wegen Beleidigung von der Staatsanwaltschaft erhobene öffentliche Anklage — wie vorliegenden Falles — ergangen wäre, und daß die formale Rechtskraft, ebenso wie die den § 207 St. P. O. nicht verletzende Beschaffenheit eines Eröffnungsbeschlusses, niemals weiter führen kann, als die Notwendigkeit einer durch schöffengerichtliche Hauptverhandlung auszutragenden Erledigung der Sache zu begründen. Wie aber daraus der hier allein interessirende Schluß logisch hergeleitet werden soll, daß das zur Einleitung der Sache einmal zuständig gewesene Schöffengericht nunmehr auch unter allen Umständen zur Aburteilung der Sache zuständig bleiben müsse, ist nicht abzusehen. Kann nach § 417 St. P. O. dem Schöffengerichte bis zum letzten Augenblicke vor der Urteilsfindung die Privatklage entzogen, durch eine öffentliche Klage ersetzt werden, und verbietet das Gesetz dem Schöffengerichte die Aburteilung aller öffentlichen Klagen wegen Beleidigung und Körperverletzungen unbedingt, so folgt daraus, daß ohne Rücksicht auf den Eröffnungsbeschluß die Unzuständigkeit des Schöffengerichtes bis zum letzten Augenblicke vor der Urteilsfindung über solche Anklagen eintreten kann. Andererseits ist es auch nicht stichhaltig aus der, wie schon oben anerkannt, allerdings auf unseren Fall nicht passenden Vorschrift des § 270 St. P. O. zu argumentieren, weil das Schöffengericht nicht auf Grund § 270 a. a. O. seine

Unzuständigkeit aussprechen könne, deshalb sei ohne weiteres seine Zuständigkeit gegeben. Die Unanwendbarkeit des § 270 St. P. O. würde auch hier wieder genau dieselbe bleiben, wenn niemals Privatklage erhoben wäre und ausschließlich über eine erhobene öffentliche Klage wegen Beleidigung das Schöffengericht verhandeln und entscheiden wollte. Aus der Unanwendbarkeit des § 270 a. a. O. folgt aber nur, daß das Schöffengericht nicht in der Lage ist, eine formelle Unzuständigkeitserklärung in dem vom § 270 a. a. O. vorausgesetzten Sinne mit den dort vorausgesetzten Rechtswirkungen abzugeben, daß vielmehr nach einer anderen Form der Abwälzung der Sache gesucht werden muß. Unmöglich kann aber jener prozessuale Gesichtspunkt den Schluß rechtfertigen, die materielle Zuständigkeit des Schöffengerichtes sei gegen Wortlaut und Absicht des § 27 Nr. 3 G. V. G.'s aufrecht zu erhalten.

Die vorstehenden Erwägungen lassen es vielmehr als die einfachste, der Natur der Sache am meisten entsprechende Forderung erscheinen, daß das Schöffengericht, sobald demselben, gleichviel in welchem Stadium des Verfahrens, eine die Verfolgung übernehmende Erklärung der Staatsanwaltschaft in Gemäßheit § 417 St. P. O. zugeht, das nunmehr mit dem Fortfalle des Privatklägers erledigte Privatklageverfahren durch Beschluß oder Urteil einstellt und die Akten der Staatsanwaltschaft zum weiteren Betriebe der Sache nach Maßgabe der nunmehr anwendbaren Kompetenzvorschriften mitteilt. Ein vom Schöffengerichte wegen von der Staatsanwaltschaft verfolgter Beleidigung oder Körperverletzung ergangenes, in der Sache selbst entscheidendes Urteil aber bleibt — falls nicht § 75 zu 4 G. V. G.'s vorliegt — unter allen Umständen eine an sich unzuständige Entscheidung und verpflichtet die Berufungsinstanz zur Anwendung des § 369 Abs. 3 St. P. O.

Hiernach hat die Vorinstanz richtig erkannt, und kann den gegenteiligen Ausführungen der Staatsanwaltschaft nicht beigepflichtet werden. Wollte man indessen auch die oben vertretene Auffassung nicht teilen und an einer relativen Zuständigkeit der Schöffengerichte zur Aburteilung gewisser erst auf Grund § 417 St. P. O. zur öffentlichen Verfolgung übernommener Anklagen wegen Beleidigung festhalten, so würde die vorliegende Revision dennoch unbegründet sein. Vorliegenden Falles kann überhaupt nicht von einem eingeleiteten Privatklageverfahren gesprochen werden, welches für das Schöffengericht auch nur eine Zuständigkeit zum Hauptverfahren hätte begründen können. Denn dem Schöffengerichte lag schon vor Eröffnung des Hauptverfahrens nicht allein die Übernahmeerklärung der Staatsanwaltschaft, sondern die förmliche Anklageschrift der Staatsanwaltschaft wegen Beleidigung und Hausfriedensbruches vor. Nicht auf Grund der Privatklage, welche nur noch die Bedeutung eines Strafantrages, eventuell einer Anschlußerklärung des Nebenklägers behielt, sondern lediglich auf Grund öffentlicher Anklage, ist absolut unzuständigerweise schon das Hauptverfahren vor dem Schöffengerichte eröffnet worden. Will man daher nach der Kompetenzvorschrift des § 27 Nr. 3 G. V. G.'s überhaupt noch irgend welche die Zuständigkeit ausschließende Wirkung belassen, so kann im vorliegendem Falle die Inkompetenz des Schöffengerichtes zur Verhandlung und Entscheidung über die Beleidigung nicht füglich bezweifelt werden. Da nun die Anklage der Staatsanwaltschaft neben der Anschuldigung der Beleidigung zugleich die Anschuldigung des Hausfriedensbruches enthält, soweit die Voraussetzung des Zusammenhanges in Gemäßheit der §§ 1, 2, 3 St. P. O. gegeben war, so bedingte, falls nicht Trennung der verbundenen Strafsachen beschlossen wurde, die Unzuständigkeit des Schöffengerichtes für die Beleidigung auch dessen Inkompetenz zur gleichzeitigen Aburteilung der Anklage wegen Hausfriedensbruches. Hiernach bewegt sich die Entscheidung der Vorinstanz, welche den Angeklagten von der Kostentragung bezüglich des unzuständigen schöffengerichtlichen Verfahrens ganz entbunden hat, innerhalb der durch § 505 Abs. 1 St. P. O. dem freien richterlichen Ermessen gesteckten Grenzen angemessener Kostenverteilung und beruht auf keinem Rechtsirrtume.

2. **Nur diejenigen zusammenhängenden Strafsachen, welche vor die ordentlichen Gerichte gehören, können, wenn sie einzeln zur Zuständigkeit von Gerichten verschiedener Ordnung gehören würden, bei dem Gericht mit höherer Zuständigkeit verbunden werden.** Hierunter fallen Feld- und Forstrügesachen, welche nach Anordnung der Landesgesetze von den Amtsgerichten in einem besonderen Verfahren und ohne Zuziehung von Schöffen verhandelt und entschieden werden. conf. L. E. G. § 3 N. 12, St. ibid. N. 5, K. S. 154. U. II 4. Januar 81. E. III 157, R. II 693.

Durch den Eröffnungsbeschluß vom 29. September 1880 war der Angeklagte wegen des Vergehens des Widerstandes gegen Forstaufseher aus § 117 St. G. B.'s und wegen eines Forstdiebstahls, Übertretung der §§ 1, 3 des preußischen Forstdiebstahlsgesetzes vom 15. April 1878, vor die Strafkammer des Landgerichts verwiesen worden.

Die Strafkammer hat durch ihr Urteil vom 28. Oktober 1880 den Angeklagten wegen des erstgenannten Vergehens zu Strafe verurteilt, dagegen hinsichtlich des Forstdiebstahls sich für unzuständig erklärt.

Die von dem Staatsanwalt am gedachten Landgerichte gegen die Unzuständigkeitserklärung ausgeführte Revision erscheint begründet.

Der erste Richter stützt die angefochtene Entscheidung darauf: Gemäß § 3 des E. G.'s zur St. P. O. sei es der Landesgesetzgebung gestattet, anzuordnen, daß Forst- und Feldrügesachen durch die Amtsgerichte in einem besonderen Verfahren verhandelt und entschieden werden. Für Preußen sei durch das Gesetz vom 15. April 1878 von dieser Bestimmung Gebrauch gemacht, insbesondere im § 21 des allegierten Gesetzes ausdrücklich bestimmt: „Der Gerichtsstand ist nur bei demjenigen Amtsgerichte begründet, in dessen Bezirke die Zuwiderhandlung begangen ist.“ Überdies sei in dem genannten Gesetze ein von der Strafprozeßordnung völlig abweichendes Verfahren vorgeschrieben, indem insbesondere das Verfahren durch Erlaß eines richterlichen Strafbefehls eingeleitet werden müsse, auch die Versäumnisfolgen andere seien. Dadurch seien von der Anwendung ausgeschlossen die Bestimmungen über die Verbindung zusammenhängender Strafsachen in § 2 St. P. O. hinsichtlich der sachlichen Zuständigkeit und in den §§ 13, 16, 17 St. P. O. hinsichtlich der örtlichen Zuständigkeit.

Diese Ausführung ist in betreff der allein hier in Frage stehenden sachlichen Zuständigkeit rechtsirrtümlich.

Der § 2 St. P. O. besagt in Abs. 1:

„Zusammenhängende Strafsachen, welche einzeln zur Zuständigkeit von Gerichten verschiedener Ordnung gehören würden, können verbunden bei demjenigen Gerichte anhängig gemacht werden, welchem die höhere Zuständigkeit beiwohnt."

Daß diese Vorschrift sich nur auf die ordentlichen Gerichte bezieht, mithin nur die zur sachlichen Zuständigkeit der ordentlichen Gerichte geeigneten Strafsachen mit einander verbunden werden dürfen, folgt aus § 3 Abs. 1 E. G.'s zur St. P. O., aber zu den ordentlichen Gerichten gehören auch die Amtsgerichte, welchen vom Landesgesetze gemäß § 3 Abs. 3 a. a. O. die Forst- und Feldrügesachen zur Verhandlung und Entscheidung in einem besonderen Verfahren — sei es mit oder ohne Schöffen — zugewiesen sind. Denn die Amtsgerichte gehören an sich gemäß § 12 G. V. G.'s zu den ordentlichen Gerichten und verlieren diese Eigenschaft nicht durch die Vorschrift in § 3 Abs. 3 E. G.'s zur St. P. O., indem sie dadurch weder im Sinne des § 13, noch im Sinne des § 14 G. V. G.'s zu besonderen Gerichten werden.

Die Bedeutung des § 3 Abs. 3 E. G.'s zur St. P. O. ist vielmehr nur die, daß der Landesgesetzgebung gestattet ist, sämmtliche Forst- und Feldrügesachen der einen Art den ordentlichen Gerichten, nämlich den Amtsgerichten, zuzuweisen, selbst wenn die dafür im Landesgesetze gedachte Strafe (§ 2 E. G.'s zum St. G. B.) ihrer Art oder Höhe wegen eine solche wäre, daß die strafbare Handlung sich als ein Vergehen darstellt, das gemäß § 27 G. V. G.'s an sich nicht zur Zuständigkeit der Schöffengerichte bezw. Amtsgerichte gehören würde.

Allerdings kann zufolge § 3 Abs. 3 E. G.'s zur St. P. O. die Landesgesetzgebung auch die Mitwirkung von Schöffen ausschließen und ein besonderes Verfahren für die Amtsgerichte anordnen. Allein damit ist den Amtsgerichten nicht der Charakter von besonderen Gerichten verliehen, indem auch nach § 211 Abs. 2 St. P. O. in gewissen Fällen der Amtsrichter ohne Zuziehung von Schöffen zur Hauptverhandlung schreiten kann, und indem ferner die Strafprozeßordnung selbst im sechsten Buche (§§ 446—480) eine Reihe „besondere Arten des Verfahrens" aufgestellt hat.

Die Eigentümlichkeiten des Verfahrens nach dem preußischen Forstdiebstahlsgesetze sind auch nicht, wie der erste Richter meint, ein Hindernis gegen die Anwendung des § 2 St. P. O.; denn gemäß § 5 St. P. O. richtet sich für die Dauer der Verbindung das ganze Verfahren nach jenem, welches für das Gericht höherer Ordnung gilt, so daß die Strafkammer und das Schwurgericht lediglich die das Verfahren vor ihnen regelnden Vorschriften anzuwenden haben, während die Sonderbestimmungen für das Amtsgericht bezw. Schöffengericht ausscheiden.

Dem steht auch nicht der vom ersten Richter für seine Ansicht allegierte § 21 des preußischen Forstdiebstahlgesetzes entgegen. Diese Bestimmung bezieht sich gar nicht auf die sachliche Zuständigkeit, sondern spricht nur vom Gerichtsstande, also von der örtlichen Zuständigkeit.

Über die sachliche Zuständigkeit entscheidet vielmehr der § 19 des preußischen Forstdiebstahlgesetzes; darin sind als Erstinstanzgericht die Amtsgerichte bezeichnet, welche außer den Fällen der §§ 6, 8 ohne Zuziehung von Schöffen verhandeln und entscheiden. Daß die Zuständigkeit eine solche sei, welche die Verbindung mit einer vor ein höheres Gericht gehörigen Strafsache ausschließe, ist dort nicht gesagt, und folgt auch nicht aus § 20 a. a. O., der nur das Verfahren regelt. Ohne eine solche ausdrückliche Vorschrift, wie sie zum Beispiel der § 424 Abs. 2 St. P. O. für Privatklagesachen enthält, kann die Anwendbarkeit des § 2 Abs. 1 St. P. O. für Forstdiebstahlssachen nicht als ausgeschlossen erachtet werden.

Auch begründet, was die örtliche Zuständigkeit anlangt, der § 21 des Gesetzes vom 15. April 1878 keinesfalls einen ausschließlichen Gerichtsstand bei dem Amtsgericht, in dessen Bezirk die Zuwiderhandlung begangen ist, mit der Wirkung, daß dadurch eine Verbindung solcher Sachen mit anderen vor ein Gericht höherer Ordnung gehörigen ausgeschlossen würde. Er bezeichnet vielmehr nur für den Fall, daß der Forstdiebstahl mangels einer solchen Verbindung vor dem Amtsgericht zu verhandeln, dasjenige Amtsgericht, welches für dies Verfahren örtlich zuständig ist.

Hiernach und da zufolge § 3 St. P. O. der Zusammenhang vorliegt, nämlich der Angeklagte mehrerer strafbaren Handlungen beschuldigt ist, welche sich zur sachlichen Zuständigkeit des Amtsgerichts und des Landgerichts eignen, zugleich mit Rücksicht auf den § 269 St. P. O. war gemäß der §§ 376, 393, 394 St. P. O. das angefochtene Urteil, soweit es angegriffen ist, neben den betreffenden thatsächlichen Feststellungen aufzuheben und die Sache zur weiteren Verhandlung und Entscheidung in die erste Instanz zurückzuverweisen.

3. In U. II. 25. Mai 83 E. VIII 310 R. V 385 ist der Grundsatz ausgesprochen: **„Die Vorschrift, wonach für die Dauer der Verbindung mehrerer Strafsachen der Straffall, welcher zur Zuständigkeit des Gerichtes höherer Ordnung gehört, für das Verfahren maßgebend ist, bezieht sich nicht auf die dem materiellen Prozeßrechte angehörenden, die Schwere der einzelnen Strafthaten ins Auge fassenden Bestimmungen über die Verjährung der Strafverfolgung."** conf. L. § 5 Nr. 1, St. § 5.[1])

§ 2.

Gerichtsstand.

1. Zu der Frage, wo eine strafbare Handlung als begangen gilt, hat das R. G. wiederholt grundlegende Stellung genommen, besonders bei Gelegenheit eines Preßvergehens. U. II 17. Juni 92 E. XXIII S. 155.

---

[1]) Über das ganze Kapitel der Verjährung vergl. Apt, Grundlegende Entscheidungen des deutschen Reichsgerichts auf dem Gebiete des Strafrechts. S. 27.

Weder das Strafgesetzbuch, noch die Strafprozeßordnung enthält eine Bestimmung darüber, welcher Ort als Begehungsort anzusehen sei. Unzweifelhaft hat im Sinne des materiellen Strafrechtes (§ 3 St. B. G.'s) als Begehungsort der Ort zu gelten, an welchem der Thäter die zum Thatbestande erforderliche körperliche Thätigkeit (Muskel- und Nervenbewegung, entwickelt. Die verbrecherische Thätigkeit kommt aber mit dem Aufhören der körperlichen Thätigkeit nicht zum Abschlusse, sie setzt sich vielmehr fort in der Wirksamkeit der vom Thäter in Bewegung gesetzten Kraft. Dieses Wirken der fremden (natürlichen, mechanischen, tierischen, menschlichen) Kraft ist ein Bestandteil der Handlung des Thäters. Setzt sich danach der Thatbestand aus mehreren, räumlich getrennten Vorgängen zusammen, so gilt als Begehungsort jeder Ort, an welchem die That, sei es unmittelbar durch die Körperbewegung des Thäters oder durch die von ihm in Bewegung gesetzte Kraft, zur Ausführung gelangt.

Diesen Standpunkt hat das Reichsgericht in einer Reihe von Entscheidungen dargelegt.

Vgl. Entsch. des R. G.'s in Strafs. Bd. 1 S. 274, Bd. 3 S. 316, Bd. 10 S. 420, Bd. 11 S. 20, Bd. 13 S. 337, Bd. 15 S. 232, Bd. 16 S. 188, Bd. 19 S. 147, Bd. 20 S. 146, 169; Rechtspr. des R. G.'s in Strafsachen Bd. 6 S. 183.

Im Sinne des Prozeßrechtes muß, wie der erste Richter im Anschlusse an die gemeine Meinung ausführt, als Begehungsort derselbe Ort gelten, welcher als solcher im Gebiete des materiellen Strafrechtes anzusehen ist.

Vgl. Entsch. des R. G.'s in Straff. Bd. 15 S. 232.

Im vorliegenden Falle handelt es sich bei dem ersten Anklagepunkte um eine Beleidigung des Auswärtigen Amtes und einzelner Beamten desselben durch Verbreitung eines vom Angeklagten P. verfaßten Werkes. P. hat das Werk zu Leipzig in 10 000 Exemplaren drucken lassen. Er hat, wie der erste Richter weiter für erwiesen erachtet, mit Hilfe des Mitangeklagten F. von Leipzig aus das Werk verschiedenen Fürsten, Mitgliedern des Bundesrates, des Reichstages und der landesstaatlichen Kammern, hervorragenden Politikern und anderen zu Leipzig, Berlin und anderweit weilenden Personen, verschiedenen Zeitungsredaktionen und Bibliotheken zugehen lassen, ohne Entgelt zu beanspruchen. Die Versendung erfolgte durch die Spediteure und durch die Post. Nach einzelnen Orten, an denen viele Exemplare zu verteilen waren, gingen Sammelsendungen ab, nachdem alle Buchpackete mit den Adressen der Empfänger versehen waren. Zu Berlin erfolgten Verteilungen durch das Bureau des Bundesrates, auch durch die dortige Packetfahrtaktiengesellschaft.

Die gesamte auf Verbreitung des Werkes gerichtete Thätigkeit zu Leipzig, Berlin und anderen Orten faßt der erste Richter, weil sie von demselben Vorsatze beherrscht sei, als eine einheitliche Handlung auf. Ein rechtliches Bedenken steht dieser Auffassung nicht entgegen.

Bei Anwendung der vorstehend entwickelten Grundsätze auf den festgestellten Sachverhalt mußte der erste Richter Berlin als einen der Orte ansehen, an welchem die in Frage stehende Beleidigung, falls solche in dem Werke des Angeklagten P. gefunden werden kann, begangen ist. Damit war der Gerichtsstand nicht nur für die bezeichnete That, sondern nach § 13 Abs. 1 St. P. O. auch für die übrigen vorliegenden Strafsachen bei dem Landgerichte I zu Berlin begründet.

Zu der entgegenstehenden Annahme, daß allein Leipzig als Thatort zu gelten habe, gelangt der erste Richter, indem er für den Fall einer mittels der Presse verübten Beleidigung die sonst hinsichtlich des Ortes der begangenen That geltenden Grundsätze für ausgeschlossen erachtet. In einem solchen Falle, führt er aus, sei zum Thatbestande der Beleidigung eine Kenntnisnahme des Beleidigten oder eines Dritten nicht erforderlich, es genüge vielmehr, daß die Beleidigung von unbestimmt welchen und unbestimmt wie vielen Personen wahrgenommen werden könne. Darin bestehe das innere Wesen des Preßdeliktes, daß allein die Verbreitung der Druckschrift dessen Thatbestand erfülle. Die Versuche, auch an den Verteilungsorten einen Gerichtsstand für die Presse zu begründen, seien von den Gerichtshöfen, auch vom Reichsgerichte im Urteile vom 28. November 1887 (Entsch. desselben in Straff. Bd. 16 S. 409), wiederholt zurückgewiesen.

Vorweg mag bemerkt werden, daß das Urteil des Reichsgerichtes vom 28. November 1887 die Frage nach dem Orte der begangenen That gar nicht in Betracht zieht, auch keine Ausführungen enthält, welche sich mittelbar für die erstrichterliche Anschauung verwerten lassen. Dagegen hat der IV. Strafsenat des Reichsgerichtes in einem Urteile vom 3. April 1891 Rep. 608/91 bei einer Anklage aus § 130 St. B. G.'s den Gerichtsstand bei dem Landgerichte zu Beuthen O.=S. deshalb für gegeben erachtet, weil der inkriminirte, in einer zu Berlin erscheinenden Zeitung veröffentlichte Artikel durch Vermittelung der Post den im Bezirke des Landgerichtes zu Beuthen wohnhaften Abonnenten zugegangen war.

In der Doktrin wird allerdings für Preßdelikte in bald größerem, bald geringerem Umfange eine Ausnahmestellung insofern in Anspruch genommen, als für sie als Ort der begangenen That ausschließlich der Ort gelten soll, an welchem das Preßerzeugnis erschienen (oder ausgegeben) ist, oder von welchem aus die Verbreitung (oder der Vertrieb) der Druckschrift stattgehabt (oder begonnen) hat. Allein die hierfür angegebenen Gründe sind nicht überzeugend.

Außer Betracht bleiben hier die Zuwiderhandlungen gegen die im Preßgesetze vom 7. Mai 1874 enthaltenen Gebote und Verbote.

Was aber die Delikte des gemeinen Rechtes (im Gegensatze zu denen des Preßgesetzes) anbetrifft, so ist keine gesetzliche Vorschrift vorhanden, welche sie für den Fall, daß sie mittelst der Presse begangen werden, den für die Bestimmung des Thatortes geltenden Regeln entzieht. Zu Unrecht wird hier der § 3 des Preßgesetzes herangezogen. Nach § 3 a. a. O. gilt als Verbreitung einer Druckschrift im Sinne des Preßgesetzes auch das Anschlagen, Ausstellen oder Auslegen derselben an Orten, wo sie der Kenntnisnahme durch das Publikum zugänglich ist. Die Ausdehnung des Begriffes „Verbreitung“ greift danach nur soweit Platz, als das Preßgesetz diesen Begriff verwertet. Diese Einschränkung der Bedeutung des § 3 a. a. O. wird übrigens auch ausdrücklich in den Motiven des Regierungsentwurfes hervorgehoben (verbis: der Ausdruck „Verbreitung“, wo er in diesem Gesetze auftritt . . .). An dem Thatbestande der Delikte des Strafgesetzbuches ist also durch § 3 des Preßgesetzes nichts geändert. Unhaltbar ist daher auch die Ansicht des ersten Richters, es sei für die durch die Presse verübten Beleidigungen das Erfordernis der §§ 185 flg. St. G. B.'s, daß der Ausdruck der Nichtachtung zur Kenntnis eines anderen gelange, beseitigt oder eingeschränkt worden.

Es leuchtet nicht ein, daß die Delikte des gemeinen Rechtes (wieder im Gegensatze zu denen des Preßgesetzes) allgemein oder doch, soweit sie in Meinungsäußerungen bestehen, einen wesentlich anderen Charakter tragen, je nachdem sie durch die Presse verübt werden oder nicht. Wird z. B. eine Beleidigung durch Ausstreuen einer großen Zahl von Exemplaren einer Schmähschrift verübt, so ist es offenbar für den Thatbestand ohne Bedeutung, ob die Exemplare durch Abschreiben oder auf mechanischem Wege (§ 2 des Preßgesetzes) hergestellt worden sind. Aus der angeblich eigenartigen Natur der durch die Presse begangenen Delikte läßt sich daher nicht die Notwendigkeit begründen, für solche Delikte den Thatort abweichend von den allgemeinen Regeln zu bestimmen. Von der Gesetzgebung ist ein derartiger Unterschied zwischen den durch die Presse begangenen und anderen Delikten nicht anerkannt. Es würde auch in der erstrebten oder doch nach Lage der Gesetzgebung gebotenen Anwendung auf das materielle Recht (§§ 3, 4 St. G. B.'s) zu unannehmbaren Konsequenzen führen. Ob Zweckmäßigkeitsgründe dafür vorliegen, bei Preßdelikten die Möglichkeit der Wahl zwischen verschiedenen örtlich zuständigen Gerichten einzuschränken, ist hier nicht zu prüfen.

Der erste Richter verwertet für seine Ansicht das anderweit benutzte Argument, daß das Preßdelikt der Beleidigung schon mit dem Beginne der Verbreitung, also an dem Orte, von dem aus die Verbreitung begonnen habe, vollendet sei, etwaige der Vollendung nachfolgende Akte daher für die Bestimmung des Thatortes als unerheblich anzusehen seien. Da jedoch die Beleidigung erst durch die Kenntnisnahme eines anderen von der Kundgebung zur Vollendung gelangt, ist die Möglichkeit nicht ausgeschlossen, daß bei einer von Leipzig aus stattfindenden Verbreitung einer Schmähschrift die Strafthat erst an einem anderen Orte zur Vollendung kommt. Dem Argumente liegt aber auch, wie der Senat annimmt, eine Verwechselung der Begriffe „Vollendung“ und „Beendigung“ zu Grunde. Vollendet ist eine Strafthat, sobald sie das Stadium des Versuches überschritten hat. Mit diesem Momente ist die verbrecherische Thätigkeit nicht immer beendigt. Besteht insbesondere eine Strafthat aus einer Reihe gleichartiger Akte, so können der Vollendung weitere Ausführungshandlungen folgen. Diese sind nicht unerheblich. Sie ermöglichen die Annahme einer Theilnahme anderer an der That nach deren Vollendung, und als Bestandtheile der That können sie bei Bestimmung des Thatortes nicht ausgeschieden werden. Wenn in dem Urteile des Vereinigten II. und III. Strafsenates des Reichsgerichtes vom 11. Februar 1886 (Entsch. desselben in Strafs. Bd. 13 S. 337) von einer „Vollendung der Begangenschaft" gesprochen wird, so ist damit nicht die Vollendung der Strafthat (im Gegensatze zum Versuche) gemeint. Das ergiebt sich klar aus dem angereihten Satze:

> Besteht eine strafbare Handlung aus einer komplexen, ausgedehnte Zeit- und Raumverhältnisse umspannenden Thätigkeit, so füllt die Begangenschaft der That auch diese zeitlichen und räumlichen Grenzen aus, und sie muß als auf deutschem Territorium deutsche Strafnormen verletzend erachtet werden, sobald auch nur ein Theil des einheitlichen Begehungsaktes innerhalb der Grenzen des Deutschen Reiches in äußere Erscheinung getreten ist.

Bei Beratung der Strafprozeßordnung ist eine gesetzliche Regelung der vorstehend erörterten Frage in Anregung gebracht worden. Eines Eingehens auf die hierauf bezüglichen Verhandlungen bedarf es hier nicht, da sie zu einem positiven Ergebnisse nicht geführt haben.

Aus diesen Gründen ist die Aufhebung des angefochtenen Urteiles erfolgt."

2. Diese Frage wird besonders wichtig, wenn es streitig ist, ob die That im Inland oder im Ausland begangen ist. Sie wird dann nach den gleichen Grundsätzen behandelt. conf. Apt S. 5.

3. **Der Gerichtsstand des Teilnehmers ist analog den im obigen Urteile aufgestellten Grundsätzen sowohl am Orte seiner That wie an dem der Hauptthat begründet.** conf. L. § 7. conf. U. IV. 24. Jan. 84. E. XI 20, R. VI 437.

> Nach der Annahme der Vorinstanz hat der Angeklagte, welcher in Preußen wohnhaft und zweifellos preußischer Staatsangehöriger ist, dem St., der in gewinnsüchtiger Absicht dem auf Grund des Gesetzes vom 7. April 1869 zur Verhütung der Einschleppung der Rinderpest erlassenen Verbote der Einfuhr lebender Wiederkäuer durch Einführung einer Kuh aus Polen nach Preußen zuwidergehandelt hat, zur Begehung dieses Verbrechens durch That wissentlich Hilfe geleistet, und zwar ist diese Hilfeleistung, wie die Urteilsgründe ergeben, darin gefunden worden, daß der Angeklagte bei dem in Polen erfolgten Ankaufe der Kuh als Vermittler thätig gewesen ist. Daß sich der Angeklagte auch bei dem Transporte der Kuh über die Grenze beteiligt habe, ist nicht festgestellt.

Die Revision rügt Verletzung der §§ 3, 4 Nr. 3 St. G. B.'s, weil die Feststellung fehle, daß die dem Angeklagten zur Last gelegte Handlung im Inlande begangen, oder sofern dies nicht der Fall, auch nach den an dem ausländischen Begehungsorte geltenden Gesetzen strafbar sei.

Diese Rüge kann indes nicht für zutreffend erachtet werden.

Als außer Zweifel stehend ist anzusehen, daß die Hauptthat — die verbotswidrige Einführung einer Kuh nach Preußen — im Inlande begangen ist und ihrer Natur nach nur hier begangen werden konnte. Nach obigem ist aber auch die Annahme geboten, daß die als Beihilfe qualifizierte Thätigkeit des Angeklagten ihrem äußeren Verlaufe nach nur im Auslande stattgefunden hat. Gleichwohl nötigt der im § 3 St. G. B.'s ausgesprochene Grundsatz, wonach die Strafgesetze des Deutschen Reiches auf alle im Gebiete desselben begangenen strafbaren Handlungen Anwendung finden, nicht dazu, die dem Angeklagten zur Last gelegte strafbare Handlung für eine im Auslande begangene zu erachten. Zwar hat diese Gesetzesvorschrift in beabsichtigter Weise das s. g. Territorialitätsprinzip zu der für das Deutsche Reich geltenden Regel des internationalen Strafrechtes gemacht. Allein sie hat darüber, welcher Ort als Ort der Begehung der Strafthat anzusehen sei, eine Bestimmung nicht getroffen, obwohl man sich, wie die Motive des Entwurfes ergeben, der Schwierigkeiten bei der Beantwortung dieser Frage im Einzelfalle, namentlich bei Teilnahme- und Versuchshandlungen, wohl bewußt war. In der That ist diese Frage eine in der Doktrin wie in der Rechtsprechung außerordentlich bestrittene. Man hat jedoch aus theoretischen und praktischen Gründen derjenigen Meinung den Vorzug zu geben, welche nicht auf den Ort, an welchem sich der Handelnde zur Zeit seiner äußeren Thätigkeit befindet, ausschließlich Gewicht legt, sondern neben demselben auch denjenigen Ort, an welchem das Handeln den gewollten Abschluß erreicht, als entscheidend betrachtet, dergestalt, daß es zur Anwendung des inländischen Strafgesetzes genügt, wenn auch nur einer dieser Orte im Inlande belegen ist.

Das Wort „Handlung" ist an sich zweideutig. Man kann darunter verstehen die durch den Willen verursachte körperliche Bewegung des Handelnden ohne Rücksicht auf den bei derselben beabsichtigten Erfolg; man kann aber auch eben diesen Erfolg, welcher den Endpunkt, das Ziel der durch die Handlung im engeren Sinne in Vollzug gesetzten Veränderung der Außenwelt bildet, in der Weise in den Begriff hineinnehmen, daß man die durch die gewollte körperliche Bewegung hervorgerufene Kausalreihe bis zur Erreichung oder Verfehlung des Zieles als eine, durch die Absicht des Handelnden zu einer Einheit verbundene Handlung ansieht. Überall, wo es wesentlich auf die Wirkung des Handelns ankommt, wird es näher liegen, bei der Vorstellung der Handlung, als eines Geschehenen, von dem letztgedachten weiteren Begriffe derselben auszugehen, und dies gilt insbesondere auch dann, wenn von Handlungen, als juristischen Thatsachen, d. h. als Ursachen von Rechtsfolgen, die Rede ist, da ohne diese Wirkung das Handeln, als körperliche Bewegung gedacht, juristisch bedeutungslos ist. Daß nun in diesem Sinne das Wort Handlung auch in dem § 3 a. a. O. zu verstehen ist, ergiebt sich zur vollen Evidenz aus dem Beiworte: „strafbare". Denn diese Eigenschaft vermag dieselbe nur durch ihre rechtsverletzende Wirkung zu erlangen. Sie ist mithin als „strafbare" erst da zum Abschlusse gelangt, wo sie dasjenige Rechtsgut, durch dessen absichtliche oder fahrlässige Verletzung der staatliche Strafanspruch hervorgerufen wird, getroffen hat, und folgeweise kann der Ort, an welchem diese Wirkung eingetreten ist, auch wenn derselbe von dem Orte der körperlichen Thätigkeit des Handelnden verschieden ist, im Sinne des Strafgesetzes sehr wohl als Ort der Begehung der strafbaren Handlung angesehen werden, wie dies vom Reichsgerichte bereits mehrfach anerkannt ist.

Vgl. Entsch. des R. G.'s in Straff. Bd. 1 S. 274 flg., Bd. 3 S. 316.

In dem gleichen, den nächsten strafrechtlich relevanten Erfolg einschließenden Sinne ist der Begriff der Handlung vom Reichsgerichte auch bei Auslegung des den Anfangspunkt der Verjährung normierenden § 67 Abs. 4 St. G. B.'s trotz des hier beigefügten einschränkenden Zusatzes („ohne Rücksicht auf den Zeitpunkt des eingetretenen Erfolges") aufgefaßt.

Vgl. Entsch. des R. G.'s in Straff. Bd. 5 S. 283 flg., besonders S. 286.

Die Gegenmeinung scheint zum Teile durch eine nicht gerechtfertigte Ausdehnung des Begriffes „Erfolg" über die nächste strafrechtlich relevante Wirkung der Handlung hinaus beeinflußt zu sein. Sie führt überdies vornehmlich in denjenigen Fällen zu unannehmbaren Konsequenzen, in welchen vom Auslande her durch vom Willen des Handelnden gelenkte Werkzeuge strafbare körperliche Einwirkungen auf inländische Personen oder Sachen ausgeübt werden (z. B. beim Schießen, Werfen über die Grenze), und machte ohne innere oder äußere Nötigung den Schutz inländischer Rechtsgüter in weitem Umfange von den Gesetzen des Auslandes abhängig, auf deren Gestaltung dem Deutschen Reiche selten ein maßgebender Einfluß zustehen wird. Das Gesagte findet in eminenter Weise auf Fälle der vorliegenden Art Anwendung, wo zum Schutze des Inlandes gegen das Ausland Verbote erlassen sind, deren Übertretung nur vom Auslande her denkbar, nach dessen Gesetzen aber regelmäßig, soweit nicht Staatsverträge eine Ausnahme bedingen, nicht strafbar ist.

Die vorstehenden Ausführungen betreffen nun zwar zunächst nur die Fälle, in denen es sich um strafbare Handlungen eines Thäters handelt. Dieselben geben aber auch die Grundsätze zur Beantwortung der Frage an die Hand, nach welchem örtlichen Rechte mehrere Teilnehmer an einer Strafthat zu beurteilen sind, wenn die körperliche Thätigkeit der einzelnen zum Zwecke der Herbeiführung des gewollten Erfolges teils im Auslande, teils im Inlande stattgefunden hat. Zuvörderst unterliegt es hinsichtlich der Mitthäter keinem Bedenken, daß alle nach inländischen Strafgesetzen zu beurteilen sind, wenn auch nur durch die Thätigkeit eines von ihnen die strafbare Handlung im Inlande zur Vollendung gebracht ist. Dies folgt mit Notwendigkeit aus dem Prinzipe, daß jeder Mitthäter die Verantwortung für die innerhalb des Rahmens des gewollten Zusammenwirkens fallende Thätigkeit des Genossen trägt. Was aber die hier in Frage stehende Beihilfe anlangt, so kommt, sofern die körperliche Thätigkeit des Gehilfen und des Thäters in verschiedenen Territorien stattgefunden hat, folgendes in Betracht:

Die Handlung der Beihilfe fällt in der Regel für sich nicht unter das Strafgesetz; sie wird vielmehr erst strafbar, wenn die durch sie beförderte Hauptthat zu einem dem Strafgesetze unterliegenden Erfolge vorgeschritten ist, und erhält solchenfalls ihre strafrechtliche Qualifikation durch die Hauptthat. Es wird daher auch diese Hauptthat dem Gehilfen zur Verantwortung zugerechnet, weil und soweit deren Begehung seiner durch die Beihilfe bethätigten Absicht entsprochen hat. Ist also die Hauptthat seiner Absicht gemäß im Inlande verübt, und ist erst hierdurch seine Handlung zu einer strafbaren geworden, so ist kraft der accessorischen Natur der Beihilfe die Auffassung berechtigt, daß auch die im Auslande geleistete Beihilfe als eine im Inlande begangene strafbare Handlung zu gelten und dem inländischen Strafgesetze zu unterliegen habe. Es ist dies die nämliche Auffassung, welche in anderer Richtung dahin geführt hat, die Verjährung der strafbaren Anstiftung erst mit der Vollendung der Hauptthat beginnen zu lassen.

Vgl. Entsch. des R. G.'s in Straff. Bd. 5 S. 282 flg.

Sowie das gesamte strafbare Handeln eines Thäters, welches im Auslande begonnen, aber im Inlande zur Vollendung gediehen ist, so wird auch dem im Auslande thätig gewesenen Gehilfen die im Inlande konsumirte Hauptthat als Vollendung seiner eigenen strafbaren Handlung zugerechnet.

Hierdurch wird andererseits nicht ausgeschlossen, daß das inländische Strafgesetz auch dann einzugreifen hat, wenn im Inlande eine Beihilfehandlung zu einer im Auslande begangenen, auch nach dortigem Rechte strafbaren Hauptthat geleistet ist.

Vgl. Entsch. des R. G.'s in Straff. Bd. 9 S. 10 flg.

Denn wie oben ausgeführt und auch in dem eben angeführten Urteile des Reichsgerichtes vom 14. Juni 1883 anerkannt ist, kann die nämliche Handlung, je nachdem man sie von ihrer äußerlichen Seite als körperliche Thätigkeit der handelnden Person oder in Hinsicht auf ihre strafrechtlich relevante Wirkung betrachtet, sehr wohl den Gebieten verschiedener Staaten angehören, und die Rücksicht auf den Zweck der Strafe in Verbindung mit dem Verbote der Auslieferung deutscher Staatsangehörigen an das Ausland erfordert nicht minder als das natürliche Rechtsgefühl, daß das inländische Strafgesetz Anwendung finde, so oft eine strafbare Handlung auch nur nach einer jener Seiten dem Inlande angehört.

4. **Die Absicht des Gesetzes, Unzuständigkeitserklärungen möglichst zu vermeiden,** hat das Reichsgericht wiederholt erklärt. Aus diesem Grunde ist **die Nachprüfung der Voraussetzungen einer durch das obere Gericht** — wegen Verhinderung des zuständigen Gerichts oder wegen zu befürchtender Gefährdung der öffentlichen Sicherheit durch Verhandlung bei diesem Gericht — **erfolgten Uebertragung weder dem substituirten noch dem in der Rechtsmittelinstanz mit der Sache befaßten Gericht gestattet.** conf. L. § 15 N. 4. U. II 9. Mai 84. E. X, 381.

Der Angeklagte wiederholt den schon in erster Instanz gegen die Zuständigkeit des Landgerichtes Danzig erhobenen Einwand. Durch Beschluß vom 30. Oktober 1883 hat nämlich der Straffenat des Oberlandesgerichtes zu Marienwerder, weil zwei von den Richtern, welche die Strafkammer zu Pr. Stargardt bildeten, in der Sache als Zeugen geladen waren, ein anderer Richter vom Angeklagten abgelehnt war, zwei nach einander einberufene Ergänzungsrichter durch andere Amtsgeschäfte behindert waren, demnach die zuständige Strafkammer bei dem Amtsgerichte zu Pr. Stargardt für die vorliegende Strafsache in der gesetzlichen Zahl von fünf Mitgliedern nicht besetzt werden konnte, mithin thatsächlich an der Ausübung des Richteramtes behindert war (§ 15 St. P. O.), die Untersuchung und Entscheidung der Strafsache der Strafkammer des Landgerichtes zu Danzig übertragen. Damals handelte es sich zwar nur um zwei der abzuurteilenden Straffälle; die andere Strafsache, mit welcher diese zwei Fälle verhandelt waren, ist aber durch den weiteren Beschluß des Strafsenates des Oberlandesgerichtes zu Marienwerder vom 20. November 1883 wegen Zusammenhanges der Strafsachen (§ 13 St. P. O.) mit der ersteren verbunden und die Untersuchung und Entscheidung derselben ebenfalls der Strafkammer des Landgerichtes zu Danzig übertragen. Ersteren Beschluß hat der Angeklagte in erster Instanz unter der Behauptung angegriffen, daß die Voraussetzungen desselben nicht mehr zutreffen. Das erste Urteil glaubt auf eine Erörterung des Angriffs eingehen zu sollen, erachtet ihn aber für grundlos, weil es nicht darauf ankomme, ob zur Zeit des Urteiles der Beschluß des oberen Gerichtes ebenso hätte begründet werden können, wie es am 30. Oktober geschehen, sondern darauf, ob die angeführten Gründe am 30. Oktober 1883 zutreffend waren, was nach Lage der Sache zu bejahen sei. Die Revision macht dagegen geltend, daß zu dem am 8. November 1883 vor der Strafkammer bei dem Amtsgerichte zu Pr. Stargardt angesetzten Termine fünf ordentliche Mitglieder und zwei Ergänzungsrichter verfügbar gewesen seien.

Dieser Angriff kann indes für begründet nicht erachtet werden.

Wenn auf Grund des § 15 St. P. O. die Untersuchung und Entscheidung der Sache einem andern Gerichte übertragen ist, so steht dem Gerichte, welchem die Sache übertragen ist, auf Einwand des Angeklagten (§ 18 St. P. O.) allerdings eine Prüfung darüber zu, ob das Gericht, von dem der Übertragungsbeschluß erlassen ist, zu dem Beschlusse zuständig war, und ob es innerhalb der durch § 15 a. a. O. gesetzten Grenze gehandelt hat, nicht aber darüber, ob ausreichende Gründe für die Annahme der thatsächlichen Voraussetzungen des Beschlusses vorlagen. Dasjenige, was die Zuständigkeit des anderen Gerichtes begründet, ist nicht das Hindernis an der Ausübung des Richteramtes seitens des an sich zuständigen Gerichtes oder die Besorgnis, daß bei der Verhandlung vor demselben eine Gefährdung der öffentlichen Sicherheit eintreten werde, sondern der Grund für die Zuständigkeit eines anderen Gerichtes liegt in dem vom oberen Gerichte innerhalb seiner Zuständigkeit gefaßten Beschlusse. Deshalb unterliegen auch die thatsächlichen Unterlagen des Beschlusses nicht einer Nachprüfung seitens des Revisionsgerichtes:

Die entgegenstehende Auffassung der Revision steht nicht im Einklange mit der aus den §§ 16—18 St. P. O. ersichtlichen, auch in den Motiven des Entwurfes S. 14, 15 ausgesprochenen Intention des Gesetzes, Unzuständigkeitserklärungen möglichst zu vermeiden und bezw. die baldige Erledigung von Zweifel oder Streit über die Zuständigkeit herbeizuführen. Wenn dabei in den Motiven zu den §§ 6, 7, 8, 9, 13 des Entwurfes (§§ 12, 13, 14, 15, 19 des Gesetzes) hervorgehoben wird, daß alle das zuständige Gericht bestimmenden Beschlüsse eines oberen Gerichtes der Anfechtung durch Rechtsmittel entzogen sind, und wenn dabei auf die Vorschriften über die Beschwerde (§ 290 des Entwurfes, § 346 des Gesetzes) verwiesen ist, so läßt sich daraus nicht folgern, daß eine Prüfung der thatsächlichen Unterlegungen des Beschlusses dem Urteile des substituierten Gerichtes oder des mittels der Berufung oder der Revision angegangenen höheren Gerichtes habe vorbehalten werden sollen; eine solche Nachprüfung ist vielmehr als durch die Natur der Sache ausgeschlossen angesehen. Das ergiebt sich bei näherer Betrachtung der im § 15 a. a. O. vorgesehenen Gründe. Ob von der Verhandlung vor einem bestimmten Gerichte eine Gefährdung der öffentlichen Sicherheit zu besorgen ist, erweist sich bei der Dehnbarkeit und Unbestimmtheit der Begriffe „Gefährdung", „Sicherheit" und „Besorgnis" (vergl. Prot. der Justizkom. des Reichstages zu § 9 des Entwurfes, § 15 des Gesetzes, S. 11) als eine Frage, welche nur nach freiem Ermessen unter Berücksichtigung aller Umstände des Falles, namentlich auch der zur Beseitigung der Gefahr vorhandenen Mittel und deren zweckmäßiger Anwendung, sachgemäß beurteilt werden kann. Die dem zunächst oberen Gerichte zugewiesene Prüfung muß daher ein endgültiges Ergebnis herbeiführen, wenn nicht die Zuständigkeitsfrage und damit die ganze Grundlage des Verfahrens auf schwankender Unterlage belassen werden soll.

Analoge Erwägungen greifen vielfach für die Frage Platz, ob ein Gericht an der Ausübung des Richteramtes behindert ist. Jedenfalls ist diese Frage vom Gesetzgeber mit der ersteren auf gleiche Linie gestellt. Nachdem also das Oberlandesgericht zu Marienwerder auf Grund des § 15 St. P. O. und innerhalb der durch diese Vorschrift begründeten Zuständigkeit eine Verhinderung der an sich zuständigen Strafkammer festgestellt und deshalb die Untersuchung und Entscheidung dem Landgerichte Danzig übertragen hatte, mußte letzteres Gericht sich der Untersuchung und Entscheidung unterziehen, und es bedarf auch in der Revisionsinstanz keines Eingehens auf die Angaben, mittels welcher die Revision die thatsächlichen Unterlagen des Beschlusses bekämpft."

5. **Das Gericht ist mit der Entscheidung der Zuständigkeitsfrage hinsichtlich aller Angeklagter befaßt, sowie einer von ihnen den Einwand der örtlichen Unzuständigkeit erhebt.** conf. Löwe § 18 N. 3. Stenglein ibid. N. 2 U. II 17. Juni 92 XXIII 155.

Die Revision erachtet zunächst den § 18 St. P. O. für verletzt. Von den Angeklagten haben nämlich nur F. u. W. den Einwand der örtlichen Unzuständigkeit des Landgerichtes I zu Berlin erhoben. Die Revision folgert daraus, daß die Strafkammer jedenfalls gegen den Angeklagten P. habe sachlich verhandeln und entscheiden müssen.

Dieser Ansicht läßt sich indeß nicht beitreten. Der § 18 a. a. O. verbietet dem Richter, seine Unzuständigkeit von Amtswegen oder auf Antrag der Staatsanwaltschaft, des Privatklägers, des Nebenklägers oder der die Strafverfolgung betreibenden Verwaltungsbehörde auszusprechen; das Verbot greift nicht Platz, sobald von mehreren Angeklagten auch nur einer die Zuständigkeit des Richters bestreitet. Sofern nicht in solchem Falle aus Gründen der Zweckmäßigkeit die Trennung der verbundenen Sachen beschlossen wird (St. P. O. § 2 Abs. 2), hat das Gericht die Zuständigkeitsfrage in vollem Umfange zu prüfen; die Anregung dieser Frage seitens eines der Angeklagten nötigt aber nicht zur Trennung der verbundenen Strafsachen.

§ 3.

Ausschließung und Ablehnung der Gerichtspersonen.

1. **Wird jemand als Zeuge in der Voruntersuchung mehrerer in diesem Stadium verbundener Strafsachen vernommen, so kann er, wenn nachher die Strafsachen getrennt werden, in der Sache, in welcher er nicht als Zeuge vernommen war, als Richter oder Geschworener fungiren.** conf. L. § 22 N. 16, St. ibid. N. 10. U. IV 24. Febr. 88. E. XVII. 173. R. X. 196.

Die Revision erhebt die auf § 377 Ziff. 1 St. P. O. gestützte Beschwerde, daß die Geschworenenbank nicht vorschriftsmäßig besetzt gewesen sei. Sie erblickt diese vorschriftswidrige Besetzung darin, daß die Geschworenen D. und B. zu Unrecht ausgeschieden seien. Inhaltlich des Protokolls über die Bildung der Geschworenenbank haben nämlich vor dem Beginne der Auslosung die beiden Geschworenen angezeigt, daß sie in der Voruntersuchung gegen den Angeklagten als Zeugen vernommen worden seien, und hat das Gericht nach Anhörung der Prozeßparteien und der Anzeigenden beschlossen, sie in der vorliegenden Sache auszuscheiden, da sie in dieser Sache auf Grund des § 22 Ziff. 5 St. P. O. von der Ausübung des Geschworenenamtes ausgeschlossen seien. Sie haben demgemäß an der Auslosung behufs Bildung der Geschworenenbank nicht teilgenommen.

Die Entscheidung über dieselbe (die Revision) hängt davon ab, was § 22 St. P. O. unter den Worten „in der Sache" verstanden wissen will. Die Motive zum § 22 a. a. O. erläutern dieselben dahin, daß unter ihnen die anhängige Untersuchung zu verstehen, nicht auch jede andere Rechtssache, in welcher es sich um denselben Gegenstand handele.

Vgl. Hahn, Materialien Bd. 1 S. 90.

Diese Erklärung läßt erkennen, daß der Gesetzgeber unter der „Sache" dasselbe gemeint hat, wie mit dem sonst von ihm gebrauchten Ausdrucke „die Strafsache", nämlich das Verfahren, welches die strafgerechtliche Verfolgung einer strafbaren Handlung zum Gegenstande hat. Da zu diesen Verfahren nach der Struktur des Strafprozesses nicht blos das Hauptverfahren, sondern auch das Vorverfahren, mag dieses in einem Vorermittelungsverfahren oder in einer Voruntersuchung bestehen, gehört, so würde allerdings die Vernehmung eines Zeugen in der Voruntersuchung als eine Vernehmung in der Sache anzusehen sein, ohne Rücksicht darauf, ob die nochmalige Vernehmung des Zeugen in der Hauptverhandlung erfolgen soll oder nicht. Allein das Gesetz geht von der Voraussetzung aus, daß jede strafbare Handlung einer besonderen strafrechtlichen Verfolgung unterworfen wird, daß also das Vorverfahren und das Hauptverfahren denselben Gegenstand, dieselbe strafbare Handlung betreffen. Demgemäß versteht es unter der Strafsache nur das Strafverfolgungsverfahren in Beziehung auf eine einzelne That und spricht deshalb in den §§ 2, 4 von einer Verbindung und einer Trennung zusammenhängender Strafsachen, wobei es freilich während der Dauer einer Verbindung den einzelnen Strafsachen ihre Selbstständigkeit abspricht und sie dementsprechend in § 5 a. a. O. als Straffälle bezeichnet. Geht man von diesen Grundsätzen aus, so ist nur dann die Vernehmung eines Geschworenen als Zeugen im Vorverfahren geeignet, einen Inhabilitätsgrund zu bieten, wenn das Vorverfahren dieselbe That zum Gegenstande hatte, wie das Hauptverfahren, oder wenn die Voruntersuchung, sobald ihr eine Verbindung zusammenhängender Strafsachen zu Grunde lag, im vollen Umfange einen Teil desjenigen Verfahrens bildet, welches mit der Hauptverhandlung sein Ende erreicht.

Hiermit stimmen auch die Tendenz und der Zweck der §§ 22, 32 St. P. O. überein. Es soll derjenige, der als Auskunftsperson aufgetreten und durch sein Zeugnis einen größeren oder geringeren Einfluß auf die Entscheidung der Schuldfrage auszuüben vermag, nicht gleichzeitig als Richter oder Geschworener fungieren, damit er nicht seine eigene Kenntnis und sein subjektives Befinden in die Prüfung des Beweisergebnisses hineintrage. Als eine Folge der Einheitlichkeit der Hauptverhandlung aber ist es anzusehen, daß bei einer Verbindung zusammenhängender Strafsachen dieselbe Person nicht bei einem Anschuldigungspunkte Zeuge, bei einem anderen aber Richter oder Geschworener sein kann.

Prüft man von diesen Gesichtspunkten aus die erhobene Beschwerde, so ergiebt sich zunächst aus dem mit der Gegenerklärung der Staatsanwaltschaft übereinstimmenden Inhalte der Akten, auf welche bei der prozessualen Natur der Beschwerde zurückzugehen ist, folgender Sachhergang, welchem sie entnommen ist. Gegen den Angeklagten war wegen einer Reihe von Gesetzesverletzungen, darunter auch außer wegen Brandstiftung und Meineides wegen der Unterschlagung eines Treibriemens die Voruntersuchung geführt worden. Im Laufe derselben waren, und zwar zur Ermittelung der dem Angeschuldigten zur Last gelegten Unterschlagung, die Geschworenen D. und B. als Zeugen vernommen worden. Nach dem Abschlusse der Voruntersuchung hatte die Staatsanwaltschaft die Eröffnung des Hauptverfahrens wegen aller Anschuldigungspunkte beantragt. Das Gericht hatte jedoch dem Antrage nur teilweise stattgegeben, wegen verschiedener, hier nicht interessierender Punkte den Angeklagten außer Verfolgung gesetzt und nur wegen der übrigen Punkte das Hauptverfahren eröffnet. Es hat jedoch gleichzeitig eine Trennung der in der Voruntersuchung verbundenen Strafsachen beschlossen und hat nur die Anschuldigungen wegen Brandstiftung und Meineides vor das Schwurgericht, die übrigen aber, und unter ihnen die wegen der Unterschlagung, vor die Strafkammer verwiesen, wegen der letzteren auch den Eröffnungsbeschluß von dem wegen der Brandstiftung und des Meineides abgesondert. In der vor der Strafkammer stattgehabten Hauptverhandlung sind D. und B. als Zeugen aufgetreten und vernommen worden.

Nach diesem Sachverhalte war also zur Zeit des Auftretens des D. und B. als Geschworenen, und dieser Zeitpunkt ist für die Statthaftigkeit ihrer Amtsausübung und für den Begriff der Inhabilität allein entscheidend, die in der Voruntersuchung beliebte Verbindung der gemäß § 3 St. P. O. als zusammenhängend angesehenen Strafsachen bereits getrennt, und ihre Vernehmung, da sie über einen Anklagepunkt erfolgt war, der in der Hauptverhandlung vor der Strafkammer seine Erledigung gefunden hatte, somit nicht in derjenigen Strafsache erfolgt, welche den Gegenstand der Hauptverhandlung vor den Geschworenen bildete.

Es waren sonach für sie die Voraussetzungen des § 22 Ziff. 5 St. P. O. nicht gegeben. Es ist auch in der That ein Grund nicht erfindlich, weshalb D. und B., die nur als Auskunftspersonen über eine den Geschworenen zur Entscheidung nicht vorliegende und mit den den Gegenstand der Hauptverhandlung vor dem Schwurgerichte bildenden Verbrechen in keinem inneren Zusammenhange stehende That des Angeklagten gehört waren, sohin auch nur in Ansehung dieser eine eigene Wissenschaft hatten, nicht ihr Geschworenenamt hätten ausüben und ihre Stimme über eine ihnen völlig unbekannte That unparteiisch abgeben können.

Dies hat die Vorinstanz verkannt und dadurch die §§ 22, 32, 279 St. P. O. verletzt.

2. Die Frage, wann anzunehmen ist, daß jemand in einer Sache als Polizeibeamter thätig gewesen und daher von der Ausübung des Richteramtes ausgeschlossen sei, hat in grundlegender Weise beantwortet U. III 30. April 88, E. XVII 415, R. X 353 (conf. Loewe § 22 N. 18, Stenglein ibid. N. 111).

Das Landgericht verhandelte am 6. Juni 1887 in der Strafsache gegen den Lokomotivführer B. wegen Gefährdung eines Eisenbahntransportes (§ 316 St. G. B.'s); in der Hauptverhandlung wurde der Regierungsbaurat M. als Sachverständiger vernommen; das Gericht verurteilte den Angeklagten. Auf Revision des letzteren hob das Reichsgericht am 24. October 1887 aus einem prozessualen Grunde das Urteil auf und verwies die Sache zur anderweitigen Verhandlung und Entscheidung in die erste Instanz zurück. Zu der neuen Hauptverhandlung am 1. Dezember 1887 war der Regierungsbaurat M. wiederum als Sachverständiger geladen worden und erschienen. Der Verteidiger des Angeklagten lehnte denselben als Sachverständigen auf Grund der §§ 74, 24, 22 Nr. 4 St. P. O. ab, weil er in dieser Sache als Beamter der Behörde, in deren Händen sich die Eisenbahnpolizei befinde, nämlich als technischer Decernent des zuständigen Betriebsamtes, also als Polizeibeamter im Sinne des § 22 Nr. 4 thätig gewesen sei, sodann auch wegen Besorgnis der Befangenheit, weil der Sachverständige in dem in diesem Verfahren stattgehabten Ermittelungsverfahren sich von vornherein über die Schuldfrage schlüssig gemacht habe. Das Gericht verwarf die Ablehnung, weil der Regierungsbaurat M. nicht als Polizeibeamter im Sinne des § 22 Nr. 4 anzusehen und auch nicht für befangen zu erachten sei. Es wurde indes die Verhandlung vertagt, um noch einen anderen Sachverständigen zuzuziehen. Zu der auf den 1. Februar 1888 angesetzten weiteren Hauptverhandlung wurde M. abermals als Sachverständiger geladen. Vor Eintritt in die Verhandlung lehnte ihn der Verteidiger wiederum ab, und zwar aus denselben Gründen wie am 21. Dezember 1887. Der Sachverständige erklärte, er habe als Oberbetriebsinspektor die Ermittelungen in vorliegender Sache anstellen lassen und an Ort und Stelle die Sachlage angesehen, demnächst auch ein Gutachten abgefaßt und der Staatsanwaltschaft unterbreitet. Das Gericht beschloß nunmehr, dem Antrage des Verteidigers auf Grund des § 66 des Betriebsreglements vom 30. November 1885 und der §§ 74, 22 Nr. 4 St. P. O. stattzugeben, „weil der Abgelehnte in dieser Sache als Polizeibeamter thätig gewesen und im übrigen auch in dieser Sache als befangen zu erachten sei." Nachdem darauf die Beweisaufnahme stattgefunden hatte, wurde der Angeklagte freigesprochen.

Über die von dem Regierungsbaurate M. vor der ersten Hauptverhandlung entfaltete Thätigkeit ergaben die Akten folgendes: Auf dem Bahnhofe in St. waren am 6. Dezember 1886 zwei Maschinen, deren eine der Angeklagte B. führte, zusammengestoßen. Hierüber vernahm M. am 15. Dezember als Eisenbahnbetriebsinspektor einige Personen, darunter den Angeklagten B. Das Vernehmungsprotokoll findet sich in den Akten des Eisenbahndirektionsbezirkes Magdeburg, Königl. Eisenbahnbetriebsamt Berlin—Lehrte, betreffend den Zusammenstoß der beiden Maschinen, welche Akten den Strafprozeßakten anliegen. Am 12. Dezember 1886 machte der Stationsvorsteher H. zu St. der dortigen Staatsanwaltschaft von dem Zusammenstoße Anzeige; am 31. desselben Monates ersuchte die Staatsanwaltschaft das genannte Betriebsamt um Zustellung der über den Unfall etwa aufgenommenen Verhandlungen behufs deren Einsicht, die jedoch schon von dem Betriebsamte zu Berlin mit einem „J." gezeichneten Schreiben an die Staatsanwaltschaft hatten abgeschickt werden sollen. Zu den Verhandlungen gehört eine Beschreibung und Begutachtung des Unfalles, gleichfalls „J." gezeichnet, und in dem Schreiben vom 30. Dezember ist gesagt, die Verhandlungen „würden zur Kenntnis mit dem Ersuchen überreicht, gegen die in unserem Gutachten für schuldig befundenen Beamten, darunter B., das Untersuchungsverfahren wegen fahrlässiger Gefährdung eines Eisenbahntransportes einleiten zu wollen"; der betriebstechnische Dezernent des Betriebsamtes, Eisenbahn-Bau- und Betriebs-Inspektor M. zu Berlin, werde als Sachverständiger in Vorschlag gebracht. Ohne Anstellung weiterer Ermittelungen, also lediglich auf der Unterlage der Verhandlungen des Betriebsamtes, erhob die Staatsanwaltschaft Anklage gegen B. und eine andere Person.

Die Staatsanwaltschaft hat gegen das freisprechende Urteil die Revision verfolgt und führt Beschwerde über Verletzung prozessualer Normen, unter anderen der §§ 74, 22 Nr. 4, 24 St. P. O., sowie über Verletzung des § 66 des Bahnpolizeireglements vom 30. November 1885. Die Verletzung dieser Normen findet sie darin, daß das Gericht den Sachverständigen M., ungeachtet der Ladung und des Erscheinens desselben in der Hauptverhandlung, nicht vernommen, den Beschluß, daß derselbe wegen Besorgnis der Befangenheit seitens des Verteidigers mit Recht abgelehnt worden, nicht mit Gründen versehen und irrtümlich angenommen habe, der Sachverständige sei im Sinne des § 22 Nr. 4 St. P. O. in dieser Sache als Polizeibeamter thätig gewesen. Diese Annahme widerspreche auch der Meinung des Bahnpolizeireglements, denn wenngleich M. zu den Bahnpolizeibeamten gehöre, könnten doch nicht alle seine Dienstverrichtungen als bahnpolizeiliche Amtspflichten angesehen, sondern es müsse mit Rücksicht auf den § 68 Abs. 2 des Bahnpolizeireglements, wonach die Bahnpolizeibeamten in Beziehung auf die ihnen übertragenen Dienstverrichtungen dem Publikum gegenüber in die Rechte der öffentlichen Polizeibeamten treten, unterschieden werden zwischen technischen Dienstleistungen der im § 66 des Reglements gedachten Beamten und den hinzutretenden bahnpolizeilichen Funktionen im engeren Sinne . . .

Die Beurteilung der Revision hängt davon ab, ob der Instanzrichter mit Recht angenommen hat, daß M. in dieser Sache als Polizeibeamter in dem Sinne des § 22 Nr. 4 St. P. O. (vgl. § 74 a. a. O.) thätig gewesen sei.

Die Ausdrucksweise des Gesetzes läßt darüber keinen Zweifel, daß diejenige Person, um deren Ablehnung als Sachverständiger es sich handelt, nicht bloß zur Zeit ihrer Thätigkeit in der Sache ein Polizeibeamter gewesen sein, sondern daß diese Thätigkeit gerade in einer Ausübung ihrer polizeilichen Amtsfunktion bestanden haben muß; denn das Gesetz sagt, die abzulehnende Person müsse in der Sache als Polizeibeamter thätig gewesen sein. Es kann aber ein Polizeibeamter auch in einer Sache ein Gutachten erstattet haben, ohne daß dies ein Akt der Ausübung seiner polizeilichen Amtsfunktion war; dann würde die Erstattung des Gutachtens vor der Hauptverhandlung seiner Abhörung als Sachverständiger in letzterer aus § 22 Nr. 4 und § 74 nicht entgegenstehen. Vorstehendes findet, da M. schon, ehe die Hauptverhandlung in dieser Sache erfolgte, ein Gutachten abgegeben hat, auch auf ihn Anwendung. Jedoch mit der Maßgabe, — und dies gilt nicht nur in Beziehung auf Erstattung von Gutachten, sondern auch in Beziehung auf jede andere von jemand vor der Hauptversammlung entfaltete Thätigkeit, daß, wenn die letztere kraft polizeilicher Amtsfunktion entfaltet ist, diese Amtsfunktion eine solche gewesen sein muß, welche das Gesetz in § 22 Nr. 4 hat bezeichnen wollen.

Es kann aber, da der § 22 Nr. 4 eine Begriffsbestimmung des „Polizeibeamten" nicht giebt, in Zweifel gezogen werden, was dieser Ausdruck hier bedeuten soll. Im weitesten Sinne umfaßt der Begriff „Polizei" einen sehr großen Teil aller staatlichen Thätigkeit, namentlich außer der Repressiv- auch die mannigfaltigen Zweige der Präventiv- und der Wohlfahrtspolizei. Hätte man von diesem Sinne auszugehen, so würde der § 22 Nr. 4 die Ablehnung zahlreicher Kategorieen von Beamten hinsichtlich der Aufnahme eines Sachverständigenbeweises zu rechtfertigen geeignet sein. Einen Theil der polizeilichen Thätigkeit hat das Gerichtsverfassungsgesetz und die Strafprozeßordnung an verschiedenen Stellen von anderen Zweigen derselben ausgesondert und darüber besondere Bestimmungen getroffen. Der § 153 G. V. G.'s ordnet an, daß die Beamten des „Polizei- und Sicherheitsdienstes", vorbehaltlich der näheren Bezeichnung derselben durch die Landesregierungen, Hilfsbeamte der Staatsanwaltschaft und in dieser Eigenschaft verpflichtet sind, den Anordnungen der Staatsanwälte Folge zu leisten, und § 159 St. P. O. bestimmt, daß die nicht zu Hilfsbeamten der Staatsanwaltschaft ernannten Behörden und Beamten des „Polizei- und Sicherheitsdienstes“ dem Ersuchen der Staatsanwaltschaft genügen müssen. Der Gesetzgeber verkannte nicht, daß die Staatsanwaltschaft außer der Aufgabe, innerhalb der eingeleiteten gerichtlichen Untersuchung auf die Bestrafung der Schuldigen hinzuwirken, auch die Aufgabe hat, zu beschließen, ob in einem einzelnen Falle gerichtliche Klage zu erheben sei, daß sie zu letzterem Zwecke den Sachverhalt erforschen muß, daß hierzu aber ihre eigenen Beamten nicht ausreichen, sondern ihr noch andere Beamte als ihre Organe zugewiesen werden müssen, und diese ihre Organe für den gedachten Zweck sind die Beamten der Sicherheitspolizei (Motive zu § 153 G. V. G.'s). Unter der „Sicherheitspolizei“ — der Name „gerichtliche Polizei“ wurde als ein in Deutschland zu fremder vermieden — verstehen die Motive, wie sie ausdrücklich hinzufügen, diejenige Polizei, deren Beruf ist, strafbare Handlungen zu erforschen und zur Erreichung der Zwecke der Strafrechtspflege mitzuwirken. Demgemäß heißt es in den Motiven weiter: Die der Staatsanwaltschaft vor Eröffnung der gerichtlichen Untersuchung obliegende Thätigkeit der Sicherheitspolizei hätte den nämlichen Zweck, und die Ansicht sei innerlich unbegründet, daß der Sicherheitspolizei neben Gericht und Staatsanwaltschaft als einem dritten Organe der Strafrechtspflege ein selbstständiger Wirkungskreis zukomme. Dagegen hat es selbstverständlich dem Willen des Gesetzes ferngelegen, auch den Beruf der Präventiv- und der Wohlfahrtspolizei mit dem der Staatsanwaltschaft zu identifiziren, diese Zweige der Polizei ebenfalls als Organe der Strafrechtspflege, sogar als unselbständige Organe derselben zu betrachten, und sie in einem großen Teile ihrer Beamten der Staatsanwaltschaft unterzuordnen. Mit den Motiven zu § 153 G. V. G.'s (123 des Entwurfes) hat man die Motive zu den §§ 156—160 St. P. O. (§§ 137—140 des Entwurfes) zu vergleichen, wo die nämlichen Gedanken entwickelt sind. Von Behörden und Beamten des „Polizei- und Sicherheitsdienstes“, bezw. von „Sicherheitsbeamten“ spricht das Gesetz, außer in § 153 G. V. G.'s, auch in § 168 das. und in den §§ 98, 105, 127, 156, 159, 161, 187 St. P. O., daher ist es klar, welche Polizeibeamten hier gemeint sind, und der Inhalt der einzelnen Stellen bestätigt, was in den Motiven erörtert worden ist.

An anderen Stellen (§§ 157, 453, 22 St. P. O.) spricht dagegen das Gesetz von Polizeibehörden und Polizeibeamten ohne weiteren Zusatz; hier muß mithin die Frage entstehen, ob wiederum nur die Sicherheitspolizei in dem angegebenen Sinne, oder ob noch andere Zweige der Polizei gemeint worden sind. Diese Frage hat man hinsichtlich der §§ 157, 453 in letzterem Sinne zu beantworten; für die Beurteilung der gegenwärtigen Sache muß aber darauf hingewiesen werden, daß sich für die Auslegung des Wortes „Polizeibeamte“ in § 22 aus den §§ 157, 453 kein Schluß ziehen läßt. Der § 157 verpflichtet die Polizeibehörden zur Anzeige an die Staatsanwaltschaft oder an den Amtsrichter, wenn

Anhaltspunkte dafür vorliegen, daß jemand eines nicht natürlichen, d. h. eines durch Menschenhand verursachten Todes gestorben sei, und wenn der Leichnam eines Unbekannten gefunden worden ist. Es wird also hier den Polizeibehörden nicht die Erforschung des Sachverhaltes zur Pflicht gemacht, sondern nur die Anzeige, und erst der Staatsanwalt und der etwa näher wohnende Amtsrichter schreiten nach § 158, nachdem sie die Anzeige erhalten haben, ihrerseits zur Erforschung der Sache. Umgekehrt verhält es sich im Falle des § 22 Nr. 4; denn hier wird eine Thätigkeit des Polizeibeamten „in der Sache“ vorausgesetzt, welche, wie noch näher zu erwähnen, nur eine Thätigkeit zur Erforschung der Sache sein kann. Der § 453 a. a. O. bestimmt, daß, wo nach den Landesgesetzen die Polizeibehörden zur Festsetzung einer in den Strafgesetzen angedrohten Strafe mittels einer Verfügung befugt sind, diese Befugnis gewissen Schranken unterliegt. Es bilden die Polizeibehörden in dieser ihnen zugewiesenen Thätigkeit zwar Organe der Strafrechtspflege, aber sie werden dabei nicht als Polizeibehörden oder Polizeibeamte thätig, sondern ihre Thätigkeit ist eine richterliche. Denn die polizeilichen Strafverfügungen verurteilen zu Strafen, und die Motive zu § 453 a. a. O. (§ 381 des Entwurfes) erklären: „Die Strafverfügung enthält unverkennbar die wesentlichen Elemente einer richterlichen Entscheidung und damit den Charakter einer richterlichen Handlung; allerdings wird sie durch den Antrag auf gerichtliche Entscheidung und durch den Beginn der hierdurch herbeigeführten Hauptverhandlung aufgehoben, ohne diesen Antrag aber wirkt sie wie ein Strafurteil“. Das Reichsgericht hat auch schon erkannt, daß der auf eine ergangene polizeiliche Strafverfügung gestellte Antrag auf gerichtliche Entscheidung die Natur eines Rechtsmittels hat (Urteil vom 23. Februar 1888 gegen J. Rep. I. 160/88). In § 22 Nr. 4 wird hingegen gefordert, daß der in Rede stehende Richter, und, unter Anwendung des § 74, der in Rede stehende Sachverständige „als Polizeibeamter“ thätig gewesen sei, und dies läßt sich nicht anders verstehen, als daß seine frühere Thätigkeit eine ihrem Wesen nach polizeiliche, nicht eine richterliche Natur gehabt habe. Der § 453 spricht, wie der § 157, von Polizeibehörden, der § 22 Nr. 4 von Polizeibeamten. Von jemand, der eine Polizeibehörde repräsentirte und in dieser Funktion eine polizeiliche Strafverfügung erließ, läßt sich bei Beobachtung des üblichen Sprachgebrauches nicht sagen, er sei in der Sache als Polizeibeamter thätig gewesen. Damit ist freilich nicht behauptet, daß die Ablehnungsberechtigung aus § 74 gegenüber einem Sachverständigen, der früher eine polizeiliche Strafverfügung erlassen habe, nicht bestehe; man wird jedoch den gesetzlichen Grund ihrer Existenz in dem § 23, verglichen mit § 74, zu suchen haben, nämlich darin, daß ein solcher Sachverständiger bereits bei einer in derselben Sache ergangenen Entscheidung mitgewirkt hat, wenngleich die Wortfassung des § 23 auf eine Person, die früher eine polizeiliche Strafverfügung erließ und dann in derselben Sache, nachdem auf gerichtliche Entscheidung angetragen worden, als Sachverständiger benannt worden ist, nicht unmittelbar paßt, sondern der § 23 hier nur eine „entsprechende“

Anwendung, wie sie der § 31 St. P. O. bei Schöffen und Gerichtsschreibern ausdrücklich vorgeschrieben hat und der Grundsatz der Gesetzesanalogie überhaupt rechtfertigt, finden kann.

Läßt sich die Ausdehnung des Begriffes der „Polizeibeamten" in § 22 Nr. 4, über die Beamten des Sicherheitsdienstes in dem vorstehend bezeichneten Sinne hinaus, auf Polizeibeamte jeder Art, nicht auf die §§ 157, 453 stützen, teils weil in diesen beiden Paragraphen von Polizeibehörden, nicht, wie in § 22 Nr. 4, von Polizeibeamten die Rede ist, teils weil die beiden Paragraphen sachlich scharf begrenzte besondere Fälle behandeln, so hat man zu erwägen, ob die Ausdrucksweise des § 22 Nr. 4 und ob die inneren Gründe, welche zu dieser Vorschrift geführt haben können, die Ausdehnung rechtfertigen. Soviel die Ausdrucksweise betrifft, hat man zu beachten, daß der Paragraph nicht von polizeilicher Thätigkeit jemandes im Allgemeinen, sondern von der Thätigkeit einer Person als Polizeibeamter „in der Sache" spricht. Es kommt also darauf an, was die Worte „in der Sache" bedeuten sollen. Hierüber geben die Motive zu § 22 (§ 17 des Entwurfes) Aufschluß, indem sie erklären: „Unter dem Ausdrucke in der Sache ist nur die anhängige Untersuchungssache verstanden, nicht auch jede andere Rechtssache, in welcher es sich um denselben Gegenstand handelt". Hier hat man die Stellung des § 22 im Gesetze zu beachten. Es war zu bestimmen: unter welchen Bedingungen ein Richter von der Ausübung des Richteramtes in einer einzelnen Strafprozeßsache, und in § 74: unter welchen Bedingungen eine Person von der Funktion eines Sachverständigen ebenfalls in einer einzelnen Strafprozeßsache auszuschließen sei; mit anderen Worten, es war die Frage der relativen Unfähigkeit eines Richters und eines Sachverständigen für einen konkreten Strafprozeß zu ordnen. Von solcher relativen Unfähigkeit kann immer nur in Beziehung auf eine konkrete Strafprozeßsache gesprochen werden, und diese konkrete Strafprozeßsache bezeichnet der § 22 Nr. 4 mit jenen Worten „in der Sache", welche mithin den Sinn haben: in derjenigen Strafprozeßsache, für welche die Fähigkeit einer Person, als Richter zu wirken oder als Sachverständiger vernommen zu werden, in Rede steht. Genau dies sagen jene Worte der Motive. In einer Strafprozeßsache thätig sein, heißt aber, zur Förderung der Strafrechtspflege in dieser Sache wirken. Wer Material sammelt, welches sich demnächst in einer Strafprozeßsache verwerten läßt, aber bei seiner Sammlung nicht vom Interesse der Strafrechtspflege getrieben wird, sondern von Interessen irgend welcher andern Art, von dem kann man nicht behaupten, er sei in einer Strafprozeßsache thätig gewesen; auch dann nicht, wenn hinterher das von ihm gesammelte Material wirklich zur Feststellung des objektiven Thatbestandes einer strafbaren Handlung und der strafrechtlichen Schuld einer Person benutzt wird. Die Motive gebrauchen, indem sie augenscheinlich diesen Gedanken ausdrücken wollen, die Wendung, die Thätigkeit müsse in einer anhängigen Untersuchungssache stattfinden. Diese Wendung darf zweifellos nicht so aufgefaßt werden, als müsse die Untersuchungssache schon bei Gericht anhängig gewesen sein, und nicht einmal so, als müsse wenigstens die Staatsanwaltschaft zur Ermittelung des Sachverhaltes schon eingeschritten sein; denn die Behörden und Beamten des Polizei- und Sicherheitsdienstes haben auch ohne voraufgegangene Veranlassung der Staatsanwaltschaft strafbare Handlungen zu erforschen und alle keinen Aufschub gestattenden Anordnungen zu treffen, um die Verdunkelung der Sache zu verhüten, dann aber ohne Verzug ihre Verhandlungen der Staatsanwaltschaft zu übersenden (§ 161 St. P. O.), und wenn sie dies thun, bewirken sie durch ihre Thätigkeit erst, daß die Sache bei der Staatsanwaltschaft anhängig wird. Aber sie sind dann zur Erforschung der Sache im Interesse der Strafrechtspflege thätig gewesen. Von den oben nach Anleitung der Motive bezeichneten beiden Aufgaben der Staatsanwaltschaft, innerhalb der gerichtlichen Untersuchung auf die Bestrafung der Schuldigen hinzuwirken und vorher den Sachverhalt zu erforschen, um entscheiden zu können, ob Klage bei Gericht zu erheben sei, ist die erstere die polizeiliche Aufgabe, und für eine andere polizeiliche Thätigkeit als die der Erforschung des objektiven und des subjektiven Thatbestandes einer strafbaren Handlung nach dem Gesetze überhaupt kein Raum, falls die polizeiliche Thätigkeit im Dienste der Strafrechtspflege stehen soll, wie es der § 22 Nr. 4 vorausgesetzt, indem er von Thätigkeit „in der Sache" spricht. Der Paragraph meint also die sicherheitspolizeiliche Thätigkeit in dem mehrerwähnten Sinne.

Innere Gründe, diese Auslegung, auf welche die vorstehenden Interpretationsbehelfe führen, zu verlassen und eine polizeiliche Thätigkeit anderer Art hineinzuziehen, werden sich nicht finden lassen. Man wird zu berücksichtigen haben, daß, wenn man nicht die Grenze so, wie es eben geschehen, ziehen will, eine andere Grenze innerhalb der polizeilichen Thätigkeit und innerhalb des Begriffes der „Polizeibeamten" sich nach dem Gesetze nicht darbietet, daß man also den Begriff der Polizei im weitesten Sinne nehmen, überdies die Worte „in der Sache" fallen lassen müßte. Warum aber jede Person, die irgend eine amtliche polizeiliche Thätigkeit, deren Ergebnis sich objektiv tauglich erweist, in einem Strafprozesse benutzt zu werden, entfaltet hat, dadurch für relativ unfähig erklärt sein sollte, als Sachverständiger in dem Strafprozesse vernommen zu werden, ist nicht ersichtlich. Finden Strombaubeamte zur Zeit eines Hochwassers, daß die Beschädigung eines Deiches nicht ausschließlich durch das Wasser entstanden sein kann, so schaffen sie objektiv ein Indicium, welches bei einer Untersuchung aus § 312 St. G. B.'s wichtig werden kann, und thun dies mittels ihrer Thätigkeit als Polizeibeamte; aber es ist wohl nicht einzusehen, weshalb sie in der Untersuchung nicht als Sachverständige dienen dürften, während sie vielleicht die einzigen Personen sind, auf deren Urteil in der Sache man sich verlassen kann. Ähnliches kann bei Feuersbrunst, bei den Beobachtungen, die ein Physikatsarzt bei Gelegenheit einer privaten Krankenbehandlung gemacht hat, vorkommen. Die Wahrnehmungen in solchen Fällen brauchen an sich in keiner Beziehung zu dem Wunsche der Ermittelung einer Strafthat oder eines Schuldigen zu stehen, und es wird dann aus allgemeinen Gründen nicht einmal ein Verdacht der Voreingenommenheit begründet sein. Und doch wird sich nicht verkennen lassen, daß der § 22 Nr. 4 gerade solche Personen aufführt, bei denen vermöge ihrer Stellung und der aus dieser hervorgehenden Art der Thätigkeit ein Verdacht der Voreingenommenheit grundsätzlich und unabhängig von den konkreten Momenten der Sachen und der einzelnen Persönlichkeiten sich nicht abweisen läßt, wie ebenfalls in den Nrn. 1, 2, 3 desselben Paragraphen, welche den Verletzten, den Ehemann, den Vormund, die nahen Verwandten nennen. Die Nr. 4 nennt die staatsanwaltschaftlichen Beamten, den Anwalt des Verletzten und den Verteidiger des Beschuldigten, sämmtlich Personen, die eine Parteistellung einnehmen. Diesen Personen sind die Polizeibeamten angeschlossen, mit innerer Berechtigung, wenn man darunter diejenigen Polizeibeamten versteht, welche zum Zwecke der Ermittelung einer strafbaren That und des Verübers thätig geworden sind, aber, wie es scheint, ohne innere Berechtigung, wenn alle Polizeibeamten und deren Thätigkeit im weitesten Sinne gemeint sind.

Es kann indessen geschehen, daß auf Ersuchen eines Sicherheitsbeamten oder der Staatsanwaltschaft ein Polizeibeamter, der nicht zum Sicherheitsdienst gehört, zum Zwecke der Erforschung einer Strafrechtssache ersucht worden ist, thätig zu werden. Wenn dann diese seine Thätigkeit innerhalb seiner polizeilichen Amtsfunktionen lag und stattgefunden hat, so wird man anzuerkennen haben, daß auf ihn der § 22 Nr. 4 in Konsequenz der vorstehenden Erwägungen zutrifft. Dies ist selbstverständlich auch bei Bahnpolizeibeamten und bei einer aus § 316 St. G. B.'s geführten Untersuchung sehr wohl möglich. Insofern wird man daher stets die Lage der einzelnen Sache zu berücksichtigen haben.

Sodann folgt daraus, daß jemand als Polizeibeamter nicht zum Zwecke der Strafrechtspflege in einer konkreten Untersuchungssache, sondern zu anderen Zwecken thätig gewesen ist, nur, daß er deshalb nicht kraft Gesetzes vom Richteramte in der Sache ausgeschlossen und nicht als Sachverständiger relativ unfähig für diese Sache geworden ist. Ob aber seine Thätigkeit ein genügender Grund sein kann, ihn als Richter oder als Sachverständigen wegen Besorgnis der Befangenheit abzulehnen, ist eine andere Frage. Diese Frage hat das Gesetz selbst für die Fälle der §§ 22, 23 St. P. O. ein für allemal beantwortet, d. h. für die Fälle, in denen der Gesetzgeber in gewissen persönlichen Verhältnissen derselben zu der zu entscheidenden Prozeßsache Veranlassung erblickte, von jeder konkreten Erörterung abzusehen; über diese Fälle hinaus kann die Sache immer nur unter Erwägung der konkreten sachlichen und persönlichen Verhältnisse beantwortet werden; allgemeine Grundsätze sind dabei nach der Natur der Sache nicht aufstellbar, daher auch im Gesetze nicht anerkannt (vgl. § 24 St. P. O.). Nur negativ läßt sich daher sagen, daß auch die Thatsache, daß ein Polizeibeamter in einer Strafsache auf eine Art, die dem § 22 Nr. 4 nicht unterstellt werden kann, thätig gewesen ist, für sich allein und ohne jede Erwägung, ob im konkreten Falle eine Besorgnis der Befangenheit gerechtfertigt ist oder nicht, niemals zur Begründung der Ablehnung aus dem Gesichtspunkte dieser Besorgnis ausreicht.

Daß der Sachverständige M., als er diejenigen Thätigkeitsakte vornahm, von denen oben die Rede gewesen ist, ein Beamter, und zwar ein Polizeibeamter, war, unterliegt keinem Bedenken; denn als Oberbetriebsinspektor gehörte er zu den in erster Linie zur Ausübung der Eisenbahnpolizei berufenen Beamten (vgl. Bahnpolizeireglement vom 30. November 1885 § 66 Abs. 1). Mit seiner Vereidung als Bahnpolizeibeamter trat er auch dem Publikum gegenüber in die Rechte der öffentlichen Polizeibeamten (§ 68 Abs. 2 daselbst). Der Revisionsschrift läßt sich jedoch darin nicht beistimmen, daß er Polizeibeamter nur dem Publikum gegenüber und nicht bei der von ihm entfalteten oben dagestellten Thätigkeit, die allerdings mit dem Publikum nichts zu thun hatte, geworden sei; er hatte vor seiner Vereidung dem Publikum gegenüber nicht die Rechte der öffentlichen Polizeibeamten, aber er war schon seit seiner Anstellung als Oberbetriebsinspektor Beamter der Bahnpolizei, und soweit seine Dienstverrichtungen mit der Aufrechterhaltung des Bahnpolizeireglements, beispielsweise mit der Einhaltung der normirten höchsten Fahrgeschwindigkeit, in Verbindung standen, und soweit sie sich überhaupt auf die Überwachung der Maßregeln für sicheren Betrieb, wohin auch die Aufrechterhaltung der Disciplin der untergeordneten Angestellten gehört, bezogen, waren sie polizeiliche Funktionen. Auch liegt keine Veranlassung vor, zu bezweifeln, daß die von ihm bewirkte Vernehmung von Personen, z. B. des Angeklagten über den Unfall vom 6. Dezember 1886, die Anstellung sonstiger Ermittelungen über das Ereignis und der von ihm eingenommene Augenschein im Interesse des Bahnbetriebes erfolgten, ebendarum also polizeiliche Akte waren. Aber die Bahnpolizei als solche fällt zum weitaus größten Teil in das Gebiet der Präventiv- und der Wohlfahrtspolizei. In das Gebiet der Sicherheitspolizei in dem erörterten Sinne gehört allerdings diejenige Thätigkeit, welche die Bahnpolizeibeamten üben, um Personen, die den Bestimmungen des Reglements §§ 53—62, entgegengehandelt haben, zur Bestrafung zu ziehen (vergl. §§ 63—64 des Reglements); von einer Thätigkeit dieser Art ist hier nicht die Rede. Forscht ein Bahnpolizeibeamter den Ursachen eines Zusammenstoßes oder einer sonstigen Gefährdung von Eisenbahntransporten nach, so mag es immerhin sein, daß er sich dabei der Möglichkeit, eine strafbare Handlung zu entdecken, wohl bewußt ist; das würde jedoch nicht zu der Behauptung berechtigen, der Zweck seiner Thätigkeit habe in der Förderung der Strafrechtspflege bestanden und nicht blos darin, die Betriebsinteressen wahrzunehmen; und „in der Sache", also zum Zwecke der Erforschung eines strafrechtlichen Thatbestandes, ist derjenige nicht thätig, welcher das, was er bei Wahrnehmung **anderer** Aufgaben und Interessen an Verdachtsgründen einer strafrechtlichen Schuld aufgefunden hat, den Beamten der Strafrechtspflege, insbesondere der Staatsanwaltschaft, zur Kenntnis bringt, damit sie nunmehr die ihnen anvertrauten strafrechtlichen Interessen wahrnehmen. Als in dieser Angelegenheit das Betriebsamt, nicht einmal M., die vor dem Eisenbahnpersonale aufgenommenen Verhandlungen nebst dem Gutachten, welches von M. herrühren soll, mit dem Schreiben vom 30. Dezember

1886 der Staatsanwaltschaft übersandte, sprach es aus, die Verhandlungen würden zur Kentnisnahme und mit dem Ersuchen, eine Untersuchung einzuleiten, mitgeteilt, und das Gutachten, welches, soweit ersichtlich, ursprünglich nur für das Betriebsamt, also für den inneren Dienst, bestimmt war, werde angelegt, damit die Staatsanwaltschaft daraus erfahre, gegen wen nach Ansicht des Betriebsamtes die Untersuchung zu richten sein werde. Das Betriebsamt hielt also damals seine Thätigkeit für abgeschlossen und war der Meinung, daß nunmehr erst die Thätigkeit der Strafrechtspflege zu beginnen habe. Dies beweist, daß das Betriebsamt und die bis dahin thätig gewesenen Eisenbahnbeamten, worunter M., ausschließlich andere Interessen verfolgt hatten, als die der Strafrechtspflege. Und dies ist leicht begreiflich, da das Interesse einer Eisenbahnbehörde an der Sicherheit des Betriebes und daran, daß Transportstörungen sich künftig nicht ereignen, also die Ursachen bereits geschehener Störungen, mögen sie im Materiale oder im Personale liegen, hinweggeräumt werden, so naheliegend und so stark ist, daß aus diesem Interesse allein die schärfste Nachforschung und die angestrengteste Thätigkeit der Bahnbeamten bereits vollständig motiviert erscheinen muß.

Somit lag nach Inhalt der Akten hier ein Fall des § 22 Nr. 4 St. P. O. nicht vor.

3. **Wenn die Eröffnung des Hauptverfahrens erst durch das Oberlandesgericht beschlossen worden ist, dürfen von den Mitgliedern des Landgerichts, welches den Angeklagten außer Verfolgung zu setzen beschlossen hatte, höchstens zwei — und darunter nicht der Referent — an dem Hauptverfahren teilnehmen.** conf. L. § 23 N. 11a, St. ibid. N. 9, K. S. 122, U. I, 10. Mai 80, E. II, 209.

„Nach geführter Voruntersuchung wurde der Angeklagte durch Beschluß der Strafkammer vom 9. Februar 1880 wegen des ihm zur Last gelegten Vergehens der Unterschlagung außer Verfolgung gesetzt.

Gemäß sofortiger Beschwerde des Staatsanwaltes erfolgte jedoch von dem Strafsenate des Oberlandesgerichts die Aufhebung dieses Beschlusses und die Eröffnung des Hauptverfahrens gegen den Angeklagten, worauf ihn indessen die Strafkammer freisprach. Zu diesem freisprechenden Erkenntnis haben nach vorliegender Bescheinigung des Vorsitzenden der Strafkammer die drei Richter mitgewirkt, von welchen bereits der Beschluß vom 9. Februar erlassen worden war.

Die Revision des Staatsanwaltes findet hierin unter Bezugnahme auf § 377 Ziff. 2 St. P. O. eine Verletzung des § 23 Abs. 3 St. P. O. und beantragt demgemäß die Aufhebung des Urteiles. In der Gegenerklärung des Angeklagten wird ausgeführt, der Erlaß vom 9. Februar sei keine Entscheidung, sondern nur ein Beschluß, und es könne darum § 23 Abs. 3 St. P. O. keine Anwendung finden; es erscheine ferner die hierin enthaltene Rechtsnorm als eine lediglich zu Gunsten des Angeklagten gegebene, weshalb nach § 378 St. P. O. eine auf deren Verletzung gestützte Revisionsbeschwerde des Staatsanwaltes nicht zugelassen werden dürfe; endlich seien aber auch die in § 23 Abs. 3 St. P. O. genannten Richter nicht kraft des Gesetzes vom Richteramt ausgeschlossen, wie dies zur Anwendung des § 377 Ziff. 2

St. P. O. verlangt werde. Unerachtet dieser Einwendungen ist aber die Revision des Staatsanwaltes als begründet anzusehen.

Unter der Entscheidung über die Eröffnung des Hauptverfahrens versteht die Strafprozeßordnung nicht etwa nur, wie dies die Gegenerklärung des Angeklagten annimmt, den Beschluß des Gerichtes, durch welchen das Hauptverfahren wirklich eröffnet wird, sondern auch den Beschluß, welcher den Angeklagten außer Verfolgung setzt oder das Verfahren vorläufig einstellt. Es geht dies aus der Überschrift zu dem vierten Abschnitt Buch II. St. P. O. und aus § 196 derselben hervor. In dem vorliegenden Falle war sonach der Beschluß vom 9. Februar d. J. eine Entscheidung über die Eröffnung des Hauptverfahrens, und es mußte darum bei der Hauptverhandlung die Vorschrift des § 23 Abs. 3 St. P. O. beobachtet werden. Allerdings war diese Entscheidung der Strafkammer wieder aufgehoben worden. Aber hierdurch konnte die Thatsache, daß die betreffenden Richter zu dieser Entscheidung mitgewirkt hatten, nicht wieder beseitigt werden. Daß die Meinung des Gesetzgebers nicht dahin gegangen sein kann, es solle die Vorschrift des § 23 Abs. 3 St. P. O. zum Wegfall kommen, wenn an die Stelle der die Anklage ablehnenden ersten Entscheidung über die Eröffnung des Hauptverfahrens eine dieselbe zulassende zweite trete, ergiebt die Erwägung, daß auch dann noch die Veranlassung zu der betreffenden Vorschrift in vollem Umfange bestehen bleibt. Denn die Unbefangenheit des Gerichtes gegenüber dem Ergebnis der Hauptverhandlung, welche für beeinträchtigt gehalten wird, wenn die bereits bei der Entscheidung über die Eröffnung des Hauptverfahrens beteiligt gewesenen Richter die Mehrzahl der erkennenden Richter bilden, und darum durch die Vorschrift des § 23 Abs. 3 St. P. O. sicher gestellt werden soll, erschiene keineswegs gewährleistet, im Falle die ersteren nach stattgefundener Aufhebung ihrer Entscheidung durch die höhere Instanz nunmehr dennoch in geschlossener Zahl in das erkennende Gericht eintreten dürften. Es würde dann dasselbe Verhältnis zu Ungunsten der Anklage entstehen, welches sich zu Ungunsten des Angeklagten ergeben würde, im Falle bereits durch die erste Entscheidung das Hauptverfahren eröffnet worden wäre und sich dann die drei bei dieser Entscheidung beteiligt gewesenen Richter unter den fünf Richtern des erkennenden Gerichtes befinden sollten. Diese Ungleichheit zwischen der Anklage und dem Angeklagten, welche sich herausstellt, wenn nur zwei oder aber die drei Richter der Strafkammer zum Eintritt in das erkennende Gericht zugelassen würden, je nachdem die Verweisung vor dasselbe durch die Ratskammer oder auf Beschwerde des Staatsanwaltes durch den Strafsenat des Oberlandesgerichtes ausgesprochen wird, wäre freilich gerechtfertigt, wenn die Ansicht richtig stünde, daß die Vorschrift des § 23 Abs. 3 St. P. O. lediglich zu Gunsten des Angeklagten gegeben worden sei. Zu dieser Annahme liegt jedoch keine Veranlassung vor. Es läßt sich nicht erkennen, warum nicht die Anklage den nämlichen Anspruch auf eine unbefangene richterliche Würdigung haben sollte, wie die Verteidigung. Die gleichmäßige Geltung der betreffenden Vorschrift für beide ergiebt sich aber auch aus Abs. 1

und 2 des § 23 St. P. O. Denn die hierin genannten Richter sind unbedingt von dem erkennenden Gerichte ausgeschlossen, mögen sie sich seither für die Anklage oder für den Angeklagten ausgesprochen haben. Ebenso spricht für diese Auffassung, daß § 24 Abs. 3 ausdrücklich auch dem Staatsanwalt das Recht auf Ablehnung eines befangenen Richters erteilt und hiermit zu erkennen giebt, daß auch die Anklage einen unbefangenen Richterspruch verlangen dürfe. Die Vorschrift des § 23 Abs. 3 St. P. O. gehört mithin zu den Grundbedingungen eines gesetzlichen Verfahrens. — Endlich ist es zwar richtig, daß nur in Abs. 1 des § 23 St. P. O. der betreffende Richter ausdrücklich „kraft Gesetzes" von der Mitwirkung bei der Entscheidung in höherer Instanz ausgeschlossen wird, diese Worte aber in dem zweiten und dritten Absatz fehlen. Nichtsdestoweniger kann es nicht zweifelhaft erscheinen, daß auch der in Abs. 2 und 3 vorgeschriebene Ausschluß der betreffenden Richter von dem erkennenden Gerichte nicht etwa nur ein instruktioneller oder nur durch Ablehnung nach § 24 St. P. O. realisierbarer, sondern ein Ausschluß ist, der sich ohne jede Anregung von Seiten der Parteien und unabhängig von einem etwaigen Verzichte derselben eo ipso, also kraft des Gesetzes, vollziehen soll. Der § 377 Ziff. 2 St. P. O. muß darum allerdings in den vorliegenden Falle zur Anwendung gebracht werden."

4. **Finden in einer Sache mehrere Hauptverhandlungen statt, so können in einer späteren Hauptverhandlung auch früher nicht abgelehnte Richter abgelehnt werden.** conf. L. § 25 N. 4, U. III 20. Juni 89, E. XIX, 332.

Auf Revision des Angeklagten ist das schwurgerichtliche Urteil aufgehoben und die Sache in die Vorinstanz zurückverwiesen worden.

Aus den Gründen:

Von den Beschwerden des Angeklagten mußte schon die unter 1. der Revisionsschrift für begründet erachtet werden.

Angeklagter ist vor einer Reihe von Jahren im Verwaltungswege seines Amtes als Senator der Stadt F. enthoben worden. Seitdem hat die Frage der Berechtigung dieser Amtsentsetzung fortgesetzt sowohl die Civilgerichte wie die Strafgerichte beschäftigt. Während Angeklagter im Wege des Civilprozesses seine Ansprüche auf Forterhebung des Gehaltes gegen die Stadt F. geltend machte, führte die letztere eine strafgerichtliche Untersuchung gegen den Angeklagten wegen Amtsunterschlagung herbei. Dieses Strafverfahren endete vorläufig mit einem auf den Mangel genügender Ueberführung gestützten förmlichen Einstellungsbeschluß vom 11. September 1883. Der Civilprozeß dagegen, welcher sich gleichfalls mit der einwandweise gegen den Kläger erhobenen Beschuldigung der Amtsunterschlagung zu beschäftigen hatte, fand seinen Abschluß erst im Jahre 1887 durch einen vom Angeklagten abgeleisteten Eid, durch den die Wahrheit der vorerwähnten Beschuldigung in Abrede gestellt wurde. Die Folge war die rechtskräftige Verurteilung des Magistrates der Stadt F. zur Fortzahlung des Gehaltes an den Angeklagten. Nunmehr wandte sich die im Civilprozesse unterlegene Partei von neuem an die Strafgerichte, den abgeleisteten Eid mit den alten Anklagen der Unterschlagung städtischer Gelder als falsch anfechtend. Sowohl der Staatsanwalt, wie auf dawider erhobene Beschwerde der Oberstaatsanwalt lehnten unter Bezugnahme auf die Ergebnisse des früheren Strafprozesses und des Civilprozesses, welche ihrer Ansicht nach keinen genügenden Anlaß zur Erhebung der öffentlichen Klage darboten, das strafgerichtliche Einschreiten ab. Auch hierbei beruhigte sich der Magistrat nicht, beantragte vielmehr aus § 170 St. P. O. beim Oberlandesgerichte in Rostock gerichtliche Entscheidung. Durch Beschluß des Strafsenates dieses Oberlandesgerichtes vom 9. Juli 1887 wurde unter ausführlicher sachlicher Begründung Erhebung der öffentlichen Klage wegen Meineides verfügt. Auf Antrag der Staatsanwaltschaft ist demnächst die Voruntersuchung auch auf Amtsunterschlagung ausgedehnt worden. Der Beschluß vom 9. Juli 1887 ist mit vollzogen vom Oberlandesgerichtsrat Dr. B., welcher als Berichterstatter über den Antrag des Verletzten beim Oberlandesgerichte fungierte. Derselbe Richter hat demnächst nach erfolgter Eröffnung des Hauptverfahrens und Verweisung der Sache vor das Schwurgericht als Vorsitzender des letzteren sowohl bei dem früheren, auf Revision des Angeklagten aufgehobenen, wie bei dem jetzt angefochtenen Urteile mitgewirkt. Nachdem Angeklagter schon in seiner früheren Revision mit der Behauptung hervorgetreten war, der Oberlandesgerichtsrat Dr. B. sei kraft Gesetzes (§ 23 Abs. 2 St. P. O.) vom Richteramte ausgeschlossen, hat er nach Anberaumung des anderweitigen Verhandlungstermines und abermaliger Ernennung des Oberlandesgerichtsrates Dr. B. zum Vorsitzenden des Schwurgerichtes besonders für diese Sache ein förmliches Ablehnungsgesuch gegen den letzteren angebracht, gestützt auf analoge Anwendung des § 23 St. P. O. und auf Besorgnis der Befangenheit. Mittels Beschlusses vom 22. März 1889 lehnte die Strafkammer des Landgerichtes in Güstrow, an welche das Gesuch gerichtet war, die Entscheidung hierüber wegen Unzuständigkeit ab. Angeklagter legte hiergegen Beschwerde beim Oberlandesgerichte ein, indem er sich auf den Antrag beschränkte, die Strafkammer zur Abgabe einer Entscheidung auf das Ablehnungsgesuch anzuweisen. Der Strafsenat des Oberlandesgerichtes zu Rostock erforderte eine dienstliche Äußerung des abgelehnten Richters, erachtete im übrigen zwar die Zuständigkeit der Strafkammer für vorliegend, jedoch in Gemäßheit des § 351 Abs. 2 St. P. O. nunmehr das Beschwerdegericht zur Abgabe einer sachlichen Entscheidung für berufen und verwarf mittels Beschlusses vom 28. März 1889 das Ablehnungsgesuch als unbegründet. Dieser Beschluß wird als prozeßwidrig und als materiell rechtsverletzend auf Grund des § 377 Ziff. 3 St. P. O. vom Angeklagten angegriffen.

1. Zunächst kann es keinem Zweifel unterliegen, daß Angeklagter, obwohl er in der ersten, vor dem Revisionsurteile vom 18. Februar 1889 liegenden Hauptverhandlung sich den Oberlandesgerichtsrat Dr. B. unbeanstandet als vorsitzenden Richter hat gefallen lassen, hierdurch nicht behindert war, für die erneute Verhandlung denselben Richter abzulehnen. Daß Angeklagter den Ablehnungsgrund erst nach der ersten Hauptverhandlung erfahren haben will, mag immerhin nicht von entscheidender Bedeutung sein.

Vgl. Rechtspr. des R. G.'s in Straff. Band 8 S. 356.

Wohl aber findet das Bedenken darin seine volle Erledigung, daß

§ 25 St. P. O. lediglich darauf abgezielt, Unterbrechungen der einmal über die Verlesung des Eröffnungsbeschlusses hinaus gediehenen Hauptverhandlung durch im Verlaufe derselben angebrachte Ablehnungsgesuche abzuschneiden, daß die Hauptverhandlung vom 4./5. April 1889 nicht eine Fortsetzung der früheren, sondern eine vollkommen neue Verhandlung darstellt, daß in dieser neuen Verhandlung auch der Eröffnungsbeschluß von neuem verlesen werden mußte, und daß auch die Mitwirkung des Oberlandesgerichtsrates Dr. B. als vorsitzenden Richters auf erneuter Ernennung desselben zum Vorsitzenden der anderweiten Sitzungsperiode (§ 83 G. V. G.'s) beruht. Hiernach war Angeklagter unbedenklich befugt, bis zur Verlesung des Eröffnungsbeschlusses in der Sitzung vom 4. April 1889 sowohl wie vor der Hauptverhandlung mit Ablehnungsanträgen gegen die richterlichen Mitglieder des Schwurgerichtes hervorzutreten.

2. Was sodann die Frage betrifft, welches Gericht gemäß des § 27 St. P. O. zuständig war, über das Ablehnungsgesuch zu entscheiden, so mußte hierin lediglich den Ausführungen des Oberlandesgerichtes im Beschlusse vom 28. März 1889 beigepflichtet werden. Keinerlei Meinungsverschiedenheit herrscht in Theorie und Praxis darüber, daß, wenn in der Hauptverhandlung ein richterliches Mitglied des Schwurgerichtes als solches abgelehnt wird, das Schwurgericht ausschließlich dasjenige Gericht ist, „welchem der Abgelehnte angehört", und deshalb auch lediglich das Schwurgericht, selbstredend unter Ausscheidung des abgelehnten Richters und Eintritt seines Stellvertreters, die Entscheidung über das Ablehnungsgesuch abzugeben hat. Hält man dies fest, so folgt daraus auch ohne weiteres, daß, wenn vor der Hauptverhandlung und vor dem Beginne der Sitzungsperiode ein richterliches Mitglied des Schwurgerichtes als erkennender Richter abgelehnt wird, hierüber wiederum auch nur das Schwurgericht, oder die nach dem Gesetze das Schwurgericht als beschließendes Gericht vertretende Instanz die Entscheidung abzugeben berufen ist. Das aber ist außerhalb der Dauer der Sitzungsperiode nach deutlicher Vorschrift des § 82 G. V. G.'s die Strafkammer des Landgerichtes. Jede andere gerichtliche Instanz erscheint hierfür unzuständig. Das Ablehnungsgesuch richtet sich nicht gegen den fraglichen Richter, insofern er Mitglied des Oberlandesgerichtes oder des Landgerichtes ist, und hier diesem oder jenem Senate, dieser oder jener Kammer angehört, sondern einzig und allein gegen sein schwurgerichtliches Richteramt. Es bliebe daher auch kaum abzusehen, in welcher Zusammensetzung Oberlandesgericht oder Landgericht Beschlüsse über Ablehnungsgesuche abgeben sollten, wenn lediglich die allgemeine Angehörigkeit eines richterlichen Mitgliedes des Schwurgerichtes zu ihrem Körper die Zuständigkeit begründen sollte. Das in der Litteratur gelegentlich geäußerte, von der Strafkammer im Beschlusse vom 22. März 1889 geteilte Bedenken, vor Beginn der Sitzungsperiode sei der ernannte Vorsitzende des Schwurgerichtes noch kein aktuelles Mitglied desselben und gehöre deshalb auch dem letzteren noch nicht an, ist nicht zutreffend. Sofort mit der Ernennung weist das Gesetz dem Vorsitzenden des Schwurgerichtes eine Reihe von

Funktionen zu, welche nur in der Hand eines dem Schwurgerichte aktuell angehörigen Richters verständlich sind. In Gemäßheit des § 83 Abs. 3 G. V. G.'s und der §§ 212 flg. St. P. O. übernimmt er alle in der Strafprozeßordnung bezüglich der Vorbereitung der Hauptverhandlung dem Vorsitzenden des Gerichtes zugewiesenen Geschäfte. Er ordnet in Gemäßheit des § 93 G. V. G.'s die Ladung der Geschworenen an und befindet nach § 94 G. V. G.'s über die von ihnen geltend gemachten Ablehnungs- oder Hinderungsgründe. In alledem handelt er offensichtig lediglich als dem Schwurgerichte angehörender Richter, und in keiner anderen Eigenschaft. Innerhalb des schwurgerichtlichen Organismus kann daher auch allein die Instanz gesucht werden, welche gemäß § 27 St. P. O. über das Ablehnungsrecht der Prozeßbeteiligten im konkreten Falle zu befinden hat. Dies aber ist nach unzweideutiger Vorschrift des § 82 G. V. G.'s während der Sitzungsperiode das Schwurgericht selbst, vertreten durch seine richterlichen Mitglieder, außerhalb der Sitzungsperiode das Schwurgerichts, vertreten durch die Strafkammer.

Dagegen kann dem Beschlusse des Oberlandesgerichtes vom 28. März 1889 darin nicht beigepflichtet werden, daß derselbe sich überhaupt sachlich mit einer Prüfung des Ablehnungsgesuches befaßt und dasselbe aus materiellen Gründen zurückgewiesen hat. Zu einer derartigen Entscheidung besaß das Oberlandesgericht keine Zuständigkeit. Die Berufung des Oberlandesgerichtes auf die Vorschrift des § 351 Abs. 2 St. P. O. erscheint nicht durchgreifend. Wenn § 351 Abs. 2 St. P. O., abweichend von § 538 C. P. O., dem Beschwerdegerichte, welches die Beschwerde für begründet erachtet, nicht die Wahl läßt, unter Aufhebung der Entscheidung entweder die Sache in die Instanz zurückzuverweisen oder selbst anderweite Entscheidung zu treffen, sondern als Regel vorschreibt, ohne weiteres „die in der Sache erforderliche Entscheidung zu erlassen", so liegen dieser letzteren strafprozeßrechtlichen Norm keine tiefer liegenden Prinzipien zu Grunde; es sind vielmehr lediglich Rücksichten der Zweckmäßigkeit, welche es für den Strafprozeß im Interesse beschleunigteren Rechtsganges wünschenswert erscheinen ließen, das Beschwerdeverfahren thunlichst von den Weiterungen eines hin- und herwandernden Instanzenzuges zu befreien. Dabei wurde stillschweigend als Regel vorausgesetzt, daß überall eine sachliche Entscheidung, sei es auch nur über eine Vorfrage, Gegenstand der Beschwerde ist, und daß das Beschwerdegericht ebenso sachliche Zuständigkeit besitzt, „die in der Sache erforderliche Entscheidung zu erlassen." Mit dem Fortfalle der einen oder anderen Voraussetzung versagt mit innerer Notwendigkeit auch die Regel des § 351 Abs. 2 St. P. O. So kann nicht wohl die Rede davon sein, die fragliche Prozeßnorm auch da zur Anwendung zu bringen, wo der Richter es einfach unterläßt, eine in Frage stehende, vom Gesetze erforderte oder vom Beschwerdeführer beantragte Verfügung zu treffen, und ausschließlich diese Unterlassung Gegenstand der Beschwerde ist. Ebensowenig wird das Beschwerdegericht gesetzlich in der Lage sein, eine eigentlich sachliche Entscheidung abzugeben, sobald beispielsweise der Beschwerdegrund in der örtlichen Unzuständigkeit der Vorinstanz liegt und die örtlich zuständige Instanz außerhalb des Gerichtssprengels des Beschwerdegerichtes liegt, das letztere also selbst örtlich unzuständig ist, die im § 351 Abs. 2 St. P. O. vorgesehene Entscheidung nach anderer Richtung hin abzugeben, als durch Prüfung und Entscheidung der Zuständigkeitsfrage. In solchem Falle ist eben die Zuständigkeitsfrage diejenige „Sache", in welcher eine Entscheidung „erforderlich" ist. Vorliegenden Falles hatte die Strafkammer des Landgerichtes über das Ablehnungsgesuch des Angeklagten in keiner Weise entschieden, sondern die von ihm verlangte Entscheidung zu Unrecht von sich abgelehnt. Hiernach war das Beschwerdegericht umsomehr verpflichtet, seine Entscheidung auf die Unzuständigkeitserklärung der Strafkammer zu beschränken, als nach den §§ 27, 28 St. P. O. dem Oberlandesgerichte jede Zuständigkeit abging, sei es unmittelbar, sei es mittelbar als angerufenes Beschwerdegericht über das Ablehnungsgesuch des Angeklagten sachlich zu befinden. Der Beschluß des Oberlandesgerichtes vom 28. März 1889 übersieht, daß § 28 St. P. O. verbunden mit § 27 St. P. O. vorliegenden Falles eine ausschließliche Zuständigkeit der Strafkammer des Landgerichtes und eine absolute Unzuständigkeit des Oberlandesgerichtes für die sachliche Prüfung und Entscheidung des Ablehnungsgesuches bedingte. Denn in Gemäßheit des § 28 Abs. 1 St. P. O. blieb grundsätzlich jeder Beschwerdeweg verschlossen, wenn die Strafkammer das Ablehnungsgesuch für begründet erachtete. Erachtete sie es aber für unbegründet, so war wiederum gemäß des § 28 Abs. 2 St. P. O. diese Entscheidung, weil sie einen erkennenden Richter betraf, jedem selbständigen Beschwerdeangriffe entzogen und nur im Wege der Revision an das Reichsgericht mit dem Urteile zugleich anfechtbar. Verbietet sonach positiv das Gesetz, die Frage der Begründung oder Nichtbegründung eines gegen einen erkennenden Richter gerichteten Ablehnungsgesuches zum Gegenstande des Rechtsmittels der „Beschwerde" zu machen, so ist klar, daß das Oberlandesgericht als Beschwerdegericht auch lediglich Zuständigkeit besaß, die von der Strafkammer vorgeschützte Unzuständigkeit zur Entscheidung zu bringen, der Beschluß vom 28. März 1889 aber, insoweit er darüber hinaus das Ablehnungsgesuch selbst für unbegründet erklärte, den § 28 St. P. O. verletzte. Andererseits liegt im Sinne des § 377 Abs. 3 St. P. O. unbedenklich „Verwerfung mit Unrecht" auch dann vor, wenn ein Ablehnungsgesuch gar nicht von dem zuständigen Gerichte geprüft und beschieden worden ist. Das prozessuale „Unrecht", welches in solchem Falle den Prozeßbeteiligten zugefügt wird, ist von dem materiellen Unrechte, welches in der Nichtberücksichtigung eines gültigen Ablehnungsgrundes enthalten ist, im Wesen nicht verschieden. War somit der im § 377 Abs. 3 St. P. O. vorgesehene Revisionsgrund als vorliegend anzuerkennen, so folgte schon hieraus die Aufhebung des angefochtenen Urteiles.

Im übrigen giebt aber auch die dem Ablehnungsgesuche zu teil gewordene materielle Beurteilung zu Bedenken Anlaß. Der Umstand, daß vom Angeklagten in erster Reihe das Vorhandensein eines gesetzlichen Ausschließungsgrundes im Sinne des § 23 Abs. 3 St. P. O. behauptet und nur in zweiter Reihe Besorgnis der Befangenheit im Sinne des § 24 St. P. O. geltend gemacht ist, hat ersichtlich in der Vorinstanz dahin geführt, die Befangenheitsfrage nur in unzureichender, überwiegend formaler Weise zu würdigen. Wie die dienstliche Äußerung des abgelehnten Richters sich wesentlich darauf beschränkt, die Richterstreckung des § 23 Abs. 3 St. P. O. auf das schwurgerichtliche Hauptverfahren hervorzuheben und daher die Grundlosigkeit des Ablehnungsgesuches herzuleiten, folgert das Oberlandesgericht dasselbe hauptsächlich daraus, daß die Fälle eines nach § 173 St. P. O. und eines nach den §§ 199, 201 St. P. O. zu fassenden Beschlusses „nicht gleich liegen". Beides ist ohne weiteres zuzugeben, ohne daß jedoch hieraus mehr folgt, als daß die Behauptung eines gesetzlichen Ausschließungsgrundes in jeder Beziehung verfehlt war. Was aber die vom Angeklagten geltend gemachte Besorgnis der Befangenheit betrifft, so war diese Frage aus der eigentümlichen Bedeutung des in den §§ 170 flg. St. P. O. geordneten Verfahrens heraus zu entscheiden, nicht aus §§ 23, 199 St. P. O.

Diese Vorschriften der §§ 170—175 St. P. O. sind zuerst von der Reichstagskommission in den Entwurf der Strafprozeßordnung eingeschaltet worden. Man wünschte verstärkte Kontrollen gegen die sog. negative Strafjustiz der Staatsanwaltschaft, hielt die Privatklage hierfür allein nicht ausreichend und schuf deshalb eine neue gerichtliche Beschwerdeinstanz über die Organe der Staatsanwaltschaft. Von vornherein wurde sowohl von den Vertretern der verbündeten Regierungen, wie von Mitgliedern der Kommission (Gneist, Marquardsen, Puttkamer, Schwarze, Struckmann) gegen jenen gesetzgeberischen Gedanken der grundsätzliche Einwand erhoben, durch denselben „werde dem Gerichte das Amt des Anklägers übertragen", würden „die Gerichte zu betreibenden Organen der Anklage gemacht"; „das Gericht greife in die Aufsichtsrechte des der Staatsanwaltschaft vorgesetzten Beamten ein"; „der Staatsanwalt werde Gehilfe des die Strafverfolgung betreibenden Richters."

Vgl. Hahn, Materialien zur Strafprozeßordnung Bd. 1 S. 728, 730, 731, 733.

In der That kann auch angesichts der jetzt zum Gesetze gewordenen §§ 172, 173 St. P. O. verbunden mit § 168 St. P. O. kaum ein Zweifel darüber obwalten, daß das zur Entscheidung angerufene Oberlandesgericht keine eigentliche richterliche, sondern eine überwiegend staatsanwaltliche Thätigkeit ausübt; wie nach § 168 St. P. O. die Organe der Staatsanwaltschaft, so prüft jetzt das Gericht, „ob die angestellten Ermittelungen genügenden Anlaß zur Erhebung der öffentlichen Klage bieten, und wie der Regel nach die Erhebung der öffentlichen Klage eine staatsanwaltliche Prärogative bildet, so handhabt diese im Falle der §§ 170 flg. St. P. O. ausnahmsweise das Gericht, indem es seinerseits die Erhebung der öffentlichen Klage anordnet. Daß aber durch Überweisung derartig staatsanwaltlicher Funktionen an die Oberlandesgerichte die letzteren in Kollision mit den Geboten richterlicher Unbefangenheit geraten müßten, dieser unvermeidlichen Folge war man sich in der Reichstagskommission gleichfalls bewußt. Als in der zweiten Lesung nach den ursprünglich Klotz'schen, dann Wolffson'schen Anträgen die Ersetzung der Landgerichte durch die Oberlandesgerichte als Beschwerdeinstanz zur Beratung stand, erklärten mehrere der bisherigen Gegner der Anträge diese Amendierung um deshalb eher für annehmbar, weil die nur in äußerst geringem Grade mit strafrichterlicher Thätigkeit befaßten Oberlandesgerichte durch die ihnen zugemuteten Entscheidungen nicht in Konflikt mit dem Strafrichteramte gebracht werden könnten. „Die über die Beschwerde entscheidenden Behörden und Personen würden andere sein, als die zur Aburteilung berufenen" (Puttkamer); die Gefahr der Zusammenwerfung des Anklage- und Richteramtes sei beseitigt, da die Oberlandesgerichte bei der Entscheidung der Hauptsache nicht mitwirkten" (Marquardsen).

Vgl. Hahn, a. a. O. S. 1079, 1081.

Daß dasjenige Mitglied des Oberlandesgerichtes, auf dessen Bericht hin öffentliche Klage erhoben" worden, später über diese von ihm angeordnete Klage selbst erkennend zu Gericht sitzen könne, darf hiernach als eine Eventualität bezeichnet werden, die mit den erkennbaren legislativen Absichten nicht mehr in Einklang zu bringen ist.

Hieraus folgt freilich noch nicht, daß nunmehr jedes Mitglied des Oberlandesgerichtes, welches an einem Beschlusse in Gemäßheit des § 173 St. P. O. mitgewirkt hat, oder daß unter allen Umständen der Berichterstatter als erkennender Richter wegen Besorgnis der Befangenheit ablehnbar sei. Die besondere Sachlage wird nothwendig hierbei Berücksichtigung erheischen. Es lassen sich Fälle denken, in denen es sich bei dem Abweichen zwischen Staatsanwaltschaft und Oberlandesgericht in der Hauptsache nur um eine juristische Meinungsverschiedenheit, z. B. über die Frage der Verjährung u. dgl., handelt, und in welchen der Verdacht sachlicher Voreingenommenheit des Oberlandesgerichtes ausgeschlossen erscheint. Der vorliegende Fall ist anders geartet. Hier wurzelte die ganze Verschiedenheit zwischen Staatsanwalt und Oberlandesgericht bezüglich der Frage, ob öffentliche Klage zu erheben sei, lediglich darin, daß das Oberlandesgericht die thatsächlichen Ergebnisse der in den Straf- und Civilprozeßakten angesammelten Ermittelungen beweiswürdigend in einem dem Beschuldigten wesentlich ungünstigeren Lichte beurteilte, als dies Staatsanwalt und Oberstaatsanwalt gethan. Der Beschluß vom 9. Juli 1887 in seiner ausführlichen sachlichen Begründung enthält bereits neben einer Instruktion für den Untersuchungsrichter den Entwurf einer Anschuldigungsschrift mit Zusammenstellung aller gegen den Angeklagten sprechenden Anzeigen. Es muß bezweifelt werden, daß derjenige Richter, welcher in so entschiedener Weise sich auf den Standpunkt des Staatsanwaltes und in die staatsanwaltschaftliche Aufgabe der Strafverfolgung hineinzusetzen berufen gewesen ist, noch von derjenigen sachlichen Voreingenommenheit frei ist, deren Dasein das Gesetz an anderen Stellen und in anderen Formen (§§ 22 Nr. 4. 23 Abss. 1. 2 St. P. O.) als gesetzlichen Ausschließungsgrund anerkannt, und welche darüber hinaus als eine die Besorgnis der Befangenheit rechtfertigende Thatsache zu gelten hat.

In letzterer Entscheidung sind auch folgende Grundsätze ausführlich behandelt:

a. **Zur Entscheidung über das Ablehnungsgesuch ist das Gericht, welchem der Richter für den vorliegenden Fall angehört, zuständig.** conf. L. § 27 Nr. 1a.

b. **Erklärt das angerufene Gericht sich für unzuständig, so ist das Beschwerdegericht nicht befugt, eine Entscheidung in der Ablehnungsfrage selbst zu geben.** conf. L. § 28 Nr. 5.

c. **Ob ein Richter, welcher bei dem Beschluß des Oberlandesgerichts über die Erhebung der öffentlichen Klage mitgewirkt hat, wegen Besorgnis der Befangenheit abgelehnt werden kann, ist nach der konkreten Sachlage zu beantworten.** conf. L. § 23 Nr. 1b.

5. Die Frage, ob und wann die Mitwirkung eines gesetzlich ausgeschlossenen Gerichtsschreibers einen Revisionsgrund abgebe, hat ausführlich und grundlegend behandelt U. III. 12. Nov. 85. E. XIII. 76. R. VII. 660.

Die nur prozessuale Beschwerde wegen Verletzung der §§ 22 Nr. 5 31 St. P. O. ist auf die Behauptung gestützt, daß der Gerichtsschreiber R., welcher das Protokoll der Hauptverhandlung geführt hat, in dieser Hauptverhandlung, unter vorübergehender Substitution eines anderen Protokollführers, als Zeuge vernommen worden ist.

Die Thatsache als solche ist richtig, und die gerügte Verletzung der vorerwähnten Prozeßnormen liegt unverkennbar vor. Hieraus folgt indessen nicht mehr, als daß das fragliche Sitzungsprotokoll und seine Anlagen von demjenigen Momente an, in welchem dasselbe nach erfolgter Zeugenvernehmung des Gerichtsschreibers, trotz dessen hierdurch bewirkter Inhabilität, wiederum von dem letzteren fortgeführt worden ist, der Legalität und gesetzlichen Beweiskraft entbehren. Da aber das Urteil nicht auf dem Protokolle als solchem, sondern auf den materiellen Ergebnissen der Hauptverhandlung beruht, würde die Mangelhaftigkeit des Protokolles oder, im Schwurgerichtsverfahren, des der vorgeschriebenen Beglaubigung durch den Gerichtsschreiber entbehrenden Spruches der Geschworenen, nur dann einen Revisionsgrund abzugeben im Stande sein, wenn die Beobachtung der für die Hauptverhandlung, den Inhalt und die Verkündung des Spruches vorgeschriebenen Förmlichkeiten in Frage käme, deren Nichtbeobachtung oder Verletzung gerügt wäre und für die Prüfung dieser Frage die nach § 274 St. P. O. allein maßgebende Grundlage in der urkundlichen Beweiskraft eines legalen Protokolles oder ein formgerecht beglaubigter Spruch vermißt würde. Daß in dieser Beziehung Förmlichkeiten nicht beobachtet oder Rechtsnormen verletzt worden seien, wird von der Revision nicht geltend gemacht. Ist aber hiernach die Mangelhaftigkeit des Protokolles und der äußeren Beschaffenheit des Spruches ohne allen Einfluß auf den Rechtsbestand des Urteiles geblieben, so kann in Gemäßheit des § 376 St. P. O. auch die Revision auf die Verletzung jener prozessualen Rechtsnormen nicht gestützt werden.

Verfehlt ist die Berufung des Beschwerdeführers auf § 377 St. P. O. Wollte man selbst auf Grund des § 225 St. P. O. den Gerichtsschreiber dem „erkennenden Gerichte" als eine der am Verfahren mitwirkenden Gerichtspersonen zuzählen, so hat § 377 Nr. 1 St. P. O. doch lediglich die allgemeinen Normen vorschriftsmäßiger Gerichtsbesetzung — Zahl, allgemeine Tauglichkeit der Gerichtspersonen — im Auge, und vorliegenden Falls hat die Hauptverhandlung in ununterbrochener Gegenwart von Gerichtsschreibern stattgefunden, denen im allgemeinen die Fähigkeit für ihr Amt beiwohnte. Die Vorschrift des § 377 Nr. 2 St. P. O. aber bezieht sich in ihrem Wortlaute wie Sinne nach nur auf die, die Ausübung des Richteramtes ad hoc ausschließenden, für „Richter, Geschworene und Schöffen" maßgebenden Inhabilitätsgründe. Die Tauglichkeit zur Ausübung des Gerichtsschreiberamtes wird hierdurch auch nicht mittelbar berührt. Die vorgeschriebene ununterbrochene „Anwesenheit" eines Gerichtsschreibers hat vielmehr allein § 377 Nr. 5 St. P. O. zum Gegenstande, und daß hiergegen nicht gefehlt worden, ist schon oben hervorgehoben. Aus diesem Grunde war die Beschwerde zu verwerfen.

6. Die Frage, wann man sagen könne, daß ein **Untersuchungsrichter die Voruntersuchung geführt** habe und daher unfähig sei, Mitglied des erkennenden Gerichts zu sein, behandelt grundlegend U. I. 15. Jan. 91 E. XXI 285.

Die Rüge, daß das erkennende Gericht nicht vorschriftsmäßig besetzt gewesen, weil der Untersuchungsrichter als Mitglied der Strafkammer fungiert habe, geht fehl. Der am 23. Januar 1890 zum Untersuchungsrichter ernannte Landgerichtsrat G. hat allerdings bei dem angefochtenen Urteile mitgewirkt; allein er durfte Mitglied des erkennenden Gerichtes sein, da er die Voruntersuchung in dieser Sache nicht geführt hat (vgl. § 23 Abs. 2 St. P. O.). Auf Antrag des Staatsanwaltes vom 7. September 1890 eröffnete und führte der stellvertretende Untersuchungsrichter Landgerichtsrat M. die Voruntersuchung gegen den Beschwerdeführer, er vernahm die Zeugen und den Angeschuldigten und ließ durch die Gensdarmerie noch einige Ermittelungen machen. Der Untersuchungsrichter G. übernahm die bereits geführte Untersuchung und verfügte nur den Schluß derselben nach § 195 St. P. O.; er ersuchte das Amtsgericht W., dem Angeklagten das Ergebnis der Untersuchung zu eröffnen, seine Erklärung entgegenzunehmen und zugleich denselben in Kenntnis zu setzen, daß die Untersuchung geschlossen werde; der Angeschuldigte gab eine Erklärung nicht ab; der Untersuchungsrichter G. erteilte sodann dem Verteidiger die erbetene Akteneinsicht und übersandte die Akten dem Staatsanwalte zu weiterer Amtshandlung. Nach § 23 Abs. 2 St. P. O. kann der Untersuchungsrichter nur in denjenigen Sachen, in welchen er die Voruntersuchung geführt hat, nicht Mitglied des erkennenden Gerichtes sein; nicht jede Thätigkeit des Untersuchungsrichters, sondern nur die Vornahme von Untersuchungshandlungen im Sinne der §§ 185, 186 macht denselben unfähig zur Mitwirkung bei der Aburteilung; zur Führung der Voruntersuchung gehört wesentlich die Vernehmung der Zeugen und Sachverständigen, die Augenscheinseinnahme, die Vernehmung des Angeschuldigten, jede Handlung des Untersuchungsrichters, welche die Feststellung des Thatbestandes, die Sammlung der Beweise bezweckt; Entsch. des R. G.'s in

Straff. B. 4 S. 344, Bd. 9 S. 285, Bd. 18 S. 269, allerdings genügt auch nur teilweise Führung der Untersuchung; immerhin muß aber die Vornahme eines wesentlichen Aktes in Frage stehen; dahin gehört z. B. nicht die Anordnung einer Ladung, die Aufnahme eines Antrages des Angeschuldigten, Rechtsspr. des R. G.'s Bd. 2 S. 51; Entsch. des R. G.'s in Straff. Bd. 2 S. 314; Rechtssp. des R. G.'s Bd. 3 S. 155, die Eröffnung einer Untersuchung nach § 182 St. P. O., ein Beschluß über Haft, Entsch. des R. G.'s in Straff. Bd. 9 S. 285; desgleichen bewirkt auch der Schluß der Untersuchung nach § 195 St. P. O. noch nicht die Unfähigkeit des Untersuchungsrichters zur Teilnahme an der Hauptverhandlung und Aburteilung, da das Bekanntgeben der Beendigung der Untersuchung an den Angeschuldigten und die Vorlage der Akten an den Staatsanwalt nicht als Untersuchungshandlungen im eigentlichen Sinne erscheinen, Entsch. des R. G.'s in Straff. Bd. 9 S. 287 unten und Bd. 18 S. 271 a. E., der Schluß der Untersuchung vielmehr die bereits geschehene Vornahme der erforderlichen Untersuchungshandlungen vorausgesetzt, also nicht selbst eine solche sein kann. Die Beiziehung des Untersuchungsrichters G. zur Aburteilung des Beschwerdeführers war also nicht gesetzwidrig.

7. **Über ein in der Hauptverhandlung der mit 5 Mitgliedern besetzten Strafkammer angebrachtes Ablehnungsgesuch kann die Strafkammer nach Ausscheiden der abgelehnten Richter in der Besetzung von drei Mitgliedern verhandeln und entscheiden.** U. II 19. Dezbr. 90, E. XXI 250.

Über ein von dem Angeklagten eingereichtes und von ihm in der Hauptverhandlung vor der Verlesung des Eröffnungsbeschlusses wiederholtes Gesuch, in welchem er zwei Mitglieder des erkennenden Gerichtes, die Landgerichtsräte B. und D., wegen Besorgnis der Befangenheit ablehnte, wurde von der Strafkammer, nachdem die abgelehnten Mitglieder ausgeschieden waren, befunden und das Gesuch durch verkündeten Gerichtsbeschluß für unbegründet erklärt, da die abgelehnten Richter selbst keine Veranlassung gefunden hätten, sich als befangen anzusehen, und die von dem Angeklagten angeführten Thatsachen nicht geeignet seien, die Besorgnis der Befangenheit zu rechtfertigen. Nunmehr erklärte der Angeklagte, daß er gegen den ablehnenden Beschluß das Rechtsmittel der Beschwerde einlege; alsdann wurde in die Verhandlung eingetreten und dieselbe durch Verkündung des Urteils abgeschlossen.

Die Revision des Angeklagten erblickt einen prozessualen Verstoß darin, daß die Strafkammer in der Besetzung von nur drei Mitgliedern über das Ablehnungsgesuch entschieden hat und sich unter diesen drei Mitgliedern zwei Gerichtsassessoren befunden haben.

Allein der als verletzt bezeichnete § 77 G. V. G.'s schreibt nur vor, daß die Strafkammern in der Hauptverhandlung mit fünf Mitgliedern zu besetzen sind, während sie in allen sonstigen Fällen in der Besetzung von drei Mitgliedern zu entscheiden haben. Möglich war es, schon vor Beginn der Hauptverhandlung das am Tage vorher eingegangene Ablehnungsgesuch des Angeklagten durch einen Gerichtsbeschluß zu erledigen, und ist es nicht zu bezweifeln, daß zu dieser Beschlußfassung außerhalb der Hauptverhandlung die mit drei Mitgliedern besetzte Strafkammer berufen gewesen sein würde. Nun hatte allerdings die Hauptverhandlung vor der mit fünf Mitgliedern besetzten Strafkammer durch den Aufruf der Zeugen gemäß § 242 St. P. O. bereits begonnen, als der Angeklagte sein Ablehnungsgesuch wiederholte, und es wurde über das bisher unerledigt gebliebene Gesuch jetzt sofort verhandelt.

Daraus folgt aber keineswegs, daß das Verfahren, in welchem die Entscheidung über das Ablehnungsgesuch erfolgte, einen Teil der begonnenen Hauptverhandlung bildete. Wäre die begonnene Hauptverhandlung von dem Gerichte vertagt worden, so würde in der Zwischenzeit bis zu dem neuen Termine einer Erledigung des Gesuches durch die mit drei Mitgliedern besetzte Strafkammer nichts im Wege gestanden haben. In dem vorliegenden Falle hat das Gericht zwar eine Vertagung nicht ausdrücklich beschlossen, es hat aber thatsächlich die Hauptverhandlung, welche vor der mit fünf Mitgliedern besetzten Strafkammer begonnen hatte, dadurch unterbrochen, daß es als mit drei Mitgliedern besetzte Strafkammer über das Ablehnungsgesuch entschied. Diese Verhandlung und Entscheidung über das Ablehnungsgesuch war kein Teil der begonnenen Hauptverhandlung, sondern ein für sich bestehender Prozeßakt, der anderen Regeln unterlag, wie die Hauptverhandlung. In dem Urteile des Reichsgerichtes vom 22. Januar 1886.

Entsch. des R. G.'s in Straff. Bd. 13 S. 302, auf welches verwiesen wird, ist bereits ausgeführt, daß der Gegenstand der Hauptverhandlung durch die Vorschriften des VI. Abschnittes der Strafprozeßordnung bezeichnet wird und aus diesen Bestimmungen nicht hergeleitet werden kann, daß die Entscheidung über ein in der Hauptverhandlung vor Verlesung des Eröffnungsbeschlusses vorgebrachtes Ablehnungsgesuch als Teil der Hauptverhandlung dann zu gelten hat, wenn über das Gesuch sofort verhandelt ist. Die Strafkammer hat daher dadurch, daß sie in der Besetzung von drei Mitgliedern über das Ablehnungsgesuch entschied, gegen den § 77 G. V. G.'s nicht verstoßen. Daß der aus drei Mitgliedern zusammengesetzten Kammer nach ordnungsmäßig erfolgter Geschäftsverteilung die Funktionen der beschließenden Kammer oblagen und die beiden Gerichtsassessoren, welche bei der Entscheidung mitgewirkt haben, als Hilfsrichter gehörig bestellt waren, wird von der Revision nicht bestritten und muß angenommen werden. Der in der Revision hervorgehobene Umstand, daß zwei Richter nicht ordentliche Mitglieder der erkennenden Strafkammer gewesen seien, ist gleichgültig, da das Gesetz die Beiordnung nichtständiger Richter und die Vertretung ordentlicher Mitglieder gestattet. Rechtsirrtümlich ist ferner die Ansicht der Revision, daß der Beschluß, durch welchen das Ablehnungsgesuch für unbegründet erklärt wurde, nicht öffentlich zu verkünden, sondern schriftlich zuzustellen gewesen sei, um den Angeklagten die Möglichkeit zu gewähren, innerhalb einer Woche das Rechtsmittel der sofortigen Beschwerde einzulegen; denn nach § 35 Abs. 1 St. P. O. sind alle Entscheidungen, welche in Anwesenheit der davon betroffenen Personen ergehen, denselben nicht zuzustellen, sondern durch Verkündung bekannt zu machen, und nach § 28 Abs. 2 kann der Beschluß, durch welchen, wie hier, ein gegen einen erkennenden Richter angebrachtes Ablehnungsgesuch für unbegründet erklärt wird, nicht für sich allein, sondern nur mit dem Urteile angefochten werden. Das Rechtsmittel der sofortigen Beschwerde stand dem Angeklagten nicht zu. Der Beschluß ist somit weder von einem nicht vorschriftsmäßig besetzten Gerichte gefaßt, noch durch denselben ein Beschwerderecht des Angeklagten beschränkt worden.

§ 4.

Zeugen.

1. Betreffs der Zeugenfähigkeit des Nebenklägers s. unten § 17 „Nebenklage".

2. **Ein Mitangeklagter kann als Zeuge auch in den Fällen nicht vernommen werden, bei welchen er selbst nicht beteiligt ist.** conf. L. zum sechsten Abschnitt N. 3a, St. § 48 N. 2, K. S. 349. U. II 9. Mai 82. E. VI 279 R. IV 455.

Die Rüge des Beschwerdeführers Pr., daß der erste Richter dadurch eine Rechtsnorm über das Verfahren verletzt habe, daß er den in demselben Strafverfahren mitangeklagten und durch dasselbe Urteil wegen gewerbsmäßiger Hehlerei mit Zuchthausstrafe belegten Wirt Pg. zeugeneidlich gegen ihn vernommen und auf diese Aussage die betreffende Verurteilung des Beschwerdeführers gestützt hat, ist zutreffend.

Der Mitangeklagte Pg. ist zwar in den im ersten Urteile unter Nr. 3, 8, 10 und 11 erörterten Fällen, in denen auch der Beschwerdeführer Pr. als Dieb beschuldigt war und verurteilt ist, der Hehlerei für schuldig erachtet, aber ausweislich des Sitzungsprotokolles und der Urteilsgründe nicht in diesen vier Fällen, sondern nur in den beiden Fällen unter Nr. 5 und 6 des Urteiles als Zeuge eidlich vernommen. In diesen letzteren beiden Fällen, in denen es sich lediglich um zwei von dem Beschwerdeführer Pr. in Gemeinschaft mit einem anderen (dem Knecht G.) bei dem Wirte S. zu G. verübte Diebstähle an 15 Scheffeln Kartoffeln und 5 Säcken handelt, ist Pg. der Teilnahme, Begünstigung oder Hehlerei weder durch die Anklage, bezw. den Eröffnungsbeschluß beschuldigt noch verurteilt, vielmehr, wie der Vorrichter in den Urteilsgründen ausdrücklich konstatiert, gar nicht beteiligt.

Durch diese Nichtbeteiligung des Mitangeklagten Pg. bei diesen beiden den Gegenstand seiner Vernehmung bildenden, dem Beschwerdeführer zur Last gelegten Strafthaten glaubt der erste Richter die zeugeneidliche Vernehmung des ersteren motivieren zu können. Offenbar stützt er sich für diese Ansicht auf die Vorschrift des § 56 Nr. 3 St. P. O., wonach Personen, welche hinsichtlich der den Gegenstand der Untersuchung bildenden That als Teilnehmer, Begünstiger oder Hehler verdächtig oder bereits verurteilt sind, nur unbeeidigt vernommen werden sollen, sowie auf die Erwägung, daß unter der „den Gegenstand der Untersuchung bildenden That" nicht der Inbegriff der wegen Zusammenhanges verbundenen

(§§ 3 flg., 236 a. a. O.) und durch den Eröffnungsbeschluß zu einer gemeinsamen Hauptverhandlung verwiesenen Strafsachen, sondern nur diejenige den Gegenstand der Untersuchung mitbildende spezielle That zu verstehen sei, hinsichtlich deren die als Zeuge zu vernehmende Person sich in einem der im Gesetze bezeichneten Verhältnisse befindet, sodaß die Beeidigung nur bezüglich dieser speziellen That ausnahmsweise ausgeschlossen sei, betreffs der anderen Fälle aber, bei denen eine Beteiligung des Zeugen im Sinne des § 56 Nr. 3 a. a. O. nicht indiziert sei, bezw. nicht vorliege, gemäß der Regel des § 60 a. a. O. zu erfolgen habe.

Diese Erwägung trifft aber für den vorliegenden Fall nicht zu, weil hier, wo die als Zeuge eidlich vernommene Person ein Mitangeklagter in demselben Verfahren war, die angezogenen §§ 56 Nr. 3 und 60 überhaupt keine Anwendung finden.

Von den im ersten Buche der Strafprozeßordnung gegebenen „allgemeinen Bestimmungen" handelt Abschnitt 6 (§§ 48 bis 71) von den „Zeugen" und Abschnitt 10 (§§ 133 bis 136) von „der Vernehmung des Beschuldigten." Schon aus dieser äußeren Anordnung ist zu entnehmen, daß sich die Vorschriften des ganzen sechsten Abschnittes, also insbesondere auch die §§ 56 Nr. 3 und 60 a. a. O., lediglich auf Personen beziehen, welche im Sinne der Strafprozeßordnung „Zeugen" sind, mithin nicht zu den in demselben Verfahren Beschuldigten gehören.

Diese strenge Unterscheidung der Angeklagten und der Zeugen liegt auch in der inneren Natur des Strafprozesses. Die Angeklagten und die Zeugen haben grundsätzlich so verschiedene Stellungen, daß ihre Vereinigung in einer und derselben Person für dasselbe Strafverfahren durchaus unstatthaft erscheint. Ist wegen Zusammenhanges der Strafsachen die Untersuchung gleichzeitig gegen mehrere Personen anhängig, so sind letztere hinsichtlich des Verfahrens Mitangeklagte für alle verbundenen Strafsachen und haben dadurch ohne weiteres die Fähigkeit verloren, in demselben Verfahren als Zeugen im Sinne der Strafprozeßordnung gegen ihre Mitangeklagten zu fungieren, da dies Verfahren ein einheitliches ist, wie solches auch die dies Prinzip anerkennende Bestimmung des § 5 St. P. O., wonach für die Dauer der Verbindung zusammenhängender Strafsachen für das Verfahren derjenige Straffall maßgebend ist, welcher zur Zuständigkeit des Gerichtes höherer Ordnung gehört, bestätigt.

Mitangeklagte können hiernach in demselben Verfahren auch dann weder eidlich noch uneidlich als Zeugen vernommen werden, wenn die Untersuchung mehrere selbständige Straffälle betrifft und ein Mitangeklagter über einen Straffall Auskunft geben soll, bei welchem er selbst irgend einer Beteiligung gar nicht beschuldigt oder auch nur verdächtig ist. Vielmehr kann auch in einem solchen Falle der Mitangeklagte nur als solcher vernommen werden, d. h. er braucht sich nicht weiter auszulassen, als er es als Angeklagter thun will (§ 136 St. P. O.), ohne daß die Vorschriften über die Zeugen in §§ 48 flg. a. a. O., also auch nicht ein Zwang zur Abgabe einer Zeugenaussage, gegen ihn anwendbar wären.

Läßt sich ein Mitangeklagter zu thatsächlichen Aussagen über die That eines anderen Mitangeklagten freiwillig herbei, so ist diese Aussage kein Zeugnis im Sinne der Strafprozeßordnung, sondern, falls sie zu Ungunsten des Mitangeklagten lautet, eine Bezichtigung, deren an sich von einem Zeugnisse verschiedene Natur dadurch nicht beseitigt wird, daß sie gleicher Beweiswürdigung wie ein Zeugnis seitens des erkennenden Richters unterliegt (§ 260 St. P. O.).

Eine solche Bezichtigung eines Mitangeklagten haben die §§ 246, 256 a. a. O. im Auge, wenn sie in ausdrücklicher Unterscheidung von Mitangeklagten und Zeugen anordnen:

„Das Gericht kann den Angeklagten, wenn zu befürchten ist, daß ein Mitangeklagter oder ein Zeuge bei seiner Vernehmung in Gegenwart des Angeklagten die Wahrheit nicht sagen werde, während dieser Vernehmung aus dem Sitzungszimmer abtreten lassen."

„Nach der Vernehmung eines jeden Zeugen, Sachverständigen oder Mitangeklagten, sowie nach der Verlesung eines jeden Schriftstückes soll der Angeklagte befragt werden, ob er etwas zu erklären habe."

Der ganzen Struktur des Strafverfahrens, wie es die Strafprozeßordnung aufgestellt hat, würde es widerstreiten, die einzelnen Mitangeklagten bald als Angeklagte zu behandeln und sie als solche wegen der von ihnen allein oder in Gemeinschaft mit den übrigen verübten Delikte zu vernehmen, bald als Zeugen anzusehen und in dieser Eigenschaft wegen der nur ihre Mitangeklagten betreffenden Anklagepunkte abzuhören, vielmehr liegt das Princip der Unvereinbarkeit der Rollen eines Angeklagten und eines Zeugen in demselben Strafverfahren allen einschlagenden Prozeßnormen zu Grunde. Dies erhellt unter anderen aus folgenden Beispielen:

Nach § 242 St. P. O. beginnt die Hauptverhandlung mit dem Aufrufe der Zeugen und Sachverständigen. Hieran schließt sich die Vernehmung der Angeklagten über ihre persönlichen Verhältnisse und nach Verlesung des Eröffnungsbeschlusses die weitere Vernehmung der Angeklagten an. Nach dieser folgt sodann die Beweisaufnahme, also Abhör der Zeugen.

Die Bestimmungen des § 242 Abs. 4 a. a. O., „daß die Verlesung des Eröffnungsbeschlusses und die Vernehmung der Angeklagten in Abwesenheit der zu vernehmenden Zeugen geschieht", wäre hinsichtlich eines Mitangeklagten, der zugleich Zeuge sein soll, nicht ausführbar, da er der Verlesung des Eröffnungsbeschlusses als Mitangeklagter beiwohnen muß, in seiner Eigenschaft als Zeuge aber nicht beiwohnen darf.

Der Mitangeklagte als solcher darf sich aus der Verhandlung nicht entfernen, in seiner Eigenschaft als Zeuge könnte er aber nach seiner Vernehmung mit Genehmigung oder auf Anweisung des Vorsitzenden und nach Anhörung der Staatsanwaltschaft und der Angeklagten die Gerichtsstelle verlassen.

Auch wäre die Vorschrift des § 60 a. a. O., daß jeder Zeuge einzeln zu vernehmen ist, einem zugleich als Zeugen fungierenden Mitangeklagten gegenüber nicht zu befolgen, welcher als Angeklagter (unbeschadet der Anordnung aus § 246 a. a. O.) das Recht und die Pflicht hat, bei der ganzen Verhandlung unausgesetzt anwesend zu sein.

Hierzu kommt endlich, daß das Interesse der verschiedenen in eine und dieselbe Untersuchung verwickelten Mitangeklagten jedenfalls in prozessualer Beziehung der Regel nach fast durchweg ein gemeinschaftliches ist und auch in materieller Hinsicht, anlangend den Ausgang der Untersuchung, meist gar nicht getrennt werden kann, sodaß die einzelnen Mitangeklagten durch eine Vernehmung als Zeugen gegen einander auch in denjenigen selbständigen Fällen, bei denen sie selbst in strafbarer Weise nicht beteiligt sind, sehr oft in die Zwangslage versetzt werden würden, entweder die Unwahrheit auszusagen und bezw. einen Meineid zu begehen, oder beim Einhalten der Wahrheit Thatsachen zu bekunden, die für sie selbst in der schwebenden Untersuchung von Nachteil sein könnten. Diese Gefahr würden sie auch durch Berufung auf die den Zeugen im § 54 St. P. O. erteilte Befugnis, die Auskunft auf solche Fragen zu verweigern, deren Beantwortung ihnen selbst oder einem der im § 51 Nr. 1 bis 3 a. a. O. bezeichneten Angehörigen die Gefahr strafgerichtlicher Verfolgung zuziehen würde, nicht beseitigen können, da schon diese Weigerung als Belastung angesehen werden kann.

Eine derartige Benutzung von Mitangeklagten als Zeugen in demselben Verfahren würde der rechtlichen Stellung widersprechen, welche die Strafprozeßordnung in wesentlicher Uebereinstimmung mit dem gegenwärtigen Standpunkte der Doktrin dem Angeklagten, wie schon oben angedeutet, im Strafverfahren zugewiesen hat (§ 136 St. P. O.).

Aus diesen Gründen muß das angefochtene Urteil, soweit es durch dieselben betroffen wird, aufgehoben werden.

3. **Aus dem Rechte der Zeugnisverweigerung folgt nicht das Recht, sich einer körperlichen Untersuchung zu widersetzen.** conf. L. § 51 N. 6, St. ibid. N. 5. U. I. 8. Juli 89. E. XIX 364.

Endlich rügt die Revision Verletzung des § 51 Nr. 2 St. P. O., weil die verletzte Ehefrau des Angeklagten, obwohl sie von ihrem Rechte, sich des Zeugnisses zu entschlagen, Gebrauch gemacht habe, demnach unter Androhung der Zwangsvorführung veranlaßt worden sei, sich von dem Landgerichtsarzte untersuchen zu lassen, also indirekt gezwungen worden sei, zur Überführung ihres Ehemannes beizutragen. Auch diese Rüge ist verfehlt.

Das Recht bestimmter, dem Angeklagten nahestehender Personen, sich des Zeugnisses zu entschlagen, enthebt sie nicht der von der Zeugnisleistung völlig verschiedenen Pflicht, als Objekt eines Augenscheines zu dienen und sich einer körperlichen Untersuchung zu unterwerfen. Der Grund des den nächsten Angehörigen eines Angeklagten eingeräumten Rechtes, das Zeugnis zu verweigern, liegt nicht, wie die Revision zu unterstellen scheint, in einer Begünstigung des Angeklagten, den man nicht durch ihm nahestehende Personen überführen lassen wollte, sondern in der Rücksicht auf diese Angehörigen selbst, die nicht in eine allzuhohe Ansprüche an ihre Gewissenhaftigkeit stellende Zwangslage versetzt werden sollten.

Die Motive bemerken hierüber (S. 145 zu § 42 des Entwurfes), der Entwurf habe den Kreis der zur Zeugnisverweigerung berechtigten Personen möglichst weit gezogen, „indem er von der Auffassung ausging, daß es vorzuziehen sei, lieber auf ein Beweismittel zu verzichten, als einen nahen Angehörigen des Beschuldigten der Versuchung auszusetzen, zu Gunsten des letzteren einen Meineid zu leisten." Bei einer körperlichen Untersuchung, bei der er sich lediglich passiv zu verhalten und das Resultat der Darlegung dritten Personen zu überlassen hat, unterliegt der Angehörige keiner derartigen Kollision der Pflichten, und trifft daher der Grund des Gesetzes, welches das Recht der Zeugnisverweigerung einräumt, auf die Fälle der körperlichen Untersuchung von Angehörigen ebensowenig zu als sein Wortlaut.

4. **Auch ein civilrechtlich nicht gültiges Verlöbnis begründet das Recht der Zeugnisverweigerung.** conf. L. § 51 Nr. 6., St. ibid. Nr. 9, K. S. 357. U. III 28. Jan. 84. E. X 117 R. VI 54.

Das Reichsgericht geht davon aus, daß das Strafgesetzbuch in § 52 Abs. 2 des Ausdruckes „Verlobte" sich nicht in dem juristisch-technischen Sinne bedient, sodaß darunter nur diejenigen Personen zu verstehen seien, welche ein nach den geltenden landesgesetzlichen Civilrechtsnormen gültiges Verlöbnis geschlossen haben, sondern, daß es im Anschlusse an den allgemeinen Sprachgebrauch damit diejenigen Personen habe bezeichnen wollen, welche sich gegenseitig ein ernstlich gemeintes Eheversprechen gegeben haben. Allerdings handelt es sich bei dem „Verlöbnis" nicht ausschließlich um einen dem täglichen Leben angehörenden, sondern zugleich um einen juristischen Begriff, welcher ein rechtliches, in den verschiedenen Rechtsgebieten mit rechtlichen Folgen mehr oder weniger wichtigen Inhaltes ausgestattetes Verhältnis bezeichnet. Haben nun auch einzelne Landescivilgesetzgebungen — sei es, um zu vermeiden, daß aus übereilten Eheversprechungen die privatrechtlichen Folgen, welche das Gesetz an das Verlöbnis knüpft, entstehen, sei es um für die Begründung dieser privatrechtlichen Folgen (Klagbarkeit des Verlöbnisses, Brautkinderverhältnis, vermögensrechtliche Wirkung des Verlöbnisses) eine feste, den Weiterungen und Unsicherheiten des sonst erforderlichen Beweises des Vorliegens eines ernstlichen Eheverlöbnisses entzogene Basis zu geben — die Gültigkeit des Verlöbnisses an die Beobachtung gewisser Formen geknüpft oder von sonstigen formellen Voraussetzungen abhängig gemacht, so sind doch von den Gesichtspunkten, auf welchen diese Gesetzesbestimmungen beruhen, ganz verschieden die Erwägungen und Motive, welche im Gebiete des Strafrechtes dazu geführt haben, einerseits das Vorliegen eines Angehörigkeitsverhältnisses nach verschiedenen Richtungen hin strafrechtlich zu berücksichtigen, andererseits den Angehörigen im Sinne des Strafgesetzbuches die Verlobten beizuzählen. Der gesetzgeberische Gedanke, welcher den betreffenden Bestimmungen des Strafgesetzbuches zu Grunde liegt, tritt am deutlichsten in den hierzu gehörigen Fällen, in denen das Bestehen eines Angehörigkeitsverhältnisses die Grundlage eines Strafausschließungsgrundes bildet (§§ 52 Abs. 1, 54, 257 Abs. 2 St. G. B.'s), sowie im Gebiete der sogenannten relativen Antragsdelikte §§ 247, 263 Abs. 4 a. a. O.)

zu Tage. Es hat mit diesen Bestimmungen einerseits, den nahen natürlichen Beziehungen, welche zwischen Blutsverwandten und anderen, durch der Blutsverwandtschaft ähnliche Verhältnisse mit einander verbundenen Personen auf Grund dieses Angehörigkeitsverhältnisses bestehen, und der hierdurch begründeten Möglichkeit von Kollisionen von Rechtspflichten mit natürlichen Pflichten oder Interessen Rechnung getragen, andererseits anerkannt werden sollen, daß bei dem Vorliegen der bezeichneten nahen Beziehungen zwischen Thäter und Verletzten bei gewissen Delikten das — unbedingte — Strafverfolgungsrecht des Staates zurücktreten müsse gegenüber den durch das Bestehen des Angehörigkeitsverhältnisses gebotenen Rücksichten. Unter dem Begriffe der Angehörigen stellt das Gesetz im § 52 Abs. 2 den nächsten Blutsverwandten und verschwägerten, sowie den Ehegatten die Verlobten gleich. Es erkennt damit an, daß die zwischen Verlobten durch das Verlöbnis begründeten Beziehungen aus den angedeuteten strafpolitischen Gründen die gleiche Beachtung verdienen, wie die Beziehungen zwischen den anderen, durch Ehe oder nahe Verwandschaft und Schwägerschaft verbundenen Personen. Dasjenige aber, was zwischen Verlobten jene nahen natürlichen Beziehungen begründet, welche das Gesetz berücksichtigen und schützen will, ist nicht die Thatsache der Beobachtung der vom Civilrechte aus anderen Rücksichten für die privatrechtliche Gültigkeit und Wirksamkeit des Verlöbnisses vorgeschriebenen formalen Voraussetzungen, welche überdies erfahrungsmäßig im täglichen Leben auch bei vollem Vorhandensein der Ernstlichkeit des gegenseitigen Eheversprechens häufig nicht beobachtet werden. Es kann deshalb auch nicht angenommen werden, daß die strafrechtliche Berücksichtigung des Eheverlöbnisses von der Beobachtung jener Formen und nicht vielmehr ausschließlich von dem thatsächlichen Bestehen eines ernstlichen, auf künftige Eheschließung gerichteten Verlöbnisverhältnisses von dem Gesetze habe abhängig gemacht werden sollen.

Von ähnlichen Erwägungen ausgehend, hat das Reichsgericht in betreff des in § 52 Abs. 2 St. G. B.'s gleichfalls erwähnten Schwägerschaftsverhältnisses anerkannt, daß im strafgesetzlichen Sinne das Verhältnis der Schwägerschaft als fortdauernd zu gelten habe, auch wenn die dasselbe begründende Ehe durch den Tod eines der Ehegatten gelöst ist, und daß dies auch dann gelte, wenn nach den einschlagenden civilrechtlichen Vorschriften das Schwägerschaftsverhältnis durch Endigung der dasselbe begründenden Ehe aufgehoben wird.

Vgl. Entsch. des R. G.'s in Strafs. Bd. 5 S. 200 flg.

Es liegt dieser Entscheidung gleichfalls der Gedanke zu Grunde, daß die natürlichen persönlichen Beziehungen unter Verschwägerten, welche das Strafgesetz schützen will, durch den Tod eines der Ehegatten nicht erlöschen, mag auch im rechtlichen Sinne mit demselben das Schwägerschaftsverhältnis endigen und civilrechtliche Wirkungen nicht weiter äußern.

Und in gleicher Weise hat auf dem verwandten strafprozessualen Gebiete (vgl. § 51 Nr. 1 St. P. O.) nicht nur die Litteratur überwiegend anerkannt, daß bei dem Zeugnisverweigerungsrechte der Verlobten das natürliche, durch das Vorliegen ernstlichen Eheversprechens begründete Verhältnis maßgebend und der Richter bei der Entscheidung darüber, ob ein solches Verhältnis vorliege, an die bezüglichen civilrechtlichen Vorschriften nicht gebunden sei, sondern es geben auch die gesetzgeberischen Vorarbeiten Anhalt dafür an die Hand, daß der Gesetzgeber bei Erlaß der Bestimmung in § 51 Nr. 1 St. P. O., wie der gleichen Vorschrift in § 348 Nr. 1 C. P. O. von der gleichen Anschauung ausgegangen sei.

Vgl. Motive zu § 42 des Entwurfes der Strafprozeßordnung und zu § 336, verbunden mit § 41 des Entwurfes der Civilprozeßordnung bei Hahn, Materialien Bd. 3 S. 107, Bd. 2 S. 313 und S. 163.

Auch das Reichsgericht hat in dem am heutigen Tage erlassenen Urteile in Sachen gegen Bl., Rep. 3210/83, der Ansicht sich angeschlossen, daß bei der Frage des Zeugnisverweigerungsrechtes der Verlobten es lediglich auf das thatsächliche Vorhandensein ernstlichen Verlöbnisses, nicht aber auch auf die Beobachtung der für dessen civilrechtliche Gültigkeit vorgeschriebenen Formen ankomme.

5. **Unmündige können ohne Zuziehung ihrer gesetzlichen Vertreter über das Recht der Zeugnisverweigerung belehrt werden.** U. III, 17. Sept. 85. E. XII 403.

In diesem Erkenntnis wird auch die Frage, in welchen Fällen die Belehrung über das Zeugnisverweigerungsrecht bei wiederholter Vernehmung mehrmals zu erteilen sei, grundlegend behandelt.

Die Hauptverhandlung vor dem Schwurgerichte wurde am 3. Juli 1885 begonnen und am 4. Juli beendet. An beiden Tagen erfolgte die Vernehmung der in der Anklageschrift als Zeugin benannten zehnjährigen Katharina P., der Tochter des Angeklagten. Die Protokolle über die Verhandlungen besagen bezüglich dieser Zeugin:

1. Das Protokoll vom 3. Juli 1885:
   a) „15. Katharina P., belehrt über das Recht, ihr Zeugnis verweigern zu dürfen als Tochter des Angeklagten, erklärt:
   Ich will aussagen; unbeeidigt vernommen mit Rücksicht auf ihr jugendliches Alter: Ich heiße Katharina P., bin 10 Jahre alt. Sodann zur Sache. Angeklagter gehört."
   b) am Schlusse: „Wegen vorgerückter Abendstunde wird Termin zur Fortsetzung der Verhandlung auf morgen vormittag 10 Uhr anberaumt. Es wird mitgeteilt, daß alle noch nicht vernommenen Zeugen und Sachverständigen und Katharina P. zur Fortsetzung der Verhandlung erscheinen müssen. Alle vernommenen Zeugen mit Ausnahme der Katharina P. werden definitiv entlassen."
2. Das Protokoll vom 4. Juli:
   „Die bereits gestern vernommene Katharina P. wurde auch heute wieder vernommen. Sie erklärt sich zur Sache. Angeklagter gehört."

Hiernach ist die Zeugin am 3. Juli vor ihrer Vernehmung gemäß § 51 St. P. O. über das Recht zur Verweigerung des Zeugnisses belehrt worden. Die Belehrung war notwendig, da die Zeugin, welche in den Akten bald als uneheliche, bald als voreheliche Tochter, bald als Tochter aus erster Ehe bezeichnet wird, jedenfalls eine Tochter des Angeklagten ist, und das Gesetz hier zwischen ehelicher und unehelicher Verwandtschaft nicht unterscheidet. Sie war auch geboten, obgleich die Zeugin nach § 56 Nr. 1 St. P. O. wegen Eidesunmündigkeit nur unbeeidigt vernommen werden konnte.

Vgl. Entsch. des R. G.'s in Strafs. Bd. 2 S. 228.

Die Beschwerde macht aber geltend: Die Personen, welche nach § 51 Nr. 3 a. a. O. ihr Zeugnis verweigern könnten, hätten sich vor ihrer Vernehmung darüber zu erklären, ob sie für den vorliegenden Fall auf dieses Recht verzichten wollen oder nicht. Ein erst zehn Jahre altes Kind vermöge wegen seiner beschränkten Handlungs- und Zeugnisfähigkeit eine solche Erklärung mit rechtsverbindlicher Wirkung nicht abzugeben. Es möge dahingestellt bleiben, ob in einem solchen Falle, wie nach bürgerlichem Rechte, ein gesetzlicher Vertreter hinzugezogen werden müsse, oder ob von der Vernehmung überhaupt Abstand zu nehmen sei.

Diese Rüge geht von einer unrichtigen Auffassung des Gesetzes aus. Der § 51 a. a. O. erfordert nur die Belehrung über das fragliche Recht zur Verweigerung. Giebt der Zeuge nach dieser Belehrung seine Aussage ab, so ist dem Gesetze genügt. Eines ausdrücklichen Verzichtes auf das Verweigerungsrecht bedarf es nicht.

Vgl. Entsch. des R. G.'s in Strafs. Bd. 3. S. 235.

Im vorliegenden Falle ist indessen eine solche Verzichtleistung wirklich erfolgt, und wenn die Revision geltend machen will, dieselbe könne nicht von rechtlicher Wirkung sein, so ist diese Behauptung haltlos. Unklar ist, was die Beschwerde meint, wenn sie von der beschränkten Zeugnisfähigkeit Unmündiger spricht; der Strafprozeßordnung ist eine solche Beschränkung unbekannt. Verfehlt ist auch die Hinweisung auf die Vorschriften des bürgerlichen Rechtes über die gesetzliche Vertretung Handlungsunfähiger; eine nach den Grundsätzen des bürgerlichen Rechtes zu beurteilende Willenserklärung steht hier nicht in Frage; die Strafprozeßordnung ordnet die Zuziehung eines Vertreters bei der Belehrung nach § 51 nicht an. Sollte die Revision geltend machen wollen, daß ein Kind in dem Alter der Zeugin aus der Belehrung kein Verständnis über ihr Verweigerungsrecht gewinnen könne, so könnte eine so allgemein gehaltene Behauptung von thatsächlichem Charakter nicht beachtet werden. Der vorliegende Fall giebt aber auch keinen Grund zu Zweifeln, ob nicht die zehnjährige Katharina P. sich ohne vorher erlangtes Verständnis von der Bedeutung der ihr erteilten Belehrung zur Sache ausgelassen. Denn als sie am 15. Mai in der Voruntersuchung vernommen werden sollte, erklärte sie im Beisein ihres Lehrers Pl., welcher über ihre geistige Entwickelung gehört worden war, und des Gemeindevorstehers B., bei welchem sie der Vormundschaftsrichter untergebracht hatte, daß sie das Zeugnis verweigere. In der Hauptverhandlung, in welcher sie ihr Zeugnis abgab, waren Pl. und B., und zwar als Zeugen, ebenfalls zugegen.

2. Ebensowenig erscheint die Bestimmung des § 51 Abs. 2 a. a. O. verletzt, daß die Belehrung „vor jeder Vernehmung" erfolgen müsse. Die Beschwerde findet die Verletzung darin, daß die Katharina P. nicht auch

vor ihrer Vernehmung am 4. Juli über das fragliche Recht belehrt worden ist. Allerdings muß davon ausgegangen werden, daß die Belehrung vor der Vernehmung am zweiten Tage der Verhandlung nicht geschehen ist, da das Protokoll darüber nichts ergiebt. Es fragt sich also, ob die am ersten Verhandlungstage ertheilte Belehrung sich auch auf die Vernehmung am zweiten Tage erstrecken läßt. Dies ist zu bejahen.

Das Reichsgericht hat, vgl. Entsch. des R. G.'s in Strafs. Bd. 2 S. 193, angenommen, daß die in der Voruntersuchung stattgefundene Belehrung gemäß § 51 a. a. O. für die Hauptverhandlung nicht fortwirkt. Auch in demselben Abschnitte des Prozesses läßt sich der Belehrung eine Fortwirkung nicht ohne weiteres beimessen, namentlich nicht, wenn im Vorverfahren wiederholte Vernehmungen in verschiedenen Terminen stattfinden, wenn das Hauptverfahren in verschiedenen Verhandlungen erfolgt, was besonders für den Fall der Aussetzung (Vertagung) der Hauptverhandlung (§§ 227, 228 a. a. O.) gilt. Der § 66 kann hier nicht herbeigezogen werden, da er das Vorverfahren und Hauptverfahren überhaupt umfaßt. Anlangend den Fall der Hauptverhandlung ohne Erneuerung des Verfahrens, so hängt, wenn der Zeuge in derselben mehrmals vernommen wird, die Frage, ob der Zeuge auch mehrmals nach § 51 a. a. O. zu belehren sei, davon ab, ob die wiederholte Abhörung als der zusammenhängende Teil einer und derselben Vernehmung, die frühere und die spätere Vernehmung als ein Ganzes anzusehen ist. Ist dies anzunehmen, dann fallen alle Vernehmungen zusammen als ein Akt unter den Begriff „jeder Vernehmung" im Sinne des § 51 a. a. O., die durch die Sache gebotene bloße Fortsetzung derselben Verhandlung an mehreren Tagen nimmt aber der mehrmaligen Vernehmung des Zeugen nicht den Charakter der Einheitlichkeit. Anders liegt es, wenn ein Zeuge nach erfolgter Vernehmung während der Verhandlung entlassen und demnächst zu nochmaliger Vernehmung wieder vorgerufen wird; dann handelt es sich um eine neue Vernehmung, welche eine abermalige Belehrung erfordert.

Die Geschichte der Entstehung des § 51 Abs. 2 a. a. O. ergiebt nichts, was dieser Auslegung entgegenstände. Im Entwurfe zur Strafprozeßordnung lautete der § 42 Abs. 2: „Die bezeichneten Personen sind vor der Vernehmung über ihr Recht zur Verweigerung des Zeugnisses zu belehren." Bei der Beratung in der Kommission des Reichstages beantragte der Abgeordnete Dr. Schwarze die Fassung, wie sie in § 51 Abs. 2 a. a. O. Gesetz geworden ist. Zur Rechtfertigung bemerkte der Antragsteller: „Man müsse dafür sorgen, daß das Recht gewisser Personen, das Zeugnis zu verweigern, zur Wahrheit werde. Persönlich sei er zwar der Ansicht, daß der Entwurf bei richtiger Handhabung bereits zu der Übung führen werde, welche er beantrage; allein es gebe Richter und Staatsanwälte, welche in dem Rechte zur Zeugnisverweigerung eine Schädigung der Justiz erblickten, und welche daher den Entwurf anders verstehen könnten. Deswegen wolle er ausdrücklich ausgesprochen haben, daß der Zeuge bei jeder einzelnen Vernehmung über das Recht belehrt werde." Dementsprechend sagte der Bericht der Kommission: „Soll das erwähnte

Recht nicht illusorisch werden, so muß der desselben oft unkundige Zeuge vor jeder Vernehmung hierauf hingewiesen werden."

Vgl. Hahn, Materialien zur Strafprozeßordnung S. 9. 583. 1520.

Hierin findet also die formale Deutung, daß ohne Rücksicht auf die Einheitlichkeit des Vernehmungsaktes die Belehrung bei mehrfachem Befragen eines Zeugen unbedingt vor jeder Abhörung zu bewirken sei, keinen Anhalt.

Der Grundsatz von der Fortwirkung der Belehrung in derselben Verhandlung ist vom Reichsgerichte auch in dem Erkenntnisse vom 12. Februar 1883 g. H., Rep. 199/88, zur Geltung gebracht durch Verwerfung der darauf gestützten Beschwerde, daß die Belehrung nicht unmittelbar vor der Belehrung des Zeugen erfolgt sei, sondern daß zwischen der Belehrung und der Vernehmung ein Zeitraum von einigen Stunden gelegen habe.

Im gegenwärtigen Falle hat eine fortgesetzte Verhandlung stattgefunden. Es ist am Schlusse des ersten Tages der Verhandlung vom Gerichte ausdrücklich verkündet worden, daß die Zeugin Katharina P. nicht entlassen werde. Ihrer Vernehmung am zweiten Tage läßt sich der Charakter einer besonderen, einer neuen, nicht beilegen. Zudem bietet die Sache zu Bedenken, daß die Zeugin sich am zweiten Tage des Rechtes, ihre weitere Vernehmung verweigern zu können, nicht bewußt gewesen, keinen Anlaß. Die vor der Vernehmung am ersten Verhandlungstage erteilte Belehrung umfaßte auch die fernere Auslassung der Zeugin.

conf. L. § 51 N. 11, 9b, contr. K. S. 358.

„Ihre Vernehmung ist also nur zulässig, wenn sie auf Grund der Belehrung ihren Entschluß, auszusagen, gefaßt und ausdrücklich oder durch konkludente Handlung erklärt haben. Dies liegt aber dann nicht vor, wenn die belehrte Person wegen jugendlichen Alters, Verstandesschwäche und dergl. nicht begreift, um was es sich handelt."

6. **Zur Nichtbeeidigung eines Zeugen ist ein Gerichtsbeschluß, falls die Anordnung des Vorsitzenden nicht beanstandet wird, nicht erforderlich.** conf. L. § 56 N. 6a. U. I 4. Juli 89. E. XIX 354.

Die Revision behauptet zunächst Verletzung der §§ 56, 60, 65 St. P. O. durch Nichtvereidung der in der Hauptverhandlung vernommenen Zeugen K. und R. Die Thatsache, daß diese Zeugen nicht beeidigt sind, ist richtig, und es ist auch ferner richtig, daß die Nichtbeeidigung von Zeugen ohne gesetzlichen Grund die Aufhebung des auf seiner Aussage beruhenden Urteiles zur Folge hat. Dagegen ist es nicht richtig, was die Revision zum Ausgangspunkte ihrer Ausführung nimmt, daß im Falle der Nichtbeeidigung ein den Grund derselben enthaltender Gerichtsbeschluß vorliegen müsse und in Ermangelung eines solchen die Nichtbeeidigung formell ungerechtfertigt sei. Ausdrücklich schreibt das Gesetz das Erfordernis eines Gerichtsbeschlusses nicht vor, wie in den Fällen der §§ 243 Abs. 2, 250 Abs. 3 geschieht; es gilt daher die Regel des § 237 St. P. O., daß die Leitung der Verhandlung und die Aufnahme des Beweises durch den Vorsitzenden erfolgt, daß ihm zunächst die Entscheidung bezüglich der Prozeßleitung und der Art der Beweiserhebung obliegt und erst dann ein Beschluß des Gerichtes erforderlich wird, wenn eine von ihm getroffene Anordnung von einem der Beteiligten oder aus der Mitte des Gerichtes beanstandet wird. Dieser allgemeine Grundsatz der Sachleitung gilt auch insbesondere rücksichtlich der Zeugenbeeidigung; er gilt einmal unbeschränkt, wenn die Anwendung des § 57 St. P. O. in Frage steht, er gilt ebenso, wenn es sich um eine vorläufige Aussetzung der Beeidigung nach § 60 Satz 2 handelt,

Urt. des Reichsgerichtes, I. Straffenat, vom 18. November 1880 und II. Straffenat, vom 4. März 1881, Entsch. des R. G.'s in Straff. Bd. 3 S. 46, 370, und III. Straffenat, vom 22. Januar und vom 25. Oktober 1883, Rechtspr. des R. G.'s Bd. 5 S. 640,

und es ist kein Grund abzusehen, warum er nicht ebenso zur Geltung zu kommen habe im Falle des § 56 St. P. O.

Vgl. Urt. des Reichsgerichtes, IV. Straffenat, vom 28. Oktober 1887, Rechtspr. des R. G.'s Bd. 9 S. 536.

Der Unterschied zwischen jenen Fällen und dem letzteren ist nur der, daß dort, wo das reine Ermessen entscheidet, aus der Thatsache der Nichtbeeidigung entnommen werden kann, daß das Ermessen des Vorsitzenden sich für die Unterlassung der Beeidigung entschieden hat, Urt. a. a. O. vom 25. Oktober 1883, im Falle des § 56 aber, wo bestimmte Gründe für die definitive Nichtbeeidigung Voraussetzung sind, solche Gründe ersichtlich sein müssen. Letzteres ist aber, Urt. des Reichsgerichtes, III. Straffenat, vom 21. April 1880, Rechtspr. des R. G.'s Bd. 1 S. 631 und vom 10. November 1880, a. a. O. Bd. 2 S. 489, vorliegend der Fall. Ausweislich des Protokolles ist die Beeidigung auch nach der Vernehmung wegen „naheliegender Teilnahme (§ 56 Nr. 3)" unterblieben. Dieser Grund ist zur Unterlassung der Beeidigung ausreichend, denn es bedarf nicht der Klarstellung der speziellen Art der Teilnahme, Urt. des Reichgerichts, III. Straffenat, vom 18. Juni 1881, Entsch. des R. G.'s in Straff. Bd. 4 S. 324, II. Straffenat, vom 26. Juni 1883, Rechtspr. Bd. 5. S. 468, und IV. Straffenat, vom 13. Januar 1888, Rechtspr. des R. G.'s Bd. 10 S. 36, und es bezieht sich der § 56 Satz 3 auch auf den im Verfahren gegen den Hehler vernommenen Dieb.

Vgl. Urt. des Reichsgeriches, II. Straffenat, vom 29. Juli 1880, Entscheidung des R. G.'s in Straff. Bd. 2 S. 218, und I. Straffenat, vom 29. Oktober 1885, Rechtspr. des R.'s Bd. 7 S. 627.

Der Revisionsgrund ist hiernach nicht anzuerkennen.

7. **Den Begriff der Teilnehmerschaft und der den Gegenstand der Anklage bildenden That** erörtert im Hinblick darauf, daß Personen, welche hinsichtlich der den Gegenstand der Untersuchung bildenden That als Teilnehmer verdächtig sind, uneidlich zu vernehmen sind, U. II 10. Febr. 88. E. XVII 116. R. X 126.

Die Revision des Angeklagten ist begründet:

1. Die erstrichterliche Schlußfeststellung:

daß der Angeklagte Paul Ha. am 9. August 1887 zu Frankfurt a/O. vorsätzlich den Schlosser Hu. körperlich mißhandelt hat, und zwar mittels eines Messers,

erschöpft den Thatbestand der gefährlichen Körperverletzung im Sinne der §§ 223, 223a St. G. B.'s, und ihre Begründung läßt einen Rechtsirrtum nicht erkennen. — — — —

2. Dagegen ist die prozessuale Rüge der Verletzung des § 56 Nr. 3 St. P. O. begründet.

Der Vorderrichter konstatiert, daß zuerst der Zeuge, Arbeiter Z. in einem Streite den Anstreicher Emil Ha., den Bruder des Angeklagten Arbeiters Paul Ha., zu Boden geschlagen hat; daß sodann der Zeuge Schlosser Hu. sich zu Gunsten des Z. in den Streit mischte und den Emil Ha. angreifen wollte, und daß endlich der Angeklagte zur Abwehr dieses bevorstehenden Angriffes auf seinen Bruder dem Zeugen Hu. diejenige Körperverletzung zufügte, wegen deren er allein jetzt aus § 223 St. G. B.'s unter Anklage steht.

Ausweislich des nach den §§ 273, 274 St. P. O. maßgebenden Sitzungsprotokolles wurden in der Hauptverhandlung die genannten drei Anklagezeugen Hu., Z. und B. zwar vernommen, jedoch zufolge verkündeten Gerichtsbeschlusses deshalb nicht als Zeugen beeidigt, weil sie hinsichtlich der den Gegenstand der Untersuchung bildenden That als Teilnehmer verdächtig seien.

Der Zeuge Hu. ist der Verletzte. Daß die beiden anderen Zeugen Z. und B. an dieser dem Hu. zugefügten Körperverletzung sich irgendwie beteiligt haben, ist nicht konstatiert. Bezüglich des Zeugen B. fehlt überdies in den Urteilsgründen jede Angabe darüber, in welcher Weise derselbe sich bei dem Streite überhaupt beteiligt hat. Es würde jedoch auch bei diesem Zeugen die Feststellung, daß er als Teilnehmer hinsichtlich der den Gegenstand der Untersuchung bildenden That verdächtig sei, prozessual genügen, wenn nur die Nichtbeeidigung der Zeugen rechtlich unbedenklich wäre.

> Vgl. u. a. Urtt. des Reichsgerichtes vom 18. Juni 1881, Entsch. des R. G.'s in Straff. Bd. 4 Nr. 118 S. 324, vom 12. Februar 1885, Rechtspr. des R. G.'s Bd. 7 Nr. 39 S. 98, vom 20. Januar 1887, Rechtspr. des R. G.'s Bd. 9 Nr. 32 S. 76.

Der Grund der Nichtbeeidigung der genannten drei Zeugen liegt offenbar in der Annahme des ersten Richters, daß eine gegenseitige Schlägerei zwischen den drei Zeugen, dem Angeklagten und dessen Bruder stattgefunden habe, daß diese Schlägerei mit allen einzelnen Akten und verschiedenen Handlungen aller Teilnehmer an der Schlägerei als einheitlicher Vorgang anzusehen sei, und daß dieser zusammenhängende historische Vorgang es sei, welcher die den Gegenstand der Untersuchung gegen den Angeklagten bildende That darstelle.

Die Annahme beruht auf einer rechtsirrtümlichen Auffassung des § 56 Nr. 3 St. P. O.

Die Beeidigung der Zeugen bildet im Strafverfahren die Regel. Es soll kein gesetzliches Mittel zur Erforschung der Wahrheit unbenutzt bleiben, und in dieser Beziehung unterstellt die Strafprozeßordnung, daß in der Regel die Beeidigung den Zeugen zur Angabe der Wahrheit bewegen werde (Motive S. 145). Die im Gesetze gemachten Ausnahmen

(§§ 56, 57 Abss. 1, 2 St. P. O.) beruhen auf der Erwägung, daß in diesen Fällen die Unterstellung im allgemeinen nicht zutreffend erscheint, der Zeuge werde um des Eides willen die Wahrheit sagen. Die Strafprozeßordnung hat diese Ausnahmen jedoch möglichst eingeschränkt und demgemäß nicht, wie bisherige Landesgesetze (z. B. § 356 Nr. 8 der preußischen Kriminalordnung von 1805) allgemein vorgeschrieben, daß ein Zeuge unbeeidigt bleiben müsse oder dürfe, wenn er über eine strafbare Handlung Zeugnis ablegt, bei welcher er selbst in irgend einer Weise beteiligt gewesen ist. Der Zeuge darf in einem solchen Falle zwar nach § 54 St. P. O. die Auskunft auf diejenigen Fragen verweigern, deren Beantwortung ihm selbst (oder einem der im § 51 Nr. 1—3 a. a. O. bezeichneten Angehörigen) die Gefahr strafgerichtlicher Verfolgung zuziehen würde; er muß aber, wenn er Auskunft giebt, diese beeidigen, sofern nicht die Beeidigung nach § 56 Nr. 3 a. a. O. unzulässig ist (oder gemäß der Spezialvorschrift des § 57 Abs. 2 a. a. O. verweigert wird). Vielmehr schließt § 56 Nr. 3 a. a. O. die Beeidigung eines Zeugen nur dann aus, wenn er hinsichtlich der den Gegenstand der Untersuchung bildenden That als „Teilnehmer, Begünstiger oder Hehler" verdächtig oder bereits verurteilt ist.

Zwar ist aus der Wahl des Ausdruckes „That", sowie aus der Nebeneinanderstellung der selbständigen Delikte der Begünstigung und Hehlerei (§§ 257 flg. St. G. B.'s) und der Teilnahme zu entnehmen, daß die „That" hier begrifflich die dem Angeklagten zur Last gelegte Rechtsverletzung nach allen in Betracht kommenden thatsächlichen und rechtlichen Gesichtspunkten bedeutet, und daß die Teilnahme im Sinne des § 56 Nr. 3 a. a. O. sich nicht auf den Begriff der Teilnahme an einer strafbaren Handlung im Sinne der §§ 47 flg. St. G. B.'s beschränkt. Immer aber erfordert der Wortlaut und gesetzgeberische Grund der Vorschrift des § 56 Nr. 3 a. a. O. ein spezielles Verhältnis des Zeugen zu der den Gegenstand der Untersuchung bildenden That, vermöge dessen in der Handlung des Zeugen — wenn nicht eine die Schuld des Angeklagten ausschließende Alleinthäterschaft des Zeugen in Frage steht, vgl. Urtt. des Reichsgerichtes vom 4./7. Januar 1882, Entsch. des R. G.'s in Strafs. Bd. 5 Nr. 124 S. 362 und vom 11. März 1882, Rechtspr. des R. G.'s Bd. 4 Nr. 114 S. 237 — eine strafbare Mitwirkung zu der im vollen Umfange gedachten That des Angeklagten erblickt werden kann, mag dieselbe auch unter einen anderen strafrechtlichen Gesichtspunkt zu stellen sein, als das Reat des Angeklagten.

Vgl. u. a. Urtt. des Reichsgerichtes vom 3. Januar 1884, Entsch. des R. G.'s in Strafs. Bd. 9 Nr. 111 S. 370, 380; vom 1. Dezember 1874, Entsch. des R. G.'s in Strafs. Bd. 14 Nr. 9 S. 19; vom 15. April, 10. Mai und 9. Juni 1887, Rechtspr. des R. G.'s Bd. 9 Nr. 116, 148, 177 S. 234, 312, 367; sowie betr. Teiln. bei fahrlässigen Delikten Urt. vom 7. Mai 1883, Entsch. des R. G.'s in Strafs. Bd. 8 S. 299 Nr. 86; vom 8. Oktober 1886 und vom 11. Juli 1887, Rechtspr. des R. G.'s Bd. 8 S. 601 Nr. 245 und Bd. 9 S. 414 Nr. 198.

In dem zuletzt beregten Verhältnisse einer strafbaren Mitwirkung zu der That von einem anderen strafrechtlichen Gesichtspunkte stehen z. B.:

Diejenigen, welche die verhehlte Sache durch ihre strafbaren Handlungen (Diebstahl, Jagdvergehen) erlangten und die Hehler; die Hauptsache ist der Diebstahl, das Jagdvergehen, da diese Delikte die rechtliche Voraussetzung zur Hehlerei bilden und der Dieb wie der Jagdfrevler und der Hehler das gleiche Ziel verfolgen, dieselbe Sache dem Berechtigten zu entziehen beziehentlich vorzuenthalten, vgl. Urt. des Reichsgerichtes vom 9. Juli 1880, Entsch. d. R. G.'s in Straff. Bd. 2. Nr. 86 S. 217; vom 4. Oktober 1881, Rechtspr. des R. G.'s Bd. 3 Nr. 276 S. 589; vom 29. Oktober 1885, Rechtspr. das R. G.'s Bd. 7 Nr. 265 S. 627; ferner derjenige Zeuge, welcher einen Bestechungsakt im Sinne des § 333 St. G. B.'s begangen, und der bestochene pflichtwidrige Beamte, da der erstere juristisch als Anstifter oder Gehilfe bezüglich des Amtsverbrechens aus § 332 a. a. O. zu betrachten ist, wenn auch die aktive Bestechung im § 333 daselbst zu einem besonderen Delikte erhoben ist.

Vgl. Urt. des Reichsgerichtes vom 11. Januar 1886, Rechtspr. des R. G. B.'s B. 8 Nr. 14 S. 34.

In diesen Fällen sind der Dieb und der Hehler, der Jagdfrevler und der Hehler, die der aktiven und passiven Bestechung Schuldigen in ihren betreffenden beiderseitigen Untersuchungssachen als Zeugen nicht zu beeidigen. Bei diesen Zeugen trifft der Grund des Verbotes der Beeidigung zu, daß sie durch das Bewußtsein ihrer Strafbarkeit von der Aussage der Wahrheit abgehalten werden können.

Diese strafbare Mitwirkung des Zeugen zu der „That" ist das Entscheidende. Der Umstand, ob die Handlung des Zeugen mit der That in einem äußeren oder inneren Zusammenhange steht, ist bedeutungslos, sobald jene Mitwirkung fehlt. Der allgemeine Rahmen des historischen Vorganges, innerhalb dessen sich die That des Angeklagten und die Thätigkeit der Zeugen abspielen, ist an sich nicht genügend, um die Handlungen des Angeklagten und der Zeugen zu einer einheitlichen That im Sinne des § 56 Nr. 3 St. P. O. zu gestalten.

Hiernach kann von einer Teilnahme des Zeugen an der „That" dann nicht die Rede sein, wenn diese That gegen den Zeugen selbst gerichtet war, oder wenn der Zeuge „bei Gelegenheit" der zur Untersuchung stehenden That sich selbst einer selbständigen, gleichartigen oder ungleichartigen Strafthat schuldig machte.

In Anwendung dieses Grundsatzes sind u. a. als Zeugen zu beeidigen: der des Diebstahls an derjenigen Sache verdächtige Zeuge, bezüglich deren der Angeklagte einen Erpressungsversuch gegen den Zeugen begangen hat; vgl. Urt. des Reichsgerichtes vom 8. Mai 1885, Entsch. des R. G. B.'s in Straff. Bd. 12 Nr. 62 S. 190; der beleidigte Zeuge, wenn er auch bei dem inkriminierten Vorgange die Beleidigung des Angeklagten auf der Stelle erwiedert hatte.

Vgl. Urt. des Reichsgerichtes vom 7. Mai 1883, alleg. in dem

Urt. vom 1. Dezember 1884, Entsch. des R. G.'s in Straff. Bd. 11 Nr. 89 S. 300.

Ganz gleich verhält es sich mit den Körperverletzungen und den gewöhnlichen, nicht unter die Strafvorschrift des § 227 St. G. B.'s fallenden Schlägereien. Der von dem Angeklagten mißhandelte Zeuge ist in der gegen den Angeklagten aus den §§ 223 flg. a. a. O. eröffneten Untersuchung ebenso wie jeder bei der gewöhnlichen Schlägerei beteiligte Zeuge, welcher an der zur Untersuchung stehenden Körperverletzung nicht teilgenommen hat, zu beeidigen. Haben der verletzte Zeuge oder andere bei der Schlägerei beteiligte Zeugen ebenfalls strafbare Mißhandlungen gegen andere begangen, so sind dies selbständige Reate, nicht Teilnahmehandlungen an der zur Untersuchung stehenden Körperverletzung des verletzten Zeugen seitens des Angeklagten. Eine Schlägerei verbindet nicht die einzelnen Akte und die verschiedenen Handlungen aller Beteiligten zu einer That im Sinne des § 56 Nr. 3 St. P. O.

Auch durch die Vorschrift des § 233 St. G. B.'s — wonach bei sofortiger Erwiderung von leichten Körperverletzungen und Beleidigungen der Richter für beide Angeklagte oder für einen derselben eine mildere oder überhaupt keine Strafe eintreten lassen kann, — wird eine derartige Einheitlichkeit der „That" nicht hergestellt. Dem betreffenden Zeugen giebt das Gesetz in diesem Falle das oben besprochene Hilfsmittel des § 54 St. P. O.

Eine Ausnahme macht das Sonderdelikt der Schlägerei im Sinne des § 227 St. G. B'.s, welches vom Gesetze als ein einheitlicher Akt aufgefaßt wird, und bei dem sogar eine strafbare Beteiligung des Verletzten an diesem Reat, mithin eine Teilnahme im Sinne des § 56 Nr. 3 St. P. O. vorkommen kann. Dies Sonderdelikt der Schlägerei ist hier nicht festgestellt.

Vgl. u. a. Urt. des Reichsgerichtes vom 1. Dezember 1884, Entsch. in Straff. Bd. 11 Nr. 89 S. 300; vom 15. April und 10. Mai 1887, Rechtspr. des R. G.'s Bd. 9 Nr. 116, 148 S. 234, 312.

Die Befolgung der diesen Ausführungen entgegengesetzten Ansicht, daß nämlich schon jeder äußere und innere Zusammenhang der ebenfalls strafbaren Handlung des Zeugen mit der den Gegenstand der Untersuchung bildenden That allein genüge, um die Beeidigung des Zeugen auszuschließen, würde der Ermittelung der materiellen Wahrheit im Strafverfahren häufig die wichtigste Grundlage entziehen, wie dies an vielen in den oben angezogenen Urteilen, vgl. Entsch. des R. G.'s in Straff. Bd. 11 Nr. 89 S. 300, Bd. 12 Nr. 62 S. 190, Rechtspr. des R. G.'s Bd. 9 Nr. 116 S. 234, hervorgehobenen Beispielen gezeigt ist.

Solche Konsequenzen hat § 56 Nr. 3 St. P. O. nicht herbeiführen wollen.

Verstößt nach diesen Grundsätzen der Grund des Vorderrichters für die Nichtbeeidigung der drei Zeugen Hu., Z. und B., nämlich der Verdacht der Teilnahme derselben an der Schlägerei, in welcher der Angeklagte dem Hu. die inkriminierte Körperverletzung zugefügt hat, gegen die Vorschrift des

§ 56 Nr. 3 a. a. O., so muß das angefochtene Urteil nebst den ihm zu Grunde liegenden Feststellungen aufgehoben und die Sache zur anderweiten Verhandlung und Entscheidung in die erste Instanz zurückgewiesen werden, da die Möglichkeit nicht ausgeschlossen ist, daß die Aussage der Zeugen und die Entscheidung anders ausgefallen wäre, wenn die Zeugen beeidigt wären (§ 370 St. P. O.).

8. **Die als Teilnehmer u. s. w. der den Gegenstand der Untersuchung bildenden That Verdächtigen sind auch dann unbeeidigt zu vernehmen, wenn für ihre schuldhafte,** oder wie es in U. I 9. Juli 91, E. XXII 99 heißt „an sich strafbare **Beteiligung ein Strafausschließungsgrund vorliegt.** conf. L. § 56 N. 12a. K. S. 365. U. III 15. März 86. E. XIV 19.

Die J. ist angeklagt, es unternommen zu haben, den W. zum Meineide zu verleiten. W., welcher auch einen Versuch des Meineides unternommen hat, aber aus § 46 Abs. 1 St. G. B.'s straflos ist, ist in der Hauptverhandlung gegen die J. zeugeneidlich vernommen, da „ein Verdacht, daß derselbe sich in irgend einer Weise an der den Gegenstand der Untersuchung bildenden That beteiligt habe, nicht vorhanden sei." Die Revisionsschrift behauptet, daß durch die Beeidigung des W. der § 56, Ziffer 3 St. P. O. verletzt sei.

Der in der Revisionsschrift hervorgehobene Umstand freilich, daß dieser Zeuge, wenn er seinen Widerruf abermals widerrufen hätte, sich selbst eines vor dem Schöffengerichte geleisteten Meineides bezichtet haben würde, stand für sich allein seiner Beeidigung nicht entgegen, sondern konnte nur seine Glaubwürdigkeit im allgemeinen vermindern und ihm möglicherweise Veranlassung zur Ausübung der in § 54 St. P. O. den Zeugen eingeräumten Befugniß geben. Auch wäre die Beeidigung des W. dem Gesetze entsprechend gewesen, wenn die Hauptverhandlung ergeben hätte, daß hier lediglich ein erfolgloses Unternehmen der J., jenen zu einem Meineide zu verleiten, vorliege, denn der einer solchen Verleitung nicht Unterliegende ist in keiner Weise „Teilnehmer" im Sinne des § 56 Ziff. 3 St. P. O. an den gegen ihn gerichteten Unternehmen der Verleitung. Allein der Gegenstand der Untersuchung im Sinne desselben Paragraphen bildete nicht der Deliktbegriff, unter welcher der Eröffnungsbeschluß die der L. zur Last gelegte Handlung subsummirt hatte, sondern diese Handlung selbst in ihrer thatsächlichen konkreten Gestalt, wie sie sich nach dem Ergebnisse der Verhandlung darstellte. Nach dem obigen und nach Inhalt der Urteilsgründe war aber die J. in der That Anstifterin des W. zu einem, wenn auch im Stadium des Versuches gebliebenen und vermöge Rücktrittes vom Versuche an ihm nicht zu strafenden Meineide, und es zeigt sich danach, daß die Begründung, welche der Instanzrichter ausweislich des Sitzungsprotokolles dem Beschlusse, den Zeugen zu beeidigen, gab, daß nämlich der letztere in keiner Weise verdächtig sei, an der den Gegenstand der Untersuchung bildenden That, das heißt an der That der J., sich betheiligt zu haben, durch die Urteilsgründe, wonach sich beide an demselben Verbrechen des Meineides, jener als Thäter, diese als Anstifterin, beteiligt hatten, widerlegt wird. Folgeweise hängt die Entscheidung auf die Beschwerde aus § 56 Ziff. 3 a. a O.

davon ab, ob das Gesetz nur die Beeidigung eines Zeugen verbiete, welcher einer in concreto strafbaren Beteiligung verdächtig ist, und nicht desjenigen Zeugen, gegen welchen zwar der Verdacht oder die Gewißheit einer Beteiligung, die eine an sich strafbare ist, vorliegt, aber einer derartigen, die wegen eines in concreto zutreffenden persönlichen Strafausschließungsgrundes an dem Zeugen nicht bestraft werden kann, inbezug auf welche daher der Zeuge mit Recht außer Verfolgung gesetzt werden konnte, wie es hier hinsichtlich des W. geschehen ist. Der innere Grund der Vorschrift des § 56 Ziff. 3 a. a. O. besteht darin, daß die gesetzliche Anordnung des Eideszwanges auf der Annahme beruht, die Beeidigung werde den Zeugen zur Aussage der Wahrheit bewegen, daß es daher nicht blos gerechtfertigt, sondern geboten ist, die Beeidigung da zu unterlassen, wo jene Annahme erfahrungsmäßig nicht zutrifft, die Glaubwürdigkeit der Aussage also durch die Beeidigung nicht erhöht werden kann. In dieser Weise sprechen sich die Motive aus (S. 45 zu § 46 des Entwurfes), und bei den Beratungen des Entwurfes wurde hiervon nicht abgewichen. Es wurde während derselben der Antrag gestellt, das Verbot der Beeidigung auf solche Personen auszudehnen, die wegen Mitschuld außer Verfolgung gesetzt oder freigesprochen worden seien, welche jene ratio des Verbotes bei ihnen ebenso, wie bei den Verdächtigen, zutreffe. Gegen diesen Antrag erfolgte eine Einwendung, die zwei Fälle trennte: einerseits den Fall, wo Unzulässigkeit der Verfolgung, wie Verjährung den Grund der Einstellung bilde, andererseits den Fall, wo letztere erfolge, weil im Momente des Beschlusses kein ausreichender Verdachtsgrund vorliege. Diese Unterscheidung entspricht der Bestimmung des § 202 St. P. O., wonach aus dem Einstellungsbeschlusse hervorgehen muß, ob er auf Rechtsgründen oder auf thatsächlichen Gründen beruht. Im zweiten Falle wird, worauf in der Kommission hingewiesen wurde, das erkennende Gericht nicht gehindert, die Beeidigung des außer Verfolgung Gesetzten als nachmaligen Zeugen zu unterlassen, wenn sich in der Hauptverhandlung gefunden hat, daß nunmehr derselbe verdächtig ist: das erkennende Gericht ist eben an den Einstellungsbeschluß in dieser Beziehung weder formell noch materiell gebunden.

Vgl. Entsch. des R. G.'s in Strafs. Bd. 8 S. 382 flg.

Andererseits wurde bemerklich gemacht, daß der Staat eine Person nicht schon deshalb für verdächtig erklären dürfe, weil sie früher in Untersuchung gewesen sei. In Beziehung auf jenen ersten Fall, der Einstellung aus Rechtsgründen, der hier hinsichtlich des W. gegeben ist, lassen die Kommissionsberatungen nichts weiter ersehen, als daß der erwähnte Antrag auf Ausdehnung des Verbotes der Beeidigung zurückgezogen wurde (Protokolle S. 815). Man darf deshalb und nach dem Wortlaute des Gesetzes sagen, daß eine Person, welche aus Rechtsgründen außer Verfolgung gesetzt worden ist, nicht unbedingt, wie es der Antrag wollte, unbeeidigt gelassen werden muß. Diese Rechtsgründe können jedoch sehr verschiedener Art sein. Es kann sich aus denselben ergeben, daß die betreffende Person sich einer unter die Definitionen der Strafgesetze subsumierbaren Handlung überhaupt nicht schuldig gemacht hat; dann steht der Beeidigung selbstverständlich nichts entgegen, vorausgesetzt, daß nicht infolge eines abweichenden Ergebnisses der Hauptverhandlung die thatsächliche Grundlage der Beurteilung sich verändert hat. Es kann aber der Eröffnung der Hauptverhandlung auch ein materieller Rechtsgrund anderer Art oder ein prozessualer Rechtsgrund entgegenstehen, und in erstere Kategorie gehört der bei W. festgestellte persönliche Strafausschließungsgrund des Rücktrittes vom Versuche. Nach der im § 56 Abs. 3 a. a. O. ausgesprochenen Ansicht des Gesetzes greift jener innere Grund des Beeidigungsverbotes, daß die Glaubwürdigkeit der Aussage des Zeugen durch die Beeidigung nicht erhöht werden kann, immer Platz, wenn der Zeuge der Teilnahme verdächtig ist, ohne daß die Gerichte befugt wären, im einzelnen Falle die Beeidigung von dem vermutlichen Einflusse derselben auf den bestimmten verdächtigen Zeugen abhängig zu machen.

„Theilnahme" bedeutet aber unter anderen jedes der in den §§ 47—49 St. G. B.'s aufgeführten Verhältnisse, und zwar ebensowohl das Verhältnis des Thäters zum Anstifter und Gehilfen, wie umgekehrt das Verhältnis dieser zu jenem, und der „Verdacht" der Teilnahme ist nur ein Minus der Gewißheit derselben. Da nun nach dem obigen die Gewißheit der Thäterschaft gegen W. vorlag, mußte dessen Beeidigung in dem Prozesse gegen die J. als gegen die Anstifterin zu dieser Thäterschaft unterbleiben. Es ist aber auch darauf schon hingewiesen worden, daß wegen der Situation, worin sich W. bei seiner Vernehmung vor dem Instanzrichter mit Rücksicht auf die Gefahr einer Wiederaufnahme der Untersuchung wegen Meineides (§ 210 St. P. O.) befand, wenn er nunmehr auf die widerrufene ursprüngliche Aussage zurückgekommen wäre, seine Glaubwürdigkeit vermindert erscheinen mußte, daher einer der Fälle gegeben war, wo, wie die Motive sagen, erfahrungsmäßig die Annahme nicht zutrifft, daß die Beeidigung mit Sicherheit auf die Wahrheit der Aussage schließen lasse, und dies dient insofern zur Unterstützung des vorstehenden, als es zeigt, daß die ratio des Verbotes des § 56 Abs. 3 a. a. O. keineswegs immer dadurch bedingt wird, daß der Zeuge einer in concreto strafbaren Beteiligung an der den Gegenstand der Untersuchung bildenden That verdächtig sei.

Da hiernach das Instanzurteil aufgehoben werden muß, kommt es auf die übrigen Revisionsbeschwerden nicht an.

Der Antrag der Revisionsschrift, die Sache an eine andere Strafkammer des Landgerichtes Meiningen zurückzuverweisen, mußte jedenfalls abgelehnt werden, da nach § 394 St. P. O. die Zurückverweisung nur entweder an das Gericht, dessen Urteil aufgehoben wird, oder an ein demselben Bundesstaate angehöriges benachbartes Gericht, nicht an eine andere Kammer desselben Gerichtes geschehen kann. Der Antrag wird jedoch hier noch durch eine andere Erwägung erledigt. Zufolge der in den Gründen des angefochtenen Urteiles dargestellten Sachlage ist, wie oben erörtert worden, gegen die Angeklagte nicht das Verbrechen gegen § 159 a. a. O., sondern eine Anstiftung zum Meineide indiziert, und dieses Verbrechen gegen die §§ 48, 154 St. G. B.'s gehört nach den §§ 80, 73 Ziff. 2

G. V. G.'s, §§ 154, 44 St. G. B.'s, da die angedrohte Strafe des Zeugenmeineides, bezw. des Versuches desselben, über 5 Jahr Zuchthaus hinausgeht, und nach § 48 daselbst zur Zuständigkeit des Schwurgerichtes. In Gemäßheit der §§ 270, 395 St. P. O. hat daher die Zurückverweisung an das Schwurgericht beim herzoglichen Landgerichte zu Meiningen zu erfolgen (unter der Anklage der Anstiftung zum versuchten Meineide). Der Grundsatz der relativen Rechtskraft (§ 398 Abs. 2 St. P. O.) wird, wie selbstverständlich, hierdurch nicht berührt.

9. **Die frühere Außerverfolgsetzung oder Freisprechung des jetzigen Zeugen macht seine jetzige Beeidigung nicht notwendig.** conf. L. zum VI. Absch. N. 3b, St. § 56 N. 19 K. S. 365. U. II 26. Juni 83. E. VIII 382. R. V 469.

Wider den Mauergesellen P. und die Wittwe P. war durch Beschluß vom 6. April 1883, als hinreichend verdächtig, in der Nacht vom 10. zum 11. November 1882 in S. gemeinschaftlich vorsätzlich die Witwe T. getötet und die Tötung mit Überlegung ausgeführt zu haben, das Hauptverfahren eröffnet und zugleich der Beschluß gegen die Näherin W. ergangen, sie außer Verfolgung zu setzen als nicht hinreichend verdächtig, in Gemeinschaft mit den Beschwerdeführern die vorgedachte That ausgeführt, bezw. denselben zur Begehung derselben durch Rat oder That wissentlich Hilfe geleistet zu haben. In der Hauptverhandlung wurde die W. als Zeugin gehört, vom Gerichtshof aber beschlossen, sie unbeeidet zu lassen, da sie „der Teilnahme oder Begünstigung hinsichtlich der den Gegenstand der Untersuchung bildenden That verdächtig erscheine."

Aus den Gründen:

Die Revision geht davon aus, daß der Schwurgerichtshof nicht berechtigt gewesen sei, mit dem unangefochten gebliebenen Beschluß der Strafkammer vom 6. April d. J. wegen der W. sich in Widerspruch zu setzen. Allein mit Unrecht. Das Gesetz enthält keine entsprechende Bestimmung: der Zusammenhang seiner Vorschriften aber läßt keinen Zweifel darüber, daß der erkennende Richter bei der Prüfung der Verdächtigkeit von Zeugen durch Beschlüsse, welche der Hauptverhandlung vorangegangen sind, nicht gebunden erscheint.

Nach § 56 Nr. 3 St. P. O. sind unbeeidigt zu vernehmen: Personen, welche hinsichtlich der den Gegenstand der Untersuchung bildenden That als Teilnehmer, Begünstiger oder Hehler verdächtig oder bereits verurteilt sind. Bei der Beratung über diese Vorschrift in der Reichstagskommission wurde von einem Mitgliede derselben der Antrag gestellt, Mitbeschuldigte, welche außer Verfolgung gesetzt oder freigesprochen sind, von der Beeidigung ebenfalls auszuschließen; der Antrag wurde indes alsbald zurückgezogen. Nach dem Erlaß des Gesetzes ist in der Doktrin aus diesem Hergange der Schluß gezogen worden, daß auf solche Mitbeschuldigte § 56 Nr. 3 a. a. O. nicht anwendbar sei. Auf diese Ausführung ist in der Revision hingewiesen. Indes kann derselben nicht beigetreten werden; und zwar sowohl für den Fall der Freisprechung wie für den Fall eines Beschlusses, durch den der Abzuhörende außer Verfolgung gesetzt ist; denn es kommt bei der Prüfung der Anwendbarkeit des § 56 Nr. 3 a. a. O. innerhalb der Hauptverhandlung nur auf das Ergebnis dieser Hauptverhandlung an und nur die Erwägung, ob ein Zeuge nach diesem Ergebnis der Teilnahme, Begünstigung oder Hehlerei verdächtig ist, nicht aber, ob er dessen etwa früher verdächtig war, ist für die Anwendung des § 56 Nr. 3 a. a. O. von Bedeutung.

Insbesondere stützt sich der Beschluß, einen Beschuldigten außer Verfolgung zu setzen, auf die aktenmäßigen Ergebnisse der Voruntersuchung (§ 202 St. P. O.); dagegen bildet die im Eröffnungsbeschluß bezeichnete That in der Gestalt, welche sie durch das Ergebnis der Hauptverhandlung erhält, nach § 263 St. P. O. den Gegenstand der Urteilsfindung, folgeweise auch den Gegenstand der Untersuchung im Sinne des § 56 Nr. 3 a. a. O. Über die Ergebnisse der Verhandlung und den dadurch begründeten Verdacht hat das Gericht zufolge § 260 St. P. O. nach seiner freien Überzeugung zu entscheiden.

Die Fassung des Beschlusses läßt klar erkennen, daß der Gerichtshof aus thatsächlichen Gründen zu dem Verdacht einer straffälligen Beteiligung der W. an dem den Beschwerdeführern schuld gegebenen Morde gelangt ist. Ob diese Beteiligung als Teilnahme — in dem weiteren Sinn, den § 56 Nr. 3 St. P. O. damit verbindet —, oder als Begünstigung zu qualifizieren sein würde, hat der Gerichtshof dahingestellt sein lassen; bei der nahen Verwandtschaft verschiedener Thätigkeitsformen der Theilnahme und der Begünstigung erscheint dies als eine der Sachlage entsprechende Vorsicht, welche keinen Schluß auf eine etwaige Verkennung der durch § 56 Nr. 3 a. a. O. gegebenen Rechtsbegriffe zuläßt.

10. **Zusätze der gesetzlichen Eidesformel, welche der in dieser zum Ausdrucke gebrachten Beteuerung nicht widersprechen, sind zulässig.** conf. L. § 62 Nr. 2 U. I 24. Jan. 84. E. X 181. R. VI 44.

Unbegründet ist die Rüge, die Beeidigung der Zeugen L., R., P., Rch., Kn. und K. sei insofern eine vorschriftswidrige, als diese Zeugen der gesetzlichen Eidesformel einen Zusatz beigefügt hätten. Es ist in dem Protokolle beurkundet, daß die genannten Zeugen den Zeugeneid geleistet haben. Allerdings haben die Zeugen, wie aus dem Protokolle weiter hervorgeht, der gesetzlichen Eidesformel Zusätze beigefügt, und zwar die Zeugen L. und Rch. die Worte: „Durch Jesum Christum", der Zeuge R. die Worte: „Durch Jesum Christum zur ewigen Seligkeit", die Zeugen P., Kn. und K. die Worte: „Durch Jesum Christum zur ewigen Seligkeit Amen." Allein diese Zusätze stehen der Wirksamkeit des Eides nicht entgegen. Nach dem Inhalte des Protokolles muß angenommen werden, daß die Zeugen diejenigen Worte, welche nach den Vorschriften der §§ 61, 62 St. P. O. die gesetzliche Eidesformel bilden, nachgesprochen oder abgelesen haben. Sie haben hierdurch ihrer Verpflichtung genügt. Daß durch einen Zusatz zu der unverändert nachgesprochenen oder abgelesenen gesetzlichen Eidesformel die Eidesleistung unter allen Umständen zu einer wirkungslosen werde, ist vom Gesetze nicht ausgesprochen.

Vgl. auch Verhandlungen der Kommission des Reichstages zur Beratung des Entwurfes der Strafprozeßordnung S. 598 und Verhandlungen des Reichstages, 2. Legislaturperiode 4. Session 1876 S. 233 flg.

Die §§ 61, 62 St. P. O. bezeichnen nur diejenigen Worte, welche für die Eidesformel unerläßlich sind, welche der Schwörende unverändert nachzusprechen oder abzulesen verpflichtet ist. Aus jenen gesetzlichen Vorschriften kann daher nicht abgeleitet werden, daß die Eidesleistung durch einen von dem Schwörenden der gesetzlichen Eidesformel freiwillig beigefügten Zusatz schon an und für sich ihre Wirksamkeit verliere.

Es muß aber allerdings nach der Natur der Sache, sowie auf Grund der Bestimmungen der §§ 60—63 St. P. O. davon ausgegangen werden, daß solche Zusätze, welche mit der durch die gesetzliche Eidesformel zum Ausdrucke gebrachten Beteuerung im Widerspruche stehen, durch welche die Bedeutung jener Beteuerung aufgehoben oder auch nur beschränkt oder von einem Vorbehalte abhängig gemacht wird, unstatthaft sind. Von solcher Beschaffenheit sind jedoch die im vorliegenden Falle konstatierten Zusätze nicht. Sie stellen sich keineswegs, wie der Beschwerdeführer behauptet, als „ein Protest gegen die gesetzliche Ordnung" dar, es wird durch dieselben auch nicht, wie in der Revisionsschrift weiter geltend gemacht wird, ausgesprochen, daß die Schwörenden „die staatlich vorgeschriebene Formel nicht als ihr Gewissen bindend anerkennen." Jene Zusätze erscheinen vielmehr lediglich als, wenn auch vom Gesetze für überflüssig erachtete, weitere Beteuerungen, als vermeintliche Verstärkungen der von den Zeugen durch das Nachsprechen oder Ablesen der gesetzlichen Eidesformel übernommenen Verpflichtung.

11. Die Frage, wenn es nötig ist, daß ein Zeuge die Richtigkeit seiner Aussage unter Berufung auf den früher geleisteten Eid versichert, behandelt U. IV 1. März 89. E. XIX 27.

Auf Revision des Angeklagten ist das angefochtene Urteil aufgehoben und die Sache in die Instanz zurückverwiesen worden.

Aus den Gründen:

Die Hauptverhandlung am 26. November 1888, in welcher der Polizeikommissarius J. nach Leistung des Zeugeneides als Zeuge vernommen worden ist, wurde nach Vernehmung einer Reihe weiterer Zeugen und nach den Schlußausführungen der Prozeßbeteiligten unterbrochen; die Fortsetzung derselben fand am 29. November statt.

Sämtliche Zeugen, mit einer hier nicht in Betracht kommenden Ausnahme, wurden auf Gerichtsbeschluß am 26. November „definitiv entlassen". Dennoch ist der Zeuge J. in der am 29. November fortgesetzten Hauptverhandlung wiederum erschienen und abermals vernommen, und zwar, wie zum Sitzungsprotokolle beurkundet ist, „nachdem er auf den bereits geleisteten Eid hingewiesen war".

Diese Verweisung auf den geleisteten Eid deckt sich, wie das Reichsgericht bereits wiederholt ausgesprochen hat, Entsch. des R. G.'s in Strafs. Bd. 3 S. 100; Rechtsp. Bd. 2 S. 704, Bd. 5 S. 250, keineswegs mit der in § 66 St. P. O. als Ersatz der nochmaligen Beeidigung zugelassenen von den Zeugen selbst zu erklärenden Versicherung der Richtigkeit seiner Aussage auf den früher geleisteten Eid, ist kein wirksamer Ersatz der Beeidigung.

Es kann sich daher nur fragen, ob die Aussage des Zeugen J. am 29. November von dem am 26. November geleisteten Zeugeneid umfaßt wird. Dem steht die Unterbrechung der Hauptverhandlung an sich nicht entgegen, denn die am dritten Tage nach der Unterbrechung unter Teilnahme derselben Richter, desselben Staatsanwaltes und Gerichtsschreibers und sämtlicher Angeklagten fortgesetzte Verhandlung gilt nicht als neue, sondern bildet mit der unterbrochenen Verhandlung ein einheitliches Ganzes (vgl. § 228 St. P. O.). Für die Entscheidung der vorliegenden Frage kommt es indes nicht auf die Einheit der Verhandlung, sondern auf die Einheit der Vernehmung an. Wenn § 60 St. P. O. als Regel vorschreibt, daß der Zeuge vor seiner Vernehmung zu beeidigen ist, so wird dadurch zunächst dasjenige, was der Zeuge nach seiner Beeidigung in ununterbrochenem Zusammenhange aussagt, unter den Eid gestellt. Während dies für die gewöhnlichen Fälle der Zeugenvernehmung, insbesondere im Vorverfahren und durch den ersuchten Richter, dem praktischen Bedürfnisse genügt, gestaltet sich die Sache im Hauptverfahren häufig anders. Zwar gilt die Vorschrift des § 58 Abs. 1 St. P. O., daß jeder Zeuge einzeln und in Abwesenheit der später abzuhörenden Zeugen zu vernehmen, als Regel auch für die Hauptverhandlung; allein schon der zweite Absatz dieses Paragraphen sieht für diese die Gegenüberstellung mehrerer Zeugen vor, welche für die früher vernommenen erst nach Abschluß ihrer ersten Aussage und dazwischen liegender Vernehmung eines folgenden Zeugen eintreten kann; und § 239 St. P. O. giebt, während die Vernehmung zunächst Sache des Vorsitzenden ist (§ 237), den übrigen zur Urteilsfällung berufenen Personen und den Prozeßbeteiligten die Befugnis, Fragen an die Zeugen zu stellen.

Aber auch abgesehen von diesen durch das Gesetz selbst vorgesehenen Fällen, können wiederholte Vernehmlassungen derselben Zeugen, sei es durch den vom Vorsitzenden befolgten Plan der Verhandlung, z. B. im Falle der Verbindung zusammenhängender Strafsachen, sei es durch im Laufe der Verhandlung eintretende besondere Veranlassung, geboten sein. Es kann auch der Zeuge selbst, der übernommenen Eidespflicht eingedenk, sich melden, um eine Abänderung oder einen Zusatz zu seiner ersten Aussage kundzugeben. Es würde eine vom Gesetzgeber nicht beabsichtigte, die Bedeutung des Eides abschwächende Häufung von Eiden und dem Eide gleichgestellten Versicherungen herbeiführen, wenn man solche vor jeder der ursprünglichen Vernehmung folgenden Erklärung eines Zeugen von neuem fordern wollte. Es muß deshalb, solange die Verhandlung, wenn auch mit einer die Grenzen des § 228 St. P. O. innehaltenden Unterbrechung fortdauert, der von dem Zeugen vor seiner Vernehmung geleistete Eid auch für spätere Erklärungen desselben wirksam bleiben, es sei denn, daß die Vernehmung des Zeugen in erkennbarer Weise abgeschlossen wird. Dies ist im vorliegenden Falle durch die vom Gerichte beschlossene und verkündete „definitive Entlassung“ der Zeugen geschehen. Es kann nicht unterstellt werden, weder daß der definitiv entlassene Zeuge sich bei ferneren Erklärungen der Fortwirkung der durch den Eid übernommenen Verpflichtung bewußt ist, noch daß das Gericht und die Beteiligten von solchen Erklärungen den Eindruck einer unter Eidespflicht abgegebenen Aussage empfangen. Daß das Gericht im vorliegenden Falle von der gleichen Auffassung ausgegangen, ergiebt sich daraus, daß der Vorsitzende den Zeugen vor seiner abermaligen Vernehmung auf den geleisteten Eid hingewiesen hat. War nun einerseits, wie vorher gezeigt, diese Hinweisung unwirksam und deckte andererseits der am 26. November geleistete Eid die Vernehmung am 29. November nicht, so erweist sich letztere als unbeeidigt. Da nicht ausgeschlossen ist, daß das angefochtene Urteil auf derselben beruht, war gemäß §§ 376, 393, 394 St. P. O. wie geschehen zu erkennen.

12. **Die Versicherung der Richtigkeit einer Aussage unter Berufung auf einen früher geleisteten Eid genügt auch, wenn die Beeidigung bei einer kommissarischen Vernehmung des Zeugen nach Eröffnung des Hauptverfahrens erfolgt war.** conf. L. § 66 N. 2a. U. 27. Juli 81. E. IV 437. R. III 420.

Der Angeklagte hat das Urteil des Schwurgerichts zu Leipzig vom 25. Juni d. J. aus dem Grunde angefochten, weil eine Rechtsnorm über das Verfahren verletzt worden sei, und findet diese Verletzung darin, daß die in der Hauptverhandlung vernommene Zeugin S. ihre Aussage nicht beschworen, sondern die Richtigkeit derselben auf den bei ihrer kommissarischen Vernehmung am 14. Juni d. J. von ihr geleisteten Zeugeneid versichert habe.

Das Hauptverfahren wurde in dieser Untersuchungssache durch den Beschluß der Strafkammer vom 18. Mai d. J. eröffnet. Da zu besorgen war, daß die von der Staatsanwaltschaft benannte und zur Hauptverhandlung bereits vorgeladene Zeugin S. in letzterer nicht werde erscheinen können, beschloß der Schwurgerichtshof am 14. Juni d. J., dieselbe gemäß §§ 222, 223 St. P. O. durch einen beauftragten Richter eidlich vernehmen zu lassen, was am 15. dess. Mts. vor dem Untersuchungsrichter geschah. Auf den bei dieser Vernehmung geleisteten Zeugeneid hat die Zeugin, nachdem sie sich in der Hauptverhandlung eingefunden hatte, die Wahrheit ihrer in dieser gemachten Aussage versichert.

Nach der Vorschrift des § 66 St. P. O. ist es zulässig, einen Zeugen, welcher in demselben Hauptverfahren bereits eidlich vernommen worden ist, bei einer weiteren Vernehmung nicht nochmals zu beeidigen, sondern ihn die Richtigkeit seiner Aussage unter Berufung auf den früher geleisteten Eid versichern zu lassen.

Das Wort „Hauptverfahren“ bedeutet aber, wie regelmäßig in der Strafprozeßordnung, unbeschadet der Ausnahme in § 23 Abs. 3, so insbesondere auch in dem § 66 nicht „Hauptverhandlung“, sondern denjenigen Teil des Verfahrens, welcher mit dem Eröffnungsbeschlusse (§§ 196, 201, 205 St. P. O.) beginnt, und während dessen die Sache bei dem erkennenden Gericht anhängig ist. Wird, nachdem der Eröffnungsbeschluß erfolgte, die Vernehmung eines Zeugen durch einen beauftragten oder ersuchten Richter in Gemäßheit des § 222 St. P. O. beschlossen und ausgeführt, so bildet diese Vernehmung einen Teil des Hauptverfahrens, wie die demnächst stattfindende Hauptverhandlung; der von dem Zeugen vor dem beauftragten oder ersuchten Richter geleistete Eid ist also in demselben Hauptverfahren geleistet, zu welchem die Hauptverhandlung gehört, sowie, wenn der Zeuge ungeachtet seiner kommissarischen Vernehmung in der Hauptverhandlung abermals vernommen wird, diese Vernehmung eine nochmalige Vernehmung innerhalb desselben Hauptverfahrens ausmacht. Als bei der Beratung des § 58 des Entwurfes (§ 66 des Gesetzes), nach dessen ursprünglicher Fassung überhaupt nur eine Beeidigung eines Zeugen in der nämlichen Strafsache stattfinden sollte, in der Kommission, durch welche der Paragraph den jetzigen abgeänderten Inhalt bekam, die Bedeutung des Wortes „Vorverfahren" zur Sprache gebracht wurde, ist von seiten der Redaktionskommission konstatiert worden, das „Vorverfahren" solle hier das ganze dem Hauptverfahren vorhergehende Verfahren, nämlich sowohl das vorbereitende Verfahren, als auch die Voruntersuchung, umfassen; hieraus ergiebt sich mit Notwendigkeit, daß eine nach dem Eröffnungsbeschluß auf Anordnung des erkennenden Gerichts erfolgte kommissarische Zeugenvernehmung nach der Ausdrucksweise des § 66 nicht mehr zum Vorverfahren zu rechnen ist, sondern daß sie bereits in die Grenzen des Hauptverfahrens in dem Sinne fällt, wie die Redaktionskommission diesen Ausdruck verstand, zumal die Prozeßordnung einen mittleren Abschnitt des Verfahrens zwischen Vorverfahren im obigen Sinne und Hauptverfahren überhaupt nicht kennt (vgl. Protokolle der Kommission S. 825). Gleichfalls bei den Beratungen der Kommission, und zwar zu den §§ 159, 160 des Entwurfes (§§ 191, 192 des Gesetzes), wurde sowohl von seiten des Regierungsvertreters, als auch aus dem Schoße der Kommission hervorgehoben, daß eine derartige kommissarische Zeugenvernehmung zwar außerhalb der Hauptverhandlung, aber innerhalb des Hauptverfahrens stattfinde (Protokolle S. 926). Dafür, daß „Hauptverfahren" in § 66 denjenigen ganzen Prozeßabschnitt umfaßt, der auf dem Eröffnungsbeschlusse beruht, hat sich auch das Reichsgericht schon mehrmals ausgesprochen (vgl. Entsch. in Strafs. Bd. 2 S. 234; ferner Urteil g. W. vom 25. Februar 1880, g. A. vom 12. Mai 1880, g. S. vom 8. Januar 1881). Eben aus diesem Grunde ist vom Reichsgericht dahin erkannt worden, daß es nach § 66 bei einer nach Eröffnung des Hauptverfahrens beschlossenen kommissarischen Zeugenvernehmung unzulässig sei, die Wahrheit der Aussage auf einen im Vorverfahren geleisteten Eid versichern zu lassen, was dagegen zulässig sein würde, wenn eine solche Zeugenvernehmung zum Vorverfahren und nicht zum Hauptverfahren gerechnet werden müßte (vgl. Urteil g. M. vom 24. April 1880).

Die in der Revisionsschrift verteidigte Ansicht, es dürfe die Versicherung der Wahrheit einer Zeugenaussage auf den früher geleisteten Eid, statt neuer Beeidigung, nur in dem Falle für statthaft gehalten werden, wenn der frühere Eid in einer vertagten oder verlegten Hauptverhandlung geschworen worden sei, widerspricht hiernach dem Wortlaut des Gesetzes und hat keine ausreichende Stütze in den Verhandlungen, aus welchen der § 66 hervorging. Allerdings wurde während dieser Verhandlung von verschiedenen Seiten die Ansicht verfochten, daß die eidliche Bestärkung der Aussage jedes Zeugen in der regelmäßigen Form (§§ 61, 62 St. P. O.) jedenfalls in den Hauptverhandlung erfolgen müsse, ohne Rücksicht darauf, ob sie auch schon bei einer der Hauptverhandlung voraufgegangenen Abhörung des Zeugen erfolgt sei, und die in der Revisionsschrift citierten Stellen der Protokolle der Kommission enthalten Äußerungen und Anträge in dieser Richtung. Allein das Ergebnis der Verhandlungen war das oben angegebene, wie es sich in dem vorliegenden Wortlaute des § 66 darstellt; jene Ansicht ist in das Gesetz nicht aufgenommen worden. Man darf auch gerade die nach dem Eröffnungsbeschluß vorgenommene Abhörung eines Zeugen durch den beauftragten oder ersuchten Richter nicht in einem scharfen Gegensatz zu der Abhörung in der Hauptverhandlung stellen; jene sollte diese ersetzen, und wurde, damit sie als ein ausreichender Ersatz betrachtet werden könne, in einer Weise geordnet, die den Parteien ähnliche Garantieen ihrer Befugnisse gewährte, wie sie die Vernehmung in der Hauptverhandlung darbietet (vgl. §§ 223, 250 Abs. 2 St. P. O.). Schon in den Motiven des Entwurfes ist dieser Gesichtspunkt hervorgehoben und zur Geltung gebracht (vgl. Motive zu den §§ 186, 187 des Entwurfes, 222 und 223 des Gesetzes S. 126). In Berücksichtigung dieser Garantieen wurde die Verlesung der vom Zeugen vor dem Kommissar gemachten Aussage als Ersatz für die mündliche Vernehmung in der Hauptverhandlung gestattet; in ähnlicher Weise ist nach § 66 der vor dem Kommissar geschworene Eid für ausreichend geachtet worden, die regelmäßige Beeidigung in der Hauptverhandlung zu ersetzen, vorausgesetzt, daß sich der Zeuge auf jenen Eid bei seiner Vernehmung in der Hauptverhandlung ausdrücklich bezieht.

13. **Die Vernehmung von Zeugen vom Hörensagen ist zulässig.** conf. L. § 68 N. 4. St. ibid. N. contr. K. S. 347. U. III 12. Mai 80. E. II 160.

Die Revision beantragt die Aufhebung des angefochtenen Urteiles nebst den demselben zu Grunde liegenden thatsächlichen Feststellungen wegen Verletzung von Normen des Prozesses und des materiellen Strafrechtes.

Eine Verletzung von Normen über das Verfahren findet die Revision darin, daß einige Zeugen in der Hauptverhandlung nicht vernommen, sondern über die Äußerungen derselben, nach der Behauptung des Angeklagten, andere Zeugen abgehört worden sind; es liege hierin ein Verstoß gegen den § 249 St. P. O.

Dieser Paragraph hat den Grundsatz der Mündlichkeit und Unmittelbarkeit des Beweisverfahrens festgestellt; wenn der Beweis durch einen Zeugen geführt werden soll, hat dieses durch mündliche Abhörung desselben in der Hauptverhandlung zu geschehen, nicht durch Verlesung von Protokollen über Vernehmungen außer der Hauptverhandlung oder von schriftlichen Erklärungen der Zeugen.

Aber über welche Thatsachen ein Zeugenbeweis geführt werden soll, ob darüber, daß ein Vorgang stattgefunden habe, ob also, soviel den Vorgang betrifft, durch direkte Zeugen oder durch Zeugen von Hörensagen, das ist durch keine Vorschrift der Prozeßordnung entschieden worden, und die letztere Art der Beweisführung namentlich in Beziehung auf Nebenpunkte und unterstützende Indizien nicht untersagt. Es entscheidet in dieser Beziehung zunächst das Ermessen der Parteien, innerhalb gewisser Grenzen auch das Ermessen des Gerichts (§§ 213, 215, 218, 219, 220, 243 St. P. O.). Will insbesondere der Staatsanwalt sich mit Zeugen vom Hörensagen begnügen, weil er glaubt, daß schon diese zur Überzeugung des Gerichtes (§ 260 St. P. O.) hinreichen werden, will er mit anderen Worten nicht die Thatsache, daß ein Vorgang sich ereignete, sondern die Thatsache, daß ein Vorgang erzählt worden ist, durch Zeugenbeweis darthun, so kann der Angeklagte ihn nicht zwingen, statt dessen direkte Zeugen vorzuladen; wohl aber kann er die Vorladung direkter Zeugen seinerseits bewirken. Sind Zeugen vorgeladen, aber ausgeblieben, so können die Parteien eine Aussetzung der Hauptverhandlung beantragen (§§ 243, 222, 227, 50 das.). Demnach ist eine Verletzung der Prozeßrechte des Angeklagten nicht vorgekommen.

§ 5.

Sachverständige und Augenschein.

1. **Das Augenscheinsprotokoll muß die vom Richter und Gerichtsschreiber gemeinschaftlich und übereinstimmend gemachten Wahrnehmungen enthalten.** conf. L. § 86 N. 1c K. S. 411. U. IV 21. Juni 87. E. XVI 147. R. IX 376.

Das Urteil des Schwurgerichtes ist auf Revision des Angeklagten aufgehoben worden.

Aus den Gründen:

Ausweislich des Sitzungsprotokolles sind in der Hauptverhandlung, auf welche das angefochtene Urteil ergangen ist, „auf verkündeten Beschluß die Verhandlung d. d. R. den 3. Februar 1887 Bl. 39 act., sowie die Verhandlung vom 19. März 1887 Bl. 113, soweit sie die richterliche Einnahme des Augenscheines betreffen, und zwar letztere Verhandlung nur bis zu den Worten „Angeklagter bei dem Punkte a stehen“ zwecks Beweises verlesen“.

Von den gedachten beiden Verhandlungen ist die vom 3. Februar 1887 im Vorverfahren auf Antrag des Staatsanwaltes, die vom 19. März 1887 zur Ergänzung der inzwischen eröffneten Voruntersuchung aufgenommen, beide in Anwesenheit eines Richters und eines Gerichtsschreibers, welche die betreffenden Protokolle auch vollzogen haben.

Soweit es auf den Augenschein ankommt, handelt es sich in beiden Fällen darum, festzustellen, ob man, insbesondere ob der Angeklagte von gewissen Standpunkten auf der einen Seite der Oder Personen und deren Bewegungen auf gewissen Punkten des gegenüberliegenden Ufers erkennen und unterscheiden konnte. Diese Feststellung ist nun inhalts der Protokolle in der Art bewirkt worden, daß

a) im ersten Falle der Richter mit vier Zeugen auf dem linken Ufer, der Gerichtsschreiber mit zwei Zeugen und dem Angeklagten auf dem rechten Ufer Aufstellung nahmen und feststellten, daß einerseits der Richter und die vier bei ihm befindlichen Zeugen, andererseits der Gerichtsschreiber und der bei diesem befindliche Zeuge Amtsvorsteher J. sich gegenseitig nicht zu erkennen vermochten;

b) im zweiten Falle der Richter mit dem Zeugen Förster T. und dem Angeklagten auf dem linken, der Gerichtsschreiber mit dem Zeugen Amtsvorsteher G. und den Zeuginnen L. und M. auf dem rechten Ufer der Oder Aufstellung nahmen, und sodann die beiden Zeuginnen auf ein gegebenes Signal die zwischen dem Richter und dem Amtsvorsteher vorher verabredeten Bewegungen ausführten, und nachdem beide Teile, jeder auf dem betreffenden Ufer, einen anderen Standpunkt eingenommen hatten, wiederholten.

Damit schließt der verlesene Teil des zweiten Protokolles.

Mit Recht findet die Revision in der Verlesung dieser Protokolle einen Verstoß gegen die Vorschriften über die Mündlichkeit des Verfahrens. Wenn § 248 St. P. O. die Verlesung der Protokolle über die Einnahme des richterlichen Augenscheines nicht nur gestattet, sondern als die regelmäßige Art der Erhebung dieses Beweises vor dem erkennenden Gerichte hinstellt, so setzt er doch unter Beobachtung der gesetzlichen Vorschriften zustande gekommene gerichtliche Protokolle voraus, d. h. insbesondere Protokolle, die gleich den Vernehmungsprotokollen von dem Richter unter Zuziehung eines Gerichtsschreibers aufgenommen sind. Diese Zuziehung erstreckt sich, wie der Gegensatz der §§ 185, 186 St. P. O. ergiebt, nicht blos auf die Aufnahme des Protokolles, sondern auch auf den zu beurkundenden Hergang selbst, auf die Vernehmung des Angeschuldigten, der Zeugen und Sachverständigen, bezw. die Einnahme des Augenscheines. So wenig der Gerichtsschreiber Vernehmlassungen der eben genannten Beteiligten, ohne sie selbst gehört zu haben, etwa nach dem Diktate des Richters, beurkunden darf, ebensowenig darf er das Ergebnis eines Augenscheines, bei dem er nicht mit eigenen Augen mitgewirkt, beurkunden. Diese Zuziehung des Gerichtsschreibers erscheint — wenn man von der gleichen positiven Vorschrift absieht — bei der Augenscheinseinnahme noch unerläßlicher als bei den Vernehmungen, weil das Protokoll über letztere nach § 186 Abs. 3 St. P. O. den Beteiligten vorgelesen und von ihnen genehmigt werden muß, die Abgabe der beurkundeten Erklärungen also von den Abgebenden selbst dem Gerichtsschreiber, der etwa einen Teil nicht angehört oder anders aufgefaßt hat, bestätigt wird. Es wird denn auch keinem Zweifel unterliegen, daß, wenn etwa der Richter allein auf der Straße vor dem Gerichtsgebäude den Augenschein einnimmt und der im Gerichtszimmer zurückgebliebene Gerichtsschreiber hinterher das vom Richter diktierte Ergebnis niederschreibt, eine Zuziehung des Gerichtsschreibers bei der Einnahme des Augenscheines, wie § 185 St. P. O. sie vorschreibt, nicht erfolgt ist. Das nach § 186 a. a. O. vom Richter und Gerichtsschreiber unterschriebene Protokoll über die Einnahme des Augenscheines hat die Kraft eines Beweismittels über letzteren nur insoweit, als es die von beiden Gerichtspersonen gemeinschaftlich und übereinstimmend gemachten Wahrnehmungen beurkundet. Diese gemeinschaftliche und übereinstimmende Wahrnehmung wird allerdings ohne weiteres dann anzunehmen sein, wenn nicht das Protokoll selbst das Gegenteil ergiebt. Wird aber aus diesem ersichtlich, daß der Richter und der Gerichtsschreiber, sei es über denselben Gegenstand vom selben Standpunkte aus aus subjektiven Gründen verschiedene Wahrnehmungen gemacht, sei es — unter Teilung der Arbeit — über verschiedene Gegenstände oder von verschiedenen Standpunkten aus über denselben Gegenstand verschiedene Wahrnehmungen gemacht haben, so liegt ein „richterlicher Augenschein," wie § 248 a. a. O. ihn vorausgesetzt, weder bezüglich der einseitigen Wahrnehmungen des Gerichtsschreibers, noch auch bezüglich der des Richters vor; vielmehr sind dann in der äußeren Form des Protokolles nur schriftliche Erklärungen der Gerichtspersonen über ihre individuellen Wahrnehmungen niedergelegt, Erklärungen, durch deren Verlesung die Vernehmung der Erklärenden in der Hauptverhandlung nach § 249 St. P. O. nicht ersetzt werden darf.

Im vorliegenden Falle hat nun am 3. Februar 1887 unter Teilung der Arbeit eine Einnahme des Augenscheines von verschiedenen Standpunkten aus stattgefunden. Richter und Gerichtsschreiber befanden sich auf verschiedenen Ufern des Stromes in solcher Entfernung, daß sie einander nicht sehen, wenigstens nicht erkennen konnten. Das Ergebnis dieser Veranstaltung, wenn auch nur das letztgenannte negative, beruhte nicht auf gemeinschaftlicher Wahrnehmung, sondern auf einer Zusammenstellung der beiderseitigen Wahrnehmungen.

Das Protokoll vom 19. März 1887 ist zwar nur in seinem Anfange verlesen, es beurkundet aber in diesem verlesenen Teile nicht blos die wiederum auf verschiedenen Ufern des Stromes eingenommene Stellung der Gerichtspersonen und der Beteiligten, sondern auch die — nur vom Gerichtsschreiber wahrgenommene — Vornahme von Bewegungen seitens der Zeuginnen an gewissen Punkten.

Erscheint es nun auch von vornherein nicht unstatthaft, ein Protokoll, welches sich in seinem Eingange als Augenscheinsprotokoll bezeichnet, zu verlesen, so muß doch, wie dies vorliegenden Falles bei dem zweiten Protokolle geschehen, mit der Verlesung eingehalten werden, sobald sich aus demselben ergiebt, daß das Protokoll seinem Inhalte nach nicht gemeinschaftliche, sondern individuelle Wahrnehmungen der Gerichtspersonen beurkundet. Sind diese nun einmal ganz oder teilweise verlesen, so kann der Grundsatz der Unmittelbarkeit und Mündlichkeit, die Vorschrift des § 249 St. P. O., daß die Verlesung die Vernehmung nicht ersetzen darf, nur dadurch gewahrt werden, daß die Gerichtspersonen über ihre Einzelwahrnehmungen als Zeugen in der Hauptverhandlung vernommen werden.

2. Die Frage, ob unverdächtige Personen zwecks Verfolgung von Spuren einer Strafthat einer ärztlichen Untersuchung ihres Körpers

unterworfen bezw. Objekte einer Durchsuchung sein können, regelt grundlegend U. II 11. Juni 86. E. XIV 189. R. VIII 154. conf. L. § 86 N. 3a. Siehe oben S. 44.

Gegen den Angeklagten ist in 60 Fällen aus § 176 Nr. 3, in 60 anderen Fällen aus § 173 Abs. 2 St. G. B.'s Strafe verhängt. Die Revision rügt Verletzung materieller und prozeßrechtlicher Normen. Dem prozessualen Angriffe war Folge zu geben.

Das Protokoll über die Hauptverhandlung beurkundet folgenden Vorgang:

Die Verteidigung beantragt, die P. M. und die J. P. ärztlich untersuchen zu lassen zur Feststellung, daß ein geschlechtlicher Angriff auf sie nicht stattgehabt hat.

Auf Befragen erklären beide Zeuginnen, sie weigerten sich, einer solchen ärztlichen Untersuchung sich zu unterziehen.

Die Verteidigung beantragte nun, gegen ihren Willen die genannten Zeuginnen untersuchen zu lassen.

Die Königl. Staatsanwaltschaft widersprach diesem Antrage.

Der Gerichtshof beschloß und verkündete: daß der gestellte Antrag auf zwangsweise vorzunehmende Untersuchung abzulehnen, weil ein solcher Zwang sich nicht gesetzlich rechtfertigen lasse.

Nach den Feststellungen des angefochtenen Urteiles hat der Angeklagte mit der am 24. Mai 1866 geborenen J. P. und mit der am 27. Oktober 1869 geborenen P. M., bevor diese Mädchen das vierzehnte Lebensjahr vollendet hatten, unzüchtige Handlungen vorgenommen, insbesondere auch den Beischlaf vollzogen und mit der P., seiner Stieftochter, über deren vierzehntes Lebensjahr hinaus bis zum Jahre 1883 die Beischlafsvollziehungen fortgesetzt. Das Urteil erwähnt auch den Antrag des Angeklagten, die genannten Zeuginnen „einer ärztlichen Untersuchung zu unterwerfen, um festzustellen, daß dieselben geschlechtlich noch intakt seien, also auch von dem Angeklagten nicht gemißbraucht sein könnten", und erklärt den Antrag bei der Weigerung der Zeuginnen für unzulässig. „Das Gesetz", so wird ausgeführt, „läßt in dieser Beziehung Zwangsmittel nicht zu, insbesondere lassen dieselben sich auch nicht aus dem Gesichtspunkte der Zeugnispflicht rechtfertigen."

Die Revision findet in dem ablehnenden Beschlusse eine Verletzung der §§ 69, 86 flg. St. P. O. und einen Verstoß im Sinne des § 377 Nr. 8 das. In ihren Ausführungen geht sie davon aus, es handle sich um Einnahme des Augenscheines im Sinne des § 86 St. P. O. und um Anwendung der zur Erzwingung eines Zeugnisses zugelassenen Mittel. Diese Annahmen sind unhaltbar.

1. Von einem Antrage auf Einnahme des richterlichen Augenscheines erhellt aus dem Sitzungsprotokolle nichts. Beantragt war ein Sachverständigenbeweis. Daß diesem eine Untersuchung vorangehen sollte, ändert an der Natur des Beweises nichts; denn der Beweis durch Sachverständige erfordert regelmäßig eine Untersuchung von Gegenständen (sachlichen Beweismitteln) und einen Bericht über das Ergebnis der Untersuchung (Befund), woran sich erst die Darlegung und Begründung der aus dem Befunde gezogenen Folgerungen zu schließen hat. Die beantragte

ärztliche Untersuchung läßt sich daher einer den gleichen Zweck verfolgenden Einnahme des richterlichen Augenscheines nicht völlig gleichstellen. Anscheinend zieht aber die Revision die §§ 86 flg. St. P. O. nur deshalb heran, weil sie von der Ansicht ausgeht, daß ein Zwang auf Duldung der ärztlichen Untersuchung des Körpers nur aus denselben Gründen sich rechtfertigen lassen könnte, wie ein Zwang auf Duldung der richterlichen Beaugenscheinigung des Körpers. Insoweit würde ihrer Auffassung, wie weiterhin dargelegt werden wird, ein richtiger Gedanke zu Grunde liegen.

Verfehlt ist auch die Ansicht der Revision, daß die beantragte Maßregel nach dem Gesichtspunkte des Zeugniszwanges zu beurteilen sei. Das Zeugnis, zu dessen Erzwingung der § 69 St. P. O. Mittel bietet, welche im § 95 auf die Pflicht zur Herausgabe von Beweisstücken ausgedehnt worden sind, besteht in der Aussage des Zeugen. Die J. P. und die P. M. haben ihrer Pflicht nach dieser Richtung genügt. Die Duldung einer Untersuchung des Körpers fällt nicht in das Gebiet des Zeugnisses. Der gegenwärtige Fall würde einer abweichenden Beurteilung nicht unterliegen, wenn die genannten Personen überhaupt nicht als Zeuginnen geladen und gehört wären. Die Pflicht, sich eine körperliche Besichtigung gefallen zu lassen, also als Gegenstand eines Beweises zu dienen, hat mit der Zeugnispflicht nichts gemein. Die Berechtigung zur Verweigerung des Zeugnisses schließt auch keineswegs eine Untersuchung der Person aus.

Diese irrigen Annahmen der Revision können jedoch nicht zur Verwerfung des Rechtsmittels führen, da die Thatsachen, in welchen der prozessuale Verstoß zu finden sein soll, bezeichnet und blos unrichtig qualifiziert sind (§ 392 St. P. O.).

Bei Prüfung des ablehnenden Beschlusses muß man unterstellen, daß derselbe auf der Rechtsansicht beruht, ein Zwang behufs Besichtigung von Körperteilen sei allgemein oder doch gegen andere Personen, als den Angeklagten, deshalb unzulässig, weil er sich aus dem Gesichtspunkte der Zeugnispflicht nicht rechtfertigen lasse und das Gesetz sonst Zwangsmittel nicht gewähre. Die Fassung des Beschlusses nötigt schon zu dieser Auffassung, das Urteil aber legt den Gedankengang des ersten Richters dahin klar: es seien dem Strafrichter nur diejenigen Zwangsmittel gestattet, welche das Gesetz bezeichne, zur Untersuchung des Körpers einer Person sei aber ein Zwangsmittel vom Gesetze nicht gewährt.

Daß der vom ersten Richter aufgestellte Grundsatz in strikter Durchführung die Wirksamkeit der Strafverfolgung vielfach, zumal bei schweren Körperverletzungen und den in die geschlechtliche Sphäre fallenden Delikten, von dem Belieben einzelner abhängig machen, andererseits häufig dem Angeklagten Verteidigungsmittel entziehen würde, bedarf keiner Ausführung.

Der erste Richter verkennt aber offenbar die Stellung des Einzelnen gegenüber der staatlichen Strafgewalt, indem er dieser die Verpflichtung auferlegt, von einem an sich berechtigten Akte abzustehen, sobald ein Betroffener den Akt nicht dulden zu wollen erklärt. Mit der Berechtigung zu dem Akte ist den Organen der Strafrechtspflege auch die

Befugnis zur Überwindung eines entgegengesetzten Widerstandes gegeben, insoweit das Gesetz nicht Einschränkungen vorsieht.

Vermutlich hat sich der erste Richter durch die Erwägung beeinflussen lassen, daß in Fällen der vorliegenden Art ein ungerechtfertigter Eingriff in die Rechtssphäre des Betroffenen statthabe. Da eine Untersuchung weiblicher Geschlechtsteile beantragt war, liegt die Annahme nahe, der erste Richter habe das weibliche Schamgefühl gegen die Zumutung des Verteidigers schützen wollen. Zum Ausdrucke ist ein solcher Gedanke nicht gelangt. Auf ein Schamgefühl der Zeuginnen ist deren Weigerung nicht zurückgeführt, eine ärztliche Untersuchung der Geschlechtsteile enthält auch keineswegs notwendig eine Verletzung des Schamgefühles und nach der Fassung des Beschlusses und der Urteilsgründe muß angenommen werden, daß der erste Richter den von ihm aufgestellten Grundsatz auch auf Männer und bei Frauenspersonen auf Körperteile, deren Verhüllung die Sitte nicht gebietet, ausgedehnt wissen will. Der Ablehnungsgrund ist aber auch dann nicht haltbar, wenn demselben die Ansicht zu Grunde liegt, daß die beantragte Maßregel das Schamgefühl der Zeuginnen verletzt haben würde. Selbstverständlich gehört es zu den Dienstpflichten des Richters, das weibliche Schamgefühl nach Möglichkeit zu schonen. Er hat von Maßregeln, die ein solches Gefühl verletzen, Abstand zu nehmen, wenn andere Mittel zu gleichem Zwecke führen. Kann die Maßregel nicht umgangen werden, so ist die schonendste Form zu wählen. Deshalb ist es kaum denkbar, daß ein Richter zu einer solchen Besichtigung des weiblichen Körpers in Form einer Einnahme des richterlichen Augenscheines an Stelle einer ärztlichen Untersuchung sich bewogen finden könnte. Der Richter darf ferner Anträgen keine Folge geben, welche unter dem Scheine von Beweisanträgen lediglich eine Bloßstellung der Geschlechtsehre des Weibes bezwecken. Im Falle einer unvermeidlichen Kollision muß aber das Schamgefühl den Interessen der Rechtspflege weichen. Auf diesem Standpunkte steht das Gesetz, indem es Zeuginnen im Strafverfahren das Recht versagt, eine Beantwortung von Fragen aus Rücksichten des Schamgefühles abzulehnen.

Die Strafprozeßordnung verfolgt allerdings in einer Reihe von Einzelvorschriften das Ziel, einer ungebührlichen Ausdehnung der den Organen der Strafrechtspflege zustehenden Zwangsgewalt Schranken zu setzen. Zu prüfen bleibt daher, ob einer Maßregel, wie sie im vorliegenden Falle beantragt worden ist, Schranken gesetzt sind, und eventuell, ob dieselben hier zutreffen. Erstere Frage ist zu bejahen, letztere zu verneinen.

2. Der mit einer Besichtigung beauftragte Sachverständige kann zur Durchführung des Auftrages eine weitere Zwangsgewalt nicht in Anspruch nehmen, als seinem Auftraggeber, hier dem Richter, zustehen würde, wenn dieser in eigener Person die Besichtigung vornähme. Die Pflicht zur Duldung einer ärztlichen Besichtigung geht daher über die Grenzen der Verpflichtung, den richterlichen Augenschein zu dulden, nicht hinaus. Der Augenscheinseinnahme des Richters sind aber durch die Vorschriften der §§ 94 flg. St. P. O. insoweit mehrfache Schranken gesetzt, als ihr eine

Beschlagnahme des in Augenschein zu nehmenden Objektes oder eine Durchsuchung vorausgehen muß. So wird ein auf der Post liegender Brief Gegenstand einer richterlichen Augenscheinseinnahme nur dann sein dürfen, wenn die Voraussetzungen des § 99 St. P. O. gegeben sind. Zur Untersuchung des Köpers einer Person kann sonach der Richter nur unter den Voraussetzungen schreiten, unter welchen eine Durchsuchung statthaft, also bei mangelndem Einverständnisse des Betroffenen nur unter den Bedingungen der §§ 102, 103 St. P. O. Die im vorliegenden Falle beantragte zwangsweise Untersuchung enthält auch der Sache nach eine Durchsuchung von Personen nach Spuren einer Strafthat.

Die Untersuchung von Personen, welche als Thäter oder Teilnehmer einer strafbaren Handlung oder als Begünstiger oder Hehler verdächtig sind, ist in § 102 St. P. O. nur von der Vermutung abhängig gemacht, daß sie zur Auffindung von Beweismitteln führen werde. Die Fälle der sogenannten notwendigen Teilnahme, in welchen der Teilnehmer straflos ist, sind von § 102 nicht mit umfaßt; die Aufzählung bezweckt hier nur eine Bezeichnung aller derjenigen Personen, gegen welche als Beteiligte bei der festzustellenden Strafthat das Verfahren schwebt oder gerichtet werden kann. Die P. M. fällt daher nicht in den Kreis der in § 102 bezeichneten Personen. Die J. P. würde diesen Personen beizuzählen sein, wenn sie zur Zeit der Strafthat das achtzehnte Lebensjahr vollendet gehabt hätte (§ 173 Abs. 4 St. G. B.'s); das Gegenteil ist aber festgestellt.

Auch der § 103 St. P. O. handelt von Durchsuchungen von Personen. Die Vorschrift spricht sich über das, was bei „anderen Personen" durchsucht werden kann, nicht aus, greift vielmehr in den Eingangsworten auf die Vorschrift in § 102 zurück. Bezüglich des Gegenstandes der Durchsuchung besteht zwischen den Fällen des § 103 und denen des § 102 a. a. O. kein Unterschied. Nur bezüglich des Zweckes und der Voraussetzungen einer Durchsuchung sind die unverdächtigen Personen günstiger gestellt, als die in § 102 bezeichneten. Die entgegenstehende, zum Teil in der Doktrin geltend gemachte Ansicht legt den Nachdruck auf die Worte des § 103 a. a. O.: „in den zu durchsuchenden Räumen." Es mag zugegeben werden, daß diese Worte nicht auf alle Fälle des § 102, insbesondere nicht auf Durchsuchungen von Personen nach Blutspuren passen; aber nimmermehr läßt sich annehmen, daß durch diese Worte, gewissermaßen durch eine verborgene Hinterthür, eine dem früheren Rechtszustande unbekannte, mit den Bedürfnissen der Rechtspflege kaum vereinbare, für die in der Praxis häufigsten Fälle, nämlich für Durchsuchungen übelbeleumdeter Personen, schwer zu rechtfertigende (vgl. § 139 österr. St. P. O. von 1873), Beschränkung eingeführt werden sollte.

Ein Fall des § 103 St. P. O. liegt aber vor. Es handelt sich um die Verfolgung von Spuren strafbarer Handlungen. Nach den im ersten Urteile wiedergegebenen Aussagen lagen Thatsachen vor, aus denen zweifellos der Schluß gezogen werden konnte, daß die gesuchten Spuren (des geschlechtlichen Mißbrauchs) an den zu durchsuchenden Körpern sich befinden. Aus diesem Grunde war die Durchsuchung gerechtfertigt und deshalb auch ein Zwang auf Duldung ärztlicher Untersuchung.

In erster Linie haben die §§ 102, 103 St. P. O. allerdings nur die Beschaffung von Überführungsbeweisen im Auge. Allein Fälle der vorliegenden Art, in welchen die Verteidigung die Spuren einer Strafthat zum Nachweise der Nichtschuld verfolgt wissen will, werden von dem Wortlaute der Gesetzesvorschrift mitumfaßt und können ohne Verletzung des Prinzipes, daß der Anklagebehörde und der Verteidigung, soweit nicht Ausnahmen vorgeschrieben sind oder aus der Amtsstellung des Staatsanwaltes sich ergeben, die gleichen Befugnisse zustehen, nicht ausgeschlossen werden.

Der erste Richter hätte den Beweisantrag daher nur unter der Voraussetzung ablehnen können, daß er es nicht für annehmbar erachtete, es könnte durch die Untersuchung der Zeuginnen ihre Aussage widerlegt werden, oder aus anderen, der Sachlage entnommenen Gründen. Sein Grund aber, daß die beantragte Maßregel rechtsgrundsätzlich unzulässig sei, beruht auf rechtsirrtümlicher Auffassung. Die Möglichkeit einer Beeinflussung des Urteiles durch den Rechtsirrtum kann nicht in Abrede gestellt werden; denn der Revisionsrichter ist nicht in der Lage, prüfen zu können, ob nach den sonstigen Beweisergebnissen die unter Beweis gestellte Thatsache für die Thatfrage von Bedeutung war.

Hiernach mußte die Aufhebung des Urteiles und der Feststellung desselben erfolgen.

3a. **Das Gericht ist zur Einnahme des Augenscheines, wenn es das Gegenteil der zu erweisenden Thatsachen für erwiesen hält, nicht verpflichtet.** conf. L. § 86 N. 4. St. ibid. N. 7. U. II 9. Juli 86. E. XIV 276.

Gegen die Angeklagte O. war festgestellt, daß sie eine bedeutende Quantität Fleisch aus einem Hause dadurch gestohlen, daß sie in dem Fenster des Zimmers, in welchem das Fleisch lag, eine Scheibe zerschlagen, die Fensterflügel geöffnet und durch das Fenster, welches so beschaffen, daß eine erwachsene Person bequem einsteigen könne, eingestiegen war. In der Hauptverhandlung hatte die Angeklagte Einnahme des Augenscheines an Ort und Stelle zum Beweise dafür beantragt, daß das Fenster nicht so breit sei, daß ein Mensch einsteigen könne, der Gerichtshof den Antrag aber mit der Motivierung abgelehnt, daß das Gegenteil durch die Aussagen des mit der Lokalität vollkommen vertrauten Zeugen bereits erwiesen sei. Die auf die Ablehnung des Antrages gestützte Revision ist verworfen aus nachfolgenden Gründen:

Aus der Motivierung des Beschlusses ergiebt sich, daß die Feststellung des Urteiles über die Beschaffenheit der Fensteröffnung auf den Aussagen der Zeugen E. und F. beruht, die als Sachverständige nicht beeidigt sind, wie das Protokoll erweist. Aber abgesehen davon, daß der Zeugeneid den Sachverständigeneid mitumfaßt, kommt in Betracht, daß die in Frage stehende Thatsache keine solche ist, zu deren Feststellung es einer besonderen Sachkunde bedurfte. Das Gericht konnte aber auch die ihm angesonnene Einnahme des Augenscheines an Ort und Stelle ablehnen. Vom Gesetze **geboten** ist die Einnahme des richterlichen Augenscheines als Mittel zur Erforschung der Wahrheit nicht (§§ 86, 87, 91, 92 St. P. O.), und da sie nicht geboten, steht sie **nach der Natur des Beweismittels** in dem freien Ermessen des Gerichtes. Denn die Einnahme des Augenscheines soll dem Gerichte die Überzeugung von der Existenz oder Nichtexistenz einer Thatsache, eines Zustandes durch eigene Wahrnehmung, sei es auch nur vermittelt durch eines seiner Mitglieder oder einen ersuchten Richter, verschaffen. Ist das Gericht in der Lage, sich solche Überzeugung durch andere Beweismittel zu verschaffen, so ist es nicht behindert, diese zu benutzen, weil es, wo das Gesetz selbst nicht ein bestimmtes Beweismittel vorschreibt, durch keine Vorschrift des Gesetzes in der Auswahl der Beweismittel beschränkt ist. Hat es sich die Überzeugung durch die Erhebung dieser anderen Beweise in der mündlichen Verhandlung verschafft, so ist es nicht **verpflichtet**, dem Verlangen auf Erhebung eines anderen Beweises über dieselbe Thatsache durch Einnahme des Augenscheines stattzugeben, da dies Verlangen ihm nichts weiter ansinnt, als durch Anschauung sich eine Überzeugung zu verschaffen, die es auf anderem Wege bereits erlangt hat. Die Frage, ob die Beweismittel, von denen Gebrauch gemacht wird, sicherer und zuverlässiger seien, als die Einnahme des Augenscheines, muß der freien Prüfung des erkennenden Gerichtes unterliegen, weil das erkennende Gericht allein imstande ist, zu entscheiden, ob es seine Überzeugung besser aus den Aussagen von Zeugen, die mit dem Objekte der Augenscheinseinnahme vertraut, oder aus der eigenen sinnlichen Wahrnehmung des Objektes entnehmen kann. Wollte man dem Gerichte diese freie Prüfung nicht einräumen, würde es gezwungen werden können, einen Beweis durch Einnahme des Augenscheines zu erheben, obwohl es weiß und voraussieht, daß es nach der Natur des Objektes durch eigene Wahrnehmung eine Anschauung und Ueberzeugung nicht gewinnen kann. Aber selbst, wo die Sache nicht so liegt, sondern anzuerkennen ist, daß die Einnahme des Augenscheines geeignet sei, eine sichere und zuverlässigere Überzeugung zu verschaffen, muß dieselbe freie Prüfung und dasselbe freie Ermessen des Gerichtes gelten. Denn grundsätzlich hat den **Wert des Beweismittels** das Gericht frei zu prüfen. Regelmäßig kann es diese Prüfung nur nach **Erhebung des Beweises** in der mündlichen Verhandlung vornehmen, und es ist deshalb unstatthaft, die Vernehmung **von Zeugen** abzulehnen, weil durch andere Zeugen das Gegenteil bereits erwiesen. In solchem Falle spricht die Ablehnung der Beweisaufnahme ein Urteil über das Ergebnis der beantragten Beweisaufnahme aus, welches nach der Natur des Zeugenbeweises erst durch Vernehmung der Zeugen gewonnen werden kann. Bei dem Beweismittel der Einnahme des Augenscheines liegt dies anders, weil das Gericht stets in der Lage ist, zu prüfen und zu befinden, sei es, ob ihm die eigene Wahrnehmung sicherere und zuverlässigere Überzeugung verschaffen kann, als die Aussage dritter Personen, sei es, ob diese Aussage nach der Sachlage auch ohne Einnahme des Augenscheines genügt, die erforderliche Sicherheit über die streitige Thatsache zu verschaffen. Von dieser Auffassung geht auch das Gesetz aus. Der Abschnitt 7 der Strafprozeßordnung verbindet die Vorschriften über die Vernehmung der Sachverständigen mit denjenigen über die Einnahme des Augenscheines, weil beide Arten der Beweisaufnahme innerlich dieselbe Natur haben. Der § 73 St. P. O. beruht auf dem Gedanken, daß nach dem Grundsatze der freien Beweiswürdigung dem Ermessen des Gerichtes überlassen bleiben muß, ob es Sachverständige vernehmen will oder nicht, ob es, selbst in Bezug auf technische Fragen, zur Begründung seiner Überzeugung eines sachverständigen Gutachtens bedarf oder nicht. Dasselbe gilt notwendig in noch höherem Maße von der Einnahme des Augenscheines, der sich direkt an das eigene Befinden des Richters wendet, auch wo er unter Zuziehung von Sachverständigen geschieht. Das Gesetz schreibt kategorisch nur vor, daß der Beweis einer Thatsache, die auf Wahrnehmung einer dritten Person beruht, durch Vernehmung dieser Person in der Hauptverhandlung zu erheben; daß der Richter sich durch Augenschein von der Richtigkeit dieser Wahrnehmung überzeugen muß, verlangt das Gesetz nicht und konnte es auch, selbst abgesehen von der inneren Natur der Beweiserhebung durch Einnahme des Augenscheines, schon aus praktischen Gründen mit Rücksicht auf die Schwierigkeiten nicht verlangen, welche sich dieser Art der Beweisaufnahme vielfach entgegenstellen. Auch der § 244 St. P. O. schreibt nur vor, daß die Beweisaufnahme in der Hauptverhandlung auf die sämtlichen vorgeladenen Zeugen und Sachverständigen, sowie auf die anderen herbeigeschafften Beweismittel zu erstrecken ist; ein Zwang zur Beweiserhebung durch Einnahme des Augenscheines ist an keiner Stelle ausgesprochen.

Der Beschluß verstößt danach nicht gegen das Gesetz, wenn er die verlangte Einnahme des Augenscheines ablehnt, weil durch die mit den Lokalitätsverhältnissen vollkommen vertrauten Zeugen bereits das Gegenteil dessen festgestellt, was die Angeklagten behauptet hatten. Was die Revision gegen die Zuverlässigkeit der Aussagen der beiden Zeugen geltend macht, ist rein thatsächlicher Natur und in dieser Instanz nicht zu beachten.

3b. Der in obigem Erkenntnis aufgestellte Satz, daß die Einnahme des Augenscheines in dem freien Ermessen des Gerichtes stehe, ist näher bestimmt und begrenzt durch U. 16. Dez. 90. E. XXI 225.

In dem Urteile des Senates vom 9. Juli 1886 (Entsch. des R. G.'s in Strafs. Bd. 14 S. 276) ist angenommen, daß die Einnahme des richterlichen Augenscheines in dem freien Ermessen des Gerichtes stehe, und daß daher auch im Falle des § 224 St. P. O. ein Zwang zur Beweiserhebung durch Einnahme des Augenscheines nicht ausgesprochen sei. Diese Sätze bedürfen indes einer näheren Bestimmung und Begrenzung.

Wenn der Gesetzgeber eine Entscheidung von richterlichem Ermessen abhängig macht, so giebt er der richterlichen Beurteilung einen weiteren Spielraum, als ihr regelmäßig zusteht. Das ergiebt z. B. eine Vergleichung der §§ 259, 260 C. P. O. Wenn § 55 des Gesetzes über das Urheberrecht vom 11. Juni 1870 die Feststellung des Betrages der dem Autor zu gewährenden Entschädigung dem freien Ermessen des Richters überläßt, so ist damit dem Richter die Weisung gegeben, den etwaigen Mangel zuverlässiger Unterlagen zur Berechnung des Schadensbetrages durch ungefähre Schätzung zu ersetzen.

Vgl. Entsch. des R. G.'s in Strafs. Bd. 6 S. 398, Bd. 17 S. 190.

In § 57 läßt die Strafprozeßordnung bezüglich der Frage, ob gewisse Zeugen zu beeidigen seien oder nicht, das richterliche Ermessen entscheiden. Die Erwägungen, von welchen sich der Richter bei seinem Ermessen leiten läßt, brauchen dann in den Entscheidungsgründen nicht angegeben zu werden.

Vgl. Rechtspr. des R. G.'s Bd. 1 S. 358.

Das Gesetz geht hier von der Erwartung aus, daß der Richter bei Entscheidung der Beeidigungsfrage nicht ängstlich nach etwa weiter noch vorhandenen Aufklärungsmitteln forschen solle, und daß er da, wo eine Abwägung von Gründen und Gegengründen überhaupt nicht möglich sein sollte, sich vom richtigen Taktgefühl werde leiten lassen. In diesem Sinne ist dem Richter hinsichtlich der Frage, ob eine beantragte Augenscheinseinnahme stattzufinden hat, ein freies Ermessen nicht gewährt. Aus der Vorschrift des § 260 St. P. O. folgt allerdings, daß nicht blos die Frage, ob ein bestimmtes Beweismittel in gegebenem Falle seinen Zweck erreicht hat, sondern auch die fernere Frage, ob ein angetragenes Beweismittel geeignet ist, den ins Auge gefaßten Zweck zu erreichen, grundsätzlich vom Richter nach seiner freien aus dem Inbegriffe der Verhandlung geschöpften Überzeugung zu entscheiden ist. Das Urteil vom 9. Juli 1886 geht aber zu weit, wenn es, wie aus einzelnen Wendungen entnommen werden kann, für den Richter bezüglich der Frage, ob durch Einnahme des Augenscheines Beweis zu erheben ist, nicht blos Freiheit der Prüfung im Sinne des § 260, sondern auch ein freies Ermessen in dem erörterten Sinne beansprucht.

Dagegen muß an denjenigen Ausführungen des Urteiles vom 9. Juli 1886 festgehalten werden, welche in einzelnen Beziehungen einen für die richterliche Beurteilung wesentlichen Unterschied zwischen Anträgen auf Zeugenvernehmung und Anträgen auf Augenscheinseinnahme aus dem verschiedenen Charakter dieser Beweismittel herleiten.

Die beantragte Zeugenvernehmung ist regelmäßig durch ein anderes Beweismittel nicht ersetzbar. Der Zweck aber, welchen ein Antrag auf Einnahme des Augenscheines verfolgt, läßt sich sehr häufig, insbesondere wenn der Augenschein fern von der Gerichtsstelle eingenommen werden muß, durch einfachere und weniger kostspielige und doch gleichwertige Maßnahmen erreichen. In solchen Fällen ist der Richter befugt wie verpflichtet, die zweckmäßigere Maßnahme vorzuziehen, und daran auch durch Parteianträge nicht behindert.

Das Reichsgericht hat ferner in konstanter Rechtsprechung angenommen, daß ein zur Widerlegung von Zeugenaussagen angebotener Zeugenbeweis nicht schon deshalb abgelehnt werden darf, weil den vernommenen Zeugen Glauben geschenkt wird, da, von besonderen Ausnahmefällen abgesehen, sich ein sicheres Urteil darüber, ob neu vorgeschlagenen Zeugen gegenüber den Aussagen vernommener Zeugen Glauben zu schenken ist, erst nach Vernehmung jener Zeugen ermöglicht.

Vgl. Entsch. des R. G.'s in Strafs. Bd. 5 S. 312: Rechtspr. des R. G.'s Bd. 6 S. 453, Bd. 7 S. 296.

Dieser Grund duldet keine analoge Ausdehnung auf den Fall, daß eine Einnahme des Augenscheines zur Widerlegung von Zeugenaussagen beantragt wird. Denn die Eigenschaft des Augenscheines, auf die richterliche Überzeugung zu wirken, steht von vornherein fest, und ein direkter Widerspruch zwischen einer Zeugenaussage und dem Ergebnisse einer Augenscheinseinnahme wird nur unter besonderen Umständen hervortreten, da der Zeuge regelmäßig von Wahrnehmungen spricht, die der Vergangenheit angehören, während der Augenschein zunächst einen gegenwärtig vorhandenen Zustand nachweist. Inwieweit aber der im Beweisantrage behauptete gegenwärtige Zustand geeignet erscheint, die Beurteilung der sonstigen Beweisergebnisse zu beeinflussen, wird der Richter häufig auch vor Erhebung des Beweises sicher beurteilen können. Seine Lage ist dann wesentlich dieselbe, als wenn er die Erheblichkeit einer angeblichen Beweisthatsache zu prüfen hat.

Bei den vorstehenden Erörterungen ist von dem Falle des § 244 St. P. O. abgesehen. Hat die Herbeischaffung eines Gegenstandes zum Zwecke einer in der Hauptverhandlung vorzunehmenden Besichtigung stattgehabt, so ist das Augenscheinsobjekt nach dem Zwecke der Vorschrift als ein herbeigeschafftes Beweismittel anzusehen, auf welches die Beweisaufnahme sich zu erstrecken hat.

4. **Die wiederholte Verwahrung eines Angeschuldigten in einer Irrenanstalt zwecks wiederholter Begutachtung seines Geisteszustandes darf zusammen mit der ersten Verwahrung in der Irrenanstalt sechs Wochen nicht übersteigen.** U. I 13. Juni 92. E. XXIII 209.

Durch Beschluß der Strafkammer des Landgerichts zu S. wurde gegen die Angeklagte wegen zehn Betrugsfällen das Hauptverfahren eröffnet. Demnächst wurde gerichtsseitig auf Grund des § 81 St. P. O. beschlossen, die Angeklagte zur Vorbereitung eines Gutachtens über ihren Geisteszustand in die Irrenanstalt zu S. zu bringen. Dort ist sie in Ausführung dieses Beschlusses sechs Wochen verwahrt gewesen. Infolge Bemängelung des erstatteten Gutachtens seitens der Staatsanwaltschaft wurde vom Gerichte beschlossen, weitere drei Gutachter zu hören. Die letzteren erklärten, ohne ihrerseitige mehrwöchige Beobachtung der Angeklagten in einer Irrenanstalt ein Gutachten nicht abgeben zu können. Im Termine zur Hauptverhandlung beantragte darauf die Staatsanwaltschaft, ein neues Gutachten zu erfordern und zu diesem Zwecke die Angeklagte abermals in einer Irrenanstalt unterzubringen. Die erkennende Strafkammer hat diesen letzteren Antrag abgelehnt, weil die in § 81 a. a. O. durch Verwahrung der Angeklagten in einer Irrenanstalt vorgesehene Maßnahme erschöpft, eine weitere Verwahrung „im Laufe der Untersuchung“ unzulässig sei. Die Angeklagte wurde hierauf unter Zugrundelegung des ersten Gutachtens wegen Unzurechnungsfähigkeit (§ 51 St. P. O.) freigesprochen. Die Revision der Staatsanwaltschaft folgert die

Zulässigkeit der weiteren Verwahrung der Angeklagten in einer Irrenanstalt aus § 83 St. P. O. und behauptet infolgedessen Verletzung der §§ 81, 83, sowie des § 244 St. P. O.

Die Beschwerde mußte für unbegründet erachtet werden. Eine Verletzung des § 244 St. P. O. kann nicht in Frage kommen, da es sich nicht um ein in der Hauptverhandlung bereits „herbeigeschafftes," sondern um das ersther beizuschaffende Beweismittel des neuen Gutachtens, also um die Ablehnung eines neuen Beweisantrages handelt.

Der § 80 a. a. O. ferner bezeichnet diejenigen Maßnahmen, welche zur Vorbereitung von Gutachten jeglicher Art, der § 81 a. a. O. diejenigen, welche zu gleichem Zwecke für Gutachten über den Geisteszustand des Angeschuldigten als zulässig erklärt sind. Der § 83 a. a. O. gestattet eine neue Begutachtung durch dieselben oder durch andere Sachverständige. Für die Beziehung der §§ 80 und 81 zu § 83 ist es von Bedeutung, daß der Regierungsentwurf der Strafprozeßordnung jene ersteren Bestimmungen überhaupt nicht enthält, vielmehr nur die des § 83, letztere mit einzelnen hier nicht in Betracht kommenden Änderungen. — Hahn's Materialien zur Strafprozeßordnung 2. Auflage. S. 13 (§ 74). — Wenn nun die Bestimmungen des § 80 a. a. O. auf Antrag der Kommission, des § 81 auf Antrag eines Abgeordneten — Hahn, a. a. O. S. 1549, 1526 — vor den § 83 gesetzt sind, von letzterem nur getrennt durch die formale Vorschrift des § 82 a. a. O. darüber, ob das Gutachten schriftlich oder mündlich abzugeben sei, so ergiebt sich, daß diese sämtlichen Vorschriften im sachlichen Zusammenhange mit einander stehen und den Zweck verfolgen, das gesamte gutachtliche Material einheitlich zusammenzufassen und zu einer zweckentsprechenden Unterlage für den Urteilsspruch zu gestalten. Daraus folgt weiter, daß auch die Bestimmung des § 81 Abs. 4 a. a. O.: „Die Verwahrung in der Anstalt darf die Dauer von sechs Wochen nicht übersteigen," auf das gesamte für notwendig erachtete Gutachten-Material sich erstreckt, gleichviel, ob letzteres aus einem oder mehreren Gutachten, aus früheren oder „neuen Begutachtungen" besteht.

Wenn ferner, wie die Revision ausführt, der § 83 a. a. O. eine von dem Gutachten des § 81 völlig neue Begutachtung vorsieht, zu deren Vorbereitung eine Wiederholung der in § 81 vorgesehenen Verwahrung des Angeschuldigten in einer Irrenanstalt zulässig sein soll, so kann mit besserem Rechte angenommen werden, daß in diesem Falle die im § 81 ausnahmsweise gestattete Maßnahme in § 83 a. a. O. nochmals hätte zum Ausdruck gelangen müssen. Bei einer derartigen scharfen Trennung des früheren und des neuen Gutachtens, wie es die Revision will, würde eher anzunehmen sein, daß der § 83 für sich besteht, und daß die für die Vorbereitung des früheren Gutachtens in § 81 gestatteten Maßnahmen bei seiner Verwendung überhaupt und allgemein auszuschließen sind. Das Richtige ist, daß die gesamte Begutachtung ein einheitliches Material bildet, für welches in seiner Gesamtheit die Bestimmung des § 81 Abs. 4 a. a. O. maßgebend ist.

Eine andere Auffassung kann auch aus den Reichstagsverhandlungen über die Entstehung der Vorschrift nicht entnommen werden. Die ursprünglich vom Abgeordneten Zinn beantragte Einführung der bezüglichen Bestimmung lautete allgemein auf Zulässigkeit der Unterbringung des Angeschuldigten in eine Irrenanstalt auf Verlangen eines Sachverständigen — Hahn, a. a. O. S. 618. — Infolge lebhaften Widerspruchs, daß in einer solchen Maßnahme eine Verletzung der bürgerlichen Freiheit zu finden sei, wurden, zum Teil auf die Initiative desselben Abgeordneten, um jede Gefahr eines Mißbrauches zu beseitigen, als Kautelen in die Bestimmung aufgenommen, daß der Verteidiger gehört werden, daß die Irrenanstalt eine öffentliche sein müsse, daß gegen den Beschluß Beschwerde mit aufschiebender Wirkung zulässig sei, und endlich auf den Antrag des Abgeordneten Dr. Mayer, daß die Verwahrung in der Irrenanstalt höchstens sechs Wochen dauern dürfe — Hahn, a. a. O. S. 1256, 1550. — Der Abgeordnete Zinn selbst erkannte an — Hahn, a. a. O. S. 1257 —, daß durch Annahme des Mayer'schen Antrages „dem Bedürfnisse der Beobachtung im allgemeinen genügt worden." Aus diesen bestimmten, auf möglichste Beschränkung der Verwahrung des Angeschuldigten in der Irrenanstalt gerichteten Kundgebungen des Reichstages kann nur gefolgert werden, daß, soweit die Zurechnungsfähigkeit bezüglich bestimmter unter Anklage gestellter Strafthaten auf Grund von psychiatrischen Gutachten in Frage kommt, zu deren Vorbereitung nur eine die Dauer von insgesamt sechs Wochen nicht übersteigende Internierung in der Irrenanstalt hat zugebilligt werden sollen. Es handelt sich um eine Beschränkung der persönlichen Freiheit im Interesse der Rechtspflege. Schon deshalb wird, wenn ein Zweifel bestände, nach allgemeinen Regeln der Auslegung die Absicht einer Erweiterung solcher Beschränkung nicht zu präsumieren sein. Wollte man der Auffassung der Revision folgen, so würde nichts im Wege stehen, auch dann die in Rede stehende Maßnahme wiederholt vorzunehmen, wenn ein vorläufig eingestelltes Verfahren wieder eröffnet oder eine auf längere Zeit verlegte Hauptverhandlung wieder aufgenommen wird. In beiden Fällen tritt eine Erneuerung des Verfahrens beziehungsweise eine neue Hauptverhandlung ein, und für beide Beschlüsse können psychiatrische Gutachten maßgebend gewesen sein, die dem Gerichte nicht genügten. Die Billigung eines derartigen Verfahrens würde einer Umgehung des Gesetzes gleichstehen.

Wenn endlich die Revision ausführt, daß die erstrichterliche rechtliche Auffassung dahin führen würde, gegen das Interesse der Rechtspflege vorhandenes Beweismaterial nicht zu erschöpfen und bei einem non liquet auf Freisprechung erkennen zu müssen, so ist dieses Bedenken an sich berechtigt, für die zu treffende Entscheidung aber bedeutungslos. Denn im gesamten Strafprozesse sind keineswegs alle zur Erforschung der Wahrheit an sich dienliche und nützliche Mittel auch erlaubt, vielmehr sind überall Grenzen gezogen, über die hinauszugehen das Interesse des Staates an der Erforschung der Wahrheit anderen Interessen gegenüber nicht gestattet. Ein Beispiel hierfür bildet die Bestimmung des § 69 St. P. O. über die Erzwingung eines Zeugnisses durch Verhängung von Haft bis zur Dauer von höchstens sechs Monaten beziehungsweise sechs Wochen. Diese Verhängung darf in demselben oder in einem anderen Verfahren, welches dieselbe That zum Gegenstande hat, nicht wiederholt werden, wiewohl doch dadurch unter Umständen der Erforschung der Wahrheit ein vielleicht entscheidendes Beweismittel ebenfalls entzogen wird, und wiewohl auch dort nach erschöpfter Maßnahme eine Freisprechung die Folge sein kann. Hier wird die Grenze in der Vermeidung eines Mißverhältnisses zwischen dem Maße des Zwangsmittels und der den Beschuldigten selbst mutmaßlich treffenden Strafe gefunden — Motive des Entwurfes zur Strafprozeßordnung, Hahn a. a. O. S. 118 —, im Falle des § 81 St. P. O. ist das Verhältnis zwischen dem zur Erforschung der Wahrheit bestehenden staatlichen Interesse und dem Rechte des Einzelnen auf seine persönliche Freiheit berücksichtigt. Die gezogene Grenze aber ist, wie oben angeführt, als für das Bedürfnis genügend erklärt.

§ 6.

Beschlagnahme und Durchsuchung.

1. **In der Befugnis, jemanden vorläufig festzunehmen, liegt auch die Befugnis, die Sachen, die er bei sich trägt, vorläufig mit Beschlag zu belegen.** conf. L. § 98 N. 2. St. ibid. N. 8. U. II 20. März 83. E. VIII. 288. R. V. 124.

Der Angeklagte war von dem Kgl. Oberförster R. bei Begehung einer Übertretung (§ 368 Nr. 10 St. G. B.'s) in dem königl. Forst betroffen worden. R. erklärte dem Angeklagten, ihn behufs Feststellung seiner Persönlichkeit festnehmen zu müssen. Als Angeklagter sich mitzugehen weigerte, ergriff der Oberförster R. das Gewehr des Angeklagten und entriß ihm dasselbe trotz seines heftigen Widerstandes. Auf Grund des § 117 St. G. B.'s verurteilt, legte Angeklagter die Revision ein, welche jedoch verworfen wurde aus folgenden Gründen:

Es unterliegt zunächst keinem Zweifel, daß der Oberförster R. befugt war, den Angeklagten vorläufig festzunehmen und der Ortsbehörde vorzuführen. Kann diese Befugnis auch nicht mehr aus den §§ 2 und 3 des Gesetzes zum Schutze der persönlichen Freiheit vom 12. Februar 1850 abgeleitet werden, weil die Bestimmungen dieses Gesetzes, soweit sie sich auf die Zulässigkeit einer Verhaftung oder vorläufigen Festnahme solcher Personen beziehen, die der Begehung einer strafbaren Handlung verdächtig erscheinen, durch die einschlagenden Vorschriften der Strafprozeßordnung §§ 112 flg. ersetzt sind, so ergiebt sich doch auch aus den letzteren das Recht des Oberförsters R. zur vorläufigen Festnahme des Angeklagten. Denn nach § 127 St. P. O. ist jedermann, und insbesondere ein Polizei- und Sicherheitsbeamter, befugt, auch ohne richterlichen Befehl jemanden vorläufig festzunehmen, der bei Begehung einer strafbaren Handlung auf frischer That betroffen oder verfolgt ist, insofern seine Persönlichkeit nicht sofort festgestellt werden kann. Diese Voraussetzungen lagen aber nach der thatsächlichen Annahme des ersten Richters hier vor. Der Angeklagte war vom Oberförster R. gesehen worden, wie er ohne

Genehmigung der Jagdberechtigten und ohne sonstige Befugnis den Königlichen Forst außerhalb des öffentlichen Weges, wenn auch nicht jagend, doch zur Jagd ausgerüstet, durchschritt, somit auf frischer That bei Begehung der Übertretung aus § 368 Nr. 10 St. G. B.'s betroffen worden. R. verfolgte den Angeklagten sofort, und da letzterer ihm unbekannt war, auch R. berechtigten Grund zur Annahme hatte, daß der vom Angeklagten ihm angegebene Name nicht der richtige sei, so konnte er zur vorläufigen Festnahme des Angeklagten auf Grund der allegierten Bestimmung der Strafprozeßordnung schreiten.

Eine andere Frage ist es aber, ob der Oberförster R. berechtigt war, dem Angeklagten das Gewehr abzunehmen. Diese Frage war zu bejahen. Zwar läßt sich diese Befugnis nicht aus dem § 98 vergl. mit § 94 St. P. O. ableiten. Denn nach § 98 a. a. O. steht die Anordnung von Beschlagnahmen nur dem Richter und bei Gefahr im Verzuge auch der Staatsanwaltschaft und denjenigen Polizei- und Sicherheitsbeamten zu, welche als Hilfsbeamte der Staatsanwaltschaft den Anordnungen derselben Folge zu leisten haben. Wie sich aus § 153 des Gerichtsverfassungsgesetzes, der allgemeinen Verfügung des Ministers des Innern und des Justizministers vom 15. September 1879 (Preußisches Justizministerial-Blatt S. 349) und der allgemeinen Verfügung vom 9. Oktober 1882 (Justizministerial-Blatt S. 312) ergiebt, gehören aber die Königlichen Oberförster nicht zu denjenigen Forstschutzbeamten, welche zu Hilfsbeamten der Staatsanwaltschaft bestellt sind. Ebensowenig erscheint die Wegnahme des Gewehres aus dem Gesichtspunkte einer Pfändung als gerechtfertigt, da die Voraussetzungen einer solchen, welche in §§ 413 flg. A. L. R.'s I 14 — vgl. insbesondere §§ 420—422 a. a. O. — bezeichnet werden, hier nicht festgestellt sind. Dagegen erscheint die Abnahme des Gewehres aus einem anderen Grunde als ein gesetzlich zulässiger Akt.

Die Bestimmungen der Strafprozeßordnung über die Beschlagnahme (§ 94 Abs. 2 und § 98 St. P. O.) betreffen nur den Fall, wo ein in dem Gewahrsam einer Person befindlicher Gegenstand, welcher als Beweismittel für die Untersuchung von Bedeutung sein kann oder der Einziehung unterliegt, dieser Person wider ihren Willen abgenommen werden soll, während die Person des Gewahrsamsinhabers dabei ganz außer Betracht bleibt. Liegt dagegen der Fall der Verhaftung oder vorläufigen Festnahme einer Person vor, so findet eine besondere Beschlagnahme der Sachen, welche die Person im Augenblicke der Verhaftung oder Festnahme an oder bei sich trägt, nicht statt. Es folgt aber aus der Thatsache der Verhaftung unmittelbar, daß alle diejenigen Sachen, welche der Verhaftete bei sich trägt, mit dem Verhafteten selbst in den polizeilichen, beziehungsweise richterlichen Gewahrsam übergehen, weil mit dem Augenblicke der Verhaftung die Freiheit des Verhafteten, über seine Person und dasjenige, was er bei sich trägt, zu verfügen, durch die entgegenstehenden Rechte desjenigen, der die Verhaftung oder vorläufige Festnahme angeordnet beziehungsweise vollzogen hat, beschränkt wird. Wenn hierüber eine besondere Bestimmung in der Strafprozeßordnung nicht getroffen ist, so erklärt sich dies daraus, daß dieser Satz sich als unmittelbare Konsequenz aus dem Begriffe der Verhaftung beziehungsweise Festnahme ergiebt. Die gegenteilige Annahme würde auch zu Ergebnissen führen, welche der Gesetzgeber nicht gewollt haben kann, da beispielsweise alsdann ein Polizeibeamter, welcher nicht zu den Hilfsbeamten der Staatsanwaltschaft gehört, einen auf der That betroffenen und von ihm auf Grund des § 127 St. P. O. vorläufig festgenommenen Taschendieb nicht daran würde hindern können, das gestohlene Portemonnaie einem anderen noch nach seiner Festnahme zu übergeben.

Geht man hiervon aus, so wird man auch anerkennen müssen, daß, da im vorliegenden Falle die gesetzlichen Voraussetzungen festgestellt worden sind, unter welchen der Oberförster R. den Angeklagten vorläufig festnehmen durfte (§ 127 St. P. O.), der R. auch befugt war, dem Angeklagten das Gewehr, welches dieser im Augenblicke der Festnahme bei sich führte, abzunehmen und vorläufig in Verwahrung zu behalten. Völlig unbedenklich wäre dies gewesen, wenn der R. auf der Festnahme beharrt hätte. Dasselbe muß aber auch gelten, wenn von der Ausführung der Festnahme selbst, wie im vorliegenden Falle, Abstand genommen worden ist, weil der Angeklagte sich seiner Festnahme nicht freiwillig unterwarf. Denn das Recht, eine Person mit den Sachen, welche sie bei sich führt, festzunehmen, schließt das Recht in sich, auch die Sachen allein in Verwahrung zu nehmen, wenn der für festgenommen Erklärte sich, wie im gegebenen Falle, der Festnahme nicht freiwillig unterwirft, oder sich derjenigen Sachen, welche er bei sich führt, zu entäußern versucht, da in solchem Falle das Recht der Wegnahme der Sachen, und insbesondere derjenigen Sachen, welche als Überführungsstücke in Betracht kommen, im Verhältnisse zu dem Rechte der Festnahme der Person selbst lediglich als ein Minus erscheint.

2. Die Bestimmungen der Strafprozeßordnung über Beschlagnahme, Durchsuchung, Verhaftung und vorläufige Festnahme beziehen sich nicht auf die Präventivpolizei und finden auf diese keine Anwendung. conf. L. § 98 N. 4b, St. ibid N. 8 K. S. 284. U. I 16. Nov. 85. E. XIII 44. R. VII 658.

Die Bestimmungen des achten Abschnittes des ersten Buches der Strafprozeßordnung haben die zum Zwecke eines Strafverfahrens erforderlichen und zulässigen Beschlagnahmen von Gegenständen, welche als Beweismittel einer zur strafrechtlichen Verfolgung gelangenden That in Betracht kommen, oder auf deren Einziehung gegen den Thäter als Strafe erkannt werden kann, zum Inhalte. Die Vorschriften über die Zuständigkeit zu solchen Beschlagnahmen haben keine Bedeutung für die Rechte und Pflichten der *polizeilichen* Organe, soweit *ihnen* das Gesetz einen Eingriff in die Privatrechte einräumt. Nach dem Wesen der Polizei, welche ebensowohl, wie sie zu den Zwecken der *Staatsstrafgewalt* auf dem der Staatsanwaltschaft überwiesenen Gebiete mitzuwirken berufen ist, gleichzeitig auch *selbstständig* die Aufgabe hat, der öffentlichen Sicherheit *präventiv* zu dienen — vgl. § 10 A. L. R.'s II. 17 — und zu diesem Ende insbesondere für thunliche Verhütung von Strafthaten, welche mit Grund zu befürchten sind, unter Schonung aller sonst berechtigten öffentlichen und Einzelinteressen, nach Kräften zu sorgen, kann es den polizeilichen Organen nicht versagt sein, in Anwendung der letztgedachten Funktionen unter Umständen auch eine vorübergehende Beschränkung in der Freiheit der Eigentumsbefugnisse eintreten zu lassen. Es ist nicht die Aufgabe der Strafprozeßordnung, das Gebiet staatlicher Hoheit gegenüber dem Privateigentum umfassend und erschöpfend zu regeln, sondern sie ordnet nur die Berührung des letzteren mit den durch den Strafzweck des Staates gebotenen Maßnahmen, und es ist daher kein Schluß begründet, aus der Ordnung der Formen und Bedingungen der letzteren auf die Ausübung der Präventivpolizei. In Rücksicht des verwandten Gebietes der Beschränkung der Freiheit der Person haben die Motive zum Entwurfe der Strafprozeßordnung S. 70 zu §§ 101, 102 diesem Gedanken Ausdruck gegeben in den Worten: „Wenn einige Gesetze die Untersuchungshaft auch noch als Mittel zur Verhütung fernerer Verbrechen seitens des Beschuldigten kennen, so ist gegen eine derartige Auffassung einzuwenden, daß die Strafprozeßordnung nicht die Aufgabe hat, Vorbeugungsmaßregeln polizeilicher Natur zu treffen, vielmehr nur die andere, die Formen der Anwendung des Strafgesetzes auf bereits vorgefallene Rechtsverletzungen zu schaffen."

Vgl. Hahn, Materialien zur Strafprozeßordnung Bd. 1 S. 131.

Wie daher die Bestimmungen des neunten Abschnittes nicht entgegenstehen, eine Befugnis der Sicherheitsbeamten zur Festnahme zwecks Aufrechterhaltung der öffentlichen Ruhe und Sicherheit auch außerhalb der Fälle und Formen der Strafprozeßordnung gerade so fortbestehend anzuerkennen, vgl. Urt. des R. G.'s vom 13. April 1881 in Entsch. des R. G.'s in Straff. Bd. 4 S. 102; Urt. vom 12. Dezember 1884 g. K. Rep. 2868/84; Urt. vom 29. September 1884 in Entsch. des R. G.'s in Straff. Bd. 11 S. 102, wie die preußische Strafprozeßordnung vom 25. Juni 1867 (G. S. S. 933) in § 127 ausdrücklich vorsah, daß die Befugnis der Polizeibehörden und Wachtmannschaften, Personen in polizeiliche Verwahrung zu nehmen, wenn die Aufrechthaltung der öffentlichen Sicherheit und Ruhe diese Maßregel dringend erfordere, durch die vorhergehenden Bestimmungen über Untersuchungshaft und vorläufige Festnahme als Maßregel der strafgerichtlichen Untersuchung nicht berührt werde, — so kann es auch keinem gegründeten Bedenken unterliegen, die Gendarmen auf Grund des § 16 der Verordnung über die Organisation der Landgendarmerie vom 23. Mai 1867 (G. S. S. 777) als Hilfsbeamte der Polizeibehörden in Erhaltung der öffentlichen Ruhe, Sicherheit und Ordnung, bezw. auch ohne besondere Requisition und Anweisung der letzteren, nach Gestalt der Sache für ermächtigt anzusehen, die vorübergehende Abgabe eines im erlaubten Eigentumsbesitz befindlichen Gegenstandes, wenn sie durch jenen öffentlichen Zweck erheischt wird, anzuordnen, und ihnen die Prüfung des Erfordernisses im Einzelfalle zu überlassen.

Vgl. Urt. vom 5. November 1881 in Entsch. des R. G.'s in Straff. Bd. 5 S. 297; Urt. vom 12. Dezember 1884 g. K. Rep.

2868/84; Urt. vom 20. März 1883 in Entsch. des R. G.'s in Strafs. Bd. 8 S. 291; Urt. vom 16. Februar 1882 g. S. Rep. 197/82; Urt. vom 20. März 1882 g. B. Rep. 515/82.

Im vorliegenden Falle hat die Strafkammer es dahin gestellt gelassen, ob der Gendarm zur Wegnahme des Stockes „unter dem Gesichtspunkte einer prozessualen Beschlagnahme nach den Bestimmungen der Strafprozeßordnung" berechtigt gewesen, und vielmehr angenommen, daß er nach der ganzen Sachlage, insbesondere im Hinblicke auf die in früheren Jahren bei Gelegenheit des Musterungsgeschäftes stattgefundenen Schlägereien, sowie auf die aufgeregte und streitsüchtige Haltung des Angeklagten und seiner Begleiter zu der Annahme gelangt war, daß eine Rauferei nahe bevorstehe, und durch Wegnahme des Stockes den befürchteten Exzessen vorzubeugen suchte. Die Annahme einer derartigen Präventivpolizeimaßregel ist rechtlich nicht zu beanstanden und thatsächlich nicht nachzuprüfen. Die in der Revision erörterte Eigenschaft eines beschlagnehmenden Beamten als Hilfsbeamten des Staatsanwaltes, vgl. Entsch. des R. G.'s in Strafs. Bd. 11 S. 177, und die Voraussetzung einer Gefahr im Verzuge für jede nicht richterliche Beschlagnahme steht danach nicht in Frage.

Die rechtmäßige Amtsausübung erscheint sonach ohne Rechtsirrtum festgestellt und die Revision ungegründet.

§ 7.

Verhaftung und vorläufige Festnahme.

1. **Das Reichsgericht ist zur Verhängung der Untersuchungshaft auch in den in der Revisionsinstanz schwebenden Strafsachen nicht zuständig.** conf. L § 124 N. 2b, St. ibid N. 1 K. S. 317. Beschl. I 14. März 81. E. III 421. R. III 141.

In der Untersuchung wider Sch. wegen fahrlässiger Tötung waren auf Revision des Angeklagten die Akten dem Reichsgericht von dem Oberreichsanwalt mit Antrag auf mündliche Verhandlung und zugleich mit Antrag, gegen den bisher auf freiem Fuße befindlichen A. Haftbefehl nach St. P. O. § 124 zu erlassen, vorgelegt worden, weil wider den Angeklagten dringender Verdacht der fahrlässigen Tötung, wegen deren derselbe landgerichtlich zu zweimonatiger Gefängnißstrafe verurteilt worden, vorliege und zugleich durch Erhebungen der Gendarmerie der Verdacht der Flucht begründet werde. Das Reichsgericht hat diesen Antrag durch Beschluß wegen Unzuständigkeit des Reichsgerichts aus folgenden Gründen abgelehnt:

„In Erwägung, daß nach der Vorschrift der St. P. O. § 124 Abs. 1 die auf die Untersuchungshaft bezüglichen Entscheidungen von dem „zuständigen Gericht" erlassen werden, daß St. P. O. § 124 dasjenige Gericht, welchem diese Zuständigkeit beigelegt wird, nicht näher bezeichnet, daß aus dem Zusammenhange der in diesem Paragraphen getroffenen Einzelbestimmungen und aus den Motiven zu § 113 des Entwurfes der St. P. O. die Absicht erhellt, mit dem Ausdrucke „zuständiges Gericht" auf das, insbesondere in erster Instanz, erkennende Gericht (vgl. jedoch

St. P. O. § 205 Abs. 2 und §§ 125 flg., 127 flg.), bezw. im Gegensatze zu den in Abs. 2 und 3 aufgeführten einzelnen richterlichen Beamten auf ein Gericht als kollegialische Behörde zu verweisen, daß hiernach allerdings im allgemeinen unter dem zuständigen Gericht dasjenige Gericht zu verstehen sein wird, welches mit der bei ihm anhängigen Untersuchung zur Zeit befaßt ist, daß unter diesen im Sinne der St. P. O. § 124 Abs. 1 zuständigen Gerichten das Reichsgericht als Revisionsinstanz, abgesehen von einer nach St. P. O. § 123 gebotenen Aufhebung eines Haftbefehls, nicht begriffen werden kann, indem das Reichsgericht als Ober-Instanzgericht, der Natur des Rechtsmittels der Revision entsprechend, innerhalb der Grenzen der Revisionsanträge (St. P. O. §§ 384 — 392) lediglich zur Prüfung einer behaupteten Gesetzesverletzung berufen ist, Feststellung und Würdigung thatsächlicher Verhältnisse aber, insoweit solche nicht etwa bei einer durch das Sitzungsprotokoll keine Erledigung findenden Beurteilung prozessualer Vorgänge zu berücksichtigen sind, dem Revisionsgerichte seiner prinzipiellen Stellung nach sich entziehen, daß die Frage, ob die Voraussetzungen zur gerichtlichen Haftnahme eines Angeschuldigten im Einzelfalle gegeben sind (St. P. O. §§ 112 flg.), eine wesentlich faktische ist und deshalb von dem Revisionsgerichte, dem selbst die Mittel zur umfassenden schleunigen Prüfung meist fehlen würden, nach dem Gesetze nicht gelöst werden soll und kann, daß dieses selbstverständliche Ergebnis schon im früheren preuß. Strafprozesse auf Grund des § 13 der Verordnung v. 3. Januar 1849 gewonnen und in der preußischen St. P. O. von 1867 § 121 durch die ausdrückliche Bestimmung anerkannt wurde, wonach zwar die Entscheidung über Erlaß des Haftbefehls dem Gerichte gebührte, bei welchem die Sache anhängig war, der oberste auf Nichtigkeitsbeschwerden erkennende Gerichtshof aber, wenn die Verhandlungen bei ihm schwebten, die Erledigung an das Gericht der betreffenden Instanz verweisen sollte, daß dem Reichsgericht außerhalb der vor dasselbe in erster Instanz gehörigen Straffälle (G. V. G. §§ 136, 138, 72 Abs. 1) sogar die Zuständigkeit mangelt, auf Beschwerden wider Haftverhängung zu entscheiden (St. P. O. §§ 346, 352 G. V. G. § 123, 5)."

§ 8.

Verteidigung.

Auch für einzelne Akte bei Ausübung der prozessualen Befugnisse ist die Wahl eines Verteidigers gestattet, aber auch da nur in den Grenzen des § 138 St. P. O. conf. L. zum VI. Absch. Nr. 6a. St. § 137 Nr. 4. U. II. 16. Okt. 83. E. IX. 78.

Gegen das Urteil der ersten Strafkammer des Landgerichtes zu Breslau vom 14. Juni 1883 hat sowohl der Angeklagte August J. als dessen Sohn, der Angeklagte Karl Moritz J., rechtzeitig die Revision eingelegt. Nachdem Ausfertigung des Urteiles dem ersteren am 8. August, dem letzteren am 9. August 1883 zugestellt worden, hat der erstere (August J.) für sich und zugleich für seinen genannten Sohn die Revisionsanträge und deren Begründung zu Protokoll des Gerichtsschreibers vom 15. August 1883 erklärt, indem er gleichzeitig dahingehende schriftliche Vollmacht seines Sohnes überreichte. Durch den Beschluß der Ferien-Strafkammer des gedachten Landgerichtes vom 27. August 1883 ist die Revision des Angeklagten Karl Moritz J., mangels frist- und formgerechter Anbringung der Revisionsanträge als unzulässig verworfen und zur Begründung erklärt:

Die von August J. auf Grund der Vollmacht des Karl Moritz J. zu Protokoll des Gerichtsschreibers angebrachten Revisionsanträge seien nicht der Vorschrift des Gesetzes entsprechend, welches nur dem Angeklagten selbst gestatte, die Revisionsanträge zu Protokoll des Gerichtsschreibers zu erklären. Übrigens sei August J. auch nicht als gesetzlicher Vertreter seines selbständigen Sohnes zur Abgabe der Revisionsanträge für denselben für befugt zu erachten; ebensowenig sei er als Verteidiger desselben in der Hauptverhandlung aufgetreten.

Der von dem Angeklagten Karl Moritz J. rechtzeitig gestellte Antrag auf Abänderung dieses Beschlusses erscheint insoweit begründet, als der letztere aufzuheben und die Sache zur anderweiten Beschlußfassung an die Strafkammer zurückzuverweisen war.

Nach den Motiven, vgl. Hahn, Materialien zur Strafprozeßordnung S. 72, faßt die Strafprozeßordnung im ersten Buche alle diejenigen Bestimmungen zusammen, welche insofern „allgemein" sind, als sie für alle Stadien des Verfahrens ihre entsprechende Bedeutung haben und in ihnen Anwendung finden. Solcher Art sind die Bestimmungen in Abschnitt 11 des ersten Buches über die Verteidigung. Nach dem einleitenden § 137 kann sich der Beschuldigte in jeder Lage des Verfahrens des Beistandes eines Verteidigers bedienen. Die Verteidigung beginnt schon im Vorverfahren, wird mit der Hauptverhandlung und der Urteilsverkündigung nicht abgeschlossen, kann sich vielmehr in der Anmeldung, Begründung und Verfolgung des gegen das Urteil zulässigen Rechtsmittels fortsetzen. Sie umfaßt auch die Vertretung des Beschuldigten, insoweit eine solche nach der Natur des Strafprozesses oder positiven Bestimmungen überhaupt zulässig und nicht noch an die Erfüllung spezieller Erfordernisse, insbesondere an die Beibringung schriftlicher Vollmacht (vgl. §§ 233, 370, 390 a. a. O.) oder ausdrücklicher Genehmigung (§ 344 Abs. 2 a. a. O.) geknüpft ist. Aus Rücksichten des öffentlichen Interesses ist jedoch der Kreis der Personen, aus welchem der Beschuldigte seinen Beistand frei wählen darf, von dem Gesetze genau bestimmt. Nach § 138 Abs. 1 a. a. O. können zu Verteidigern nur die bei einem deutschen Gerichte zugelassenen Rechtsanwälte und die Rechtslehrer an deutschen Hochschulen gewählt werden. Die Wahl einer anderen Person hängt dagegen von der Genehmigung des Gerichtes ab. Der Entwurf (§ 125) hatte die Wählbarkeit überhaupt auf die Rechtsanwälte und die Rechtslehrer an deutschen Hochschulen beschränkt, und dem in der Reichstagskommission bei der ersten Lesung gestellten, in das Gesetz übergegangenen Antrage, wonach andere Personen mit Zustimmung des Gerichtes gewählt werden können, war von seiten des Regierungsvertreters das Bedenken entgegengesetzt, daß eine besondere

Winkeladvokatur herangezogen werden könnte. Dem gegenüber wurde jedoch auf das Erfordernis der Genehmigung des Gerichtes hingewiesen und andererseits das Bedürfnis einer Erweiterung des Kreises der Verteidiger namentlich bei kleineren Gerichten betont.

Vgl. Hahn a. a. O. S. 952 flg.

Bei dieser Sachlage läßt sich nur annehmen, daß die Strafprozeßordnung grundsätzlich eine, die Verteidigung intendierende Vertretung des Beschuldigten durch jede beliebige, nur von ihm dazu berufene Person nicht anerkennt, vielmehr eine solche Vertretung des Beschuldigten, soweit sie überhaupt zulässig, nur durch den gesetzlich gewählten oder bestellten Verteidiger zuläßt. Damit steht es in Einklang, daß die Strafprozeßordnung sogar „dem gesetzlichen Vertreter in den §§ 137, 140, 149, 268, 340 nur gewisse, begrenzte Befugnisse einräumt und diese Befugnisse zum Teil noch ausdrücklich als selbständige Befugnisse des Vertreters bezeichnet, sowie daß dieselbe in dem Verfahren gegen Abwesende (§§ 322, 324 vgl. § 474 a. a. O.) durch das Bedürfnis erforderte Ausnahmebestimmungen getroffen hat. Zweifellos handelt es sich um einen Akt der Verteidigung nicht nur bei der Anmeldung, sondern auch bei der Begründung des Rechtsmittels. Es ist deshalb nicht anzuerkennen, daß die Begründung des Rechtsmittels zu Protokoll des Gerichtsschreibers durch jede beliebige Person auf Grund einer Vollmacht des Beschuldigten wirksam geschehen kann; vielmehr ist die in der Bevollmächtigung liegende Wahl des Bevollmächtigten zum Verteidiger von der Genehmigung des Gerichtes abhängig, sofern eine andere Person als ein bei einem deutschen Gerichte zugelassener Rechtsanwalt oder ein Rechtslehrer an einer deutschen Hochschule bevollmächtigt wird. Bei der Erteilung der Genehmigung muß es für genügend erachtet werden, wenn die auf Grund der beigebrachten Vollmacht abgegebene Erklärung innerhalb der gesetzlichen Frist formgemäß geschehen ist. Es kann auch die Wahl eines Verteidigers und deren Genehmigung für einen einzelnen begrenzten Akt der Verteidigung nicht als unzulässig erscheinen. Vorliegend hatte der Antragsteller seinen Vater, den Mitangeklagten August J., nur für den Akt der Revisionsbegründung zum Bevollmächtigten und damit zu seinem Verteidiger gewählt.

Der in dem angefochtenen Gerichtsbeschlusse für die Verwerfung der Revision des Antragstellers angeführte Grund, daß das Gesetz nur dem Angeklagten selbst gestatte, die Revisionsanträge zu Protokoll des Gerichtsschreibers zu erklären, ist nicht zutreffend. Der § 385 Abs. 2 St. P. O. bezieht sich nur auf die Form, in welcher die Revisionsanträge und deren Begründung angebracht werden müssen, und schließt nicht aus, daß auch eine zur Vertretung des Angeklagten befugte Person die fragliche Erklärung zu Protokoll des Gerichtsschreibers abgeben kann. . . Ebenso ist der allerdings thatsächlich richtige Umstand, daß August J. nicht gesetzlicher Vertreter seines (bereits großjährigen und selbständigen) Sohnes, des Antragstellers, ist, auch in der Hauptverhandlung als Verteidiger desselben nicht aufgetreten ist, nicht entscheidend; vielmehr hatte das Gericht zu prüfen und sich darüber auszuspechen, ob die durch die beigebrachte

Vollmacht getroffene Wahl des August J. zum Verteidiger des Antragstellers für den Akt der Revisionsbegründung zu genehmigen sei oder nicht. Auf diese Frage ist die Strafkammer nicht eingegangen, weil sie mit Unrecht die bereits angeführten Gründe für entscheidend erachtet hat.

Gemäß § 386 St. P. O. war deshalb der angefochtene Beschluß aufzuheben und die Sache zur anderweiten Beschlußfassung an die Strafkammer zurückzuweisen.

2. **Der Verteidiger kann weder für den anwesenden Angeklagten, noch statt desselben Erklärungen abgeben, welche für jenen bindend sind.** conf. L. zum VI. Absch. N. 8a. U. IV 2. Okt. 88. E. XVIII 138. R. X. 539.

Von den prozessualen Beschwerden der Revision erscheint die einer Verletzung der Vorschriften über die Oeffentlichkeit des Verfahrens begründet.

Ausweislich des Sitzungsprotokolles wurde, nachdem der Beschwerdeführer gemäß § 246 St. P. O. während der Vernehmung der Mitangeklagten O. aus dem Sitzungszimmer entfernt worden, beschlossen, für die Dauer der Vernehmung der O. die Öffentlichkeit der Verhandlung auszuschließen. Daß vor diesem Beschlusse der Beschwerdeführer nicht gehört worden, rügt die Revision und erblickt in der Unterlassung einen um so erheblichern Verstoß gegen § 33 St. P. O., als der Beschwerdeführer an dem Inhalte der Auslassung der O. ein dringendes Interesse gehabt habe. Die Beschwerde kann als unbegründet nicht angesehen werden. Der § 33 St. P. O. verlangt, daß vor jeder in der Hauptverhandlung ergehenden Entscheidung die Beteiligten gehört werden, und der § 175 G. V. G.'s, in der Fassung des Gesetzes vom 5. April 1888, fordert, daß über die Ausschliessung der Öffentlichkeit verhandelt werde. Der Begriff des V e r h a n d e l n s erfordert, wie das Reichsgericht bereits in wiederholten Entscheidungen angenommen hat,

Entsch. des R. G.'s in Straff. Bd. 1. S. 50, Bd. 10 S. 92, Rechtspr. des R. G.'s Bd. 2 S. 480, Bd. 3 S. 677,

daß sowohl dem Staatsanwalte, wie dem Angeklagten und bei mehreren Angeklagten jedem derselben die Möglichkeit und Gelegenheit gegeben wird, sich über die Maßregel zu äußern und seine Einwendungen gegen sie geltend zu machen. Demgemäß kann es nicht zweifelhaft sein, daß nicht bloß die O., wiewohl deren Vernehmung der alleinige Grund für den Erlaß des angefochtenen Beschlusses war, sondern auch der Beschwerdeführer zu denjenigen Prozeßparteien gehörte, mit welchen vor dem Erlasse des Beschlusses zu verhandeln war. Nun ist zwar zuzugeben, daß der § 175 a. a. O. die Anwesenheit derjenigen Personen, mit welchen verhandelt werden soll, vorausgesetzt, und daß er auf denjenigen Angeklagten keine Anwendung findet, in dessen Abwesenheit zur Hauptverhandlung geschritten wird (§§ 231, 232, 318 flg. St. P. O.). Allein in diesem Falle befand sich der Beschwerdeführer nicht. Hatte er das Recht, zu verlangen, vor dem Beschlusse gehört zu werden, so konnte ihm die Ausübung desselben durch den Umstand nicht entzogen werden, daß er in Anwendung des § 246 St. P. O. zeitweilig und gerade während der

Vernehmung der O. aus dem Sitzungszimmer entfernt worden war. Denn daß er durch diese einem anderen Zwecke dienende temporäre Abwesenheit nicht in die Stellung eines in der Hauptverhandlung überhaupt nicht erschienenen Angeklagten gedrängt wurde, ergiebt schon die Bestimmung, nach welcher ihm sogleich bei seiner Wiedereinführung in das Zimmer alles, was in seiner Abwesenheit verhandelt worden, mitgeteilt werden mußte, eine Bestimmung, aus welcher hervorgeht, daß nichts verhandelt und vorgenommen werden solle ohne Rücksicht auf ihn und sein Verteidigungsrecht. Und ebensowenig, wie ihm durch sein Abtreten aus dem Sitzungszimmer sein Fragerecht gegenüber den inzwischen vernommenen Personen geschmälert werden konnte, wurde ihm die Ausübung irgend eines anderen prozessualen Rechtes entzogen. Zu diesen Rechten gehört auch das des § 175 a. a. O., welches er somit dadurch nicht verlor, daß er während der Vernehmung der O. aus dem Sitzungszimmer entfernt worden war. Überdies ist ihm auch ausweislich des Sitzungsprotokolles nach seinem Wiedereintritte der Beschluß über die Ausschließung der Öffentlichkeit nicht bekannt gemacht worden. Der Einwand, es habe der Beschwerdeführer, weil er während dieser Vernehmung nicht anwesend gewesen, kein Interesse daran haben können, ob dieselbe unter Ausschließung der Öffentlichkeit erfolgte oder nicht, und habe er deshalb auch keinen Grund zur Beschwerde, ist nicht stichhaltig. Die Öffentlichkeit der Verhandlung dient nicht allein dem Zwecke, eine Garantie für die Gesetzlichkeit des Verfahrens, für die genaue Beachtung und Innehaltung der gesetzlichen Vorschriften und für die Gerechtigkeit des Urteiles zu bieten, sondern soll auch für die zu vernehmenden Personen ein Zwang sein, in ihren in Anwesenheit des Publikums abzugebenden Aussagen von dem Wege der Wahrheit nicht abzuweichen. Mit Rücksicht hierauf dürfte es kaum zweifelhaft erscheinen, daß der Beschwerdeführer an der Oeffentlichkeit der Verhandlung und der durch sie bedingten allgemeinen Kontrolle der Auslassungen der O. ein Interesse haben konnte, zumal er selbst an der Ausübung dieser Kontrolle behindert war.

Nun ist ausweislich des Sitzungsprotokolles zwar nicht der Beschwerdeführer, wohl aber sein Verteidiger über den Antrag auf Ausschließung der Öffentlichkeit gehört worden. Würde jedoch die Vorinstanz angenommen haben, daß dadurch dem Gesetze Genüge geschehen, so würde sie geirrt und die Stellung des Verteidigers, wie das Gesetz sie definiert, verkannt haben. Die Strafprozeßordnung gewährt dem Verteidiger in dem Stadium des Strafverfahrens nach geschlossener Voruntersuchung bezw. nach Einreichung der Anklageschrift das Recht der Akteneinsicht (§ 147) und des ungehinderten schriftlichen oder mündlichen Verkehres mit dem verhafteten Angeklagten (§ 148). Sie bestimmt, daß er zur Hauptverhandlung geladen (§ 217) und demgemäß auch von dem Termine zur kommissarischen Vernehmung von Zeugen oder Sachverständigen in Kenntnis gesetzt werden muß (§ 223). Sie fordert von ihm, daß er in der Hauptverhandlung anwesend ist (§ 145), gewährt ihm aber auch die Befugnis, selbständig und selbst wider den Willen des Angeklagten im Interesse der

Wahrheitsermittelung Beweisanträge zu stellen, und billigt ihm den Zeugen und Sachverständigen gegenüber das Fragerecht zu (§ 239 Abs. 2). Im übrigen aber unterscheidet sie, ob der Verteidiger in der Hauptverhandlung für einen abwesenden oder einen anwesenden Angeklagten auftritt. Für den letzteren Fall enthält sie nirgend eine Bestimmung, durch welche er ermächtigt wird, den Angeklagten zu vertreten, für ihn und statt seiner Erklärungen abzugeben, die für ihn bindend sind, oder aus eigener Machtvollkommenheit prozessuale Rechte auszuüben, die das Gesetz dem Angeklagten giebt. Überall setzt die Strafprozeßordnung voraus, daß seine Erklärungen nur im Einverständnisse und mit ausdrücklicher oder stillschweigender Genehmigung des Angeklagten abgegeben sind. Geht man hiervon aus, so kann nicht zugegeben werden, daß die Erklärungen, welche der Verteidiger des Beschwerdeführers bei der Verhandlung über den Antrag auf Ausschließung der Öffentlichkeit abgegeben, für den Beschwerdeführer bindend waren, und daß der Verteidiger überhaupt befugt war, dieselben für den temporär aus dem Sitzungszimmer entfernten Beschwerdeführer abzugeben.

Da nach allen diesen Erörterungen angenommen werden muß, daß dem Beschwerdeführer keine Gelegenheit und Möglichkeit gewährt worden, sich über den Antrag auf eine die Vernehmung der O. umfassende Ausschließung der Öffentlichkeit zu erklären, so ist gegen den § 175 G. V. G.'s verstoßen, und hat dieser Verstoß gemäß § 377 Nr. 6 St. P. O. die Folge, daß das angefochtene Urteil als auf demselben beruhend angesehen werden muß.

3. **Die Bestellung eines notwendigen Verteidigers fällt mit dem Grunde derselben nicht weg.** U. 3. Jan. 91. E. XXI. S. 266.

Durch Verfügung des Vorsitzenden vom 27. August 1890 war dem Angeklagten der Rechtspraktikant P. als Verteidiger beigegeben worden. Allerdings geschah dies in Ausführung des § 140 Abs. 4 St. P. O., weil ein Verbrechen, das der Brandstiftung, den Gegenstand der Untersuchung bildete und der Staatsanwalt die Eröffnung des Hauptverfahrens vor dem Schwurgerichte beantragt hatte, mithin ein Fall der notwendigen Verteidigung vorlag. Dieser Grund der Bestellung fiel später weg, da die Strafkammer das Verfahren nicht vor dem Schwurgerichte, sondern wegen Vergehens des teils vollendeten, teils versuchten Betruges vor der Strafkammer des Landgerichtes Augsburg eröffnete. Allein trotzdem blieb die Bestellung des Verteidigers bestehen, da eine Zurücknahme derselben, welche zulässig gewesen wäre, nicht erfolgt ist. Es kann nämlich davon keine Rede sein, daß die Bestellung des Verteidigers von selbst erlischt, wenn die Voraussetzung, unter welcher sie erfolgte, weggefallen ist. Dies ergiebt sich aus § 143 St. P. O., welcher vorschreibt, daß in dem ähnlichen Falle, daß ein Verteidiger gewählt wird und derselbe die Wahl annimmt, die bereits erfolgte Bestellung des notwendigen Verteidigers zurückzunehmen sei; nicht daß die Bestellung von selbst hinwegfalle.

Der Rechtspraktikant P. war demnach bestellter Verteidiger und Angeklagter hatte ein Recht, auf dessen Beistand zu rechnen, bis ihm die Enthebung des Verteidigers eröffnet worden wäre.

Deshalb und gemäß § 217 St. P. O. mußte der bestellte Verteidiger geladen werden, und die Unterlassung der Ladung ist ein Verstoß gegen § 217 St. P. O. Auf diesem Verstoße beruht auch das Urteil; denn es kann nicht beurteilt werden, welche Folgen es gehabt haben würde, wenn der Verteidiger pflichtgemäß seinen Obliegenheiten nachgekommen sein würde.

Hierbei kann es keinen Unterschied machen, daß der Angeklagte einen Antrag auf Aussetzung der Hauptverhandlung oder sonstige Beiziehung eines Verteidigers nicht gestellt hat; denn der bestellte Verteidiger ist eine Person, deren Anwesenheit in der Hauptverhandlung das Gesetz vorschreibt (§§ 214, 215 St. P. O.). Hat das Gericht durch die Nichtladung veranlaßt, daß der Verteidiger nicht erscheint, und dennoch die Hauptverhandlung vorgenommen, so hat diese in Abwesenheit einer Person stattgefunden, deren Anwesenheit das Gesetz vorschreibt, und ist § 377 Ziff. 5 St. P. O. verletzt, sodaß ein Fall vorliegt, in welchem eo ipso das Urteil als auf einer Verletzung des Gesetzes beruhend angesehen wird.

Das Urteil mußte daher aufgehoben werden.

4. **Bleibt bei notwendiger Verteidigung der Verteidiger aus, und stellt der für ihn eintretende Verteidiger den Antrag auf Aussetzung der Verhandlung zu seinem besseren Vorbereit, so unterscheidet das R. G., je nachdem der neue Verteidiger Wahlverteidiger oder bestellter Verteidiger ist. Nur im zweiten Falle muß seinem Antrage stattgegeben werden.** conf. L. § 148. Nr. 8 St. ibid. Nr. 7, contr. K. S. 246. U. I. 18. April 87. E. XVI. 32. R. IX. 243.

Der Behauptung der Revision, daß das Verfahren die prozessualen Bestimmungen bezüglich der Verteidigung in § 140, 145, 377 Nr. 8 St. P. O. verletzt und die Verteidigung in unzulässiger Weise beschränkt habe, konnte nicht beigetreten werden. Rechtspraktikant K. ist für den durch plötzliche Erkrankung verhinderten und in der Hauptverhandlung ausgebliebenen bisherigen Wahlverteidiger Rechtsanwalt B. mit Substitutorium des letzteren und unter Einverständnis der Angeklagten, also in der Eigenschaft eines von dieser gewählten Vertheidigers aufgetreten. Indem er nun zu Beginn der Verhandlung den durch die Erklärung, daß er nicht genügend vorbereitet sei, begründeten Antrag auf Aussetzung der Verhandlung stellte, war er von der in der Revision wiederum geltend gemachten Rechtsansicht geleitet, daß dieser seiner Erklärung mit Notwendigkeit die in § 145 Abs. 2 St. P. O. angeordnete Rechtsfolge gegeben, d. h. daß die Verhandlung ausgesetzt werden müsse. Diese Ansicht ist jedoch eine irrige.

Für Straffälle, in welchen, wie im vorliegenden, die Verteidigung eine notwendige ist, hat im Falle des — sei es durch irgend welchen Grund verursachten — Ausbleibens des Verteidigers (mag er von Amts wegen bestellt oder Wahlverteidiger sein) der Vorsitzende, falls das Gericht nicht eine Aussetzung der Hauptverhandlung beschließt, sogleich einen anderen Verteidiger zu bestellen, und wenn dieser neu *bestellte* Verteidiger erklärt, daß ihm die zur Vorbereitung der Verteidigung erforderliche Zeit nicht verbleiben würde, so muß allerdings die Verhandlung unterbrochen oder ausgesetzt werden. Allein dies gilt eben nur, wenn der neue Verteidiger von Gerichtswegen bestellt ist, indem vorauszusetzen ist, daß der Vertrauensmann des Gerichtes eine Unterbrechung des Verfahrens nur verlangen wird, wenn sie materiell wirklich erforderlich ist, was bei einem neu eintretenden einfachen Wahlverteidiger nicht immer zutreffen dürfte. Somit hatte der neue Wahlverteidiger K. kein Recht auf Aussetzung der Verhandlung und es war in das Ermessen des Gerichtes gestellt, ob genügende Gründe hierzu vorlagen oder nicht.

Das Gericht hatte also zu prüfen, ob eine Aussetzung geboten war oder nach Lage der Sache davon Umgang genommen werden konnte. Es liegt aber kein Grund zu der Annahme vor, daß das Gericht sich der Pflicht, solche Prüfung anzustellen, nicht bewußt gewesen wäre und sie nicht erfüllt hätte. Denn es war unter Ablehnung des nach § 145 Abs. 1 a. E. in das Ermessen des Gerichtes gestellten Aussetzungsantrages sofort für einen anderen Verteidiger gesorgt und von dem durch den Vorsitzenden zum Verteidiger bestellten Rechtspraktikanten B. erklärt worden, daß er zum Eintritte in die Verteidigung bereit sei. Indem nun K. das Eintreten dieses Offizialverteidigers in seine Funktion dadurch, daß er die Verteidigung mit Einwilligung der Angeklagten übernahm, wieder beseitigt und indem er nach Durchführung der Beweisaufnahme den Antrag auf Aussetzung wiederholt hat, mußte das Gericht annehmen, daß dieser durch keine besonderen Umstände, sondern wiederum nur durch den Mangel an genügender Vorbereitungszeit begründete Antrag lediglich denselben Zweck verfolge, wie der schon zu Beginn der Verhandlung gestellte Aussetzungsantrag, welchen das Gericht ebenso wie den schließlich wiederholten Antrag, wie dargelegt worden, zurückzuweisen gesetzlich befugt gewesen ist.

Zweites Kapitel.

Verfahren in erster Instanz.

§ 9.

Öffentliche Klage.

1a. **Den Begriff der prozessualen Identität und somit den Sinn und Umfang des Grundsatzes „ne bis in idem"** behandelt grundlegend U. I. 12. März 83, E. VIII 135. conf. L. zum I. Absch. II. Buch Nr. 28/30; St. § 151 Nr. 8; K. S. 567, 594.

D. und L. Kr. sind von der Strafkammer bei dem Amtsgerichte zu Creuzburg O.-S. am 12. Dezember 1882 wegen eines von ihnen in Gemeinschaft mit anderen mittels Einbruches und Einsteigens in der Nacht zum 11. Juli 1879 zu K. ausgeführten Diebstahles verschiedener, dem Pfarrer P. daselbst gehöriger, beweglicher Sachen (Kleider, Bettzeug, bares Geld, Pfandbrief über M. 3000) aus einem Gebäude verurteilt worden. Sie greifen dieses Erkenntnis an. Speziell wird (neben prozessualen Beschwerden) Verletzung des Rechtsgrundsatzes „ne bis in idem" gerügt, weil die Angeklagten von der früher ihnen zur Last gelegten Hehlerei bezüglich der vorgedachten dem Pfarrer P. gestohlenen Sachen rechtskräftig freigesprochen worden, und hierdurch eine erneuerte Verfolgung derselben That von einem anderen Gesichtspunkte ausgeschlossen erscheine.

Sofort nach Kundwerdung des dem P. zugefügten Diebstahles war Voruntersuchung wider verschiedene Personen, darunter auch die beiden jetzigen Revidenten, eingeleitet worden, auf Grund deren die Staatsanwaltschaft, bemerkend, daß zwar höchst wahrscheinlich D. Kr. mit (zwei) anderen den Diebstahl begangen habe, die Thäter jedoch nicht zu ermitteln gewesen, Anklage gegen einen gewissen Ka. und andere, namentlich auch gegen D. und L. Kr. — nur — wegen Hehlerei aus § 259 St. G. B.'s erhob. Am 5. November 1879 erging Beschluß der Strafkammer, wodurch unter anderen die beiden Revidenten als ausreichend verdächtig, ihres Vorteiles halber Sachen, von denen sie wußten, daß sie mittels strafbarer Handlung erlangt waren, nämlich einige der in der Nacht zum 11. Juli 1879 in K. dem Pfarrer P. gestohlene Gegenstände an sich gebracht, bezw. verheimlicht zu haben (§ 259 St. G. B.'s), vor die Strafkammer des Amtsgerichtes Creuzburg verwiesen wurden. Dieses Gericht sprach nach Verhandlung am 16. Dezember 1879 den D. und L. Kr. von der angeklagten Hehlerei wegen ungenügenden Überführungsbeweises frei, andere Mitangeklagte hinsichtlich derselben Strafthat verurteilend. Ein Rechtsmittel in ersterer Beziehung wurde nicht geltend gemacht.

Seit Juni 1882 ergaben sich gegen die beiden hier in Betracht kommenden Kr. stärkere Verdachtsgründe der Begehung des Diebstahles bei P., so daß wider dieselben, ohne Wiederaufnahmeverfahren, nach erfolgter Voruntersuchung das Hauptverfahren wegen der Anklage eröffnet wurde: „in der Nacht zum 11. Juli 1879 zu K. dem Pfarrer P. Kleider, Betten, Geld, einen Pfandbrief über M. 3000 in der Absicht rechtswidriger Zueignung weggenommen zu haben, und zwar gemeinschaftlich aus einem Gebäude mittels Einbruches und Einsteigens (§§ 242, 243 Ziff. 2, 47 St. G. B.'s)."

Diesem Beschlusse entsprechend erging am 12. Dezember 1882 das eingangs erwähnte, jetzt angefochtene, die beiden Kr. wegen des gemeinschaftlich mit anderen begangenen schweren Diebstahles zum Nachteile des P. aus §§ 243 Ziff. 2, 47 St. G. B.'s verurteilende Erkenntnis. Am Schlusse desselben wirft die Strafkammer die Frage auf, ob solcher Bestrafung das gegen beide Angeklagte wegen einer auf den hier in Rede stehenden Diebstahl bezüglichen Hehlerei erlassene freisprechende Urteil vom 16. Dezember 1879 entgegenstehe. Die Frage wird aus folgenden Gründen verneint.

„Der in der Strafprozeßordnung zwar nicht ausdrücklich aufgenommene, indessen doch wesentlichen Bestimmungen derselben zu Grunde liegende Grundsatz des „ne bis in idem," daß nämlich die Strafklage nicht von neuem wegen einer That erhoben werden dürfe, über welche gegen dieselben Angeklagten bereits ein rechtskräftiges Urteil ergangen ist, erscheint im vorliegenden Falle nicht verletzt. Begrifflich können Diebstahl und Hehlerei nie eine und dieselbe That darstellen, beide sind, wenn sie auch mit einander zusammenhängen und das Vorhandensein dieses durch die Existenz jenes bedingt ist, zeitlich von einander getrennt. Das erwähnte Vorurteil hat die hier vorliegende Frage; wer die Gegenstände des Diebstahles vom 10./11. Juli 1879 weggenommen hat, vollkommen unentschieden gelassen und sich lediglich mit der Ermittelung des Umstandes, wer jene gestohlenen Sachen ansichgebracht, beschäftigt (Entsch. des R. G.'s in Strafs. Bd. 2 S. 347, Bd. 3 S. 132).

1. Mit Recht stützt die Strafkammer ihre Erwägungen über die angeregte Frage auf die Vorschriften der Strafprozeßordnung. Nach § 8 Absatz 1 des Einführungsgesetzes sind „in den am Tage des Inkrafttretens der Strafprozeßordnung anhängigen Strafsachen für das weitere Verfahren die Vorschriften der „Strafprozeßordnung maßgebend", vorbehaltlich der zur Überleitung erforderlichen, der Landesgesetzgebung überlassenen Bestimmungen. Eine Ausnahme von diesem Prinzipe macht Abs. 2 desselben Paragraphen für den Fall, daß bereits vor dem Tage des Inkrafttretens der Strafprozeßordnung ein Endurteil erster Instanz ergangen ist. Vorliegend war an dem entscheidenden Tage, 1. Oktober 1879, die frühere Strafsache gegen Ka. und Genossen noch anhängig. Die Urteilsfindung vom 16. Dezember 1879 hatte daher die Normen der Strafprozeßordnung zur Richtschnur zu nehmen.

Vgl. auch preuß. Gesetz vom 31. März 1879, Übergangsbestimmungen betreffend (G. S. S. 332) § 35 Abs. 1 und Motive dazu.

Nach den Grundsätzen der Strafprozeßordnung ist das „ne bis in idem“ — ohnehin in wesentlich gleichem Umfange auch von der früheren preußischen Strafprozeßordnung auf Grund des Gesetzes vom 3. Mai 1852 Artt. 30, 85 flg. und des Einführungsgesetzes zum preußischen Strafgesetzbuche vom 14. April 1851, Artt. 24, 25, abgesehen von dem gestatteten besonderen Vorbehalte neuen Verfahrens, anerkannt — in unbestrittener umfassender Geltung (vgl. Motive zum Entwurfe der Strafprozeßordnung § 223 und zu § 337). Das „ne bis in idem“ bedeutet, daß nach einem in Strafsachen auf Verhandlung ergangenen, rechtskräftig gewordenen, richterlichen Erkenntnisse der Gegenstand der zur Aburteilung gelangten That wider dieselbe Person nicht von neuem strafrechtlich verfolgt werden darf, soweit nicht die Bestimmungen über Wiederaufnahme der Untersuchung modifizierend einwirken. Die Tragweite dieses Grundsatzes trifft mit dem Inhalte der Normen des einschlagenden Prozeßrechtes über Statthaftigkeit des Umfanges einer Klagänderung im Verhältnisse zu dem die Anklage fixierenden Eröffnungsbeschlusse und über den Beruf des erkennenden Gerichtes, die angeklagte That, ohne Beschränkung durch den Antrag des Staatsanwaltes, nach dem Ergebnisse der mündlichen Verhandlung aus jedem möglichen rechtlichen Gesichtspunkte der Beurteilung zu unterziehen, zusammen.

Vgl. Entsch. des R. G.'s in Strafs. Bd. 2 S. 347, Bd. 4 S. 245, Bd. 7 S. 34, 230.

Entscheidend sind deshalb die §§ 153, 263 flg. St. P. O. (vgl. §§ 399 flg. St. P. O.). Danach erstreckt sich die Untersuchung und Entscheidung zwar nur auf die in der Anklage bezeichnete That und auf die durch die Klage bezeichneten Personen, das Gericht hat sich jedoch innerhalb dieser Grenzen selbständig zu bewegen, insbesondere als erkennendes Gericht, durch die Beurteilung der That im Eröffnungsbeschlusse ungebunden, als Gegenstand der Urteilsfindung die in der Anklage bezeichnete That in der Weise zu nehmen, wie sich dieselbe nach dem Ergebnisse der Verhandlung darstellt.

Die Verurteilung des Angeklagten kann und bezw. muß auch auf Grund eines anderen, im Eröffnungsbeschlusse unberührten Strafgesetzes mit Berücksichtigung der erst in der Verhandlung hervorgetretenen Umstände, sollten diese selbst zur Anwendung eines schweren Strafgesetzes führen, erfolgen, insofern nur § 264 St. P. O. gemäß die Interessen der Anklagebehörde und vorzugsweise der Verteidigung des Angeklagten gewahrt werden.

2. Wie für die Klagänderung ist sohin auch für die Zulässigkeit einer erneuten strafrechtlichen Verfolgung eines Angeklagten, demgegenüber ein rechtskräftiges Erkenntnis gefällt worden, die Feststellung maßgebend, ob Identität der früher abgeurteilten und der neuerdings zur gerichtlichen Erledigung gebrachten That vorliegt, ob dieselbe strafbare Handlung des-

selben Angeklagten in Frage steht, oder ob dieser einer „anderen“ That (vgl. § 265 St. P. O.) beschuldigt wird.

Unter welchen Voraussetzungen eine solche Identität stattfindet, läßt sich nach einer allgemein durchgreifenden Formel nicht bestimmen, muß viemehr nach der Beschaffenheit des Einzelfalles geprüft werden. Die Strafkammer verwertet für die Annahme einer jetzt erst zur Aburteilung gelangenden anderen That des D. und L. Kr. keine auf etwaiger Eigenthümlichkeit der faktischen Verhältnisse beruhenden Merkmale, stützt vielmehr ihre Entscheidung lediglich auf rechtliche Momente, die schon an und für sich eine innere Verschiedenheit und Unvereinbarkeit von Anklagen wegen Hehlerei und Diebstahl in Beziehung auf dieselben Sachen begründen sollen. Es können jedoch diese Motive nicht für zutreffend erachtet werden. Die Identität einer That im hier erheblichen Sinne liegt vor, sobald das im Eröffnungsbeschlusse gekennzeichnete historische Vorkommnis in seinen wesentlichen Elementen den Mittelpunkt der neu angeklagten That ebenwohl bildet, die letztere von der Substanz der ursprünglichen Anklage als zugehöriger Bestandteil mit ergriffen wird. Der Identitätsbegriff wird abfällig, insofern die nachträglich zu verfolgende Handlung einen selbständigen, von der früheren Anklage und von dem gerichtsseitig zu berücksichtigenden konkreten Sachverhalte unabhängigen, den Gesichtspunkt einer Realkonkurrenz begründenden, Charakter annimmt und sohin außerhalb des Rahmens des Anklagestoffes liegt, der bei dem vorigen Urteile zu beachten war. Eine formale Gleichheit des konkreten Thuns in der äußeren Erscheinung ist ebensowenig unbedingtes Erfordernis der Identität, als Übereinstimmung der Willensrichtung des Angeklagten. An und für sich wird deshalb eine Unverträglichkeit der Identität durch Modifikationen in Bezug auf Zeit, Ort, Nebenumstände, welche in der neuen Verhandlung sich ergeben, nicht herbeigeführt, gleichgültig, ob diese Verhältnisse dem Gerichte mit oder ohne Schuld unbekannt blieben oder erst nach dem Urteile ermittelt wurden. Insbesondere ist es der Regel nach einflußlos, ob einzelne früher angeregte Thatumstände ausscheiden, durch andere ersetzt werden, oder das eine schon früher zur Sprache gebrachte Moment in Verbindung mit einem anderen an strafrechtlicher Bedeutung gewinnt oder einbüßt. Jedwede Beteiligungsart des Angeklagten bei demselben Vorgange liegt innerhalb der Grenzen derselben strafbaren That.

Vgl. Entsch. des R. G.’s in Strafs. Bd. 2 S. 347, Bd. 3 S. 132, Bd. 4 S. 79, Bd. 5 S. 104, 250.

Der überwiegend prozessuale Identitätsbegriff deckt sich nicht mit der Gleichheit des strafrechtlichen Reates, da eben durch Abweichungen in der Gestaltung der That eine Änderung in Anwendung des materiellen Strafgesetzes vermittelt, die That juristisch anderweit qualifiziert wird. Schon die Bestimmungen der §§ 3, 56 Nr. 3 St. P. O. weisen beispielsweise darauf hin, daß die Beteiligung an einer That prozessualisch weiter gefaßt ist, als die Teilnahme im Systeme der §§ 47 flg. St. G. B.’s, indem als Formen der ersteren auch Begünstigung und Hehlerei aufgeführt werden.

3. Es erscheint hiernach rechtsirrig, wenn das angefochtene Urteil in erster Reihe darauf Gewicht legt, daß dem Diebe nicht zugleich eine Hehlerei an den von ihm selbst gestohlenen Sachen zuzurechnen ist. Bedeutungslos ist ferner dem obigen zufolge die zeitliche Trennung der Akte, mittels deren ein Diebstahl und eine Hehlerei begangen wird. Endlich kommt es nicht darauf an, ob sich das frühere Urteil vom 16. Dezember 1879 damit beschäftigt hat, von wem der Diebstahl vom 10./11. Juli 1879 verübt wurde, vielmehr darauf, ob die Strafkammer damals das erst später erhobene Material in den Bereich ihrer Feststellung und bezw. Beurteilung hätte ziehen dürfen und sollen, wenn dasselbe damals schon vorgelegen hätte, ob insofern die Erstreckung der Entscheidung auf die Urheber des Diebstahles an sich rechtlich ermöglicht gewesen wäre. Diese Frage muß aber in Anschluß an die oben vorangeschickten Grundsätze bejaht werden.

Wenn schon das Strafgesetzbuch die Begünstigung und Hehlerei unter Trennung von dem Begriffe der Teilnahme als eigenartige besondere Delikte auffaßt, so setzen dieselben doch eine vorgängige anderweite strafbare That voraus und behalten insoweit immerhin eine accessorische Natur. Deshalb konnte es auch die Strafkammer nicht umgehen, zur Erledigung der wegen Hehlerei erhobenen Anklage zunächst den Diebstahl bei Pfarrer P., dessen Thäter damals unermittelt waren, objektiv für erwiesen zu erklären, weil nur auf dieser Grundlage die Verurteilung von Mitangeklagten wegen Hehlerei auszusprechen war. Es hätte aber kein rechtliches Hindernis bestanden, damals lediglich der Hehlerei Angeschuldigte, speziell also den D. und L. Kr., wegen Urheberschaft oder Mitthäterschaft des Diebstahls unter Wahrung der Vorschrift in § 264 St. P. O. schuldig zu erkennen, wenn das erforderliche beweisliche Material schon am 16. Dezember 1879 zu Gebote stand. Die den jetzigen Revidenten zugemessene That würde dadurch keine andere That in strafprozessualer Bedeutung geworden sein. Der damals umfassender Würdigung zu unterbreitende Vorgang begriff auch den Diebstahl bei Pfarrer P. und dessen Thäter, sofern sie in der Person der Angeklagten zu finden waren, in sich, beschränkte sich nicht auf ein isoliert und zusammenhanglos mit dem Diebstahle aufzufassendes, in sich abgeschlossenes und selbständiges Thun der Angeklagten. Gegenstand der Untersuchung und Urteilsfindung war ein zu einer bestimmten Zeit einem bestimmten Dritten zugefügter Diebstahl speziell bezeichneter Sachen und die Beteiligung der Angeklagten daran im weiteren Sinne. Der letzteren angeklagte Thätigkeit, in Kausalverband mit der Begehung des Diebstahles, bewegte sich innerhalb des Gebietes des zur Beurteilung gebrachten konkreten geschichtlichen Vorganges, indem Anklage wider die Kr. dahin ging, das Eigentum des Pfarrers P. in eigennütziger Absicht eben wohl durch Ansichbringen der diesem gestohlenen Sachen, wenngleich mittelbar, verletzt zu haben.

Von der so angeklagten That sind D. und L. Kr. rechtskräftig freigesprochen worden. Ohne Verstoß wider das Prinzip des „ne bis in idem“ durften dieselben daher nicht unter Aufstellung eines anderen strafrechtlichen

Gesichtspunktes derselben That nochmals, ohne Wiederaufnahme der Untersuchung, verfolgt und bestraft werden; die Strafklage wider sie war durch die Aburteilung vom 16. Dezember 1879 verbraucht.

1 b. **Der Grundsatz „ne bis in idem" wird auch dadurch nicht durchbrochen, daß der Richter im vorangegangenen Verfahren die jetzt abzuurteilende That für eine andere gehalten und sie deshalb ausdrücklich der jetzigen Entscheidung vorbehalten hat.** U. III 15. Nov. 86. E. XV 133.

Angeklagter ist wegen versuchten Betruges verurteilt worden auf Grund der Feststellung, derselbe habe, um sich durch Aneignung des auf das Lotterielos Nr. 16093 gefallenen Gewinnes einen rechtswidrigen Vermögensvorteil zu verschaffen, den Eigentümer des fraglichen Loses, Tischler L., mittels eines Briefes vom 6. Mai 1884 in Irrtum zu versetzen und hierdurch zu beschädigen versucht. Als Inhalt der Irrtumserregung bezeichnet der Instanzrichter Unterdrückung der wahren Thatsache, „daß auf das Los 16093 ein Gewinn von 2000 M. gefallen sei, sowie, daß er, der Angeklagte, den davon dem L. gebührenden $^1/_8$ Losanteil bereits einkassirt hatte," und Vorspiegelung der unwahren Thatsache, „daß er letzteres $^1/_8$ Los schon vor Beginn der Ziehung . . verkauft habe." Gegenstand der beabsichtigten Vermögensbeschädigung war Entziehung des erwähnten, dem L. zustehenden Gewinnanteiles: „ein Achtel von 2000 M. abzüglich der Spesen."

Es kann nicht zweifelhaft sein, daß dieselbe That, wegen deren Angeklagter hiernach verurteilt worden, bereits Gegenstand desjenigen Strafverfahrens gewesen, welches durch Beschluß vom 13. Dezember 1884 eröffnet worden ist und durch das rechtskräftige Urteil des Instanzgerichtes vom 5. Mai 1886 sein Ende erreicht hat. Der Eröffnungsbeschluß vom 13. Dezember 1884 beschuldigte damals den Angeklagten u. a., „das Vermögen der Firma H. D. B. Witwe Nachf. bezw. des Tischlers L. um den achten Teil des Gewinnes von 2000 M. dadurch beschädigt zu haben, daß er durch Unterdrückung der wahren Thatsache, daß er das $^1/_8$ Los . . . Nr. 16093 bereits an L. verkauft habe, bei . . H. D. B. Witwe Nachf. einen Irrtum erregte," und fand hierin die gesetzlichen Merkmale vollendeten Betruges erfüllt. Schon nach dieser Anschuldigung handelte es sich in dem damaligen Verfahren genau um dasselbe Lotterielos, um denselben L. gebührenden Gewinnanteil und um dieselbe dem L. durch Täuschung zugefügte Vermögensbeschädigung, wegen deren jetzt Verurteilung stattgefunden hat. Der äußere Hergang war nur insofern von einem etwas anderen thatsächlichen und rechtlichen Gesichtspunkte aufgefaßt worden, als Anklage und Eröffnungsbeschluß davon ausgingen, Angeklagter habe schon bei Einkassierung des fraglichen Gewinnanteiles fraudulos gehandelt und sich durch Täuschung eines Dritten, der Firma H. D. B. Witwe Nachf., in den Besitz des dem L. gebührenden Geldbetrages gesetzt, während das jetzt angefochtene Urteil den Beginn der eigentlichen fraudulosen Manöver des Angeklagten erst in die der Einkassierung nachfolgende Zeit verlegt und L. sowohl als Getäuschten wie als Beschädigten behandelt hat. Es liegt auf der Hand, daß vom Gesichtspunkte des Eröffnungsbeschlusses vom 13. Dezember 1884 das letztbezeichnete

Verhalten des Angeklagten ohne alles strafrechtliches Interesse war; hatte Angeklagter schon bei und durch Einkassierung der $^{2000}/_{8}$ M. Gewinnanteil Täuschung und vollendeten Betrug verübt, so konnte er durch den späteren Brief vom 6. Mai 1884 nicht noch einmal Täuschung und Betrug bezüglich der gleichen $^{2000}/_{8}$ M. gegen denselben L. versucht haben. Wohl aber lag von vornherein der Gesichtspunkt eines möglicherweise später versuchten Betruges in der Gesamtheit der durch den Anschuldigungsstoff berührten Thatsachen des früheren Verfahrens als ein eventueller eingeschlossen; nur sollte er als solcher erst in Frage kommen, wenn die primäre Auffassung des Eröffnungsbeschlusses hinfällig wurde. Vollkommen klar wird dieses Verhältnis durch die Prozeßvorgänge, welche dem früheren Eröffnungsbeschlusse nachfolgten und mit Verkündung des schöffengerichtlichen Urteiles vom 19. Dezember 1885 abschlossen. In diesem Zwischenverfahren wurde L. als Zeuge kommissarisch vernommen; er überreichte seine gesamte Korrespondenz mit dem Angeklagten, darunter auch den Brief vom 6. Mai 1884, zu den Akten; hierdurch fand sich das Schöffengericht veranlaßt, in der Hauptverhandlung den Angeklagten ausdrücklich darauf hinzuweisen, wie möglicherweise die strafbare Betrugshandlung nicht schon in der in Hamburg gegen H. D. B. Witwe Nachf. verübten Täuschung, sondern in der in Schweden gegen L. begangenen Irrtumserregung bestehen könne, und in den Gründen des Urteiles vom 19. Dezember 1885 wird bei Schilderung des Thatbestandes besonders hervorgehoben, wie Angeklagter „dem L. im Briefe vom 6. Mai 1884 unwahrerweise angegeben, daß er das $^{1}/_{8}$ Los 16093 vor Beginn der Ziehung anderweitig verkauft und auch den darauf gefallenen Gewinn verschwiegen habe." Das Schöffengericht und ebenso das erste Urteil des Berufungsgerichtes vom 5. Februar 1886 fanden indessen keinen Anlaß, auf diese Eventualität eines durch den Brief vom 6. Mai 1884 begangenen Deliktes einzugehen, weil beide dafür hielten, Angeklagter habe schon durch die Einkassierung der $^{2000}/_{8}$ M. Gewinnanteil bei H. D. B. Witwe Nachf. zwar nicht Betrug, aber doch insofern Unterschlagung verübt, als er den als Eigentum des L. anzusehenden Gewinnanteil sich rechtswidrig zugeeignet habe. Es bedarf keiner Ausführung, daß, wenn L. schon durch Unterschlagung vom Angeklagten um sein Geld gebracht worden war, auch dann nicht mehr in Frage kommen konnte, ob er später noch einmal durch Betrug vonseiten des Angeklagten um dasselbe Geld geschädigt werden konnte.

Demnächst wurde im früheren Verfahren in der Revisionsinstanz durch Urteil des Oberlandesgerichtes vom 30. März 1886 der Thatbestand der Unterschlagung als unhaltbar beseitigt und die Sache zur anderweiten Verhandlung und Entscheidung in die Berufungsinstanz zurückverwiesen. Das Berufungsgericht in seinem neuen Urteile vom 5. Mai 1886 sah nunmehr vom Gesichtspunkte eines schon durch die Einkassierung bei H. D. B. Witwe Nachf. verübten Betruges, sowie einer schon hierbei begangenen Unterschlagung vollständig ab, unterließ es aber, den oben bezeichneten, jetzt in den Vordergrund tretenden Gesichtspunkt eines durch briefliche Täuschung des L. gegen diesen verübten oder versuchten Betruges der Prüfung zu unterziehen, und sprach den Angeklagten vollständig frei. Die Gründe, aus welchen das Urteil vom 5. Mai 1886 und in Übereinstimmung damit auch das jetzt angefochtene Urteil des Instanzgerichtes, abweichend von der Auffassung des Schöffengerichtes, zu dem Ergebnisse gelangen, der Eröffnungsbeschluß vom 13. Dezember 1884 erstreckte sich nicht auf die Thätigkeit des Angeklagten, wie sie der Brief vom 6. Mai 1884 verkörpere, der letztere enthalte deshalb gegenüber der Anschuldigung eine „andere That" im Sinne des § 265 St. P. O., sind rechtsirrtümlich. Die betreffenden Ausführungen legen ein unberechtigtes Gewicht auf die zeitliche Verschiedenheit der ersten, im Einkassieren des Gewinnanteiles und der späteren, im Schreiben und Absenden des fraglichen Briefes eingeschlossenen Thätigkeit, sowie auf den zufälligen Umstand, daß der lediglich die Anklageformel wiedergebende Eröffnungsbeschluß den Brief vom 6. Mai 1884 nicht besonders erwähnt. Wenn, wie vorliegenden Falles, ein aus verschiedenen, zeitlich getrennten Thätigkeitsakten zusammengesetztes betrügerisches Manöver inkriminiert wird, hängt es wesentlich von der rechtlichen Auffassung der mit der Formulierung der Anschuldigung befaßten Instanzen ab, je nachdem in diesem oder jenem Akte schon den Thatbestand versuchten oder vollendeten Betruges als erfüllt angesehen wird, danach auch die strafrechtlich erheblichen Bestandteile der Anschuldigung zeitlich und örtlich zu begrenzen und strafrechtlich unerhebliche Bestandteile beiseite zu lassen. Daraus folgt entfernt nicht, daß, sobald ein veränderter rechtlicher Gesichtspunkt dahin führt, das Verhältnis der Thatsachen untereinander umzugestalten, was bisher wesentlich erschien, unwesentlich werden zu lassen, umgekehrt als unwesentlich behandelte Momente zu Essentialien des Thatbestandes sich entwickeln zu sehen, der Instanzrichter nun wegen derartiger Modifikationen der Zeit, des Ortes, der Nebenumstände, der Willensrichtung verhindert bleiben müßte, die solchergestalt modifizierte That in demselben Verfahren abzuurteilen. Nach den vom Reichsgerichte für die Grenzen zulässiger Klageänderung anerkannten Grundsätzen liegt vielmehr Identität der That im Sinne der §§ 263, 264 St. P. O. überall vor, sobald das im Eröffnungsbeschlusse gekennzeichnete historische Vorkommnis in seinen wesentlichsten Elementen auch den Kern und Mittelpunkt der neu angeklagten That bildet, sobald also zwischen der letzteren und der Substanz des Eröffnungsbeschlusses die Unterstellung real konkurrierender Delikte schlechthin ausgeschlossen erscheint

Vgl. Entsch. des R. G.'s in Straff. Bd. 8 S. 139.

Diese Voraussetzungen treffen hier in vollem Umfange zu. Derjenige historische Vorgang, welchen der Eröffnungsbeschluß vom 13. Dezember 1884 dem Strafverfahren überwies, bestand in der vom Angeklagten gegen L. bezüglich des dem letzteren an dem Lose 16093 zustehenden Gewinnanteiles verübten Rechtsverletzung, in der rechtswidrigen Entziehung dieses Anteiles von seiten des Angeklagten, sei es mit, sei es ohne Anwendung von Täuschungsmitteln. In allem, was Angeklagter inhalts der früheren, wie des jetzt angefochtenen Strafurteiles gethan, stand immer nur objektiv wie subjektiv sein auf gewinnsüchtige Aneignung dieses L.'schen Gewinnanteiles von $^{2000}/_{8}$ M. gerichtetes Handeln in Frage. Innerhalb dieses durch das Los 16093, den darauf gefallenen Gewinn und dessen Einkassierung zwischen L. und dem Angeklagten begründeten Rechtsverhältnisses blieb es prozessualisch eine identische That, ob nun Angeklagter an diesem konkreten Vermögensobjekte des L. dessen Rechte durch diese oder jene Täuschung verletzte oder zu verletzen versuchte. Vom Standpunkte des mehrerwähnten Eröffnungsbeschlusses konnte gar nicht die Rede davon sein, neben dem schon in der Einkassierung des Gewinnanteiles gefundenen vollendeten Betruge gegen L. etwa noch als selbständige Handlung einen später durch den Brief vom 6. Mai 1884 gegen L. versuchten Betrug zu inkriminieren. Beide Gesichtspunkte standen vielmehr, wie schon oben hervorgehoben worden, zweifellos im Eventualverhältnisse zu einander; der vollendete Betrug schloß den versuchten, der versuchte den vollendeten Betrug aus; beide Gesichtspunkte wurden aber auf dem Boden der thatsächlichen Vorgänge, auf dem der Eröffnungsbeschluß fußte, unabhängig von der Anschuldigungsformel des letzteren, materiell gleichmäßig umfaßt, und mitsamt den dazu gehörigen Thatsachen dem erkennenden Richter zur Aburteilung überwiesen.

Daß das auf unvollständiger Prüfung der Anklage ruhende Urteil vom 5. Mai 1886 rechtskräftig geworden, ändert daran nichts, daß Angeklagter materiell bereits wegen derselben That in einem früheren Strafverfahren angeschuldigt und dieserhalb freigesprochen worden ist. Auch ist es rechtlich bedeutungslos, daß das Urteil vom 5. Mai 1886 ausdrücklich die fragliche Prüfung unterlassen und der Staatsanwaltschaft die Erhebung einer neuen Anklage vorbehalten hat. Beides ruht auf rechtsirrtümlicher Anwendung der §§ 263, 264, 265 St. P. O., und es bedarf keiner Ausführung, daß die gesetzlich gegebenen allgemeinen Normen über die begrifflichen Grenzen der Wirksamkeit der res judicata und des Grundsatzes „ne bis in idem" in ihrer Anwendbarkeit auf einen konkreten Fall nicht durch jene Vorentscheidung alteriert werden konnten. Das angefochtene Urteil verletzt hiernach den Grundsatz „ne bis in idem".

1c. **Doch ist die Strafklage bezüglich eines im Eröffnungsbeschlusse bezeichneten, im Urteile jedoch irrtümlich übergangenen Deliktes nicht verbraucht.** U. II. 21. Mai 89. E. XIX. 227.

Die Anklage bezichtigte den Angeklagten T., durch zwei selbständige Strafthaten den Knecht Kn. in Gemeinschaft mit mehreren und den Knecht O. Ka. mittels eines gefährlichen Werkzeuges gemißhandelt zu haben. Nach Verhandlung über diese und verschiedene andere Anklagepunkte wurde T. durch Urteil vom 5. Juni 1888 wegen Mißhandlung des Kn. aus § 223a St. G. B.'s zu zweimonatiger Gefängnisstrafe verurteilt; die von der Anklage dem T. zur Last gelegte Mißhandlung des O. Ka. wurde aus Versehen bei der Aburteilung der zahlreichen Anklagepunkte übergangen. T. focht seine Verurteilung mittels eines Antrages auf Wiederaufnahme des Verfahrens an. In der erneuten Hauptverhandlung vom 14. März 1889 nahm die Strafkammer an, daß sie in Folge der angeordneten Wiederaufnahme des Verfahrens mit beiden dem Angeklagten T. zur Last gelegten Strafthaten befaßt wäre, erklärte den T. beider Strafthaten für schuldig, maß für jeden Fall eine Gefängnisstrafe von zwei Monaten aus, erkannte aber auf Aufrechthaltung des Urteiles vom 5. Juni 1888, indem sie nach § 413 Abs. 2 St. P. O. eine härtere Strafe für unzulässig erklärte.

Die vom Angeklagten T. gegen das Urteil vom 19. März 1889 eingelegte Revision ist verworfen.

Aus den Gründen:

. . . 2. Im Eröffnungsbeschlusse vom 3. Mai 1888 war der Beschwerdeführer T. für hinreichend verdächtig erklärt,

durch eine fernere selbständige Handlung den Dienstknecht O. Ka. aus F. mittels eines gefährlichen Werkzeuges, nämlich eines Bierseidels, körperlich mißhandelt zu haben.

Das Urteil der Strafkammer vom 5. Juni 1888 verurteilte aber den Angeklagten T. nur wegen der oben zu 1. erwähnten Mißhandlung des Kn. zu zwei Monaten Gefängnis, indem es die zweite unter Anklage gestellte That des T., nämlich die Mißhandlung des Ka., wie die Revision anscheinend mit Grund annimmt, aus bloßem Versehen außer Betracht ließ. T. stellte am 6. Juli 1888 einen Antrag auf Wiederaufnahme des durch die Verurteilung vom 5. Juni 1888 geschlossenen Verfahrens. Der Antrag wurde zugelassen. In dem Urteile vom 19. März 1889 ist nun auch die dem T. zur Last gelegte Mißhandlung des O. Ka. zur Erörterung gezogen. Festgestellt ist, daß bei dem zu 1. erwähnten Streite T. den O. Ka. nach dem Flur hinausschob und denselben mit einem Bierseidel auf den Kopf schlug, sodaß eine Quetschwunde entstand. Danach ist angenommen:

daß der Angeklagte T. zu F. am 20. Januar 1888 durch eine fernere selbständige Handlung den Dienstknecht O. Ka. vorsätzlich körperlich mißhandelt hat, und zwar mittels eines gefährlichen Werkzeuges, eines Bierseidels.

Auch hier sind mildernde Umstände verneint, und es ist eine Strafe von zwei Monaten Gefängnis ausgemessen. Für beide Fälle (zu 1. und 2.) ist jedoch mit Rücksicht auf die Vorschrift im § 413 Abs. 2 St. P. O. eine Strafe von zusammen mehr als zwei Monaten für unzulässig erachtet und auf Aufrechterhaltung des Urteiles vom 5. Juni 1888 bezüglich des T. erkannt.

Dieses Verfahren wird von der Revision als unzulässig angefochten. Das ist zuzugeben. Aber andererseits ist daraus *für den Angeklagten* ein Beschwerdegrund nicht zu entnehmen.

Irrig ist nämlich die Ansicht, daß durch Urteil vom 5. Juni 1888 der die Mißhandlung des O. Ka. betreffende Anklagepunkt beseitigt war. Über diesen Punkt war nicht erkannt. War auch, wie die Revision behauptet, dieser Anklagepunkt in der Hauptverhandlung vom 5. Juni 1888 zur Sprache gekommen, so war er doch durch die *Verhandlung* nicht aus der Welt geschafft; der Grundsatz „ne bis in idem“ erheischt ein über die That ergangenes *Urteil*. Mithin mußte ein neuer Termin zur Verhandlung über den nicht erledigten Anklagepunkt angesetzt werden. Im Falle der Verurteilung konnte dann eine Gesamtstrafe eintreten. Der Antrag des T. auf Wiederaufnahme des Verfahrens hatte nur die Verurteilung desselben wegen Mißhandlung des Kn. zum Gegenstande, gab also gar keinen Anlaß, die Mißhandlung des Ka. bei der Urteilsfindung in Betracht zu ziehen. Dagegen war es statthaft, durch einen Gerichtsbeschluß die aus Versehen von einander getrennten beiden Strafsachen (nämlich die noch nicht abgeurteilte Mißhandlung des O. Ka. und die angeordnete Wiederaufnahme des Verfahrens über die Mißhandlung des Kn.) zu verbinden; aber auch in diesem Falle konnte die Vorschrift des § 413 Abs. 2 St. P. O. auf die noch nicht abgeurteilte Strafsache keine Anwendung finden.

Hiernach würde allerdings die Staatsanwaltschaft unrichtige Anwendung des § 413 Abs. 2 St. P. O. rügen können, weil wegen zweier selbständiger Strafthaten auf das für die Einzelthat zulässige Mindestmaß erkannt ist. Dem Angeklagten ist aber durch das regelwidrige Verfahren der Strafkammer ein Beschwerdegrund nicht gegeben. Denn die verhängte zweimonatige Gefängnisstrafe mußte schon wegen der That zu 1 ausgesprochen werden. Nachdem nun auch der zweite Anklagepunkt abgeurteilt, trotz Bejahung der Schuldfrage aber eine Strafe virtuell nicht verhängt ist, kann wegen der zweiten Strafthat eine neue Klage nicht erhoben werden. Die Revision deduziert: T. sei insofern benachteiligt, als er, wenn er gegen das Urteil vom 19. März 1889 die Wiederaufnahme des Verfahrens nachsuchen sollte, genötigt sein würde, die Feststellungen nicht nur bezüglich des Anklagepunktes I, sondern bezüglich beider Anklagepunkte zu widerlegen, um völlige Freisprechung zu erreichen. In der gleichen Lage wäre der Angeklagte aber auch, wenn das richtige Verfahren eingeschlagen worden wäre.

Aus diesen Gründen ist das Rechtsmittel verworfen.

1d. **Durch eine frühere Aburteilung ist die Erhebung einer neuen Anklage wegen eines mit der abgeurteilten That ideell konkurrierenden Vergehens auch dann ausgeschlossen, wenn jetzt ein Antragsdelikt vorliegt und der Antrag zur Zeit des früheren Urteils noch nicht gestellt war.** U. I 3. März 81. E. III 384. R. III 100.

Das Landgericht hatte, nachdem der Angeklagte wegen eines in demselben thatsächlichen Hergang enthaltenen Offizialvergehens rechtskräftig verurteilt war, eine neue wegen des ideell konkurrierenden Antragsdeliktes erhobene Anklage durch den Grundsatz ne bis in idem für ausgeschlossen erachtet. Die Entscheidung wurde vom Staatsanwalt angefochten, aber von dem Revisionsgericht gebilligt. . . .

Es handelt sich um den Geltungsbereich des Grundsatzes non bis in idem im deutschen Strafprozeß. Wenn dieser Grundsatz mit dem Wechsel der Formen der Strafverfolgung sich erst allmählich durchgerungen hat, so ist nach dem Inhalt der Strafprozeßordnung als unbestreitbar anzusehen, daß er im vollsten Umfange maßgebend ist. Indem dieselbe im § 263 St. P. O. als Gegenstand der Urteilsfindung die in der Anklage bezeichnete That, wie sich dieselbe nach dem Ergebnisse der Verhandlung darstellt, angiebt, beseitigt sie damit diejenigen Bedenken, welche aus einer beschränkten Anklageerhebung oder Eröffnung des Hauptverfahrens gegen die Annahme eines Verbrauches der Strafklage durch die stattgehabte Hauptverhandlung erhoben werden konnten. Es ist der Satz zur ausnahmslosen Geltung gelangt, daß — ohne die Möglichkeit des Vorbehaltes einer anderweiten Verfolgung — durch das Urteil über die von ihm befaßte That abschließend erkannt wird. Insbesondere hat dieser Satz auch bereits seitens des Reichsgerichts in der Richtung Anerkennung gefunden, daß, wie bei einer Gesetzesverletzung, so auch bei Idealkonkurrenz mehrerer Strafgesetzverletzungen durch dieselbe Handlung, eine wiederholte Anklage unter verändertem Gesichtspunkte ausgeschlossen sei.

Erkenntnis des Reichsgerichtes vom 23. Dezember 1880 g. St. Rep. 3274 (Entsch. Bd. 3 Nr. 80).

Der vorliegend erhobene Zweifel hat zur Grundlage, daß das jetzt angeklagte, in der früher abgeurteilten Strafthat ideell mit enthaltene Delikt ein Antragsdelikt sei, welches die Anklage bei damaligem Mangel des Antrages des Verletzten nicht habe umfassen können. Die Revision beruft sich auf den von Auslegern[1]) der Straf-Prozeß-Ordnung aufgestellten Satz, daß die ergangene Entscheidung den Verbrauch der Strafklage in Ansehung solcher strafgerichtlicher Gesichtspunkte nicht bewirken könne, auf deren Erörterung der entscheidende Richter vermöge eines obwaltenden rechtlichen Hindernisses nicht eingehen durfte, wie dies namentlich im Falle der Idealkonkurrenz dann gelte, wenn die Anwendung des einen Strafgesetzes einen Antrag des Verletzten erheischte und bei dessen Mangel der entscheidende Richter auf die Anwendung desjenigen Strafgesetzes beschränkt war, für welches das Antragserfordernis nicht besteht, oder wenn durch ein Antragsdelikt eine Mehrheit von Personen verletzt, der Antrag auf Strafverfolgung aber zunächst nur von einzelnen derselben gestellt worden sei. Allein der hervorgehobene Grund kann die gemachte Ausnahme deshalb nicht begründen, weil auch in diesen Fällen das Gericht durch den Mangel des Antrages an der Erörterung der That unter dem Gesichtspunkt des — konkurrierenden — Antragsdeliktes nicht, sondern nur an der Anwendung des Strafgesetzes für dieses Antragsdelikt gehindert ist. Die aus dem Antragsrecht sich ergebende Folge, daß bei Nichtzulassung einer wiederholten Erörterung die Möglichkeit einer der wahren Verschuldung nicht entsprechenden Entscheidung gegeben werde, kann hier an dem Grundsatze ebensowenig irre machen, als wenn die öffentliche Anklage erhoben wird, ehe volle Gewißheit vorliegt, daß zum Beispiel der wegen Diebstahles Angeklagte sich nicht im Falle des Rückfalles befindet, oder wenn nach der Verurteilung wegen Körperverletzung der Tod des Verletzten eintritt.[2]) Insbesondere vermag die Rücksicht auf das dem Ver-

---

[1]) Löwe, St. P. O. S. 378 N. 30c; Keller, St. P. O. für das D. R. S. 278b; auch Geyer, Lehrbuch des D. St. P. R.'s S. 841.

[2]) Vgl. Keller a. a. O. S. 279 oben.

letzten im Strafgesetzbuch gegebene Antragsrecht und die für dessen Ausübung gewährte Frist einen Unterschied nicht zu begründen, weil, soweit der Strafantrag den Charakter einer prozessualischen Voraussetzung der Verfolgung des Vergehens im öffentlichen Interesse im Gegensatze der Privatklage hat, die Bedeutung desselben wesentlich die einer Hinderung der Verfolgung, wenn der Antrag unterlassen wird (vergl. St. G. B. § 61), im überwiegenden Privatinteresse ist und das Antragsrecht nicht als ein jeder prozessualischen Schranke, außer allein der Frist zur Stellung des Antrages, enthobenes Recht auf Bestrafung verstanden werden kann. Um so weniger aber kann der Natur eines Deliktes als Antragsdelikt ein entscheidender Einfluß auf den Umfang oder die Beschränkung des hier fraglichen Prozeßgrundsatzes eingeräumt werden, als die Strafprozeßordnung für den Fall der Gestaltung der Antragsberechtigung als Privatklageberechtigung denselben im § 415 Abs. 3 St. P. O. ausdrücklich anerkannt hat. Da der Paragraph von zur Privatklage Berechtigten, nicht von im Wege der Privatklage den Thäter Verfolgenden redet, so begreift er sowohl den Fall, wenn die Privatklageberechtigung vom Verletzten im Wege der Privatklage, als auch den, wenn wegen einer zur Privatklage berechtigenden Handlung ausnahmsweise die öffentliche Klage nach § 416 St. P. O. erhoben wird, sei es, daß einer Privatklage eine solche öffentliche Klage,[1]) oder, daß einer derartigen öffentlichen Klage eine Privatklage nachfolgt. Dem gegenüber ist aber nicht abzusehen,[2]) warum, einer vorausgegangenen Verfolgung eines Nichtantragsdeliktes gegenüber, die Verfolgung eines ideell konkurrierenden Antragsdeliktes im Wege der Privatklage oder durch den anzugehenden Staatsanwalt bei mitbeteiligtem, aber vorher durch das entgegentretende Privatinteresse und Antragsrecht zurückgedrängtem, öffentlichem Interesse offen gehalten werden müßte. Der § 415 Abs. 3 St. P. O. in der Beschränkung auf die Fälle, wo die vorhergegangene Entscheidung nicht auf Gründen aus der Person des Antragsberechtigten beruht, sondern in der Sache selbst ergangen ist, enthält eine Anerkennung des allgemeinen Grundsatzes für einen Fall, wo kollidierende andere Prozeßgrundsätze Bedenken herrufen könnten, wie sie z. B. das römische Recht[3]) in I 9 C. de accusat. (9. 2), 1. 7 § 2 D. eod. (48. 2) und I 4 § 2 D. ad leg. Jul. de adult. (48. 5) wirksam werden ließ. Man konnte fragen, wie es sich mit dem in der Zulassung der Privatklage vom Staate anerkannten Interesse des Verletzten vertrage, die ihm im § 61 St. G. B. gewährte Antragsfrist durch das ihm unbekannte oder nicht opportune Vorgehen eines anderen illusorisch zu machen. Aber indem das Strafprozeßgesetz die Vorschrift im § 415 Abs. 3 gab, sprach es damit aus, daß ihm der Schutz des Angeklagten gegen wiederholte Strafverfolgung höher

---

[1]) Löwe a. a. O. S. 838 Nr. 2 und Geyer a. a. O. S. 840 Nr. 1 und 857, dagegen aber S. 864 und Schwartze, Erörter. I S. 63.

[2]) Planck, deutsches Strafverfahren S. 132 v. E., 137 unten, Löwe a. a. O. S. 479 Nr. 31b.

[3]) Goltdammers Archiv III S. 480.

stehe,[1]) als das Recht des Verletzten, unabhängig vom öffentlichen Ankläger und von einem zweiten Privatklageberechtigten die gegen ihn gerichtete That zum Gegenstand strafrichterlicher Entscheidung zu machen. Allerdings hat man, um diesen Folgerungen aus dem Wege zu gehen, versucht,[2]) dem § 415 Abs. 3 St. P. O., daß jede auf die Klage eines von mehreren wegen derselben strafbaren Handlung zur Privatklage Berechtigten in der Sache selbst ergangene Entscheidung zu Gunsten des Beschuldigten ihre Wirkung auch gegenüber den anderen äußert, auf die Fälle der mehrfachen Berechtigung aus einer Verletzung zu beschränken (St. G. B. §§ 189, 195, 196). Allein wenn schon der Wortlaut des Paragraphen hierfür keinen Anhalt giebt und die Substituierung der „Berechtigten" im Abs. 3 an Stelle der im Entwurfe genannten „Verletzten" lediglich aus Redaktionsgründen zwecks Gleichstellung des Ausdruckes in Abs. 2 und 1 erfolgt ist,[3]) so ergiebt sich das Verständnis des Paragraphen von mehreren Verletzten, aus eigenem Rechte Klagebefugten unabweisbar daraus, daß die Vorschrift des § 415 im ersten Entwurf in dem 1. Abschnitt des V. Buches „von der Privatklage überhaupt," für den es keine Klageberechtigten aus der Verletzung eines anderen gab (I. Entw. §§ 283, 284), nicht im zweiten „von der Privatklage bei Beleidigungen und Körperverletzungen insbesondere" seine Stellung fand und aus § 313 erst bei Wegfall des Abschnittes 1 in den Abschnitt von der Privatklage wegen Beleidigungen und Körperverletzungen (St. P. O. V. Buch Abschn. 1) herübergenommen ist. Auch aus der Erhaltung der öffentlichen Klage aus einem mit Unrecht im Wege der Privatklage eingeleiteten Verfahren im § 429 St. P. O. kann, insofern hier ausnahmsweise dem erkennenden Gerichte die Befugnis zum Vorbehalt einer anderweiten Verfolgung derselben Strafthat gegeben ist, nichts für andere Fälle, in denen solche Vorbehaltung nicht, wie in anderen Prozeßordnungen allgemein ermöglicht war, anerkannt ist, insbesondere für den hier fraglichen gefolgert werden.

Wenn die Revision wiederholt auf eine dem landgerichtlichen Urteil entgegenstehende feste Praxis des früheren preußischen Obertribunals hinweist, so erledigt sich dieses Obmotum einfach durch den Hinweis, daß das Obertribunal mit einem § 415 Abs. 2 und 3 St. P. O. nicht zu rechnen hatte (vgl. preußische Strafprozeßordnung vom 24. Juni 1867 § 496).

1e. **Auch wird die öffentliche Klage durch ein polizeiliches Strafmandat nicht konsumiert, wenn die That anders charakterisiert, die Kompetenz der Polizei überschritt.** U. III 2. Juni 80. E. II 211. R. II 18.

„Eine Verletzung des Grundsatzes ne bis in idem liegt nicht vor.

---

[1]) Berner in Goltdammers Archiv III S. 477 v. E., verglichen mit Zachariä, D. Strafprozeß II S. 686, VI im § 208 Abs. 2, Löwe a. a. O. S. 566 Nr. 8.

[2]) Voitus, Kommentar zur St. P. O. S. 430; Löwe a. a. O. S. 838, 839; A. M. Dahow in Holtzendorffs Handbuch des D. St. P. R.'s II S. 359; Geyer a. a. O. S. 856.

[3]) Voitus a. a. O. S. 431.

Allerdings ist der Angeklagte wegen gefährlicher Körperverletzungen verurteilt, welche er dem Schlosser K. am 22. Oktober vorigen Jahres beigebracht hat. Wegen desselben Vorfalles ist aber bereits am 27. Oktober 1879 von dem Stadtrat zu Sayda eine Strafverfügung gegen den Angeklagten erlassen, durch welche er wegen der Beschuldigung, „am 22. Oktober in der Gaststube des Gasthofes zum Kronprinz mit dem Schlosser K. in Streit sich eingelassen, demselben durch Schlagen mit einem Bierglas eine Wunde am Kopfe beigebracht und so groben Unfug verübt zu haben", auf Grund von § 360 Ziff. 11 St. G. B.'s in eine Geldstrafe von 20 Mark genommen ist, welche Angeklagter auch demnächst, ohne auf gerichtliche Entscheidung angetragen zu haben, bezahlt hat. Auch findet im Königreich Sachsen, innerhalb der durch die Strafprozeßordnung gezogenen Grenzen, ein Verwaltungsstrafverfahren mit der Maßgabe statt, daß, wenn von dem Beschuldigten innerhalb der gesetzlichen Frist auf gerichtliche Entscheidung nicht angetragen wird, die Strafverfügung im ganzen Umfange sofort vollstreckbar wird. Ein Rekurs oder eine Beschwerde an die vorgesetzte Verwaltungsbehörde findet gegen die Strafverfügung nicht statt, gegen die Strafvollstreckung nur insoweit, als behauptet wird, daß dabei den allgemeinen gesetzlichen Vorschriften entgegen gehandelt wurde (§ 325 des Königlich sächsischen Gesetzes vom 8. März 1879 das Verfahren in Verwaltungsstrafsachen betreffend).

Hat aber eine Polizeibehörde, wie im vorliegenden Falle, eine Handlung zur Bestrafung gezogen, welche unter einen anderen strafrechtlichen Gesichtspunkt zu ziehen war und welche, wenn sie unter den richtigen strafrechtlichen Gesichtspunkt gezogen wurde, nicht innerhalb der der Strafbefugnis der Polizeibehörden gezogenen Grenzen lag, sondern dem Spruch des Gerichtes zu unterziehen war, so wird dadurch die Aburteilung der That durch ein gerichtliches Verfahren nicht ausgeschlossen, auch wenn die Strafverfügung der Polizeibehörde unanfechtbar geworden ist und ohne Unterschied, ob diejenigen Thatumstände, welche eine andere Qualifikation der Handlung bedingen, erst später hervorgetreten sind oder nicht. Denn die Strafbefugnis der Polizeibehörden ist reichsgesetzlich enge begrenzt, auf Übertretungen und überdies bezüglich der Höhe der zu erkennenden Strafen beschränkt. Das Strafverfahren vor den Polizeibehörden entbehrt derjenigen Garantieen, welche erforderlich sind, um der unanfechtbar gewordenen Strafverfügung eine über ihren Inhalt hinausgehende Bedeutung, insonderheit die einer Konsumtion der Strafklage, wie sie bei einer anderen die Zuständigkeit der Polizeibehörde übersteigenden Qualifikation der Handlung erhoben werden kann, beizulegen.

Von dieser Konsumtion kann nur da die Rede sein, wo durch eine geordnete Mitwirkung der Staatsanwaltschaft und eine richterliche Kognition dafür Sorge getragen ist, daß die zur Anzeige gebrachte That nach allen Richtungen gewürdigt werde. Nur in Beziehung auf die Unterbrechung der Verjährung ist in der Strafprozeßordnung (§ 453 Abs. 4) der polizeilichen Strafverfügung die Wirkung einer richterlichen Handlung beigelegt. Nirgends findet sich eine Bestimmung, welche dahin ginge oder sich dahin auslegen ließe, daß eine außerhalb der der Zuständigkeit der Polizeibehörden gezogenen Grenzen erlassene Strafverfügung, wenn sie von dem Gestraften nicht angefochten worden, die Wirkung haben solle, die ordnungsmäßige, den Gesetzen entsprechende Strafverfolgung auszuschließen."

1 f. **Das Analoge gilt von dem amtsrichterlichen Strafbefehl.** U. II 21. Dez. 83. E. IX 321. R. V 804.

Die Revision des Mitangeklagten Gutsadministrators M., welcher Verletzung der Rechtsnorm: ne bis in idem, des § 73 St. G. B.'s und der Pol.=Verordnung der Regierung zu Posen vom 15. Juli 1881 rügt, ist zum Teil begründet. Die erstrichterliche Schlußfeststellung, daß die Angeklagten im Jahre 1883 (und zwar am 7. Februar 1883) durch Fahrlässigkeit die Körperverletzung der Maurerstochter Magdalena W. verursacht haben, und zwar, indem sie bezüglich der Inbetriebsetzung einer nicht gehörig bedeckten Dreschmaschine, die Aufmerksamkeit, zu der sie vermöge ihres Berufes besonders verpflichtet waren, außer Augen setzten, erschöpft den Thatbestand der fahrlässigen Körperverletzung im Sinne des § 230 St. G. B.'s, und ihre Begründung läßt einen Rechtsirrtum nicht erkennen.

Es fragt sich, ob der Beschwerdeführer nach Maßgabe dieser Feststellung wegen fahrlässiger Körperverletzung aus § 230 St. G. B.'s zu bestrafen ist, oder ob der Grundsatz ne bis in idem betreffs seiner durchgreift. Der Beschwerdeführer ist nämlich bereits durch den auf Grund der Polizeiverordnung der Regierung zu Posen am 3. Mai 1883 erlassenen und in Rechtskraft übergegangenen Strafbefehl in eine Geldstrafe von M. 15 deshalb genommen, weil er im Monat Februar, insbesondere am 7. Februar 1883 die nicht in Fahrt befindliche Dreschmaschine in Betrieb gesetzt hatte, ohne daß deren Welle, welche weniger als 2 Meter vom Boden entfernt war, unter dem früher an der Maschine befestigt gewesenen Tisch lief und etwa 3 Zoll vorsprang, derartig abgesperrt oder bedeckt war, daß beim Betriebe die Bedienungsmannschaften und andere Personen bei gewöhnlicher Aufmerksamkeit nicht vom gehenden Werke ergriffen werden konnten.

Der Vorderrichter nimmt mit Bezug hierauf zwar einerseits an, daß ein rechtskräftiger amtsrichterlicher Strafbefehl in seiner Wirkung einem rechtskräftigen richterlichen Urteile auch insofern gleichstehe (§ 450 St. P. O.), als eine durch solchen Strafbefehl bestrafte Handlung nicht noch in anderer Weise strafprozessualisch verfolgt werden dürfe; erachtet aber andererseits im vorliegenden Falle die Anwendung des Grundsatzes ne bis in idem deshalb für ausgeschlossen, weil Angeklagter nicht durch eine Handlung mehrere Strafgesetze verletzt habe, vielmehr Realkonkurrenz vorliege, da die fragliche Polizeiverordnung weder ein positives Thun, noch ein Unterlassen, sondern einen positiven schlechten Zustand einer Maschine unter Strafe stelle, während § 230 St. G. B.'s eine strafbare Unterlassung erfordere durch welche die Körperverletzung eines Menschen verschuldet sei.

Beide Gründe sind rechtsirrtümlich.

Zweifellos ist Identität der That vorhanden. Der Begriff der

Identität erfordert dasselbe konkrete Thun des Angeklagten bezw. dessen Beteiligung an demselben Vorgange. Dies Erfordernis hat der Vorderrichter thatsächlich konstatiert. Denn das Inbetriebsetzen der Dreschmaschine seitens des Beschwerdeführers, ohne deren vorspringende Welle derartig bedeckt zu haben, daß beim Betriebe andere Personen bei gewöhnlicher Aufmerksamkeit nicht vom gehenden Werke ergriffen werden konnten, ist dasjenige Thun, welches die Grundlage beider Delikte bildet, und zwar für sich allein hinsichtlich der Übertretung der Polizeivorschrift, und in Verbindung mit der durch dies Thun kausal herbeigeführten Körperverletzung und der Fahrlässigkeit hinsichtlich des Vergehens gegen § 230 St. G. B.'s. Durch diese Differenz wird die Identität der That nicht ausgeschlossen.

Weder der Erfolg eines Thuns noch die Art des subjektiven Verschuldens sind für die Frage der Identität der That von Belang. Denn es sind dies Umstände, welche die Strafbarkeit bedingen, mindern oder erhöhen und nach § 264 St. P. O. bei Beurteilung der That in Betracht kommen, ohne dieselbe, wie aus dem Gegensatze des § 265 zu § 264 a. a. O. erhellt, zu einer anderen That zu gestalten.

Trotz der hiernach vorliegenden Identität der bereits früher bestraften und der jetzt unter Anklage gestellten That kann dem Antrage des Beschwerdeführers auf Einstellung des gegenwärtigen Verfahrens nicht stattgegeben werden. Denn die von ihm in Übereinstimmung mit dem Vorderrichter aufgestellte Ansicht, daß der rechtskräftige Strafbefehl am 3. Mai 1883 die Wirkung eines rechtskräftigen Urteiles auch in Bezug auf den Grundsatz ne bis in idem habe, ist rechtsirrtümlich. Der in der Strafprozeßordnung indirekt anerkannte Grundsatz von der Konsumtion des Strafklagerechtes steht im engsten Verhältnisse zu dem Prinzipe der Zulässigkeit der Umgestaltung der erhobenen Klage, welche die Strafprozeßordnung im weitesten Umfange gestattet. Dies letztere Prinzip bildet die Grundlage für den Grundsatz der Klagekonsumtion. Wenn für den erkennenden Richter Gegenstand der Urteilsfällung die in der Klage bezeichnete That, wie sich dieselbe nach dem Ergebnisse der Hauptverhandlung darstellt, ist, und das Gericht an diejenige Beurteilung der That, welche dem Beschlusse über die Eröffnung des Hauptverfahrens zu Grunde liegt, nicht gebunden ist, vielmehr die ihm zur Beurteilung vorgelegte That in der Hauptverhandlung nach allen möglichen rechtlichen Gesichtspunkten zu ermitteln und festzustellen hat, so bildet hiervon der Grundsatz des Klageverbrauches das notwendige Korrelat.

Vgl. Entsch. des R. G.'s in Straff. Bd. 2 Nr. 82, 144, Bd. 3 Nr. 49, 80, 148, Bd. 4 Nr. 89, Bd. 5 Nr. 29, 30, Bd. 7 Nr. 8, 69, 107, Bd. 8 Nr. 40, 84.

Wo aber jene Grundlage fehlt, wo der erkennende Richter durch das Prozeßverfahren nicht in die Lage versetzt ist, die unter Anklage stehende That nach allen Richtungen zu prüfen, kann naturgemäß auch von einem Klageverbrauche nicht die Rede sein. Dies trifft zu in dem besonderen Verfahren bei amtsrichterlichen Strafbefehlen (§§ 447 flg. St.

P. O.), da hier die Erlassung des Strafbefehles ohne Hauptverhandlung, ja ohne jede vorgängige gerichtliche Erörterung des Sachverhaltes erfolgt. Vgl. Entsch. des R. G.'s in Straff. Bd. 4 Nr. 89 S. 243.

Hiernach liegt eine einheitliche That vor, durch welche der Beschwerdeführer mehrere Strafgesetze, die Polizeiverordnung vom 15. Juli 1881 und § 230 St. G. B.'s, verletzt hat, und für welche nach § 73 St. G. B.'s nur eine Strafe aus § 230 Abs. 2 a. a. O. zu bemessen ist, während der Vorderrichter hierbei den § 74 a. a. O. zur Anwendung gebracht hat.

Demgemäß ist die wegen des jetzt zur Anklage gestellten Vergehens auszusprechende Strafe unter Abzug der wegen der Übertretung durch den amtsrichterlichen Strafbefehl festgesetzten Strafe zu verhängen.

1g. **Doch ist die Klage auch konsumiert, wenn das frühere Urteil in einer unzulässigen Verfahrensart ergangen war.** Hierüber und wie dann das zweite Urteil zu lauten habe — U. III 23. Juni 83, E. IX 14.

Die Revision der Staatsanwaltschaft ist nicht begründet.

1. Die erste auf Verletzung des § 259 St. P. O. gestützte Beschwerde ist völlig verfehlt. Die Entstehungsgeschichte dieser Vorschrift, ihre frühere Fassung als § 219 des Entwurfes und der gesetzgeberische Grund, welcher zu ihrer jetzigen Gestalt geführt hat, zeigen, daß der Zweck des Gesetzes in keiner Weise der gewesen, eine erschöpfende Normierung aller denkbaren Entscheidungsformeln der erstinstanzlichen Strafurteile zu geben. Die Motive (S. 143) selbst erkennen, allerdings für einen anderen als den hier vorliegenden Fall, die Möglichkeit einer „die Unzulässigkeit der Strafverfolgung" aussprechenden Urteilsformel an. Sachlich steht übrigens die soeben gedachte hier von der Vorinstanz gewählte Formel der in § 259 neben der Verurteilung und Freisprechung erwähnten Formel auf „Einstellung des Verfahrens" gleich. Ob in einem Falle der hier vorliegenden Art die letztere gewählt, vgl. Entsch. des R. G.'s in Straff. Bd. 2 S. 350, oder, wie vom Reichsgericht ebenfalls geschehen, vgl. Urt. des III. Strafsenats vom 22. Januar 1883 gegen Linek, Rep. 3010/82, in der Urteilsformel selbst die Unzulässigkeit der Strafverfolgung ausgesprochen wird, begründet keinen Unterschied. Unter allen Umständen würde auf die eine Sachentscheidung über die Schuldfrage voraussetzende und enthaltende Freisprechung von der Anklage nicht erkannt werden können, wenn prozessuale Gründe die Zulässigkeit der Strafverfolgung und damit die Erteilung einer Sachentscheidung ausschließen.

2. Auch die weiteren auf unrichtige Anwendung des prozessualen Grundsatzes: ne bis in idem und auf Verletzung des Strafgesetzes gestützten Beschwerden konnten keinen Erfolg haben.

Der der vorliegenden Anklage zu Grunde liegende Vorgang ist in den Gründen des angefochtenen Urteiles in folgender Weise zur thatsächlichen Feststellung gelangt. Am Abende des 20. August 1882 waren zwischen dem Angeklagten W. und dem Zeugen H. Differenzen entstanden. Als H. später im Begriffe gewesen ist, nach Haus zu gehen, hat ihm Angeklagter in der Nähe der Ecke des Schießhauses zu Rodach einen

Stoß in die linke Seite versetzt; H. hat darauf den Angeklagten am Kragen gefaßt und herumgedreht, wobei der Angeklagte zu Boden gefallen ist; der letztere ist alsbald wieder aufgesprungen und hat dem H. mit einem scharfen Instrumente einen Schlag an die linke Seite des Kopfes versetzt, so daß derselbe blutete und die in dem ärztlichen Zeugnisse beschriebenen Verletzungen davon trug.

Das Instanzurteil stellt fest, daß hiermit Angeklagter sich einer vorsätzlichen Mißhandlung des H. schuldig gemacht habe, welche mit dem Stoße in die Seite begann und mit der offenbar mittels gefährlichen Werkzeugs verübten Verletzung des Kopfes endete. Es bezeichnet das Verhalten des Angeklagten als ein Ganzes, als eine That, wenn auch mit mehreren Abteilungen, und es erachtet die Strafverfolgung wegen dieser That nach dem Grundsatze: ne bis in idem als unzulässig, weil in der Privatklagesache W. wider H. auf die von dem letzteren in der Hauptverhandlung vom 15. November 1882 erhobene Widerklage ein Teil dieser That, das Stoßen in die Seite, durch Urteil des Schöffengerichts zu Rodach vom genannten Tage bereits rechtskräftig zur Aburteilung gelangt, eine erneute Strafverfolgung wegen derselben That mithin rechtlich unstatthaft sei.

Die Revision greift zunächst ohne Erfolg die Feststellung an, daß in dem, was Angeklagter in jener Nacht gegen H. verübt, nur eine That, das einheitliche Delikt aus § 223a St. G. B.'s enthalten sei. Ob in einer Reihe successiv gegen einen anderen verübter Thätlichkeiten, von denen jede für sich allein den Begriff einer körperlichen Mißhandlung decken würde, eine Mehrzahl von Körperverletzungen enthalten sei, oder ob nur eine, aus einer Mehrzahl einzelner, für sich selbst unselbständiger Thätigkeitsakte zusammengesetzte That vorliege, ist Gegenstand thatsächlicher Würdigung und Feststellung. Es entscheiden der äußere Hergang, die Willensrichtung des Thäters und andere thatsächliche Momente. Die Einheitlichkeit der That wird namentlich auch dadurch nicht notwendig unterbrochen, daß der Angegriffene sich zur Wehr setzt und einzelne der ihm zugefügten Thätlichkeiten vor, andere nach der von ihm geübten Verteidigung liegen. Im vorliegenden Falle ist die zeitliche Kontinuität festgestellt; der Ausspruch, Angeklagter habe mit dem Stoße in die Seite begonnen, offenbar um H. zu reizen, läßt erkennen, daß der Vorderrichter auch Einheitlichkeit des Vorsatzes, aus dem die mehreren nach einander verübten Thätlichkeiten entsprungen, angenommen hat. Die hierauf gestützte Feststellung der Einheitlichkeit der That läßt einen Rechtsirrtum ebensowenig erkennen, als nach § 263 St. P. O. Recht und Pflicht des Vorderrichters zu bezweifeln ist, die Frage, ob der zur Untersuchung und Aburteilung stehende Vorgang für den Angeklagten die Verübung einer oder mehrerer selbständiger Strafthaten in sich faßte, seinerseits selbständig und unabhängig von derjenigen Beurteilung zu prüfen und festzustellen, welche der gleiche Vorgang in der vorausgegangenen Entscheidung des Schöffengerichtes in der oben erwähnten Privatklagesache gefunden hatte.

Das in der voraufgegangenen Privatklagesache ergangene Urteil vom 15. November 1882 hat sich auf denselben Vorgang aus der Nacht vom 20./21. August 1882 bezogen. Der jetzige Angeklagte W. hatte Privatklage erhoben, weil H. ihn beleidigt, gepackt und niedergeworfen habe. Bei seiner Vernehmung vom 5. September 1882 hatte der Privatangeklagte H. der Anklage widersprochen, seinerseits die ihm von W. zugefügte Körperverletzung, und zwar sowohl den Stoß in die Seite, als die mittels Messers verübte Kopfverletzung geltend gemacht und deshalb Strafantrag gestellt. In der Hauptverhandlung hat er sodann nach Ausweis des Sitzungsprotokolles die Angaben vom 5. September wiederholt, dann aber Widerklage gemäß § 428 St. P. O. erhoben, als deren Gegenstand im Protokolle jedoch nur der Stoß in die Seite erwähnt ist. Das Schöffengerichtsurteil hat sodann thatsächlich festgestellt, daß W. den H. bei jenem Vorgange „in irgend einer Weise thätlich angegriffen", darauf aber H. den W. gepackt und zu Boden geworfen habe. Auf Grund dieser Feststellung sind beide Parteien zwar der dem anderen zugefügten körperlichen Mißhandlung schuldig erklärt, in Gemäßheit von 233 St. G. B.'s jedoch straffrei gesprochen worden. Das Schöffengerichtsurteil hat hiernach bei seinem Schuldausspruche von den seitens des Angeklagten W. nach der Feststellung in dem jetzt angefochtenen Urteile verübten Thätlichkeiten nur diejenigen, welche dem Niederwerfen desselben vorausgingen, berücksichtigt. Über die nach der jetzigen Feststellung nachgefolgte Körperverletzung spricht sich das schöffengerichtliche Urteil nicht aus. Aus welchem Grunde dieselbe nicht berücksichtigt ist, ist auch aus dem Protokolle über die schöffengerichtliche Hauptverhandlung nicht zu entnehmen. Soviel aber steht unangreifbar fest, daß die rechtskräftige schöffengerichtliche Entscheidung vom 15. November 1882 sich auf den nämlichen Vorgang bezogen hat, welcher den Gegenstand der in der vorliegenden Untersuchung erhobenen Anklage bildete; sie hat einen Teil derjenigen Thätlichkeit umfaßt, welche in dem jetzt angefochtenen Urteile in rechtlich unanfechtbarer Weise als eine That, und zwar als das von Amtswegen zu verfolgende Delikt der gefährlichen Körperletzung festgestellt worden ist.

Dies läßt die weitere Annahme der Vorinstanz als frei von Rechtsirrtum erscheinen, daß in der vorliegenden Untersuchung eine That zur Aburteilung gestanden, welche bereits Gegenstand eines wider den Angeklagten ergangenen rechtskräftigen Strafurteiles gewesen, und deren nochmalige Strafverfolgung nach dem von der Strafprozeßordnung anerkannten Grundsatze: ne bis in idem, rechtlich ausgeschlossen ist. — Sieht man zunächst von der noch zu erörternden Frage ab, welcher Einfluß dem Umstande zuzuschreiben sei, daß das frühere Strafurteil im Wege des Privatklageverfahrens ergangen ist, während die That, wie sie jetzt sich herausstellt, ein nicht auf Antrag zu verfolgendes und darum von der Verhandlung in jenem Verfahren nach § 414 St. P. O. ausgeschlossenes Delikt ist, so erscheint die Anwendung jenes Grundsatzes weder dadurch ausgeschlossen, daß das Urteil des Schöffengerichtes vom 15. November 1882 nur mit einem Teile des jetzt als eine That festgestellten Gesammtvorganges sich befaßt hat, noch dadurch, daß die Entscheidung über die von dem jetzigen Angeklagten, damaligen Privatkläger W., dem H. zugefügte Körperverletzung durch die von dem letzteren, dem damaligen Privatangeklagten, gegen W. erhobene Widerklage veranlaßt worden ist und nach Ausweis des Sitzungsprotokolles über die Hauptverhandlung vor dem Schöffengerichte zu Rodach diese Widerklage ihrem Wortlaute nach sich auf den dem Widerkläger H. von W. bei jenem Vorgange „mit dem Ellenbogen versetzten Knuff in die Seite“ beschränkt hat. Die nach dem Grundsatze: ne bis in idem eintretende Konsumtion der Strafklage durch ein über eine Strafthat erteiltes rechtskräftiges Erkenntnis umfaßt die gesamte That nach allen bei derselben möglichen strafrechtlichen Gesichtspunkten. Ob die abweichende Gestaltung, welche die Strafthat bei einer anderweiten Verhandlung gewinnt, auf veränderter rechtlicher oder auf veränderter thatsächlicher Würdigung beruht, ob die letztere in neu hervorgetretenen Thatsachen oder Beweisen ihren Grund hat, erscheint gleichgültig. Soweit die Identität der That reicht, ist die Erneuerung der Strafklage unstatthaft, und die Identität der That wird dadurch nicht ausgeschlossen, daß die frühere Entscheidung in thatsächlicher Hinsicht nur einen Teil des Gesamtvorganges umfaßte, welcher bei der späteren Verhandlung als eine einheitliche Strafthat ermittelt und festgestellt worden ist. In letzterer Beziehung stand aber vor allem auch weder dem Privatkläger, noch dem Widerkläger die Befugnis zu, willkürlich aus einer Mehrheit von Vorgängen, welche zusammen eine Strafthat bilden, einen oder einzelne herauszugreifen und zum Gegenstande der Privatklage oder Widerklage zu machen. Auch in Privatklagesachen ist der Richter mit der ganzen That befaßt; er hat dieselbe unabhängig von den Intentionen und Anträgen der Parteien erschöpfend nach allen ihren thatsächlichen und rechtlichen Gesichtspunkten zu prüfen und darüber durch Urteil zu entscheiden, sei es mittels Erkenntnisses in der Sache selbst, dafern die den Gegenstand der Privat- oder Widerklage bildende That, wie sie sich nach dem Ergebnisse der Verhandlung gestaltet, ihrer Natur nach sich zur Verhandlung im Privatklageverfahren eignet, sei es, daß er gemäß § 429 St. P. O. durch Urteil die Einstellung dieses Verfahrens ausspricht, dafern die bezeichnete Voraussetzung nicht zutrifft.

Endlich ist nicht zu bezweifeln, daß eine die Sache selbst betreffende Entscheidung, welche auf eine gemäß § 428 St. P. O. erhobene Widerklage ergeht, hinsichtlich der Frage wegen des Verbrauches der Strafklage die nämlichen Wirkungen äußert, wie die Entscheidung auf die Privatklage, sowie daß diese Wirkung in gleicher Weise, wie dem Urteile, welches wegen Körperverletzung verurteilt, so auch demjenigen zukommt, welches beim Vorliegen von auf der Stelle erwiderten Körperverletzungen in Anwendung von § 233 St. G. B.'s mit dem Schuldausspruche die Straffreierklärung verbindet. Daß die im Privatklageverfahren in der Sache selbst ergangene rechtskräftige Entscheidung die Wirkung der Konsumtion der Strafklage in vollem Umfange äußert, wenn die That auch in ihrer veränderten Gestalt als ein zur Verfolgung in diesem Verfahren geeignetes Delikt sich darstellt, ist hiernach nicht zu bezweifeln; auch das Reichsgericht hat bereits anerkannt, daß ihr diese Wirkung nicht blos gegenüber einer von dem Privatkläger selbst oder von einer anderen durch die nämliche That verletzten Person anderweit angestellten Privatklage, sondern auch gegenüber der wegen der nämlichen That im öffentlichen Interesse nach § 416 St. P. O. zu erhebenden öffentlichen Klage zukommt.

Entsch. des R. G.'s in Strafs. Bd. 3 S. 363 flg.

In dem gegenwärtigen Falle liegt allerdings die Sache anders. Nach der von der Vorinstanz getroffenen Feststellung handelt es sich bei der den Gegenstand der früheren Widerklage, wie der jetzigen Anklage bildenden That um das von Amts wegen zu verfolgende Vergehen der gefährlichen Körperverletzung, und die Frage ist die, ob dadurch, daß das Schöffengericht wegen dieser, an sich der Verhandlung im Privatklageverfahren entzogenen That gleichwohl in diesem Verfahren eine sachliche Entscheidung erteilte, anstatt gemäß der Vorschrift in § 429 St. P. O. auf Einstellung des Verfahrens zu erkennen, das Recht des Staates, im Wege der öffentlichen Klage die Verhängung der gesetzlichen Strafe herbeizuführen, nicht entgegenstehen könne, daß insoweit im Falle eines Verstoßes der gedachten Art eine Ausnahme von dem Satze: ne bis in idem eintreten müsse (S. 234 flg.). Im Gesetze selbst hat dies jedoch keinen Ausdruck gefunden, und die allgemeinen, die Wirkungen der Rechtskraft betreffenden, Grundsätze, wie solche von der Strafprozeßordnung anerkannt worden sind, führen zu der Entscheidung der Frage im entgegengesetzten Sinne.

Der § 429 St. P. O. enthält für das Privatklageverfahren eine der Vorschrift im § 270 ähnliche Bestimmung. Mit Rücksicht darauf einerseits, daß aus der Unzulässigkeit des Privatklageverfahrens nicht notwendig die Unzuständigkeit des Schöffengerichtes folgt, und daß andererseits bei erhobener Privatklage es an der der Regel nach die Voraussetzung für die Einleitung des gerichtlichen Strafverfahrens bildenden öffentlichen Klage fehlt, konnte in dem in § 429 bezeichneten Falle nicht eine Unzuständigkeitserklärung und die damit verbundene Verweisung an ein anderes Gericht mit der in § 270 bezeichneten Wirkung angeordnet werden; vielmehr hat das in der Privatklagesache erkennende Gericht sich darauf zu beschränken, die Einstellung des Verfahrens auszusprechen und der Staatsanwaltschaft, welcher die Verhandlungen mitzutheilen sind, das weitere wegen Erhebung der öffentlichen Klage zu überlassen. Die durch Urteil zu verfügende Einstellung des Verfahrens enthält hier den Vorbehalt weiterer Strafklage wegen der mit Unrecht zum Gegenstande eines Privatklageverfahrens gemachten That. Daraus folgt aber nicht, daß, wenn das erkennende Gericht, sei es auf Grund nicht erschöpfender thatsächlicher Ermittelung, sei es auf Grund rechtsirrtümlicher Anwendung des Strafgesetzes, oder aber infolge bewußter Außerachtlassung der Vorschrift in § 429 a. a. O. eine Entscheidung in der Sache selbst erteilt, diesem Urteile die Wirkung des Verbrauches der Strafklage abgehe. Nach dieser Richtung hin besteht ein sachlicher Unterschied zwischen dem Falle des § 429 a. a. O. und dem des § 270 nicht. Auch bei vorliegender Unzuständigkeit des Gerichtes verbietet das Gesetz dem Gerichte niederer

Ordnung, eine Sachentscheidung wegen der vor ihm verhandelten seine Zuständigkeit überschreitenden That zu erteilen. Gleichwohl schließt die von dem unzuständigen Gerichte dieser Vorschrift zuwider über die zur Zuständigkeit des höheren Gerichtes gehörige That erteilte Sachentscheidung, wie nicht bestritten und nicht zu bezweifeln ist, nach erlangter Rechtskraft die nochmalige Strafverfolgung wegen derselben That aus. Aus dem Gesetze ist aber ein Grund nicht zu entnehmen, welcher zu einer anderen Beurteilung hinsichtlich des unter Verletzung des § 429 a. a. O. über die Strafthat selbst erlassenen Endurteiles führte und diesem die Wirkung und Bedeutung entzöge, welche anderen rechtskräftigen Endurteilen hinsichtlich des Verbrauches der Strafklage von der Strafprozeßordnung beigelegt ist. Das Urteil ist erteilt vom Gerichte im ordnungsmäßigen Prozeßverfahren, welches zwar ohne obligatorische Mitwirkung der Staatsanwaltschaft abgesetzt ist, der letzteren aber gesetzlich (§ 417 Abss. 1 und 2 a. a. O.) die Füglichkeit gewährt, ihrerseits das öffentliche Interesse wahrzunehmen und namentlich das dem Gesetze zuwider ergangene Endurteil mittels der geordneten Rechtsmittel anzufechten. Hätte der im Privatklageverfahren der Vorschrift in § 429 a. a. O. zuwider erlassenen Endentscheidung die im übrigen den rechtskräftigen Endurteilen vom Gesetze beigelegte Wirkung versagt sein sollen, so hätte dies im Gesetze selbst zum Ausdrucke kommen müssen. Entscheidend ist, daß, wie schon früher bemerkt wurde, das einmal mit der Aburteilung des Straffalles befaßte Gericht, was das Recht und die Pflicht anlangt, das zum Gegenstande der Klage gemachte Faktum nach allen möglichen rechtlichen Gesichtspunkten zu erforschen und zu würdigen, solange nicht die Privatklage zurückgenommen ist, im Verfahren auf Privatklage in keiner anderen Stellung sich befindet, als in dem durch öffentliche Klage veranlaßten Verfahren (§ 153 Abs. 2, § 263 Abs. 1, §§ 424, 426 Abs. 1, § 427 Abs. 3). Die prozessualen Besonderheiten der im Privatklageverfahren stattfindenden Prozedur rechtfertigen für sich allein nicht eine von den allgemein anerkannten Prinzipien abweichende Beurteilung der Bedeutung und Wirkung der Rechtskraft des über die That selbst ergangenen Urteiles, welche vornehmlich darin besteht, daß durch dasselbe die strafbare Handlung getilgt und dem Staate das Recht entzogen ist, diejenige Strafthat von neuem zum Gegenstande einer öffentlichen Klage zu machen, wegen deren bereits eine rechtskräftige richterliche Entscheidung vorliegt.

Die eingelegte Revision war daher zu verwerfen.

h. **Dem objektiven Verfahren auf Einziehung,** welche sich nicht als Verhängung eines Strafübels, sondern als polizeiliche Präventivmaßregel darstellt, **steht die rechtskräftige Verurteilung oder Freisprechung einer bestimmten Person nicht entgegen,** so U. II 28. Mai 86. E. XIV 161. R. VIII 400.

§ 10.

Vorbereitung der öffentlichen Klage.

1. **Strafanträge bei Antragsdelikten müssen bei Beamten des Polizei- und Sicherheitsdienstes schriftlich angebracht werden, auch wenn diese Beamten Hülfs-**

beamte der Staatsanwaltschaft sind. conf. L. § 156 Nr. 4. St. ibid. Nr. 5. U. II 23. Nov. 80. E. III 55. R. II 556.

„Während nach § 156 Abs. 1 St. P. O. Anzeigen strafbarer Handlungen oder Anträge auf Strafverfolgung in Fällen, wo diese auch ohne Antrag zulässig ist, bei der Staatsanwaltschaft, den Behörden und Beamten des Polizei- und Sicherheitsdienstes und den Amtsgerichten mündlich oder schriftlich angebracht werden können, muß nach dem Abs. 2 das. bei strafbaren Handlungen, deren Verfolgung nur auf Antrag eintritt, dieser bei einem Gericht oder der Staatsanwaltschaft schriftlich oder zu Protokoll, bei einer anderen Behörde schriftlich angebracht werden.

Schon nach der Wortfassung dieser Bestimmungen kann es einem Zweifel nicht unterliegen, daß ein Strafantrag im engeren Sinne bei einem Beamten des Polizei- und Sicherheitsdienstes mit rechtlicher Wirksamkeit nur schriftlich eingereicht werden kann, da diese im ersten Absatze erwähnte Beamtenkategorie im zweiten Absatze, und zwar, wie sich aus der Entstehungsgeschichte dieser Vorschrift ergiebt, absichtlich weggelassen ist. Nach dem von der Regierung vorgelegten Entwurf (§ 137 das.) sollte es gestattet sein, alle Anträge auf Strafverfolgung bei der Staatsanwaltschaft, den Behörden und Beamten des Polizei- und Sicherheitsdienstes und den Amtsgerichten mündlich oder schriftlich anzubringen. Diese Bestimmung, welche schon bei der ersten Lesung in der Reichstags-Kommission Bedenken erregte (Protokolle der Kommission S. 200 flg.), wurde in der zweiten Lesung modifizirt und an deren Stelle die Fassung beliebt, welche demnächst in das Gesetz übergegangen ist. Maßgebend war dabei die Erwägung (vgl. Protokolle der Kommission S. 888 flg.), daß es nach den im Königreich Preußen gemachten Erfahrungen gerade bei den Erklärungen, welche vor den Polizeibeamten mündlich abgegeben werden, vielfach zweifelhaft sei, ob ein Strafantrag im Sinne des Gesetzes vorliege oder nicht, und daß es daher zweckmäßig erscheine, die Stellung eines mündlichen Strafantrages bei einem Beamten des Polizei- und Sicherheitsdienstes für unzulässig zu erklären. Der Beschwerdeführer scheint dies auch nicht zu verkennen; er ist aber des Erachtens, daß, weil der § 153 G. V. G.'s die Beamten des Polizei- und Sicherheitsdienstes für Hilfsbeamte der Staatsanwaltschaft erklärt, der bei einem solchen Beamten zum Protokoll gegebene Antrag als bei der Staatsanwaltschaft angebracht anzusehen sei.

Dieser Ausführung kann jedoch nicht beigetreten werden.

Richtig ist zwar, daß nach § 153 G. V. G.'s die Beamten des Polizei- und Sicherheitsdienstes Hilfsbeamte der Staatsanwaltschaft sind, und richtig ist ferner, daß nach der Verfügung des Justizministers und des Ministers des Innern vom 15. September 1879 (preuß. Justiz-Ministerial-Blatt S. 349) die mit der Führung der Revier-Polizei-Verwaltung in Berlin beauftragten Polizeilieutenants — und von einem solchen ist der vorliegende Strafantrag entgegengenommen — zu Hilfsbeamten der Staatsanwaltschaft bestimmt sind. Unrichtig sind aber die aus diesen Bestimmungen vom Beschwerdeführer gezogenen Folgerungen. Die fraglichen Polizeibeamten sind lediglich Hilfsbeamte der Staatsanwaltschaft und in dieser Eigenschaft nach § 153 G. V. G.'s verpflichtet, den Anordnungen der Staatsanwälte bei dem Landgerichte ihres Bezirks und der diesen vorgesetzten Beamten Folge zu leisten. Der Zweck dieser im Interesse der Strafrechtspflege getroffenen Bestimmung ist lediglich der, die Staatsanwaltschaft in den Stand zu setzen, den Beamten der Sicherheitspolizei unmittelbar Aufträge und Befehle erteilen zu können. Dadurch werden aber die Polizeibeamten nicht Beamte der Staatsanwaltschaft in dem Sinne, daß sie, als Mitglieder oder Vertreter der Staatsanwaltschaft, als Behörde betrachtet werden könnten. Denn das Amt der Staatsanwaltschaft wird nur durch die in § 143 G. V. G.'s bezeichneten Personen ausgeübt. Wo daher in der Strafprozeßordnung von der Staatsanwaltschaft die Rede ist, kann darunter immer nur die Behörde verstanden werden, welche durch die in § 143 a. a. O. bezeichneten Personen vertreten wird. Daß die Staatsanwaltschaft als Behörde im Sinne der Strafprozeßordnung nicht die Beamten des Polizei- und Sicherheitsdienstes mitumfaßt, ergeben auch alle diejenigen Bestimmungen des Gesetzes, in welchen, wie z. B. in §§ 159, 161 St. P. O., die Staatsanwaltschaft im Gegensatze zu den Behörden und Beamten des Polizei- und Sicherheitsdienstes genannt wird.

Es ist daher mit Recht der mündliche Strafantrag, welcher in der vom Antragsteller nicht unterzeichneten Verhandlung vom 4. Januar 1880 von dem Polizeilieutenant entgegengenommen ist, im ersten Urteil als unzureichend erachtet."

2. Über die Stellvertretung in der Erklärung und im Willen bei der Stellung des Strafantrages handelt grundlegend U. III. 1. Mai 80. E. II. 145. R. I 707. conf. L. § 156 Nr. 11. St. ibid. Nr. 7.

Nach der thatsächlichen Feststellung verschuldete der verstorbene Ehemann der Witwe M. dem Posthalter T. in Schildberg Geld aus einem Wechsel. Während den M.'schen Erben die gesetzliche Deliberationsfrist lief, beantragte der Gläubiger wegen seiner Forderung die Sequestration des M.'schen Vorwerkes. Die Sequestration wurde von seiten des Gerichts verfügt. Die Witwe M. hat aber vor Ausführung der Sequestration das lebende Inventarium bei Seite geschafft.

Eine Verfolgung aus § 288 tritt nur auf Antrag des Gläubigers ein. Gläubiger war der Posthalter A. H. T. Der Strafantrag ist gestellt von Bernhard T., welcher denselben mit dem Namen seines Vaters unterschrieben hat. Der Vorderrichter stellt fest, daß Bernhard T. Generalbevollmächtigter seines Vaters sei. Auch ist erwähnt, der Vater habe von dem Arrestbruch und der eingeleiteten Sequestration Kenntnis erhalten und genommen. In Beziehung auf die Persönlichkelt des Gläubigers A. H. T. wurde in der Hauptverhandlung vom 6. Februar von seiten der Verteidigung geltend gemacht, daß derselbe geisteskrank und deshalb die von ihm ausgestellte Generalvollmacht erloschen sei. Einer der Angeklagten brachte vor, daß A. H. T. noch vor kurzem in der Irrenanstalt gewesen sei; der Verteidiger beantragte nunmehr unter Bezugnahme auf das Zeugnis des Dr. P. Vertagung der Sache. Hierauf wurde das Urteil eröffnet; in dem Urteil ist dieser Beweisantrag gänzlich übergangen; nach Angabe der Revisionsschrift soll derselbe abgelehnt sein. Über den Gegenstand selbst spricht sich das Urteil dahin aus, es stände nicht nur nicht fest, sondern sei sogar durch die eidliche Aussage des Bernhard T. widerlegt, daß dessen Vater für blödsinnig oder wahnsinnig erklärt und unter Vormundschaft gestellt sei.

Die Revision der Angeklagten erheischt die Erörterung der zwei Fragen, ob Bernhard T. auf Grund der von dem Vorderrichter festgestellten Thatsache, daß ihm von seinem Vater Generalvollmacht erteilt worden, den Strafantrag namens seines Vaters stellen durfte, und sodann, ob die weiter festgestellten Thatsachen ausreichen, um die Annahme zu begründen, daß Bernhard T. zu der Zeit, als er den Strafantrag stellte, noch Generalbevollmächtigter seines Vaters war.

In ersterer Beziehung erscheint es bedenklich, daß das Strafgesetzbuch zwar den Strafantrag gesetzlicher Vertreter erwähnt, sonst aber nur von dem Strafantrage des Verletzten redet, ohne diesem ausdrücklich zu gestatten, daß er sich bei Stellung des Strafantrages vertreten lassen kann. Indessen läßt sich daraus zunächst nicht ableiten, daß der Verletzte in jedem einzelnen Falle den Strafantrag auch persönlich stellen müsse, daß er sich nicht in der Erklärung seines auf die strafrechtliche Verfolgung gerichteten Willens vertreten lassen könne. Handelt der Bevollmächtigte nicht kraft eigener Entschließung, sondern in Ausführung einer auf die strafrechtliche Verfolgung des Schuldigen gerichteten Willensbestimmung des Vollmachtgebers, so wird durch ihn nur die für den einzelnen Fall von dem Vollmachtgeber gefaßte, auf strafrechtliche Verfolgung der in Frage stehenden Strafthat gerichtete Entschließung des Vollmachtgebers vollzogen und der Staatsanwaltschaft oder dem Gerichte übermittelt. Daß eine derartige, auf die Abgabe der Willenserklärung beschränkte Vertretung des Antragsberechtigten zulässig sei, kann nicht in Zweifel gezogen werden. Bedenklicher ist es, eine Stellvertretung im Willen, das heißt in der Entschließung über die Stellung des Strafantrages, zu gestatten. Denn auch in denjenigen Fällen, in denen die Einleitung des Strafverfahrens von einem Antrage des Verletzten abhängt, kommt die Rücksicht auf dessen Interesse nicht allein in Frage; das öffentliche Interesse, die Rücksicht auf die Person des Thäters, welche bei der gesamten Strafrechtspflege maßgebend sind, treten auch hier nicht gänzlich zurück.

Indessen läßt sich aus § 65 St. G. B.'s nicht ableiten, es habe jede Stellvertretung im Willen bezüglich des Strafantrages ausgeschlossen bleiben sollen. Es ist dort nur von der Vertretung Minderjähriger, bevormundeter, geisteskranker und taubstummer Personen die Rede. Es wollte aber offenbar in dem Gesetzbuch die Vertretung in Bezug auf die Stellung des Strafantrages bei Antragsdelikten nicht erschöpfend geordnet werden. Ist das Vermögen des Staates, der Kirche, einer Gemeinde, einer Korporation, einer Aktiengesellschaft, einer Stiftung durch eine Handlung beschädigt, welche nach der Bestimmung des Strafgesetzbuches nur auf Antrag verfolgt wird, so läßt sich nicht annehmen, daß die begangene strafbare Handlung in diesem Falle ohne Antrag verfolgt werden oder daß sie straflos bleiben solle, vielmehr ist hier vom Strafgesetz vorausgesetzt, daß die allgemeinen Grundsätze über die Zulässigkeit der Vertretung auch bei Stellung des Strafantrages zur Anwendung kommen. Die zur Vermögensverwaltung berufene Staats-, Kirchen- oder Gemeindebehörde, der Vorstand der Aktiengesellschaft, der Administrator der Stiftung ist auch zur Stellung des Strafantrages für die von ihm vertretenen Interessen befugt. Eine ähnliche Stellung wie diese Administratoren hat aber derjenige Generalbevollmächtigte eines Privatmannes, welchem durch dessen Willen die Verwaltung von dessen Vermögen oder eines Vermögensteiles und damit die Vertretung des Vollmachtgebers innerhalb des in der Vollmacht bezeichneten Kreises von Vermögensrechten übertragen ist. Wie jene ist er dazu berufen, die seiner Sorge anvertrauten Vermögensinteressen durch Ergreifung der geeigneten Rechtsmittel zu schützen; er darf deshalb auch im Zweifel namens des Auftragsgebers den Antrag auf Gewährung desjenigen Schutzes, welchen das Strafrecht im Falle der Verletzung jener vermögensrechtlichen Interessen durch die Verfolgung des Schuldigen gewährt, er darf in jenen Fällen den Strafantrag stellen, und zwar auch wenn in dem allgemein gehaltenen Auftrag die Erhebung von Anträgen auf Bestrafung nicht besonders erwähnt ist.

Es läßt sich annehmen, daß auch hier der Gesetzgeber von der Voraussetzung ausgegangen ist, der zur vermögensrechtlichen Vertretung Berufene und dafür Verantwortliche sei innerhalb des ihm aufgetragenen Geschäftskreises wie zur Ergreifung der geeigneten Civilrechtsmittel so auch zur Stellung des Strafantrages für den Verletzten dergestalt berufen und befugt, daß seine Entschließung und Erklärung wegen strafrechtlicher Verfolgung einer gegen den betreffenden Komplex von Vermögensrechten gerichteten Handlung dieselbe Wirksamkeit hat, als wenn sie von dem Prinzipal selbst ausgegangen wäre. Auf diese Weise wird einem entschiedenen praktischen Bedürfnis genügt. Es ist jedoch eine Einschränkung beizufügen. Wenn nämlich zwischen dem Thäter und dem Verletzten persönliche Beziehungen bestehen, welche strafrechtlich von Bedeutung sind, so kann die Ermächtigung zur Entscheidung über die Stellung des Strafantrages nicht als in dem allgemein gehaltenen Auftrag inbegriffen angenommen werden. Auch aus anderen Gründen können sich im einzelnen Fall solche Zweifel über den Umfang des generellen Auftrages ergeben.

Im vorliegenden Falle ist nun mehr nicht festgestellt, als daß der Posthalter A. H. T. seinem Sohne Bernhard T. Generalvollmacht erteilt hat. In welchem Umfange, und ob danach aus der Bevollmächtigung die Befugnis zur Stellung des Strafantrages abzuleiten sei, ist nicht erörtert, wie denn auch die Vollmacht in der Hauptverhandlung gar nicht zur Vorlage gekommen ist. Wenn sodann auch in den Urteilsgründen erwähnt ist, daß der Vater T. von dem Arrestbruch Kenntnis erhalten und genommen habe, so ist doch nicht festgestellt, daß diejenigen Voraussetzungen vorliegen, nach welchen im vorliegenden Falle nur eine Stellvertretung in der Erklärung des auf Bestrafung gerichteten Willens des Posthalters A. H. T. vorliegen würde. Es ist also ein gültiger Strafantrag nicht erwiesen.

Ferner ist aber auch in Betracht zu ziehen, daß der eine wie der andere Fall die im entscheidenden Zeitpunkt fortdauernde Handlungsfähigkeit des Posthalters A. H. T. voraussetzt. Liegt die in der Hauptverhandlung behauptete und unter Beweis gestellte Handlungsunfähigkeit des Posthalters A. H. T. vor, so könnte sein Wille, die Bestrafung der Angeklagten herbeizuführen, überhaupt nicht in Frage kommen. Handelt es sich um seinen Willen, so hätte er mindestens zu der Zeit, wo er dem Sohne den Auftrag zur Stellung des Strafantrages erteilte oder sich mit dem von diesem gestellten Antrag einverstanden erklärte, handlungsfähig sein müssen. Handelte es sich aber bei dem Strafantrag um eine eigene Entschließung des Sohnes, so war dieser Strafantrag nur gültig, wenn die demselben erteilte Vollmacht nicht durch eine inzwischen eingetretene Handlungsunfähigkeit des Vaters erloschen war, in welchem Falle die Vollmacht selbstverständlich nicht wieder gültig geworden wäre, wenn der Vater bis zur Stellung des Strafantrages seine Handlungsfähigkeit wieder erlangt hätte.

Die Ungültigkeit der Vollmacht würde aber nicht, wie das Landgericht annimmt, erst damit eingetreten sein, daß der Posthalter A. H. T. für wahnsinnig oder blödsinnig erklärt oder unter Vormundschaft gestellt worden wäre; ist derselbe einer Geisteskrankheit verfallen, welche seine Handlungsunfähigkeit ausschließt, so ist die Vollmacht mit dem Eintritt der Geisteskrankheit erloschen (Pr. A. L. R. I 13, § 196). Die in Zweifel gezogene Handlungsfähigkeit ist nun nicht festgestellt, noch würde die Feststellung aufrecht erhalten werden können, nachdem das Landgericht einen diesen Punkt betreffenden Beweisantrag der Angeklagten aus einem unrichtigen rechtlichen Grund unberücksichtigt gelassen hat."

3. Über den Zeugniszwang der Polizeibehörden spricht eingehend U. III 22. Nov. 83. E. IX 433. R. V 726. conf. L. § 159 N. 3b, St. ibid. N. 3, Binding S. 91, 121, Glaser II S. 363.

Der Instanzrichter hat folgenden Sachstand als erwiesen angenommen. Der Musketier F. war desertiert und hatte der Angeklagten, mit welcher er ein Liebesverhältnis unterhielt, und welche um die Desertion wußte, seinen Aufenthaltsort und seine Wohnung brieflich bezeichnet; kurze Zeit nach Eingang dieses Briefes hat die Angeklagte dem Konstabler E., welcher sie im Auftrage der Polizeibehörde nach der Adresse und dem Aufenthalte des F. „als Deserteur" fragte, wiederholt erklärt, daß sie von der Wohnung und dem Aufenthalte des F. nichts wisse; es ist auch für nachgewiesen angesehen, daß sie die Adresse des F. nicht aus Vergeßlichkeit und in Bestürzung, sondern wissentlich und in der Absicht verschwiegen habe, den F. der nach seiner Entdeckung ihn wegen Desertion treffenden Strafe zu entziehen. Auf Grund dieses Thatbestandes hat das Instanzgericht die Angeklagte der Begünstigung des Vergehens der Desertion nach § 257 St. G. B.'s in Verbindung mit §§ 64, 69 Militär-St. G. B.'s für schuldig erachtet, und die Annahme, daß in dem Festgestellten eine strafbare Beistandsleistung zu erkennen sei, durch folgende rechtliche Erwägungen begründet: Gegenüber der Ausführung der Verteidigung, daß ausweis der Strafprozeßordnung nur eine Verpflichtung, vor dem Richter Zeugnis abzulegen, aber keine Verpflichtung bestehe, den

Polizeibeamten Auskunft zu erteilen, die Angeklagte daher berechtigt gewesen, die Auskunft zu verweigern, und durch die von ihr gewählte Form der Auskunftsverweigerung sich nicht strafbar gemacht haben könne, sei darauf hinzuweisen, daß nach §§ 156, 161 St. P. O. Anzeigen strafbarer Handlungen bei den Behörden und Beamten des Polizei- und Sicherheitsdienstes angebracht werden können, und diese letzteren alle strafbaren Handlungen zu erforschen und alle Anordnungen zu treffen, um die Verdunkelung der Sache zu verhüten, sowie, daß die §§ 158, 159, 161 St. P. O. ähnliche Bestimmungen betreffs der Staatsanwaltschaft und der Polizeibehörde enthalten, und ergebe sich daraus zur Genüge, daß, wenn auf der einen Seite diese Pflichten der Erforschung bestehen, damit auch der anderen Seite die gleichen Pflichten der Auskunftsertheilung auferlegt seien.

Diese rechtliche Erwägung, welcher, wie aus der Gegenüberstellung der beiden Ansichten erhellt, der Satz zu Grunde liegt, daß durch die Strafprozeßordnung die Verpflichtung, Zeugnis abzulegen, nicht blos gegenüber den Gerichten und einzelnen richterlichen Beamten, sondern in gleicher Weise gegenüber den Polizeibehörden und Polizeibeamten als eine allgemeine Rechtspflicht anerkannt und gesetzlich festgestellt sei, wird von der Beschwerdeführerin, unter weiterer Ausführung des im Urteile erwähnten Vorbringens, mit Recht als eine rechtsirrtümliche bezeichnet. Die Strafprozeßordnung hat im Absch. 6 Buch 1 §§ 48 flg. zwar nicht mit ausdrücklichen Worten den Umfang der Zeugnispflicht festgestellt, wohl aber die Auffassung erkennbar gemacht, von welcher hierbei der Gesetzgeber ausgegangen ist. In erster Linie gelangt in dieser Beziehung in Betracht, daß die Pflicht zum Zeugnisse, d. h. zur Befolgung ordnungsmäßig ergangener Ladung durch Erscheinen vor der in der Ladung bezeichneten Behörde, sowie durch Auskunftserteilung in eine untrennbare Verbindung gebracht ist mit dem Rechte der Behörde, die Erfüllung dieser Pflicht gegen den Vorgeladenen zu erzwingen; in § 50 Abs. 1 und in § 69 Abs. 1, 2 sind die Mittel angegeben, durch welche der ordnungsmäßig geladene, aber ungehorsame Zeuge zur Leistung seiner Pflicht angehalten oder seines Ungehorsams halber bestraft werden kann. Durch diesen unmittelbaren inneren Zusammenhang beider Momente ist zum Ausdrucke gebracht, daß, nach der Absicht des Gesetzgebers, soweit die Bestimmungen der Strafprozeßordnung als die ausschließlich maßgebende Norm in Betracht kommen, die Pflicht zum Zeugnisse nicht weitergehen soll, als wie das Recht reicht, die Erfüllung derselben durch die im Gesetze angegebenen Mittel zu erzwingen, daß also da, wo ein solches Zwangsrecht im Gesetze nicht begründet ist, auch eine Pflicht, sich vernehmen zu lassen, nicht besteht. Nun ist aber die Befugnis, die nachgelassenen Zwangs- und Strafmittel in Anwendung zu bringen, in § 50 Abs. 3 und im § 69 Abs. 3, von der Specialvorschrift über die Militärpersonen abgesehen, ausdrücklich nur richterlichen Beamten beigelegt. Der Versuch, das Gegenteil von dem, in diesen beiden Gesetzesstellen gebrauchten, Worte „auch" abzuleiten, erscheint verfehlt; dieses Wort findet seine natürliche Erklärung darin, daß der Gesetzgeber zunächst die beschließenden und erkennenden Gerichtsbehörden,

Schöffen-, Land-, Schwurgerichte im Auge gehabt und aus diesem Grunde für nötig gehalten hat, die gleiche Befugnis auch solchen einzelnen richterlichen Beamten zuzuerkennen, welche innerhalb ihres amtlichen Geschäftskreises zu Vornahme von Zeugenvernehmungen berufen sein können. Fehlt aber den Polizeibehörden diese Zwangs- und Strafgewalt, so ist zwar das Recht, zur Erforschung strafbarer Handlungen diejenigen Personen, von denen Auskunft zu erwarten ist, vorzuladen und zu vernehmen, auf Grund der ausdrücklichen Vorschrift in § 159, verbunden mit § 161 St. P. O. als ein unzweifelhaftes zu erachten. Es mag ferner im Hinblicke darauf, daß das Reichs-Prozeßgesetz nicht die Aufgabe hatte, den Geschäftskreis der Polizeibehörden und ihre Stellung gegenüber den Staatsbürgern umfassend zu ordnen, die Möglichkeit anerkannt werden, daß im einzelnen Lande die Pflicht des Vorgeladenen, vor der Polizeibehörde zu erscheinen, besteht (vgl. Urt. des Reichsgerichts vom 30. September 1880 gegen K. Nr. 2349). Aber aus der Strafprozeßordnung läßt sich nicht, wie die Vorinstanz meint, ein Zeugniszwang der Polizeibehörden, eine Pflicht, sich als Zeuge vor diesen Behörden vernehmen zu lassen, oder anfragenden Beamten derselben Rede und Antwort zu stehen, ableiten. Es ist für diese Auffassung noch geltend zu machen, daß die Strafprozeßordnung in § 159 die Pflicht, der Staatsanwaltschaft auf ihr Verlangen Auskunft zu erteilen, zwar allen öffentlichen Behörden, nicht aber auch den Privatpersonen auferlegt hat. Auch aus der Entstehungsgeschichte des Gesetzes ist abweichendes nicht zu entnehmen; vielmehr läßt der Satz der Motive zu § 140 des Entwurfes (§ 160 des Gesetzes), S. 90, „aber auch in anderen Fällen, z. B. weil die Anwendung von Zwangsmitteln erforderlich wird, welche nur dem Richter zustehen, kann für die Staatsanwaltschaft die Notwendigkeit eintreten, den Richter schon vor Eröffnung einer Untersuchung mit einzelnen, auf die Vornahme bestimmter Untersuchungshandlungen gerichteten Anträgen anzugehen,“ mindestens so viel deutlich erkennen, daß das Gesetz eine Zwangsgewalt ausschließlich nur den richterlichen Behörden und Beamten und nur in betreff der von ihnen selber vorgenommenen Amtshandlungen zuerkennen wollte. In den Verhandlungen der Justizkommission dagegen ist die vorliegende Frage direkt nicht behandelt, ebensowenig im Reichstage. Nur eine zweifache, hierauf bezügliche Anfrage ist bei Beratung des § 48 des Entwurfes (§ 50 des Gesetzes) an den Berichterstatter gestellt worden; es wurde hierbei als feststehend bezeichnet, daß diejenigen Strafen und Zwangsmaßregeln, welche gegen einen nicht erscheinenden oder nicht aussagenden Zeugen zulässig seien, auch Anwendung finden auf diejenigen Zeugen, welche im Skrutinialverfahren vor dem Staatsanwalte oder dessen Hilfspersonale vernommen worden, sowie zweitens gefragt, ob nach der Auffassung der Kommission und der Bundesregierungen zweifellos sei, daß die angeordneten Zwangsmaßregeln nicht anders als durch den Richter verhängt werden können (Stenogr. Berichte S. 425). Die hierauf ergangene Antwort des Berichterstatters erledigt jedoch, soweit erkennbar, nur den zweiten Teil der Anfrage im Sinne der oben mitgeteilten Bemerkung der Motive, und läßt nicht entnehmen, ob die Kommission die Auffassung geteilt habe, von welcher der Anfragende ausgegangen zu sein scheint, daß nämlich der Staatsanwaltschaft und den Polizeibehörden eine indirekte Zwangsgewalt insofern zugesprochen werden solle, als sie zur Erzwingung der von ihnen erfolglos versuchten Zeugenvernehmungen die Mitwirkung des Gerichtes in Anspruch zu nehmen berechtigt wären. Für eine solche mittelbare Zwangsgewalt der Verwaltungsbehörden fehlt es aber an jedem Anhalte in der Strafprozeßordnung, und ist schon aus diesem Grunde eine Annahme nach dieser Richtung nicht gerechtfertigt. Es darf auch in dieser Beziehung darauf hingewiesen werden, daß, während der größere Teil der früheren Landesgesetzgebungen die Frage in betreff der Erzwingung des Zeugnisses in der Art geordnet hatte, daß der Umfang der Zeugnispflicht ausdrücklich nur auf das gerichtliche Zeugnis beschränkt wurde, Preußen, 25. Juni 1867, § 155; Österreich, 29. Juli 1853, §§ 69, 114, 118, 23. Mai 1873, § 150; Hannover, 3. April 1859, § 95; Großherzogtum Hessen, Entwurf von 1860, Art. 124; Sachsen-Altenburg 27. Februar 1854, Art. 155; Oldenburg 2. November 1875, Art. 106, doch auch einige Prozeßgesetzgebungen die Frage in entgegengesetzter Weise, im Sinne des Instanzgerichtes durch ausdrückliche Vorschriften geregelt hatten; so war im Königreich Sachsen (13. August 1855 und 1. Oktober 1868, Art. 211, verbunden mit der Ausführungsverordnung vom 31. Juli 1856, § 57) jedem die Verpflichtung auferlegt, auf Verlangen des Staatsanwaltes oder der Polizeibehörde Zeugnis abzulegen und sich deshalb abhören zu lassen, und die Verwaltungsbehörden hatten sich im Ungehorsamsfalle wegen Einleitung des Zwangs- und Strafverfahrens an die Gerichte zu wenden. In ähnlicher Weise war in dem Frankfurter Gesetze vom 15. Mai 1856, Artt. 97, 101, die Verpflichtung zur Gestellung zum Behufe der Vernehmung auch gegenüber der Staatsanwaltschaft und, für gewisse Fälle, auch gegenüber dem Polizeikommissar und Ortsschultheißen ausdrücklich ausgesprochen und mittelbar erzwingbar gemacht. Wenn nun die Reichsgesetzgebung die Zeugnispflicht, so wie geschehen, geregelt hat, so geht hieraus hervor, daß der Auffassung der zuletzterwähnten Landesgesetzgebungen nicht beigetreten werden wollte. Hierfür spricht endlich auch die Fassung einzelner Reichsspezialgesetze. In dem der Strafprozeßordnung zeitlich vorangehenden Postgesetze von 1871 ist in § 38 die allgemeine Pflicht, den von der Postbehörde ergehenden Vorladungen Folge zu leisten, ausgesprochen, und der letzteren das Recht zuerkannt, die Ungehorsamen durch die Gerichte, wie bei gerichtlichen Vorladungen, anzuhalten; und in dem der Strafprozeßordnung zeitlich nachfolgendem Gesetze, betreffend die Untersuchung von Seeunfällen, vom 27. Juni 1877, sind zwar im § 19 Abs. 1 die Vorschriften der Strafprozeßordnung Buch 1 Abschnitt 6 im allgemeinen auch für das Verfahren vor der Verwaltungsbehörde für anwendbar erklärt, in Abs. 2 aber ist ausgesprochen, daß dem Seeamte eine mittelbare Zwangsgewalt nur in betreff des Erscheinens, nicht aber auch in betreff der wirklichen Ablegung des Zeugnisses zustehen soll. Ohne solche ausdrückliche gesetzliche Anordnung, die in der

Strafprozeßordnung nicht enthalten ist, wird also eine allgemeine Verpflichtung, sich von der Verwaltungsbehörde vernehmen zu lassen, nicht anerkannt, und in der Nichtbefolgung einer hierauf gerichteten Aufforderung die Verletzung einer Rechtspflicht nicht gefunden werden dürfen. Wenn hiergegen vonseiten der Verteidiger der entgegenstehenden Ansicht darauf verwiesen wird, daß ohne solche, den Polizeibehörden zuzugestehende direkte oder indirekte Zwangsgewalt die Erfüllung der ihnen gesetzlich zugewiesenen Pflichten der Erforschung strafbarer Handlungen vereitelt und die Ausübung des ihnen gesetzlich zustehenden Rechtes, die Vernehmung von Personen ins Werk zu setzen, von der Willkür der zu Vernehmenden abhängig gemacht sein würde, so steht dem entgegen, daß dieser Einwand, wäre er begründet, nach dem oben Ausgeführten sich immerhin nur als ein Einwand de lege ferenda darstellen würde; in Wirklichkeit ist derselbe aber nicht begründet, denn das Gesetz hat auch die Fälle der vorgedachten Art vorgesehen (St. P. O. § 160) und selbst für das Verfahren in Eilfällen besondere Bestimmungen getroffen (§ 157 Abs. 1, § 161 Abs. 2, § 163 § 164 St. P. O.), indem es davon ausging, daß überall da, wo der Erforschung strafbarer Handlungen durch die Polizeibehörden, oder der Ausführung der ihnen von der Staatsanwaltschaft übertragenen Erörterungen, beziehentlich der Vornahme einzelner Akte Hindernisse in den Weg treten, die Staatsanwaltschaft sich wegen Vornahme der betreffenden Handlung an den Richter zu wenden hat, und daß in Fällen, wo Gefahr im Verzuge obwaltet, auch die Polizeibehörde einen solchen Antrag unmittelbar und mit Umgehung der Staatsanwaltschaft bei dem Amtsrichter anbringen und der letztere ausnahmsweise die erforderlichen Maßnahmen selber dekretieren und ausführen darf. Durch diese Bestimmungen ist die Möglichkeit einer Gefährdung der Staatsinteressen als beseitigt anzusehen.

§ 11.

Entscheidung über die Eröffnung des Hauptverfahrens.

1. Über die Form der Wiederaufnahme einer Klage auf Grund neuer Thatsachen oder Beweismittel nach rechtskräftigem, die Eröffnung des Hauptverfahrens ablehnendem Beschlusse spricht grundlegend U. II 26. Januar 86. E. XIII. 295. conf. L. § 210 Nr. 5.

In prozessualer Beziehung rügt die Revision Verletzung der §§ 210, 407 flg. St. P. O. Nachdem die Voruntersuchung geschlossen war, hatte der Staatsanwalt unter Überreichung einer Anklageschrift wider Z. zugleich den Antrag gestellt, den Mitangeschuldigten M. bezüglich der demselben zur Last gelegten Urkundenfälschungen wegen mangelnder Belastung außer Verfolgung zu setzen. Letzterem Antrage ist durch Beschluß der Strafkammer vom 26. Juli 1885 stattgegeben worden, wogegen durch Beschluß der Strafkammer vom 26. Juli 1885 gegen Z. das Hauptverfahren wegen Verbrechen gegen §§ 267, 268 Abs. 1, 263, 264, 73, 74 St. G. B.'s eröffnet worden ist. Am 28. August 1885 hat gegen den Angeklagten Z. eine Hauptverhandlung stattgehabt, in welcher der gegenwärtige Beschwerdeführer als Zeuge vernommen worden ist. Die sachlichen Auslassungen des Angeklagten Z. und der Zeugen sind im Audienzprotokolle nicht niedergeschrieben. Der Schluß des Protokolles lautet:

„Die Staatsanwaltschaft beantragte: den Zeugen M. nicht zu beeidigen.

Die Verteidigung schloß sich diesem Antrage an.

Beschlossen und verkündet: den Zeugen M. nicht zu beeidigen, da derselbe der Teilnahme an der zur Beurteilung stehenden That dringend verdächtig erscheint.

Die Staatsawaltschaft beantragte Vertagung der Verhandlung, Anberaumung eines neuen Termines, Einsendung der Akten.

Der Verteidiger stellte anheim.

Es wurde der Beschluß dahin verkündet, daß die Verhandlung zu vertagen und die Akten der Königl. Staatsanwaltschaft einzusenden zur Erwägung, ob die Anklage auf den Zeugen . . . M. auszudehnen ist."

Am 5. September 1885 ging darauf eine Nachtragsklage vom 1. September ein, welche M. der Beihilfe zum Betruge des Z. bezichtigte. Diese Nachtragsklage beginnt mit den Worten:

„Nach den eigenen Auslassungen des Angeklagten" (gemeint ist offenbar Z.) „und des bisherigen Zeugen M. in der Hauptverhandlung vom 28. August d. J. hat der Angeklagte Z. den jetzigen Angeschuldigten um seine Unterschrift für seine Wechsel gebeten und M. darauf erwidert, daß er zwar nicht unterschreiben wolle, aber Z. selbst ja seinen, M.'s Namen unterschreiben könne, und wörtlich hinzugefügt: „Falls du Aas inzwischen krepierst, brauche ich doch nicht zu bezahlen."

Nachdem die Nachtragsanklageschrift dem M. zur Erklärung mitgeteilt und von diesem weitere Beweisaufnahme beantragt war, beschloß die Strafkammer am 7. Oktober 1885 unter Ablehnung des Beweisantrages die Eröffnung des Hauptverfahrens gegen M. wegen Beihilfe zum Betruge in zwei Fällen, weil nach dem Beschlusse vom 26. Juli, durch welchen übrigens M. nur bezüglich der ihm zur Last gelegten Urkundenfälschungen außer Verfolgung gesetzt sei, neue thatsächliche Momente ermittelt worden seien. In der Hauptverhandlung vom 13. November 1885 ist M. noch in Gemäßheit des § 264 St. P. O. darauf hingewiesen, daß seine That auch als Beihilfe zur schweren Urkundenfälschung angesehen werden könne.

Die Revision erachtet den § 210 St. P. O. schon deshalb für verletzt, weil, nachdem der Beschluß von 26. Juli 1885 rechtskräftig geworden, neue Thatsachen oder Beweismittel nicht ermittelt worden seien. Diese Behauptung ist nach Lage der Akten unrichtig. Die aus der Nachtragsanklage vom 1. September 1885 wiedergegebene Behauptung, betreffend die zwischen Z. und M. stattgehabte Unterredung, ist den früheren Ermittelungen gegenüber vollständig neu. Keiner der im Vorverfahren vernommenen Zeugen hatte von einer solchen Unterredung etwas bekundet, auch hatte keiner der Angeschuldigten vor dem 28. August 1885 die Entstehung der Wechsel in der Weise erklärt, wie die Nachtragsanklage behauptet. Insbesondere enthält auch die von der Revision in Bezug genommene Auslassung des Z. vom 24. April 1885 zwar die Behauptung, daß M. den Z. zur Acceptierung der Wechsel ermächtigt habe, nicht aber die in der Nachtragsanklage behauptete und im Urteile vom 13. November 1885 festgestellte und für den Nachweis des objektiven und subjektiven Thatbestandes verwertete, zweifellos also erhebliche Thatsache, daß M. erst Z.'s Bitte um seine Wechselunterschrift abgelehnt, demnächst aber in der dargelegten Weise Rat erteilt hat, wie Z. seinen verbrecherischen Zweck erreichen könne. Aus dem Audienzprotokolle vom 28. August 1885 ergiebt sich, ungeachtet der fehlenden Beurkundung der sachlichen Angaben der Zeugen und Angeklagten, wenigstens soviel, daß der Vertreter der Staatsanwaltschaft und das Gericht bezüglich des M. die frühere Sachlage als durch die in der Hauptverhandlung stattgehabten Ermittelungen zu Ungunsten desselben verändert betrachtet haben. Wenn nun unmittelbar darauf die Nachtragsanklage, welche das Gericht der Staatsanwaltschaft anheim gegeben hatte, eine erhebliche neue Behauptung aufstellt, so kann darüber kein Zweifel obwalten, daß die behauptete neue Beweisthatsache in der Hauptverhandlung vom 28. August 1885 ermittelt worden ist, und zwar auf Grund der Auslassungen des Z. unter Vergleichung derselben mit denen des M. und den sonstigen Ermittelungen.

Damit aber sind sämtliche Voraussetzungen des § 210 St. P. O. gegeben.

Die Revision zieht zu Unrecht die Vorschriften über Wiederaufnahme eines durch rechtskräftiges Urteil geschlossenen Verfahrens (§§ 407 flg.) hier heran, indem sie aus denselben herleitet, daß in den Fällen des § 210 a. a. O. der Eröffnung des Hauptverfahrens stets eine Erhebung der neuen Beweise und eine richterliche Beurkundung der neuen Beweisergebnisse vorangehen müsse. Der Beschluß, durch welchen die Eröffnung des Hauptverfahrens abgelehnt wird, ist kein Urteil. Eine direkte Anwendung der §§ 407 flg. St. P. O. auf die Fälle des § 210 ist sonach ausgeschlossen. Aber auch eine analoge Anwendung ist unstatthaft. Der in § 202 St. P. O. vorgesehene Beschluß steht mit einem Urteile keineswegs auf gleicher Linie. Allerdings kann er eine gewisse Rechtskraft, ähnlich wie das Urteil, erlangen. Aber die Rechtskraft dieses Beschlusses besteht nach § 210 a. a. O. nur darin, daß derselbe bei unveränderter Sachlage einer weiteren Verfolgung des Angeschuldigten entgegensteht, während das rechtskräftige Urteil, von eng umgrenzten Ausnahmen abgesehen, die Strafsache endgültig erledigt. Diese Verschiedenheit der Wirkungen steht schon der Ansicht entgegen, daß ein die Eröffnung des Hauptverfahrens ablehnender Beschluß nach beschrittener Rechtskraft im Falle einer Wiederaufnahme der Klage gleich einem rechtskräftigen Urteile zu gelten habe, die in § 210 a. a. O. zugelassene Wiederaufnahme der Klage also einer Wiederaufnahme eines durch rechtskräftiges Urteil geschlossenen Verfahrens gleichzustellen sei. Diese Gleichstellung würde sich, da die sachlichen Voraussetzungen der §§ 210 und 402 St. P. O. von einander vollständig abweichen, doch nur auf die formelle Behandlung erstrecken. Wollte der Gesetzgeber eine so beschränkte Gleichstellung der Fälle des § 210 mit denen der §§ 339 flg. anordnen, so wäre es auffallend, daß die §§ 339 flg. nur von einem durch Urteil erledigten Verfahren sprechen und nirgends die Anwendung der dort vorgeschriebenen Formen auf die Fälle des § 210 a. a. O. angeordnet ist. Entscheidend aber gegen die Ansicht der Revision ist die Erwägung, daß, selbst wenn die Fälle des § 210 denen der §§ 402 flg. für gleich zu erachten wären, die analoge Anwendung der letzteren Vorschrift auf die Fälle des § 210 nur dann Platz greifen könnte, wenn im § 210 a. a. O. eine Lücke als vorhanden anzuerkennen wäre.

Das ist aber nicht der Fall.

Indem § 210 von Wiederaufnahme der Klage spricht, bringt er zugleich zum Ausdrucke, daß unter den bezeichneten Voraussetzungen das einzuschlagende Verfahren sich nach den allgemeinen Regeln über Klageerhebung (§§ 168 flg. St. P. O.) regelt, nur daß das Gericht bei Prüfung des neuen Antrages außer den sonst in Betracht kommenden Fragen auch noch zu prüfen hat, ob neue Thatsachen oder Beweismittel beigebracht seien. Damit ist eine Herübernahme der formellen Vorschriften in §§ 402 flg. geradezu ausgeschlossen.

Das letzte Argument ist allerdings aus dem Grunde angefochten worden,[1]) weil der § 210 in dem dem Reichstage vorgelegten Entwurfe (als § 174) dahin lautet:

> Ist die Eröffnung .... abgelehnt, so findet eine Wiederaufnahme des Verfahrens nur auf Grund neuer Thatsachen oder Beweismittel statt,

und in der Kommission des Reichstages die gegenwärtige Fassung des § 210 a. a. O. nur als redaktionelle Änderung motivirt und in Anerkennung dessen angenommen ist (Prot. S. 936). Dieser Vorgang spricht aber gegen die Ansicht der Revision. Ohne allen Grund wird auch eine bloße Fassungsänderung präsumtiv weder beantragt, noch beschlossen. Der Fassung des Entwurfes stand entgegen, daß die Worte „Wiederaufnahme des Verfahrens" wegen des ähnlichen Klanges als eine Hinweisung auf die Fälle der Wiederaufnahme eines durch rechtskräftiges Urteil geschlossenes Verfahren irrig aufgefaßt werden konnten. Durch die Äenderung ist einer solchen Mißdeutung vorgebeugt und unzweideutig zum Ausdrucke gebracht, daß der neue Antrag als Klage anzusehen und zu behandeln sei. Bei entgegenstehender Auffassung würde die ursprüngliche Fassung beibehalten und zur Klarlegung des Gedankens eine Bezugnahme auf die §§ 407 flg. im § 210 a. a. O. angezeigt gewesen sein.

Von dieser Anschauung aus konnte die Strafkammer im vorliegenden Falle am 7. Oktober 1885 auch ohne vorausgegangene Beurkundung der in der Hauptverhandlung vom 28. August 1885 ermittelten neuen Beweisthatsache die Eröffnung des Hauptverfahrens beschließen (§§ 168, 171, 201 St. P. O.).

Selbstverständlich ist hier die Frage nicht zu entscheiden, ob nicht die Lage der Sache, wie sie sich in der Hauptverhandlung vom 28. August

---

[1]) Nagel im Gerichtssaal Bd. 36 S. 461.

1885 herausstellte, dem Vorsitzenden Anlaß gab und die Verpflichtung auflegte, die Beurkundung der neuen Beweisergebnisse im Audienzprotokolle herbeizuführen. Das Revisionsgericht hat nur zu prüfen, ob die unterlassene Beurkundung die Rechtsbeständigkeit des Beschlusses vom 7. Oktober 1885 und des ersten Urteiles beeinflußt hat. Diese Frage ist aus den angegebenen Gründen verneint.

2. **Die Entscheidung darüber, ob die Wiederaufnahme der Klage statthaft ist, steht dem Gericht, welches über die Eröffnung des Hauptverfahrens beschließt und nicht dem erkennenden Gerichte zu.** U. IV 30. Okt. 91. E. XXII 187.

Durch Beschluß vom 9. Februar 1891 ist gegen den Angeklagten das Hauptverfahren wegen dreier Fälle des Verbrechens gegen die Sittlichkeit eingeleitet und zugleich ein früherer rechtskräftiger Beschluß, welcher die Eröffnung des Hauptverfahrens wegen eines der drei Fälle ablehnte, aufgehoben worden.

In dem auf Grund der Hauptverhandlung ergangenen Urteile erkannte demnächst die Strafkammer wegen eines Falles des Verbrechens gegen die Sittlichkeit auf Einstellung des Verfahrens, wegen der beiden anderen Fälle auf Freisprechung.

Jener eine Fall war derselbe, in dem früher wegen Mangels hinreichender Verdachtsgründe die Eröffnung des Hauptverfahrens zuerst abgelehnt war. In den Urteilsgründen motiviert die Strafkammer die auf Einstellung des Verfahrens lautende Entscheidung damit, daß die Eröffnung des Hauptverfahrens unzulässig gewesen sei, da weder neue Thatsachen noch Beweismittel vorlägen, welche den Gründen des „rechtskräftigen Einstellungsbeschlusses" gegenüber von irgend einer Erheblichkeit seien. Die Schuldfrage ist demgemäß in betreff dieses Falles vom ersten Richter überhaupt nicht erörtert worden. Gegen diese auf Einstellung des Verfahrens lautende Entscheidung wendet sich der Revisionsangriff der Staatsanwaltschaft. Der Senat erkannte auf Aufhebung der Entscheidung aus folgenden Gründen:

Der Vorderrichter legt offenbar seiner Entscheidung die Vorschrift des § 210 St. P. O. zu Grunde, wonach die Klage nur auf Grund neuer Thatsachen wieder aufgenommen werden kann. Ob aber über das Vorhandensein dieser Voraussetzung das erkennende Gericht noch zu entscheiden hat, nachdem durch Beschluß der Strafkammer das Hauptverfahren unter Aufhebung des früheren Einstellungsbeschlusses eröffnet worden, wird in dem angefochtenen Urteile überhaupt nicht erörtert; der Vorderrichter betrachtet die Bejahung der Frage als selbstverständlich. Seiner Auffassung liegt aber eine Verkennung des Gesetzes zu Grunde.

Die „Klage", von der der § 210 spricht, ist die in den §§ 151, 168 St. P. O. erwähnte Klage der Staatsanwaltschaft, die durch einen Antrag auf gerichtliche Voruntersuchung oder durch Einreichung der Anklageschrift bei Gericht erhoben wird. Mit einer Wiederaufnahme dieser Klage kann nur gemeint sein, daß die Staatsanwaltschaft ungeachtet des ergangenen Einstellungsbeschlusses von neuem die Klage erhebt und der gerichtlichen Entscheidung unterbreitet. Geschieht dies, so steht die Prüfung und Entscheidung, ob die gesetzliche Voraussetzung vorliegt und die Wiederaufnahme zulässig ist, demjenigen Gerichte zu, welches überhaupt die in dem vierten Abschnitte der Strafprozeßordnung vorgesehenen Entscheidungen zu treffen hat, also der aus drei Mitgliedern bestehenden Strafkammer (§ 77 G. V. G.'s). Nur auf Grund eines die Eröffnung des Hauptverfahrens aussprechenden Beschlusses kann ein erkennendes Gericht überhaupt mit der Sache befaßt werden. Im vorliegenden Falle hat völlig sachgemäß der Untersuchungsrichter bei der Entscheidung über den Antrag auf Einleitung der Voruntersuchung die Frage seiner Prüfung unterzogen, ob neue Thatsachen oder Beweismittel vorgebracht seien. Diese Prüfung war notwendig für die Beurteilung der Frage, ob die beantragte Voruntersuchung einzuleiten oder abzulehnen sei (§ 178 St. P. O.). Im Übrigen konnte über die Zulässigkeit der erneuten Klage und die Eröffnung des Hauptverfahrens nur von der Strafkammer in dem Verfahren, wie es die §§ 198 bis 209 vorschreiben, entschieden werden. Der § 210 enthält nur eine weitere Voraussetzung für den auf Eröffnung des Hauptverfahrens lautenden, nur von der Strafkammer gemäß § 201 zu fassenden Beschluß. Indem vorliegend die Strafkammer durch den Beschluß vom 9. Februar 1891 das Hauptverfahren unter Aufhebung des früheren Einstellungsbeschlusses eröffnete, hat sie zu erkennen gegeben, daß nach ihrer Auffassung neue Thatsachen oder Beweismittel beigebracht seien. Damit war endgültig die Frage, ob eine Veranlassung zur Wiederaufnahme der Klage vorliege, entschieden, und die erkennende Strafkammer konnte diese Entscheidung ebensowenig ihrer Nachprüfung unterziehen, als sie berechtigt gewesen wäre, auf Einstellung des Verfahrens zu erkennen, weil nach ihrer Ansicht die beschließende Strafkammer zu Unrecht angenommen, daß der Angeschuldigte der ihm zur Last gelegten That hinreichend verdächtig im Sinne des § 201 sei. Mit Unrecht zieht die Gegenerklärung des Angeklagten hier die Fälle heran, in denen der Richter, wie z. B. bei dem Erfordernisse des Strafantrages, zweifellos über das Vorhandensein gesetzlicher Prozeßvoraussetzungen zu entscheiden hat. In allen diesen Fällen handelt es sich nicht um eine solche Entscheidung, welche — wie die hier in Frage stehende — durch das Gesetz selbst (§§ 201, 210 St. P. O.) einem anderen als dem erkennenden Gerichte überwiesen ist und die Thätigkeit des letzteren bedingt.

Hiernach war die angefochtene Entscheidung aufzuheben, und es bedarf bei dieser Sachlage nicht des Eingehens auf die Frage, ob die Vorinstanz aus zutreffenden Gründen das Vorhandensein neuer Thatsachen und Beweismittel verneint hat.

§ 12.

Vorbereitung der Hauptverhandlung.

1. **Mitbeschuldigte dürfen nicht auf Grund des § 222 St. P. O. kommissarisch vernommen werden.** U. III 30. Juni 87. E. XVI 232. conf. L. § 222 N. 1b.

Die Anklageschrift richtete sich gegen den Dienstknecht S. mit der Beschuldigung der Entwendung verschiedener Sachen (§§ 242, 243 Ziff. 2 St.

G. B.'s), gegen den Beschwerdeführer mit der Beschuldigung des hinsichtlich der Mehrzahl dieser Sachen begangenen Vergehens der Partiererei (§ 259 St. G. B.'s). Das Hauptverfahren gegen S. ist bisher noch nicht eröffnet, sondern zur Zeit ausgesetzt worden, weil dieser Angeschuldigte entwichen und dadurch die Zustellung der Anklageschrift gehindert gewesen ist; auch hat aus demselben Grunde eine Vernehmung des S. nicht stattgefunden. In der Hauptverhandlung beantragte der Verteidiger des Beschwerdeführers Aussetzung der Verhandlung und Vernehmung des S., welcher sich in Rosemount, Staat Illinois, Nordamerika, aufhalte. Das Gericht lehnte den Antrag ab, weil S. als Mitangeschuldigter überhaupt nicht als Zeuge vernommen werden könne.

Die auf § 377 Ziff. 8 St. P. O. sich stützende Beschwerde der Revisionsschrift über diese Ablehnung ist unbegründet. Zwar verlangte der Antrag nicht ausdrücklich, daß S. als Zeuge, sondern läßt sich auch dahin verstehen, daß derselbe als Mitangeschuldigter vernommen werden sollte; dagegen leidet es keinen Zweifel, wird auch durch die Revisionsschrift bestätigt, daß der Antrag nicht auf Vorladung des S. zur Hauptverhandlung, sondern auf dessen kommissarische Vernehmung und auf demnächstige Verlesung des Vernehmungsprotokolles in der Hauptverhandlung gerichtet war. Eine Verlesung des Protokolles über eine frühere richterliche Vernehmung eines Mitbeschuldigten ist nach § 250 Abs. 1 St. P. O. unter den dort bezeichneten Voraussetzungen statthaft; indessen findet diese Vorschrift hier keine Anwendung, da keine dieser Voraussetzungen zutrifft und ein Protokoll über eine frühere Vernehmung des S., welches hätte verlesen werden können, nicht vorhanden war. Ein derartiges Protokoll mußte vielmehr hier erst hergestellt werden mittels einer Verfügung des Gerichtes, welche dem Antrage entsprechend nunmehr erst die Vernehmung des S. durch einen ersuchten Richter anordnete. Dies kann in Gemäßheit des § 222 St. P. O. in den dort angegebenen Fällen, also auch dann geschehen, wenn das Erscheinen des zu Vernehmenden in der Hauptverhandlung wegen großer Entfernung besonders erschwert ist, ein Fall, der hier zutreffen würde, da S. sich in Amerika aufhielt; sofern also die Vernehmung des S. sachlich erheblich war, stand auch der späteren Verlesung des über die kommissarische Vernehmung desselben aufgenommenen Protokolles nach § 250 Abs. 2 St. P. O. kein Hindernis entgegen. Aber dies läßt sich nur unter der Voraussetzung behaupten, daß S. als Zeuge vernommen werden sollte und ihm nach der Lage der Sache die Eigenschaft eines Zeugen zukam. Denn die in den §§ 222, 223 St. P. O. zugelassene Maßregel der kommissarischen Vernehmung an Stelle der mündlichen Vernehmung in der Hauptverhandlung findet, wie das Gesetz (§ 222 a. a. O.) klar ausspricht, außer bei Sachverständigen, wovon hier nicht die Rede sein kann, nur bei Zeugen statt, nicht bei Mitbeschuldigten. Diese Einschränkung der Anwendbarkeit des § 222 und des § 250 Abs. 2 gegenüber dem § 250 Abs. 1 a. a. O. wird bestätigt durch den Umstand, daß die Vernehmung eines Angeschuldigten im Vorverfahren und in der Voruntersuchung nicht in Gegenwart des Staatsanwaltes oder des

Verteidigers stattfinden darf (§ 167, 169 Abs. 2 St. P. O.), weil die Gegenwart des Verteidigers, deren Gestattung auch die Zulassung des Staatsanwaltes notwendig gemacht hätte, den Angeschuldigten von Auslassungen, zu denen er geneigt sein könnte, zurückzuhalten geeignet ist (Motive S. 171); dieselbe Erwägung trifft auch auf die nach Eröffnung des Hauptverfahrens stattfindende kommissarische Vernehmung zu, während in den Fällen der §§ 222, 223 gerade die Möglichkeit der Anwesenheit der Prozeßbeteiligten bei der Vernehmung hat sicher gestellt werden sollen, also hierbei nur an die Vernehmung von Zeugen und Sachverständigen hat gedacht sein können. Demnach hängt die Entscheidung über die Beschwerde davon ab, ob S. hier als Zeuge vernommen werden konnte. Die Beantwortung dieser Frage hat lediglich nach der persönlichen Stellung des S. zu der vorliegenden Strafsache in derjenigen Prozeßlage, worin diese im Augenblicke, als der Antrag des Beschwerdeführers gestellt wurde, sich befand, zu erfolgen; der Umstand, daß er nicht anwesend, also seine mündliche Vernehmung in der Hauptverhandlung nicht ausführbar, sondern nur eine kommissarische Vernehmung möglich war, ist in dieser Beziehung gleichgültig. Folglich kann die Frage auch dahin gestellt werden, ob, wenn S. in der Hauptverhandlung zugegen gewesen wäre, seine Vernehmung über irgend eine für die Entscheidung auch die gegen den Beschwerdeführer erhobene Anklage erhebliche Thatsache die Vernehmung eines Zeugen oder eines Mitbeschuldigten gewesen sein würde; ob er als Zeuge, wenn er dies war, hätte beeidigt werden können, darauf kommt es nicht an, da eine kommissarische Zeugenvernehmung auch ohne Beeidigung zulässig ist (§ 222 a. a. O.). S. war aber, da die Anklageschrift auch gegen ihn gerichtet, und die Eröffnung des Hauptverfahrens gegen ihn nicht wegen mangelnden Verdachtes oder aus anderen Gründen definitiv versagt, sondern weil ihm die Anklageschrift nicht hatte zugestellt werden können, nur „zur Zeit“ ausgesetzt worden war, Mitbeschuldigter des Beschwerdeführers (§ 155 St. P. O.), überdies Mitbeschuldigter desselben wegen der nämlichen strafbaren Handlung; denn der Beschwerdeführer war wegen einer aus § 259 St. P. O. strafbaren Hehlerei an solchen Sachen, die S. gestohlen zu haben, angeklagt worden war, beschuldigt, und die Indentität der Handlung im Sinne des materiellen Zusammenhanges der Sache (§ 3 St. P. O.) erstreckt sich auf alle Personen, die wegen dieser Handlung als Thäter, Teilnehmer, Begünstiger oder Hehler „beschuldigt“ worden sind, d. h. gegen welche die Anklage erhoben worden ist, mag auch gegen sie die Eröffnung des Hauptverfahrens noch nicht beschlossen worden sein (§ 155, verbunden mit § 3 St. P. O.). Das Gesetz unterscheidet besonders hinsichtlich der Vernehmung einer Person in einer Strafsache, mag die Vernehmung im Vorverfahren oder in der Hauptverhandlung geschehen sollen, bestimmt zwischen der Vernehmung dieser Person als eines Zeugen, auf welche sich der sechste Abschnitt des ersten Buches der Strafprozeßordnung bezieht, und der Vernehmung derselben als eines Beschuldigten, über welche der zehnte Abschnitt des ersten Buches handelt, und macht teils an diesen, teils an anderen

Stellen hinsichtlich der Ladung, der Vorführung, des Zwanges zur Aussage, der Gegenwart anderer Personen, der Notwendigkeit des Zugegenseins des Vernommenen in der Hauptverhandlung, der zur Befragung des Vernommenen berechtigten Personen zwischen der Vernehmung eines Beschuldigten, nicht bloß eines Angeklagten (§ 155 a. a. O.) und der eines Zeugen bedeutende Unterscheidungen, deren Ursprung und innere Begründung darin liegt, daß der Beschuldigte Partei ist, der Zeuge aber niemals Partei in derselben Strafsache, wenigstens nicht in Ansehung der nämlichen Strafthat sein darf. Daß aber jemand, gegen den bereits die Anklageschrift eingegangen ist, und das weitere Verfahren bloß wegen seiner Flucht und der dadurch herbeigeführten Unmöglichkeit der Zustellung der Anklageschrift hat eingestellt werden müssen, Partei geworden und bei der Strafsache nicht mehr unbeteiligt ist, leuchtet ein. Aus der Bestimmung des § 56 Ziff. 3 St. P. O., wonach Personen, welche hinsichtlich der den Gegenstand der Untersuchung bildenden That als Theilnehmer, Begünstiger oder Hehler verdächtig oder bereits verurteilt sind, als Zeugen, wenngleich unbeeidigt, vernommen werden können, läßt sich ein Gegenargument nicht entnehmen; diese Bestimmung setzt voraus, daß solche Personen in einem Verfahren gegen andere Personen, nicht in einem gegen sie selbst gerichteten Verfahren zur Vernehmung kommen, und beruht auf der materiellen Verdächtigkeit derselben, welche nach dem Grundsatze der Strafprozeßordnung, daß es untaugliche Zeugen nicht giebt, ihre Eigenschaft als Zeugen nicht aufhebt, wenn diese Eigenschaft formell vorhanden ist: die Bestimmung des § 56 Ziff. 3 hat aber nicht die Bedeutung oder die Absicht, auszusprechen, unter welchen Voraussetzungen eine Person formell als Zeuge oder als Partei erscheine. Hiernach konnte S. in der gegenwärtigen Sache nicht als Zeuge vernommen werden. Eine Vernehmung desselben als eines Angeklagten nach Maßgabe des § 232 St. P. O. ist überhaupt nicht in Frage. Das Urteil des Reichsgerichtes vom 11. August 1883 in der Strafsache gegen St. (Rep. 1714/83) steht obiger Ausführung nicht entgegen, da es von der Vernehmung einer Person als Zeugen handelt, gegen welche die Anklageschrift noch nicht eingegangen war, also eine andere Prozeßlage, als die hier gegebene, zur Grundlage hat.

2. **Auch wenn Zeugen in dem Bezirk des erkennenden Strafgerichtes wohnen, kann ihr Erscheinen wegen größerer Entfernung als besonders erschwert angesehen werden. Für die Frage, wann dies der Fall ist, darf nicht nur die räumliche Entfernung in Betracht gezogen werden.** U. II 20. Nov. 88. E. XVIII 261. conf. L. § 226 N. 6. St. ibid. N. 3. K. S. 375. Glaser I 452.

Die Aussagen von vier durch das Amtsgericht M. vernommenen Zeugen sind verlesen. Dieselben wohnen innerhalb des Bezirkes der Strafkammer des Landgerichtes zu K., des erkennenden Gerichtes. Die kommissarische Vernehmung und die Verlesung der Aussagen ist als gesetzlich unstatthaft angefochten. Es ist der Revision Folge gegeben; jedoch nicht wegen Unstatthaftigkeit des Verfahrens an sich.

Aus den Gründen:

Aus den Grundprinzipien der Reichsjustizgesetze, denen zufolge die

Mündlichkeit und Unmittelbarkeit des dem Urteile zur Grundlage dienenden Hauptverfahrens gewahrt werden soll, wird der Satz hergeleitet, daß für die im Bezirke eines erkennenden Strafgerichtes wohnhaften Zeugen grundsätzlich die Anwendbarkeit des § 222 Abs. 2 St. P. O. und insoweit auch die des § 250 St. P. O. zu verneinen sei.

Diese Gesetzesauffassung hat allerdings in der Doktrin mehrfache Vertretung gefunden, wenngleich meistens mit einem Vorbehalt für die vor dem Reichsgerichte in erster Instanz zu verhandelnden Sachen.

Der aufgestellte Satz kann aber als Rechtsgrundsatz nicht anerkannt werden. Er ist als solcher weder in der Strafprozeßordnung noch in anderen Reichsgesetzen, noch auch bei deren Vorberatungen zum Ausdrucke gebracht. Insbesondere erhellt auch nicht, daß er für die Organisation der Gerichte und ihre räumliche Abgrenzung von maßgebender Bedeutung sein sollte, oder dabei sich praktisch als durchgreifend erwiesen habe.

Die räumliche Ausdehnung der Landgerichtsbezirke ist eine sehr verschiedene. Bei Festhaltung des aufgestellten Satzes würde es dahin kommen, daß der Begriff der „großen Entfernung" sich völlig ungleichartig gestalten würde, sobald zwei Landgerichtsbezirke von verschiedener Größe miteinander verglichen werden. Dieselbe Entfernung, weil hinausgreifend über den kleineren Bezirk, würde als „groß" bezeichnet werden dürfen, für welche diese Bezeichnung in einem ausgedehnteren Bezirke als gesetzlich unzulässig erscheinen müßte, lediglich weil die Bezirksgrenzen hier weiter reichen.

Es würde ferner für gleich weit vom Landgerichtssitze entfernte Ortschaften bei der einen, weil außerhalb des Bezirkes des Landgerichtes belegen, die Entfernung als groß, bei der anderen, weil innerhalb desselben belegen, dagegen nicht mehr als groß bezeichnet werden dürfen.

Daraus ergiebt sich, daß der aufgestellte Rechtssatz zu Unzuträglichkeiten und zu einer formalistischen Auslegung der Vorschrift des § 222 Abs. 2 St. P. O. führt, welche es unzulässig erscheinen läßt, ihn in das an sich klare und keine Unterscheidungen enthaltende Gesetz hineinzulegen.

Begründet dagegen sind die Ausführungen der Revision insoweit, als sie darauf hinweisen, daß es nach dem Gesetze nur besondere Ausnahmefälle sein sollen, in denen von der Regel der Unmittelbarkeit der Beweisaufnahme in Strafsachen vor dem erkennenden Richter abgewichen werden darf. Dies tritt sowohl bei der Ordnung des Verfahrens als auch bei der Gerichtsorganisation klar zu Tage, und zwar gerade so weit es sich um solche Hindernisse handelt, welche in einer großen Entfernung gefunden werden können.

Als Regel gilt die Unmittelbarkeit der Beweisaufnahme für das Civilprozeßverfahren in der mündlichen Verhandlung (§§ 119 flg. C. P. O.) und für das Strafverfahren in der Hauptverhandlung (§§ 225 flg. St. P. O.). Ausnahmsweise dürfen kommissarische Vernehmungen stattfinden (§§ 320 flg. C. P. O., §§ 237 flg. St. P. O.). Dem Strafrichter sind dabei engere Grenzen gezogen, als dem Civilrichter.

So ist — von anderen Bestimmungen abgesehen — nach § 340 Nr. 4 C. P. O. die kommissarische Vernehmung statthaft, „wenn der Zeuge in großer Entfernung von dem Sitze des Prozeßgerichtes sich aufhält.“ Entsprechend gefaßt war auch § 186 des Entwurfes zur Strafprozeßordnung. Bei den Vorberatungen wurde der Antrag, für Strafsachen die Ausnahmevorschrift ganz zu streichen, abgelehnt, aber dann doch mehr verlangt, als der Entwurf bot und die Civilprozeßordnung enthält. Die kommissarische Vernehmung sollte nur dann für zulässig erachtet werden, wenn das Erscheinen des Zeugen wegen großer Entfernung „besonders erschwert“ sei. In dieser Beschränkung ist der Ausnahmefall in das Gesetz aufgenommen worden (§ 222 Abs. 2 St. P. O.).

Vgl. Materialien zur Strafprozeßordnung, Entwurf § 186, Motive dazu S. 125, Protokoll 1. Lesung S. 341/2, Protokoll 2. Lesung S. 983 flg.

Um die „große Entfernung“ an sich in Strafsachen zum Hindernisse der unmittelbaren Zeugenvernehmung nicht werden zu lassen, vielmehr der Mündlichkeit der Verhandlung in Strafsachen gegenüber den Civilsachen erhöhte Gewähr zu sichern, ist demnächst im Gerichtsverfassungsgesetze in Übereinstimmung mit dem Entwurfe desselben die Bestimmung getroffen, daß durch Anordnung der Landesjustizverwaltung „wegen großer Entfernung des Landgerichtssitzes bei einem Amtsgerichte für den Bezirk eines oder mehrerer Amtsgerichte eine Strafkammer gebildet“ werden kann.

Vgl. § 78 G. V. G.'s; Entwurf dazu § 58, Motive S. 100, Kommissionsbericht S. 43/44, zweite Plenarberatung S. 253 flg.

Aus dem Gange der Gesetzgebung, wie schon aus dem Wortlaute des § 222 Abs. 2 St. P. O. ergiebt sich, daß es zur Anwendung dieser Vorschrift und insoweit folgeweise des § 250 St. P. O. keineswegs genügt, die Entfernung für groß zu erachten, in der ein Zeuge vom Sitze des Gerichtes sich aufhält. Es muß hinzutreten, daß wegen großer Entfernung das Erscheinen zugleich „besonders erschwert sein wird.“

Dies ist keineswegs bei jeder großen Entfernung der Fall. Diese kann durch eine regelmäßige, leicht benutzbare Verbindung zwischen den Orten — z. B. durch den Eisenbahnverkehr — ausgeglichen werden. Auf der anderen Seite können gerade durch Besonderheiten in der Kommunikation auch wieder so große und eigentümliche Schwierigkeiten entstehen, daß auch innerhalb desselben Landgerichtsbezirkes oder desselben Strafkammerbezirkes in der großen Entfernung ein besonderes Erschwernis erblickt werden kann. Ebenso können andere besondere Umstände zu einer solchen Annahme führen.

Dabei bleibt zu berücksichtigen, daß bei der Erwägung, ob von der Ausnahmebestimmung Gebrauch zu machen sei, auch die größere oder geringere Erheblichkeit der Zeugenaussage für die Entscheidung in Betracht zu ziehen ist.

Vgl. Urteil des Reichsgerichtes vom 14. Mai 1886, Rechtspr. des R. G.'s Bd. 8 S. 358.

Es kann Fälle geben, in denen aus der Übermäßigkeit der Entfernung oder sonst aus der Sachlage die besonderen Erschwerungsgründe, welche aus einer großen Entfernung hervorgehen, bereits erkennbar werden. Handelt es sich aber um die Vernehmung von Zeugen, welche im Bezirke der erkennenden Strafkammer wohnhaft sind, so wird als Regel anzunehmen sein, daß die kommissarische Vernehmung dieser Personen und die Verlesung ihrer Aussagen wegen „großer Entfernung" ihres Wohnortes vom Sitze des erkennenden Gerichtes der Absicht des Gesetzes und dem Prinzipe der Mündlichkeit und Unmittelbarkeit der Beweiserhebung durchaus widerstreitet. In solchem Falle wird daher, wenn auch die kommissarische Vernehmung nicht für rechtsgrundsätzlich ausgeschlossen erachtet werden kann, dieselbe doch als Ausnahme von der Regel durch ausdrückliche Hervorhebung der Umstände, welche diese Ausnahme im gegebenen Falle rechtfertigen, z. B. des Mangels der Kommunikation und dergleichen, besonders gerechtfertigt werden müssen. In diesem Falle genügt es nicht, die Vernehmung der Zeugen durch einen beauftragten oder ersuchten Richter nur allgemein mit den Worten des Gesetzes dahin zu begründen, daß das Erscheinen der Zeugen wegen großer Entfernung besonders erschwert sein würde, sondern es bedarf, um den Revisionsrichter zu der Beurteilung in den Stand zu setzen, daß der Sinn und die Bedeutung dieser Vorschrift nicht verkannt worden, stets der Darlegung der besonderen Umstände, welche das Gericht veranlaßten, eine besondere Erschwernis der persönlichen Abhörung der im Bezirke der erkennenden Strafkammer wohnhaften Zeugen ausnahmsweise anzunehmen, während doch das Gesetz der Regel nach in solchem Falle die kommissarische Vernehmung der Zeugen wegen großer Entfernung nicht gestatten wollte.

An solcher Begründung fehlt es aber im vorliegenden Falle vollständig. Es ist nicht einmal im allgemeinen die besondere Erschwerung des persönlichen Erscheinens infolge großer Entfernung als Grund für die Abstandnahme von der persönlichen Abhörung geltend gemacht, sondern nur auf die große Entfernung hingewiesen, was ebensowenig wie die Allegierung des § 222 Abs. 2 St. P. O. genügen kann. Die Verlesung der Aussagen der in M. vernommenen Zeugen entbehrt also einer den angegebenen Vorschriften entsprechenden Begründung, und es beruht das ergangene Urteil darauf, da es sich unterschiedslos auf den gesamten erhobenen Beweis gestützt hat.

§ 13.

Hauptverhandlung.

1. **Die Strafkammer kann aus Zweckmäßigkeitsgründen innerhalb ihres Bezirkes an jedem Orte ihre Sitzung abhalten.** conf. L. zum VI. Abschn. Buch I N. 3. U. III 20. Nov. 84. E. XI 352. R. VI 749.

Die prozessualische Beschwerde des Angeklagten findet den § 78 G. V. G.'s dadurch verletzt, daß die Strafkammer des Landgerichts Gera außerhalb des Landgerichtssitzes die Hauptverhandlung vorgenommen habe, während die Voraussetzung, unter welcher der § 78 a. a. O. dies gestatte,

Bildung einer besonderen Strafkammer bei einem Amtsgerichte für den Bezirk eines oder mehrerer Amtsgerichte, nicht vorhanden gewesen sei. Letzteres ist richtig; es hat aber hier auch nicht eine s. g. detachierte Strafkammer, sondern die regelmäßige Strafkammer des Landgerichts verhandelt und geurteilt, nur nicht am Sitze des Landgerichts zu Gera, sondern außerhalb dieses Ortes am Sitze des Amtsgerichtes zu Lobenstein, und zwar aus Zweckmäßigkeitsgründen, nämlich zum Zwecke der Ersparung von Zeugengebühren, teils in dieser, teils in anderen am nämlichen Tage abgeurteilten Sachen, und es handelt sich um die Frage, ob dies mit dem Gesetze im Einklange stehe. Zweifellos ist zunächst, daß, wenn einer Gerichtsbehörde ihr Sitz an einem bestimmten Orte angewiesen ist, hierin die Vorschrift liegt, daß die Behörde ihre Geschäfte an diesem Orte vornehmen soll. Jedoch in dieser Vorschrift mehr als die Aufstellung einer Regel zu sehen und jede Abweichung von dieser Regel, namentlich die Vornahme einer Hauptverhandlung vor dem Landgerichte in Strafsachen an einem anderen Orte, unbedingt als gesetzwidrig zu verwerfen, dazu giebt jener nicht zu bezweifelnde allgemeine Satz keine genügende Veranlassung. Man hat zu berücksichtigen, daß derselbe, auch wenn man eine Ausnahme von der Regel gestattet, doch seiner Bedeutung nicht beraubt wird; es bleibt außer Streit, daß die Mitglieder des Gerichtes am Sitze desselben regelmäßig ihre Wohnung nehmen müssen, daß dort sich die Gerichtskanzlei befindet, dort alle Interna des Gerichtes erledigt werden, dorthin die Eingaben an das Gericht zu adressiren sind. Auch hat man anzuerkennen, daß die Verlegung einer Hauptverhandlung in einer Strafsache an einen anderen Ort innerhalb des Bezirkes immer der wohlerwogenen Begründung durch Ausnahmeverhältnisse des einzelnen Falles bedarf, und daß, wenn die Maßregel ohne solche Begründung getroffen würde, die Justizaufsichtsbehörde zum Einschreiten veranlaßt wäre. Für bürgerliche Rechtsstreitigkeiten schreibt die Civilprozeßordnung in § 196 ausdrücklich vor, daß die Termine an der Gerichtsstelle abzuhalten sind, und läßt nur bestimmte Ausnahmen zu, und zwar nicht aus Rücksichten der bloßen Zweckmäßigkeit, während sich in der Strafprozeßordnung eine entsprechende ausdrückliche Bestimmung nicht findet. Allein die Verschiedenheiten des civilprozessualischen vom strafprozessualischen Verfahren, wobei man insbesondere an den Anwaltszwang in Civilsachen, an die Normen für Zustellungen zu denken hat, verbieten, in jener Vorschrift des § 196 a. a. O. ohne weiteres den Ausdruck des Sinnes, den man in der gesetzlichen Zuweisung eines bestimmten Sitzes an jedes Landgericht erblicken müsse, auch für Strafsachen zu finden; vielmehr weist umgekehrt der Umstand, daß eine ausdrückliche Vorschrift, wie die in § 196 a. a. O. für Civilsachen getroffene, in der Strafprozeßordnung fehlt, darauf hin, daß der Gesetzgeber eine so weit gehende Einschränkung des gerichtlichen Ermessens in Strafsachen nicht für zweckmäßig hielt. Auch der § 98 G. V. G.'s kann für eine derartige Einschränkung nicht verwertet werden. Denn wenn darin die Bestimmung, daß die Strafkammer beschließen könne, einzelne Gerichtssitzungen nicht am Sitze des Landgerichtes, sondern an einem anderen Orte abzuhalten, nur für

Sitzungen des Schwurgerichtes, nicht für Hauptverhandlungen vor der Strafkammer getroffen worden ist, so läßt sich daraus doch nicht schließen, daß Hauptverhandlungen vor der Strafkammer nicht an einem anderen Orte stattfinden dürften, weil der Grund, weshalb für die Verlegung von Schwurgerichtssitzungen eine ausdrückliche Vorschrift aufgenommen wurde, teils darin liegt, daß die Strafkammer des Landgerichtes nicht blos über den Ort von ihr selbst abzuhaltenden Sitzung sollte beschließen, sondern die Abhaltung einzelner Sitzungen eines anderen Gerichtes, des Schwurgerichtes, an einem anderen Orte des Schwurgerichtsbezirks als bei dem Landgerichte sollte anordnen können, bei welchem sie nach der gesetzlichen Regel oder nach der gemäß des § 99 Abs. 1 G. V. G.'s getroffenen Bestimmung der Landesjustizverwaltung regelmäßig abzuhalten sind, teils darin, daß für den Fall einer solchen Anordnung weiter zu bestimmen war, wie es mit der Durchführung des Grundsatzes des § 89 Abs. 3 G. V. G.'s stehe, wonach als Hilfsgeschworene nur solche Personen gewählt werden sollen, die am Sitzungsorte des Schwurgerichtes oder in dessen nächster Umgebung wohnen, welche weitere Bestimmung in Abs. 2 des § 98 a. a. O. enthalten ist. Man könnte demnächst den § 78 G. V. G.'s heranziehen wollen, um auszuführen, daß, da vom Gesetzgeber in der Bildung auswärtiger Strafkammern das Mittel angegeben worden sei, wodurch namentlich auch solche Unzuträglichkeiten, die aus der großen Entfernung des Wohnortes der bei einer Strafsache Beteiligten, unter anderen der vorzuladenden Zeugen, vom Sitze des Landgerichtes entspringen können, abgeholfen werden soll, stillschweigend die Anwendung anderer Mittel als reprobirt betrachtet werden müsse. Allein ein solcher auch sonst nicht unbedenklicher Schluß erscheint als unzulässig, wenn man erwägt, daß es sich bei der Bildung auswärtiger Strafkammern um Abhilfe für dauernde oder regelmäßig wiederkehrende und im voraus zu berechnende Bedürfnisse handelt, die demgemäß in einer organisatorischen Anordnung der Landesjustizverwaltung gesucht wurde, in dem vorliegenden Falle dagegen um Abhilfe in einem einzelnen Falle, die, entsprechend der Natur des aus der Beschaffenheit der konkreten Sache hervorgehenden Bedürfnisses, dem Ermessen des Gerichtes zu überlassen war. Dagegen spricht es für die Statthaftigkeit des hier von der Strafkammer in Gera eingehaltenen Verfahrens, daß, wenn eine Augenscheinseinnahme erforderlich oder zweckmäßig ist, auch das erkennende Gericht eine solche unzweifelhaft außerhalb des Ortes, wo es seinen gesetzlichen Sitz hat, vornehmen darf (vgl. Motive zu § 224 St. P. O. S. 126), ungeachtet dieser Akt, vorgenommen vom erkennenden Gerichte, einen Teil der Hauptverhandlung vor demselben ausmacht und das Gesetz eine ausdrückliche Ermächtigung zur Vornahme desselben außerhalb des Sitzungsortes nicht enthält.

Die Beschwerde findet hiernach im Gesetze keine ausreichende Stütze.

2. **Das Verfahren, wenn der Angeklagte wegen großer Entfernung seines Aufenthaltsortes vom Erscheinen in der Hauptverhandlung entbunden ist, ist kein Ungehorsamsverfahren. Da die Verlesung des Protokolls die Vernehmung in der Hauptverhandlung ersetzt, so gelten bei der kommissarischen Vernehmung gestellte**

Beweisanträge als bei dem erkennenden Gericht angebracht. conf. L. § 232 N. 1a, 13. St. ibid. N. 5, 7. K. S. 534. U. III 4. Febr. 84. E. X 135. R. VI 79.

Die Rüge unzulässiger Beschränkung der Verteidigung ist darauf gestützt, daß die Anträge des Angeklagten auf Vernehmung der Zeugen M., K. und F. abgelehnt worden seien. Den Antrag auf Vernehmung dieser Zeugen darüber, daß Angeklagter selbst den Käufer seines Hauses T. auf den Übelstand, daß das Haus an einigen Stellen feucht sei, aufmerksam gemacht habe, hatte Angeklagter zuerst bei Gelegenheit seiner Erklärung auf die Anklageschrift gestellt. Die Ablehnung dieses Antrages aus dem Grunde thatsächlicher Unerheblichkeit erfolgte mit Beschluß der Strafkammer vom 22. September 1883: gleichzeitig wurde gegen den Angeklagten das Hauptverfahren wegen Betruges eröffnet. Sofern der Angriff der Revision wider diesen Beschluß sich richten sollte, wäre derselbe verfehlt, da, selbst wenn durch jenen Beschluß wider eine Norm des Strafprozesses verstoßen sein sollte, doch das Urteil nicht auf diesem, im Vorverfahren ergangenen Beschlusse beruhen würde (§§ 376, 377 Ziff. 8 St. P. O.).

Nach Zustellung des Eröffnungsbeschlusses nebst Ladung zur Hauptverhandlung hatte Angeklagter um Entbindung von der Verpflichtung zum Erscheinen im Verhandlungstermine (§ 232 St. P. O.) gebeten. Es wurde nun, da die richterliche Vernehmung des Angeklagten im Vorverfahren noch nicht erfolgt war, zunächst die Vernehmung des Angeklagten über die Anklage bei dem Amtsgerichte zu B. veranlaßt. Zu dem über diese Vernehmung aufgenommenen Protokolle hatte Angeklagter behufs seiner Entlastung sich abermals auf das Zeugnis der genannten drei Personen berufen. Es erfolgte nun seitens der Strafkammer die Entbindung des Angeklagten von der Verpflichtung zum persönlichen Erscheinen in der Hauptverhandlung; gleichzeitig wurde vom Vorsitzenden der Strafkammer „die beantragte Ladung" jener drei Zeugen mit motivierter Entscheidung abgelehnt. Ob dieser letztere Beschluß dem Angeklagten zugestellt wurde, lassen die Akten nicht mit Sicherheit entnehmen: wenn die Zustellung geschah, so erfolgte sie nicht früher als am Tage vor der Hauptverhandlung.

In der Hauptverhandlung selbst war der nicht erschienene Angeklagte nach Maßgabe des § 233 St. P. O. durch einen schriftlich bevollmächtigten Verteidiger vertreten; das Protokoll über die gerichtliche Vernehmung des Angeklagten wurde verlesen. Einen Beweisantrag hat der Verteidiger nicht gestellt. Daß der, den Antrag auf Zeugenladung ablehnende Beschluß des Vorsitzenden bekannt gegeben worden sei, läßt das Protokoll nicht ersehen, ebensowenig, daß nach Verlesung des amtsrichterlichen Protokolles über den in demselben enthaltenen Beweisantrag ein Beschluß gefaßt und verkündigt worden wäre. Auch in den Urteilsgründen ist der Beweisantrag des Angeklagten, bezw. dessen Berufung auf das Zeugnis der oben genannten drei Personen nicht erwähnt.

Dadurch nun, daß der erneuerte Antrag des Angeklagten auf Vernehmung der von ihm benannten Zeugen vom erkennenden Gerichte nicht berücksichtigt wurde, erscheinen die §§ 232, 243 Abs. 2. 34 St. P. O.

als verletzt, und die Verteidigung des Angeklagten erscheint als in einem wesentlichen Punkte beschränkt.

Das infolge des § 232 a. a. O. eintretende Verfahren in der Hauptverhandlung ist kein Ungehorsamsverfahren; in demselben darf die Anhörung des Angeklagten vor der Urteilsfällung nicht unterbleiben. Die deshalb vorgeschriebene kommissarische Vernehmung des Angeklagten ist ein Analogon der in den §§ 222, 223 St. P. O. behandelten kommissarischen Beweisaufnahmen, und bildet die Verlesung des Protokolles in der Hauptverhandlung, welche das Gesetz (§ 232 letzter Absatz) kategorisch vorschreibt, einen Ersatz für die sonst in dieser zu bewirkende mündliche Vernehmung.

Vgl. Motive zu § 196 des Strafprozeßordnungsentwurfes S. 133 Ziff. 3; Hahn, Mat. S. 188.

Auch bei der ersten Lesung in der Reichstagskommission, bei welcher der Paragraph seine jetzige Fassung erhielt, wurde allseitig anerkannt, daß die in § 196 — jetzt 232 — zugelassene Vernehmung das Verhör in der öffentlichen Hauptverhandlung zu ersetzen bestimmt sei und das Resultat der Vernehmung, welche für das Gericht geschehe, durch das Protokoll dem Gerichte bekannt gegeben werden solle.

Vgl. Protokolle der Kommission 1. Lesung S. 344; Hahn, Mat. S. 831.

Dieser Standpunkt fand von keiner Seite Widerspruch, und wurde der § 196, jetzt § 232 a. a. O., in seiner dermaligen Fassung ohne weitere Debatte genehmigt.

Daraus aber, daß die Verlesung der kommissarischen Vernehmung des Angeklagten an die Stelle des mündlichen Verhöres tritt, folgt mit Notwendigkeit, daß etwaige bei jener Vernehmung gestellte Anträge des Angeklagten als an das erkennende Gericht gebracht und bezw. als in der Hauptverhandlung selbst gestellt zu erachten sind. In Anwendung dieses Satzes auf den gegebenen Fall mag es dahingestellt bleiben, ob der Vorsitzende kompetent war, den Antrag des Angeklagten auf Zeugenvernehmung abzulehnen, keinesfalls konnte solche Ablehnung eine definitive sein, mit der Wirkung, daß der Antrag selbst dadurch seine Erledigung fand. Es darf daher von dem Umstande abgesehen werden, daß, wie durch das Stillschweigen des Protokolles über die Hauptverhandlung als nachgewiesen zu erachten, der Beschluß des Vorsitzenden auf Ablehnung des Beweisantrages den in der Verhandlung anwesenden Personen nicht bekannt gegeben wurde; jedenfalls bestand für das Gericht, welches durch Verlesung des amtsrichterlichen Vernehmungsprotokolles von dem Beweisantrage des Angeklagten Kenntnis erhielt, die Verpflichtung, über jenen Antrag zu beschließen und, falls er abgelehnt werden sollte, motivierten Beschluß zu fassen (§§ 243 Abs. 2, 34 St. P. O.), was nicht geschehen ist.

2. Zwar könnte in Frage kommen, ob der bis hierher erörterte Standpunkt nicht dadurch eine Änderung erleidet, daß Angeklagter nach § 233 a. a. O. in der Hauptverhandlung durch einen Verteidiger vertreten war; denn wie die Motive zum § 196 des Entwurfes — S. 133 — (Hahn S. 188) hervorheben, und wie sich aus dem Ausdrucke „Ver-

treter", welchen das Gesetz gebraucht, folgern läßt, liegt es im Wesen der hier zugelassenen Vertretung, daß die Erklärungen des Vertreters als Erklärungen des Angeklagten selbst behandelt werden müssen, und zwar auch insoweit, als sie Zugeständnisse enthalten. Hieraus möchte vielleicht der Schluß abgeleitet werden, daß die Anwesenheit eines Vertreters in allen Punkten der Anwesenheit des Angeklagten in der Wirkung gleich zu achten und, da der Verteidiger des Angeklagten den Beweisantrag in der öffentlichen Sitzung nicht gestellt, ein Verzicht auf letzteren anzunehmen sei. Allein, wenn auch zugegeben werden muß, daß der Vertreter des abwesenden Angeklagten den letzteren bindende Erklärungen abzugeben berechtigt ist, so kann gleichwohl die Folgerung, als wenn die Stellung des Verteidigers mit jener des Angeklagten durchaus identisch wäre, als zutreffend nicht anerkannt werden. Was insbesondere die Vernehmung des Angeklagten betrifft, so ist eben wegen der Abwesenheit des Angeklagten, auch bei Anwesenheit eines Vertreters, die Verlesung des Protokolles über die Vernehmung des Angeklagten vorgeschrieben, und nur diese Verlesung vertritt die Stelle der mündlichen Vernehmung. Es muß also der gesamte Inhalt des Protokolles in derselben Weise berücksichtigt werden, als hätte Angeklagter die bezügliche Erklärung in der Hauptverhandlung abgegeben. Nun läßt sich allerdings für den Fall, daß der Vertreter des Angeklagten eine Erklärung abgiebt, durch welche etwaige Anträge des Angeklagten gegenstandslos werden, die Möglichkeit konstruieren, daß das Gericht jene Anträge als erledigt betrachten darf. Wird aber eine solche Erklärung vom Vertreter nicht abgegeben, so bleiben die Anträge des Angeklagten unberührt: ein stillschweigender Verzicht, gleich als wenn Angeklagter zugegen wäre, darf nicht angenommen werden. Im gegebenen Falle könnte zudem von einem Verzichte des Vertreters aus dem weiteren Grunde nicht gesprochen werden, weil gar nicht erhellt, ob der Vertreter von der durch den Vorsitzenden beschlossenen Ablehnung des Beweisantrages Kenntnis hatte.

Hiernach ist § 243 und folgeweise auch § 34 — mit 35 — St. P. O. verletzt. Da die Möglichkeit besteht, daß, wenn das Gericht Beschluß gefaßt hätte, dem Beweisantrage stattgegeben worden und infolgedessen das Urteil anders ausgefallen wäre, so enthält jene Gesetzesverletzung eine unzulässige Beschränkung der Verteidigung, mithin einen Revisionsgrund, und mußte daher auf Aufhebung und Zurückverweisung erkannt werden.

3. **Ist der Angeklagte wegen großer Entfernung von der Verpflichtung zum Erscheinen in der Hauptverhandlung entbunden, so kann nicht auf eine höhere Strafe als Freiheitsstrafe bis zu 6 Wochen, Geldstrafe und Einziehung erkannt werden.** conf. L. § 232 N. 6. St. ibid. N. 9. U. III 13. Jan. 87. E. XV 337. R. IX 39.

Die Strafprozeßordnung geht, wie aus den Bestimmungen der §§ 229, 230, sowie aus den Gesetzesmotiven hierzu, vgl. Hahn, Materialien zur Strafprozeßordnung S. 184 flg., sich klar ergiebt, von der Auffassung aus, daß der das Strafverfahren beherrschende Grundsatz der Erforschung der materiellen Wahrheit die Anwesenheit des Angeklagten in der mündlichen Verhandlung bedingt, indem der Richter nur unter der Voraussetzung, daß er den Angeklagten vor sich gesehen und mit seiner Verteidigung, bezw. seinem Geständnisse gehört habe, seiner Pflicht, die materielle Wahrheit zu ermitteln, vollkommen genügen könne, daß aber die Anwesenheit des Angeklagten in der Hauptverhandlung auch andererseits mit der demselben hierdurch gewährten Möglichkeit, jederzeit zum Zwecke erschöpfender Verteidigung in die Verhandlung einzugreifen, die nötige Garantie für den gebotenen Rechtsschutz des Angeklagten schaffe, mit Rücksicht jedoch auf diese durch die Anwesenheit des Angeklagten in der Hauptverhandlung zu erreichenden, im öffentlichen Interesse liegenden Zwecke ein etwaiger Verzicht des Angeklagten auf Wahrung der gedachten Prozeßform ohne Wirkung bleiben müsse.

Eine Ausnahme von dem Grundsatze, daß der Angeklagte der mündlichen Verhandlung beizuwohnen habe, bestimmt das Gesetz — von gewissen besonderen Fällen hier abgesehen — in dem Verfahren vor den Gerichten erster Instanz zunächst in § 231 hinsichtlich der nur mit einer geringen Strafe (Geldstrafe, Haft oder Einziehung, allein oder in Verbindung miteinander) bedrohten Delikte, indem hier ein Verfahren in Abwesenheit des Angeklagten zugelassen wird, falls nur der Angeklagte in der Ladung auf die Zulässigkeit dieses Verfahrens ausdrücklich hingewiesen worden ist. Eine weitere Ausnahme wird in § 232 a. a. O. für den Fall verordnet, daß der Angeklagte in großer Entfernung von dem Sitze des Gerichtes, vor welchem die Hauptverhandlung stattfindet, sich aufhält. Das Gericht ist solchenfalls ermächtigt, auf Antrag des Angeklagten denselben von der Verpflichtung zum Erscheinen in der Hauptverhandlung zu entbinden, vorausgesetzt, daß nach dem Ermessen des Gerichtes voraussichtlich keine andere Strafe als Freiheitsstrafe bis zu 6 Wochen, oder Geldstrafe oder Einziehung, allein oder in Verbindung miteinander, zu erwarten steht. Die Motive des Gesetzes bemerken zur Begründung dieser Bestimmung, daß, falls die einen Angeklagten erwartende Strafe eine sehr geringfügige sei, für denselben der Zwang zum Erscheinen in der Hauptverhandlung bei weiter Entfernung seines Aufenthaltes von dem Sitze des Gerichtes häufig ein größeres Übel sein werde, als die Strafe selbst, indem die durch sein Erscheinen in der Verhandlung für ihn bedingten Opfer oft in einem Mißverhältnisse zu der gedachten Strafe stünden, und sie heben ferner ausdrücklich hervor, daß, wenn das Gericht das in § 196 des Entwurfes (§ 232 des Gesetzes) bezeichnete Verfahren eingeschlagen habe, sodann aber in der Hauptverhandlung eine höhere Strafe für angemessen erachte, das persönliche Erscheinen des Angeklagten nachträglich angeordnet werden müsse. Die weitere Entstehungsgeschichte der in Frage stehenden Gesetzesbestimmung ergiebt nicht, daß deren schließliche Sanktionierung auf einer von diesen Erwägungen der Motive abweichenden Auffassung beruhe.

Die erwähnten Motive ergeben aber unzweideutig, daß die Bestimmung des § 232 a. a. O. im Interesse des Angeklagten gegeben ist und den Richter zur Entbindung des Angeklagten von der Verpflichtung zum Erscheinen in der Hauptverhandlung für den Fall hat ermächtigen wollen, daß die durch dieses Erscheinen für den Angeklagten mit Rücksicht auf die weite Entfernung seines Aufenthaltsortes bedingten Opfer demselben als ein größeres Übel erscheinen müßten, als der nach Befinden durch seine Abwesenheit in der Hauptverhandlung herbeigeführte Mißstand einer nicht erschöpfenden Verteidigung, sowie das ihn für den Fall seiner Verurteilung treffende Übel, d. i. die erkannte Strafe. Dieser vom Gesetze unterstellte Gesichtspunkt des geringeren Übels muß jedoch notwendig hinwegfallen, wenn der Angeklagte mit einer härteren Strafe belegt wird, als er bei dem Antrage auf Entbindung von der Verpflichtung zum Erscheinen in der Hauptverhandlung im Hinblicke auf die Vorschrift des § 232 a. a. O. erwarten durfte. In diesem Falle kann von dem dargelegten Standpunkte des Gesetzgebers aus nicht weiter vorausgesetzt werden, daß der Angeklagte die ihm durch sein Erscheinen in der Hauptverhandlung aufgenötigten Opfer für wichtiger erachtete, als die durch sein Erscheinen ihm gewährte größere Sicherheit für Ermittelung der materiellen Wahrheit, es muß vielmehr das Gegenteil vermutet werden. Hieraus folgt jedoch mit Notwendigkeit, daß, gelangt das Gericht auf Grund der — zunächst in Abwesenheit des Angeklagten stattgefundenen — Verhandlung zu der Ansicht, daß den Angeklagten eine härtere Strafe zu treffen habe, als die in § 232 St. P. O. bezeichnete, eine Weiterverhandlung in Abwesenheit des Angeklagten nicht statthaft, sondern derselbe zur Hauptverhandlung zuzuziehen ist. Gegenüber dem erwähnten berechtigten Interesse des Angeklagten kann der durch eine anderweite Verhandlung bedingte höhere Kostenaufwand und die hierdurch veranlaßte Verzögerung nicht ins Gewicht fallen. Ebensowenig gewährt die Bestimmung in § 235 St. P. O. einen genügenden Schutz, da es sich hier nur um eine Befugnis des Gerichtes handelt.

Indem daher von der vorigen Instanz den obigen Grundsätzen entgegen die Verhandlung wider den Angeklagten zu Ende geführt und gegen denselben auf eine härtere Strafe, als die in § 232 a. a. O. bezeichnete, erkannt ist, hat sie das Gesetz verletzt und es bedingt diese Gesetzesverletzung die Aufhebung des angefochtenen Erkenntnisses.

4. **Der Angeklagte muß, auch wenn er vom Erscheinen in der mündlichen Verhandlung entbunden ist, auf eine Veränderung des rechtlichen Gesichtspunktes hingewiesen werden. Die Hinweisung seines Vertreters genügt nicht.** conf. L. § 232 N. 7. U. IV 20. Februar 85. E. XII 45. R. VII 135.

Nachdem durch Beschluß vom 17. Februar 1881 gegen den Angeklagten als hinreichend verdächtig, durch Fahrlässigkeit die Körperverletzungen der Arbeiter Ha. und He. verursacht zu haben, das Hauptverfahren aus § 230 St. G. B.'s eröffnet war, wurde der Angeklagte gemäß § 232 St. P. O. vom Erscheinen in der Hauptverhandlung entbunden und über den Inhalt der Anklageschrift durch das Amtsgericht zu Kattowitz, als ersuchten Richter, am 28. Juni 1881 vernommen. Die Strafkammer des Landgerichtes E. verurteilte hiernächst den Angeklagten auf Grund des § 230 Abs. 2 St. G. B.'s wegen fahrlässiger Körperverletzung mit Verletzung einer Berufspflicht, ohne ihn zuvor auf diese Veränderung des rechtlichen Gesichtspunktes hingewiesen zu haben. Auf Revision des Angeklagten ist von dem Reichsgerichte unterm 23. September 1882 dieses Urteil mit seinen thatsächlichen Feststellungen wegen Verletzung des § 264 St. P. O. aufgehoben und die Sache zur anderweiten Verhandlung und Entscheidung an das Landgericht C. zurückverwiesen worden. Dieses Gericht hat den Angeklagten auf seinen Antrag wegen großer Entfernung seines Aufenthaltsortes von der Verpflichtung zum Erscheinen in der Hauptverhandlung wiederum entbunden, eine neue kommissarische Vernehmung desselben jedoch nicht angeordnet. In dem am 20. August 1884 angestandenen Verhandlungstermine ist die Aussage des nicht erschienenen Angeklagten zur Verhandlung d. d. Kattowitz 28. Juni 1881 verlesen, sodann nach erfolgter Beweisaufnahme der mit schriftlicher Vollmacht versehene Verteidiger des Angeklagten darauf aufmerksam gemacht, daß die Strafthat des Angeklagten eventuell der Beurteilung auf Grund des § 230 Abs. 2 St. G. B.'s unterliegen könne, und schließlich der Angeklagte von neuem wegen qualifizierter fahrlässiger Körperverletzung nach der Strafbestimmung des § 230 Abs. 2 St. G. B.'s verurteilt worden. Die hiergegen eingelegte Revision rügt Verletzung des § 232 St. P. O. mit der Ausführung, daß nach dieser Gesetzesvorschrift der Angeklagte durch einen ersuchten Richter über das erschwerende Moment des § 230 Abs. 2 St. G. B.'s hätte vernommen werden müssen, weil Gegenstand der Anklage und des Eröffnungsbeschlusses nur eine fahrlässige Körperverletzung gemäß § 230 Abs. 1 St. G. B.'s gewesen sei. Die Revision ist für begründet erachtet.

Aus den Gründen:

1. Das Reichsgericht hat bereits in einem Urteile vom 4. Februar, vgl. Entsch. des R. G.'s in Straff. Bd. 10 S. 135, unter Hinweis auf den Inhalt der Motive zum Strafprozeßordnungsentwurfe und der Verhandlungen der Reichstagskommission, dargelegt, daß das infolge des § 232 St. P. O. eintretende Verfahren kein Ungehorsamsverfahren ist und in demselben die Anhörung des Angeklagten vor der Urteilsfällung nicht unterbleiben darf, daß deshalb die kommissarische Vernehmung des Angeklagten vorgeschrieben ist, und daß die nach dem Gesetze erforderliche Verlesung des Protokolles in der Hauptverhandlung einen Ersatz für die sonst in dieser zu bewirkende mündliche Vernehmung bildet. Einen Ersatz für das mündliche Verhör wird aber nach den Bestimmungen der §§ 242, 136 St. P. O. die kommissarische Vernehmung des Angeklagten nur dann gewähren können, wenn sie mit bezug auf die in der Hauptverhandlung erhobene Beschuldigung erfolgt ist, und danach durch die Verlesung des Vernehmungsprotokolles zur Kenntnis des erkennenden Gerichtes gebracht werden kann, welche Erklärungen der Angeklagte abgegeben hat, nachdem ihm die bei der Urteilsfällung vorliegende Beschuldigung mitgeteilt, und nachdem ihm Gelegenheit zur Beseitigung der diese Beschuldigung begründenden Verdachtsmomente und zur Geltendmachung der gegenüber dieser Beschuldigung zu seinen Gunsten sprechenden Thatsachen gegeben worden ist. Tritt dagegen in der Hauptverhandlung eine wesentliche Veränderung der Sachlage ein, soll namentlich eine Verurteilung des An-

geklagten auf Grund eines anderen als des bei der kommissarischen Vernehmung für anwendbar erachteten Strafgesetzes erfolgen, so darf sich das erkennende Gericht mit einer Verlesung des Vernehmungsprotokolles an Stelle des mündlichen Verhöres nicht begnügen. Es hat vielmehr vor Erlaß des Urteiles, falls nicht etwa in Folge der veränderten Sachlage das persönliche Erscheinen des Angeklagten in der anzuberaumenden neuen Sitzung angeordnet wird, eine anderweite kommissarische Vernehmung des Angeklagten über die neue Beschuldigung zu veranlassen. Deshalb kann die im Abs. 2 des § 232 St. P. O. getroffene Bestimmung, wonach der Angeklagte, wenn seine richterliche Vernehmung nicht schon im Vorverfahren erfolgt ist, durch einen beauftragten oder ersuchten Richter „über die Anklage“ vernommen werden muß, nur dahin verstanden werden, daß die kommissarische Vernehmung über die in der Hauptverhandlung vorliegende Anklage, also über diejenige Anschuldigung, welche der Urteilsfällung zu Grunde liegt, zu erfolgen hat, wie denn auch die im Vorverfahren stattgehabte richterliche Vernehmung nur unter derselben Voraussetzung geeignet ist, das mündliche Verhör zu vertreten.

Mit dieser Auffassung des § 232 St. P. O. steht das Verfahren des Instanzgerichtes nicht im Einklange. In dem früheren Revisionsurteil vom 23. September 1882 ist bereits ausgesprochen worden, daß weder in der Anklageschrift noch in dem Eröffnungsbeschlusse das Vorhandensein des in § 230 Abs. 2 St. G. B.'s bezeichneten Erschwerungsgrundes mit genügender Bestimmtheit hervorgehoben war, und daß ebensowenig die Akten einen unzweifelhaften Anhalt dafür gewähren, daß der Angeklagte bereits vor der Hauptverhandlung diesen Erschwerungsgrund als mit unter Anklage gestellt angesehen hat. Namentlich läßt auch das in der letzten Hauptverhandlung verlesene Protokoll über die kommissarische Vernehmung des Angeklagten nicht erkennen, daß dieser bei seiner Aussage von der Beschuldigung einer Verletzung besonderer Berufspflichten Kenntnis gehabt hat. Vielmehr ist der Angeklagte nach dem Inhalte des Protokolles vom 28. Juni 1881 nur damit bekannt gemacht, daß ihm zur Last gelegt werde, durch Fahrlässigkeit die Körperverletzungen der Arbeiter Ha. und He. verursacht zu haben, und nur bezüglich dieser Beschuldigung befragt worden, ob er etwas auf dieselbe erwidern wolle. Demgemäß findet sich auch in seinen Auslassungen nichts, was auf die Ablehnung des Vorwurfes der Übertretung von Berufspflichten hindeuten könnte.

Muß hiernach angenommen werden, daß die Anschuldigung, den Abs. 2 des § 230 St. G. B.'s übertreten zu haben, gegen den Angeklagten zur Zeit seiner kommissarischen Vernehmung überhaupt noch nicht vorlag und auch bei dieser Vernehmung nicht berücksichtigt worden ist, so durfte die Strafkammer nach dem oben gesagten den Angeklagten auf Grund der neu erhobenen Beschuldigung nicht verurteilen, ohne ihn über diese Beschuldigung persönlich oder auf dem Wege einer anderweiten kommissarischen Vernehmung gehört zu haben.

2. Diesem Mangel des Verfahrens konnte auch dadurch nicht abgeholfen werden, daß in der letzten Hauptverhandlung der Verteidiger des

Angeklagten auf die Veränderung des rechtlichen Gesichtspunktes gemäß § 264 St. P. O. hingewiesen und, wie es in dem Sitzungsprotokolle heißt, hiergegen nichts einzuwenden hatte. Denn stehen auch dem mit schriftlicher Vollmacht versehenen Verteidiger eines vom Erscheinen entbundenen Angeklagten gemäß § 233 St. P. O. weitergehende Befugnisse zu als sonstigen Verteidigern, sind namentlich auch seine Erklärungen, selbst wenn sie Zugeständnisse enthalten, als Erklärungen des Angeklagten selbst zu behandeln, vgl. Entsch. des R. G.'s in Straff. Bd. 10 S. 138, so tritt doch nach dem Gesetze die Vertretung des Angeklagten durch den Verteidiger in diesem Falle überhaupt erst dann ein, wenn der Angeklagte selbst vorschriftsmäßig über die Anklage vernommen worden ist. Zu einem Verzichte auf diese Vernehmung war deshalb der Verteidiger keinesfalls ermächtigt.

Hiernach trifft den Vorderrichter der Vorwurf einer Verletzung des § 232 St. P. O. Daß das angefochtene Urteil auf dieser Verletzung im Sinne des § 376 St. P. O. beruht, ist nicht zu bezweifeln, da die Möglichkeit nicht ausgeschlossen ist, daß die Strafkammer nach Vernehmung des Angeklagten über den in § 230 Abs. 2 St. G. B.'s bezeichneten Erschwerungsgrund zu einer dem Angeklagten günstigeren Entscheidung gelangt wäre.

5. **Fragen, welche beisitzende Richter an Zeugen oder Sachverständige stellen, dürfen weder vom Vorsitzenden noch durch Gerichtsbeschluß zurückgewiesen werden.** L. § 240 N. 4a, St. ibid. N. 4 und K. S. 550 gestatten Zurückweisung durch Gerichtsbeschluß. U. I 5. Mai 84. E. X 378. R. VI 350.

Der Revisionsantrag, das Urteil der Strafkammer aufzuheben und die Sache zur anderweiten Verhandlung und Entscheidung in die Vorinstanz zurückzuverweisen, wird sowohl auf Verletzung prozessualer Vorschriften — der §§ 239, 340, 241, 377 Ziff. 8 St. P. O. — als auch des Strafgesetzes — § 263 St. G. B.'s — gegründet. Demselben ist stattzugeben.

Ausweislich des Protokolles über die Hauptverhandlung hat der Vorsitzende der Strafkammer einem der beisitzenden Richter auf dessen Verlangen gestattet, Fragen an einen Zeugen zu stellen, dann aber eine einzelne von diesem Gerichtsmitgliede an den Zeugen gerichtete Frage als nicht zur Sache gehörig beanstandet und Beschlußfassung des Gerichtes dahin, „daß die gestellte Frage als irrelevant zurückgewiesen werde (St. P. O. § 241)," herbeigeführt.

Das Verfahren steht im Widerspruche mit der Vorschrift in § 239 St. P. O. Nach Abs. 1 dieses Paragraphen hat der Vorsitzende den beisitzenden Richtern auf Verlangen zu gestatten, Fragen an die Zeugen und Sachverständigen zu stellen. Schon aus der Fassung dieser Vorschrift ergiebt sich, daß dem Verlangen eines Mitgliedes des Gerichtes stattgegeben werden muß. Aber indem § 240 Abs. 2 ausdrücklich hervorhebt, daß der Vorsitzende ungeeignete oder nicht zur Sache gehörige Fragen nur gegenüber den im § 239 Abs. 2 genannten anderweitigen Beteiligten beim Verfahren zurückweisen kann, giebt das Gesetz klar zu

erkennen, daß das Fragerecht des Gerichtsbeisitzers ein völlig freies und unbeschränktes, insbesondere jeder Einwirkung des Vorsitzenden, wie sie z. B. die preußische Strafprozeßordnung für die neuen Landesteile vom 25. Juni 1867 (G. S. S. 921) im Schlußsatze des § 237 in der ihm vorbehaltenen Befugnis, in jedem Zeitpunkte das Verhör zu schließen, gab, entzogenes ist. Diese Stellung der Mitglieder des Gerichtes zu der nach § 237 Abs. 1 durch den Vorsitzenden erfolgenden Beweisaufnahme ist auch in dem Berichte der Reichstagskommission zu § 204 des Entwurfes zur Strafprozeßordnung (S. 62) mit den Worten anerkannt, daß „jedem Richter gestattet sein müsse, diejenigen Aufklärungen bei der Beweisaufnahme sich zu verschaffen, welche er für notwendig oder angemessen erachtet, um sich ein Urteil über die durch das — von ihm mitzuberatende und zu erteilende — Erkenntnis zu entscheidenden Punkte zu bilden."

Wenn der über die Ablehnung der vorliegend gestellten Frage des Beisitzers ergangene Beschluß den § 241 St. P. O. anzieht, so kann durch dessen Inhalt eine die mangelnde Befugnis des Vorsitzenden zur Abschneidung der Frage ersetzende Kompetenz des Gerichtes zur Entscheidung über die Zulässigkeit derselben mit Grund nicht hergeleitet werden. Zweifel über die Zulässigkeit einer von einem Mitgliede des Gerichtes gestellten Frage können, angesichts der Bestimmung im § 239 Abs. 1, von Amtes wegen gar nicht entstehen, der § 241 a. a. O. kann deshalb eine Vorschrift, wie solche Zweifel zu entscheiden, wie eine Meinungsverschiedenheit zwischen dem Mitgliede des Gerichtes und dem Vorsitzenden über die Relevanz einer vom ersteren für entsprechend erachteten Frage zu beheben sei, gar nicht enthalten. Indem der § 241 sich an den — den Fall des § 239 Abs. 1 nicht mit begreifenden — § 240 a. a. O. anschließt, ist seine Aufgabe, Norm zu geben für einen Zwiespalt zwischen dem Vorsitzenden und einem der in § 239 Abs. 2 a. a. O. erwähnten Prozeßbeteiligten, sei es daß ein solcher eine Frage des Vorsitzenden als unzulässig beanstandet (vgl. § 237 Abs. 2 a. a. O.), sei es daß letzterer eine von einer beteiligten Person beantragte oder nach erteilter Gestattung zur eigenen Befragung gestellte Frage für ungeeignet oder nicht zur Sache gehörig erklären zu sollen glaubt. In dieser Bedeutung kann daher § 241 a. a. O. die Zulässigkeit einer von einem Gerichtsbeisitzer gestellten Frage nur dann zur Entscheidung des Gerichtes stellen, wenn der Befragte oder eine der Parteien die Beantwortung beanstanden würde, in welchem Falle für den Gerichtsbeisitzer das gleiche gelten würde, was § 237 Abs. 2 a. a. O. für den Vorsitzenden anordnet. Daß § 241 a. a. O. nur in dieser Weise zu verstehen, ergiebt auch eine Vergleichung mit den entsprechenden Vorschriften der Civilprozeßordnung, indem hier im dritten Absatze des § 362 selbst der Inhalt des § 241 St. P. O. an die im ersten und zweiten Absatze enthaltenen, dem § 239 Abs. 2 St. P. O. gleichen Bestimmungen angeschlossen ist, während der Gegenstand des § 239 Abs. 1 in einem anderen Paragraphen, dem dritten Satze des § 361, im Anschlusse an andere Bestimmungen über die Aufklärung des

Gerichtes behandelt und die Möglichkeit von Zweifeln über die Zulässigkeit einer von einem Mitgliede des Gerichtes gestellten Frage hier so wenig, als im § 130 Abs. 3 a. a. O. vorgesehen ist. Ist aber für die Civilprozeßordnung aus der Stellung des § 362 Abs. 3 unbedenklich zu entnehmen, daß dessen Vorschrift auf § 361 Abs. 3 keine Anwendung leidet, und kann es nicht wohl einem Zweifel unterliegen, daß in dem hier fraglichen Betreff das Mitglied des Gerichtes im Strafprozesse nicht wohl eine andere Stellung eingeräumt erhalten haben wird, als im Civilprozesse, so kann auch aus den im § 362 a. a. O. fehlenden Worten „in allen Fällen" des § 241 a. a. O. nichts auf eine Beschränkung der Rechte des Strafrichters Hinführendes geschlossen werden; diese Worte erklären sich vollkommen aus der Zusammenfassung der Vorschriften des § 362 Abs. 3 a. a. O. und des § 131 C. P. O. in dem einen § 241 St. P. O.

Da nicht bestritten werden kann, daß auf der Verletzung der §§ 239, 240, 241 a. a. O. durch die unterbliebene, mit der abgelehnten Frage bezweckte Klarstellung des Thatbestandes das Urteil beruhen kann, so ist Aufhebung des Urteiles notwendige Folge derselben und erübrigt eine Prüfung der weiter behaupteten Revisionsgründe.

6a. **Der Vorsitzende muß erforderlichenfalls dem Angeklagten durch Fragen Gelegenheit zur Erläuterung seiner Beweisanträge geben, statt daß diese als inhaltlos vom Gericht übergangen werden.** conf. L. § 243 N. 9c. St. ibid. N. 8. K. S. 557. U. II 29. Jan. 86. E. XIII 316. R. VIII 100.

In der Eingabe vom 11. September 1885 hatte der Angeklagte, zur Entkräftung der Beschuldigung, durch zu schnelles Fahren eine Körperverletzung fahrlässig herbeigeführt zu haben, den Postschaffner K. als Zeugen darüber benannt, daß er bei dem Anklagevorfalle nicht in scharfem, sondern in gewöhnlichem Trabe gefahren sei. Er hatte auch noch Zeugen dafür angegeben, daß seine Pferde scharfen Trab nicht mehr laufen könnten.

Am 21. September 1885 beschloß die Strafkammer, den weitab wohnenden Zeugen B. uneidlich vernehmen zu lassen, bevor die Eröffnung des Hauptverfahrens erfolgte.

B. ist vernommen; aber demnächst gleich den anderen, vom Angeklagten vorgeschlagenen Zeugen zur Hauptverhandlung nicht geladen.

Nachdem in derselben die Staatsanwaltschaft einen Strafantrag gestellt hatte, beantragte der Angeklagte:

„die anderen Zeugen zu vernehmen."

Auf diesen Antrag ist kein Gerichtsbeschluß ergangen, vielmehr zur Verkündung des Urteiles geschritten. Die dieserhalb erhobene Revisionsbeschwerde ist für begründet erachtet.

Aus den Gründen:

Mit Recht rügt die Revision die Verletzung des § 243 Abs. 2 St. P. O. Hier ist vorgeschrieben, daß es eines Gerichtsbeschlusses bedarf wenn ein Beweisantrag abgelehnt werden soll. Die stillschweigende Übergehung eines solchen Antrages verletzt also jenes Gesetz.

Unbeschieden bleiben können allerdings inhaltlose Anträge, mögen sie auch das Gebiet der Beweisaufnahme berühren. Soll ein Antrag als Beweisantrag in Betracht kommen, so muß er vielmehr erkennbar werden lassen, über welche Thatsachen und mit welchen Mitteln Beweis erhoben werden soll (§ 218 St. P. O.).

Ob im gegebenen Falle ein Antrag diesen Erfordernissen entspricht, ist zunächst aus dem Wortlaute desselben zu ermitteln; allein nicht in Beschränkung auf eine bloße Wortauslegung, sondern unter Beachtung der Beziehungen, welche sich aus dem Zusammenhange mit dem vorausgegangenen Verfahren mit innerer Notwendigkeit ergeben. Insbesondere wird bei Vermerken über Beweisanträge im Sitzungsprotokolle der Zusammenhang mit dem Gange der Hauptverhandlung zum Zwecke der Auslegung in Zweifelsfällen zu berücksichtigen sein. In dem hier vorliegenden Falle läßt der Protokollvermerk klar erkennen, daß der Angeklagte nicht bloß „andere“ als die bisher zur Hauptverhandlung geladenen Zeugen gehört wissen wollte, sondern „die anderen“, d. h. solche Zeugen, welche er bereits früher in bezug auf den Gegenstand der Untersuchung zur Entkräftung von Anklagebehauptungen namhaft gemacht hatte.

In diesem Sinne lag ein dem § 243 Abs. 2 St. P. O. entsprechender Beweisantrag vor; und in diesem Sinne vermeinte offenbar auch der Angeklagte sich mit hinreichender Deutlichkeit ausgesprochen zu haben, indem er nicht die einzelnen Namen der Zeugen und die Beweisthatsachen wiederholte, sondern darauf als etwas dem Gerichte bereits bekanntes hinwies. Im guten Glauben daran, auch in der abgekürzten Fassung seinen Antrag genügend zum Ausdrucke gebracht zu haben, hat er sich einer Ergänzung durch Angabe von Namen und Thatsachen in jenem Zeitpunkte des Verfahrens für überhoben erachtet.

Der Gerichtshof hat den Antrag, der in Verbindung mit den früher gestellten und augenscheinlich in Bezug genommenen Beweisanträgen vollkommen substanziiert erschien, übergangen und dem Angeklagten auch die Möglichkeit einer Erläuterung dadurch entzogen, daß sofort das Urteil gefällt wurde.

Durch das hierbei eingehaltene Verfahren ist eine wesentliche Beschränkung der Verteidigung offenbar herbeigeführt.

Für die Hauptverhandlung im Strafverfahren hat eine solche Regelung der Fragepflicht nicht Platz gegriffen, wie sie im § 130, bezw. § 464 C. P. O. zur Geltung gebracht ist.

Gleichwohl bringt es die Pflicht des Gerichtes, in selbständiger Thätigkeit die Wahrheit zu ermitteln, mit sich, Mißverständnisse zu beseitigen, welche auf seiten des Angeklagten in der Art seiner Verteidigung zu Tage treten. Insbesondere ist es in solchen Fällen die Aufgabe des Vorsitzenden, durch Fragen dem Angeklagten Gelegenheit zur Aufklärung und zur Ergänzung abgegebener Erklärungen zu gewähren.

Im vorliegenden Falle wurde der Angeklagte in dem erkennbaren irrigen Glauben belassen, daß sein Antrag, wie gestellt, genüge, weil dem Gerichtshofe die Zeugen und Beweisthatsachen bereits bekannt seien. Durch Unterlassung der Befragung von seiten des Vorsitzenden ist der demselben obliegenden Pflicht nicht entsprochen, den Angeklagten über seinen Irrtum aufzuklären, und das von diesem Gemeinte dadurch vollständig zum Ausdrucke kommen zu lassen.

Bei der Revisionsprüfung war der Antrag so in Betracht zu ziehen, wie er vom Angeklagten offensichtlich gemeint worden war. Auf seiner Übergehung beruht das Urteil, welches dem Angeklagten eben daraus einen zur Bestrafung zufolge § 230 St. G. B.'s führenden Vorwurf gemacht hat, daß er in scharfem Trabe gefahren sei.

6 b. **Gänzlich unsubstantierte und inhaltlose Beweisanträge können jedoch unbeschieden bleiben.** conf. St. § 243 N. 7. U. IV 27. Juni 90. G. A. XXXVIII 329.

Aus den Gründen:

Die Revision rügt unzulässige Beschränkung der Verteidigung im Sinne des § 375 St. P. O.

Sie stützt diese Rüge auf die Behauptung, Angeklagter habe in der Hauptverhandlung die Vernehmung des Schlossergesellen G. und des Malerlehrlings H. beantragt; auf seinen Antrag sei aber, wie das Protokoll ergebe, keine Rücksicht genommen, überhaupt kein Beschluß gefaßt worden. Wenn in letzterem Umstande beiläufig auch ein Verstoß gegen § 273 Abs. 1 St. P. O. gefunden wird, so ist dies bezüglich des Beschlusses nicht zutreffend, weil der nicht ergangene Beschluß auch nicht beurkundet werden konnte. Bezüglich des Antrages wäre die Rüge zwar soweit zutreffend, als das Protokoll den gestellten Antrag nicht enthielt, dieselbe würde indes das Rechtsmittel nicht tragen, weil das angefochtene Urteil nicht auf dem Protokolle, sondern auf dem wirklich verhandelten beruht (§ 376 St. P. O.). Das Sitzungsprotokoll enthält nun zwar nicht einen Antrag des behaupteten Inhalts, wohl aber einen Antrag des Angeklagten auf „Vernehmung der von ihm im ersten Vernehmungsprotokolle benannten Zeugen". Die unterlassene Beschlußfassung enthält eine unzulässige Beschränkung der Verteidigung im Sinne des § 377 St. P. O. um deshalb nicht, weil dieser Paragraph gerade einen Beschluß des Gerichtes voraussetzt; sie verstößt aber auch nicht gegen § 243 St. P. O., weil der Angeklagte auch bei seiner polizeilichen Vernehmung vom 25. Jan. 90, der einzigen Vernehmung vor der Hauptverhandlung, Zeugen nicht benannt hat, ein Antrag aber, in welchem weder die zu beweisenden Thatsachen, noch die zu erhebenden Beweise angegeben sind, für einen Beweisantrag im Sinne des § 243 cit. nicht erachtet werden kann.

Es kann deshalb dahingestellt bleiben, ob der in der Revision behauptete Beweis, wenn angetreten und geführt, die vom Vorderrichter getroffene Feststellung beseitigen würde.

7a. Die wichtige Frage, unter welchen Voraussetzungen sich im Strafverfahren die Ablehnung eines Beweisantrags wegen beabsichtigter Verschleppung der Sache rechtfertige, behandelt U. 24. Juni 85. E. XII 335. R. VII 427. conf. L. § 243 N. 9b. St. ibid. N. 12.

In der die Tage vom 14.—16. April 1885 umfassenden schwurgerichtlichen Verhandlung beantragte der Angeklagte O. am letzten Verhandlungstage die Vernehmung mehrerer Zeugen und die Einholung einer amtlichen Auskunft von einer Polizeiverwaltung über näher bezeichnete Thatsachen. Dieser Beweisantrag ist durch Gerichtsbeschluß mit der Begründung abgelehnt worden, daß die unter Beweis gestellten Behauptungen nicht deshalb vorgebracht erschienen, weil sich der Angeklagte dadurch gegen die Beschuldigung zu verteidigen gedenke, sondern lediglich um die Sache hinzuziehen und einen Urteilsspruch zu verhindern. Hierin findet die Revision eine Verletzung des § 245 Abs. 1 St. P. O. Dem war aber nicht beizutreten.

Der auf die Erforschung und Feststellung materieller Wahrheit gerichteten Aufgabe des Strafprozesses entsprechend schreibt der § 245 a. a. O. im Abs. 1 vor, daß eine Beweiserhebung nicht deshalb abgelehnt werden darf, weil das Beweismittel oder die zu beweisende Thatsache zu spät vorgebracht worden. Eine Präklusion der Beweisanträge erscheint hiernach ausgeschlossen; dieselben können bis zur Verkündung des Urteiles in jedem Stadium der Verhandlung mit der Wirkung vorgebracht werden, daß sie von dem Gerichte einer sachlichen Prüfung zu unterziehen sind. Diese Prüfung wird auch nicht — wie im § 252 C. P. O. für den Civilprozeß gestattet — durch die mit der Zulassung neuer Verteidigungsmittel verbundene Verzögerung und die Überzeugung des Gerichtes erübrigt, daß die Verteidigungsmittel aus grober Nachlässigkeit nicht früher vorgebracht worden. Dergleichen kann weder nach ausdrücklicher Vorschrift der Strafprozeßordnung, noch nach dem inneren Zusammenhange und dem Geiste dieses Gesetzes für statthaft erachtet werden. Die hiernach in allen Fällen erforderliche sachliche Prüfung der Beweisanträge wird zu deren Ablehnung regelmäßig dann führen, wenn der zu beweisenden Thatsache keine Erheblichkeit für die Entscheidung beizumessen ist. Auf diesen Fall ist die Befugnis der Ablehnung indessen nicht eingeschränkt. Dieselbe ist insbesondere dann nicht ausgeschlossen, wenn die Prüfung dem Gerichte die Überzeugung gewährt, daß der Antragsteller mit dem Beweisantrage überhaupt nicht den Zweck verfolgt, die behauptete Thatsache zu beweisen, daß er vielmehr nur beabsichtigt, seine Verurteilung hinauszuschieben, in diesem Sinne also die Sache zu verschleppen. Ob ein solcher Fall vorliegt, hat das Instanzgericht gemäß § 260 St. P. O. nach seinem Ermessen zu beurteilen. Denn auch hier handelt es sich um eine Entscheidung auf Grund der aus dem Gesamtergebnisse der Beweisaufnahme gewonnenen Überzeugung. Freilich wird die Schwierigkeit der Prüfung die pflichtmäßigen Erwägungen des Gerichtes nur in seltenen, besonders gearteten Fällen zu der Überzeugung führen dürfen, daß mit einem Beweisantrage lediglich eine Verschleppung der Sache in dem bezeichneten Sinne beabsichtigt sei. Sobald aber diese Überzeugung auf rechtlich unanfechtbarer Grundlage gewonnen ist, kann in der Ablehnung des Beweisantrages weder ein Verstoß gegen § 245 Abs. 1, noch eine Beschränkung der Verteidigung im Sinne des § 377 Nr. 8 St. P. O. erblickt werden. Im vorliegenden Falle ergiebt nun die Begründung des ablehnenden Gerichtsbeschlusses, daß die Ablehnung keineswegs wegen zu späten Vorbringens, sondern nur deshalb erfolgt ist, weil das Gericht zu der Überzeugung gelangt war, daß es dem Angeklagten nicht sowohl ernstlich darum zu thun war, die gegen ihn erhobene Beschuldigung zu entkräften, sondern vielmehr darum, die Sache hinzuziehen und einen Urteilsspruch zu verhindern. Zu dieser Überzeugung aber ist das Gericht auf lediglich thatsächlicher, in der mündlichen Verhandlung gewonnener Grundlage, ohne erkennbaren Rechtsirrtum und daher nach § 376 St. P. O. unanfechtbar, gelangt, indem es dieselbe nicht allein darauf stützt, daß der Angeklagte bereits seit Dezember 1884 Kenntnis von der Anklageschrift hatte, sondern auch auf die besondere Art der Verteidigung, wie solche sich in den an den Vortagen der Verhandlung mit stattgebendem Erfolge von ihm gestellten Beweisanträgen manifestierte. Nicht weil der Angeklagte die am letzten Tage gestellten Beweisanträge früher hätte stellen sollen, sind dieselben abgelehnt, sondern weil nach den konkreten Umständen des Falles diese erst so spät gestellten Anträge nicht für im Interesse der Verteidigung ernstlich gemeinte erachtet worden sind. Daß dies — wie die Revision anführt — nicht dargethan sei, und daß der auf ebenfalls in der Hauptverhandlung gestellten Antrag vernommene Zeuge P. sehr wesentliches zu Gunsten des Angeklagten ausgesagt, sind thatsächliche Behauptungen und Erwägungen, welche nach §§ 260, 376 St. P. O. in der Revisionsinstanz keine Berücksichtigung finden können.

7b. **Zu solcher Ablehnung genügt nicht die Verschleppungsabsicht des Antragstellers; auch objektiv müßte die beantragte Beweisaufnahme eine Verschleppung verursachen.** conf. L. § 243 N. 9b. U. I 24. Jan. 90. E. XX 206.

Das landgerichtliche Urteil ist auf Revision der Angeklagten aufgehoben worden.

Aus den Gründen:

Inhalts des Sitzungsprotokolles ist der vom Verteidiger in der Hauptverhandlung gestellte Antrag:

„den Dienstmann W., welchen Zeuge S. wiederholt an die Angeklagte mit Aufträgen geschickt hat, als Zeugen über die Behauptung der Angeklagten zu vernehmen, daß W. ihr niemals ausgerichtet habe, sie solle S. die 8 M. bezahlen und das Sparkassenbuch einlösen, vielmehr nur stets, daß sie ihn, den S., besuchen solle, und daß sie deshalb nie Kenntnis davon erlangt habe, S. wolle von ihr das Geld zurück haben,"

durch Gerichtsbeschluß abgelehnt. Diese von der Revision mit der Rüge der Verletzung des § 245 St. P. O. und der unzulässigen Beschränkung der Verteidigung (§ 377 Nr. 8 St. P. O.) angefochtene Ablehnung ist damit begründet, daß

„durch den von der Angeklagten selbst bereits überreichten, in ihrem Besitze befindlichen Brief des S., welchen die Angeklagte selbst als echt bezeichnet, die bewußte Unwahrheit der letzten Behauptung nachgewiesen und der ganze Beweisantrag allein der Verschleppung halber und um die Beendigung der Sache zu verhindern, über wahrheitswidrig zu diesem Zwecke erfundene Behauptungen aufgestellt ist".

Die Revision erscheint begründet.

Nach § 245 St. P. O. darf eine Beweiserhebung nicht deshalb abgelehnt werden, weil das Beweismittel oder die zu beweisende Thatsache zu spät vorgebracht worden sei. Nun hat zwar das Reichsgericht in wiederholten Entscheidungen es für zulässig erachtet, Beweisanträge dann abzulehnen, wenn sie nicht blos zu spät vorgebracht und sonach objektiv geeignet waren, die Sache zu verschleppen, sondern wenn letzteres auch subjektiv als der ausschließliche Zweck des Antragstellers festgestellt werden konnte.

Vgl. Entsch. des R. G.'s in Strafs. Bd 12 S. 335, Bd. 13 S. 151; Rechtspr. d. R. G.'s Bd. 7 S. 550, Bd. 10 S. 148.

Allein in diesen Entscheidungen ist andererseits ausgesprochen, daß Ablehnungen aus diesem Grunde nur in „seltenen, besonders gearteten Fällen" zu rechtfertigen sein werden, daß sie „deshalb die sorgfältigste Erwägung erfordern, damit nicht durch den unterstellten Schein der Verschleppung die ernstlich gemeinte Verteidigung zu Schaden komme," und einer so eingehenden Begründung bedürfen, „daß auch dem Revisionsrichter erkennbar bleibt, ob jene Annahme auf rechtlich nicht anfechtbaren Voraussetzungen beruht." Der hiernach in solchen Fällen gebotenen Nachprüfung des Revisionsrichters kann allerdings nicht das neue Vorbringen der Revision, sondern lediglich der zum Sitzungsprotokolle und in den Urteilsgründen festgestellte Sachverhalt zu Grunde gelegt werden. Allein auch auf dieser Grundlage kann die Ablehnung des Beweisantrages im vorliegenden Falle nicht für gerechtfertigt erachtet werden. Der erste Teil der Begründung, daß „die bewußte Unwahrheit der letzten Behauptung nachgewiesen sei, würde, falls überhaupt zutreffend, gar nicht die eigentliche Beweisthatsache, sondern lediglich den aus derselben in dem Beweisantrage gezogenen Schluß, „daß sie deshalb nie Kenntnis davon erlangt habe, S. wolle von ihr das Geld zurück haben, treffen. Ob die „bewußte Unwahrheit" dieser Behauptung durch den Brief des S. bewiesen wird, durch welchen derselbe nach den Urteilsgründen die Angeklagte aufforderte, „das Sparkassenbuch bei ihm abzuholen, widrigenfalls er dasselbe dem Polizei-Commissarius übergeben würde," kann — als thatsächlich — unerörtert bleiben. Auf welche Thatsachen der Vorderrichter aber die fernere Annahme gegründet hat, daß der ganze Beweisantrag, also insbesondere die thatsächliche Behauptung über den Inhalt der durch den Dienstmann W. ausgerichteten Bestellungen, „allein der Verschleppung halber und um die Beendigung der Sache zu verhindern, über wahrheitswidrig zu diesem Zwecke erfundene Behauptungen aufgestellt ist," ist nicht erfindlich. Weder die Urteilsgründe noch das Sitzungsprotokoll bieten die erforderlichen Unterlagen für diese Annahme. Daß ein Angeklagter subjektiv „der Verschleppung halber" Anträge stellt, kann nur dann angenommen werden, wenn ein den Anträgen stattgebender Beschluß objektiv eine Verschleppung zur Folge haben würde, wie z. B. in dem vom Vorderrichter angezogenen Falle Bd. 7 S. 550 der Rechtspr. des R. G.'s, wo es sich um eine Anzahl auswärtiger und theilweise in fremden Landen sich aufhaltender Zeugen handelte, oder wenn Zeugen benannt werden, deren Ermittelung bereits fruchtlos versucht ist.

Vgl. Rechtspr. des R. G.'s Bd. 10 S. 148.

Wenn aber, wie im vorliegenden Falle, die Angeklagte die Vernehmung eines einzigen Zeugen verlangt, der in der Hauptverhandlung von dem Belastungszeugen selbst als bei den Vorgängen beteiligt bezeichnet ist, dessen Beruf, Name und Wohnort angegeben wird, der endlich am Sitze des Gerichtes wohnt und nach den bestehenden Verkehrsmitteln und Polizei-Einrichtungen voraussichtlich noch am Sitzungstage zur Vernehmung gestellt werden konnte: so kann weder objektiv durch die Anordnung dieser Vernehmung nach dem gewöhnlichen Laufe der Dinge eine Verschleppung eintreten noch subjektiv eine dahin gehende Absicht unterstellt werden.

Da der Vorderrichter selbst anerkennt, daß die Vernehmung des W. für die Beurteilung der Glaubwürdigkeit des Zeugen S. in Betracht kommen könnte, mußte wegen unzulässiger Beschränkung der Verteidigung (§ 377 Nr. 8 St. P. O.) gemäß §§ 393, 394 das., wie geschehen, erkannt werden.

8. **Das Gericht darf einem Angeklagten, welcher erklärt, daß er noch Beweisanträge stellen wolle, in der Hauptverhandlung das Wort nicht entziehen.** U. 9. Febr. 92. E. XXII S. 335.

Mit Recht rügt der Angeklagte als unzulässige Beschränkung der Verteidigung, daß ihm in der Hauptverhandlung das Wort entzogen worden ist.

In der Revision wird behauptet, daß der Angeklagte nach Ablehnung mehrerer Beweisanträge beantragt habe, ihm noch das Wort zur Stellung anderer Beweisanträge zu erteilen, daß der Vorsitzende ihm aber das Wort nicht erteilt, sondern die Verlautbarung jedes weiteren Beweisantrages ohne Angabe von Gründen auf das strengste untersagt habe.

Der in dem Sitzungsprotokolle enthaltene Vermerk, daß der Gerichtshof beschlossen und verkündet habe, „einem dahingehenden Antrage des Angeklagten zuwider" diesem das Wort zu entziehen, läßt zwar, für sich allein betrachtet, mit Sicherheit nicht erkennen, welchen Inhalt der damals von dem Angeklagten gestellte Antrag gehabt hat; da der Vermerk sich indes unmittelbar anschließt an die Beurkundung von Gerichtsbeschlüssen, welche sich über die Ablehnung von Beweisanträgen verhalten, so muß angenommen werden, daß der Angeklagte gebeten hat, ihm zur Stellung weiterer Beweisanträge das Wort zu erteilen und ihm trotz dieser Erklärung das Wort entzogen ist. Hierzu war das Gericht nicht befugt.

Der Beschluß, dem Angeklagten das Wort zu entziehen, beschränkt sich auf den Hinweis, daß der Angeklagte zuvor in der umfangreichsten Weise zum Worte verstattet gewesen sei, und entbehrt im übrigen jeglicher Begründung. Mochte der Angeklagte aber auch bereits in „umfangreichster Weise" Erklärungen abgegeben haben, die Gelegenheit, *Beweisanträge* zu stellen, durfte ihm nicht abgeschnitten und die von ihm kundgegebene Absicht, dies zu thun, durch gerichtliche Maßnahmen nicht vereitelt werden. Im Civilprozesse können nach § 252 C. P. O. Verteidigungsmittel, welche von dem Beklagten nachträglich vorgebracht werden, auf Antrag zurückgewiesen werden, wenn durch deren Zulassung die Erledigung des Rechtsstreites „verzögert werden würde, und das Gericht die Überzeugung gewinnt, daß der Beklagte in der Absicht, den Prozeß zu verschleppen, oder aus grober Nachlässigkeit die Verteidigungsmittel nicht früher vorgebracht hat; im Strafprozesse ist die verspätete Antragstellung und die Absicht des Angeklagten, die Entscheidung zu verzögern, an sich kein Grund, welcher den Thatrichter berechtigt, einen Beweisantrag unbeachtet zu lassen. Nach § 243 Abs. 2 St. P. O. bedarf es eines Gerichtsbeschlusses, wenn ein Beweisantrag abgelehnt werden soll, und nach § 245 Abs. 1 St. P. O. darf eine Beweiserhebung nicht deshalb abgelehnt werden, weil das Beweismittel oder die zu beweisende Thatsache zu spät vorgebracht ist. Hiernach ist es dem Gerichte nicht gestattet, dem Angeklagten, welcher in der Hauptverhandlung einen Beweisantrag stellen will, das Gehör zu versagen, solche Anträge müssen vielmehr, gleichviel, ob der Angeklagte die Stellung derselben schuldbar oder sogar böswillig verzögert hat, in dem ganzen Verlaufe der Hauptverhandlung bis zur Verkündung des Urteiles von dem Gerichte entgegengenommen, sachlich geprüft und durch Beschluß erledigt werden. Daß der Angeklagte infolgedessen imstande ist, stets neue Beweisanträge zu stellen und so die Entscheidung zu verzögern und zu erschweren, ist ein Übelstand, der sich zwar unter Umständen empfindlich bemerklich macht, aber gegenüber dem Gesichtspunkte, daß es sich um die Wahrung des wichtigsten aller Parteirechte handelt und jede Möglichkeit einer Beeinträchtigung ernstlich gemeinter Verteidigung zu vermeiden ist, nicht ins Gewicht fallen kann. Nur dann, wenn das Gericht die Überzeugung erlangen sollte, daß der Angeklagte gar nicht beabsichtige, ernstgemeinte Beweisanträge zu stellen und seine Verteidigung zu fördern, er vielmehr unter dem äußeren Scheine der Antragstellung lediglich unzulässige Zwecke verfolgen wolle, würde die Entziehung des Wortes als statthaft anzusehen sein, da eine in Wahrheit nicht vorhandene Verteidigung nicht beschränkt werden kann. Allein das Reichsgericht hat bereits bei der Erörterung, inwieweit es zulässig ist, Anträge als ausschließlich zum Zwecke des Verschleifes der Sache vorgebracht unberücksichtigt zu lassen, wiederholt auf die Schwierigkeit der Ermittelung hingewiesen, daß der Antragsteller den Antrag nicht ernstlich meine, Entsch. in Strafs. Bd. 20 S. 206, Bd. 13 S. 151, Bd. 12 S. 355, Rechtspr. in Strafs. Bd. 7 S. 550, Bd. 10 S. 148, und diese Schwierigkeit nähert sich der Unmöglichkeit in einem Falle, in welchem die Anträge nur angekündigt und noch nicht bekannt sind. Mag aber auch die Möglichkeit einer solchen Ermittelung für den in der Beurteilung der Sachlage freien Thatrichter nicht gänzlich ausgeschlossen sein, so muß doch verlangt werden, daß das Ergebnis der Ermittelung eingehend dargelegt und erkennbar gemacht wird, ob der Beschluß, durch welchen dem Angeklagten das Wort entzogen ist, auf nicht anfechtbaren Voraussetzungen beruht; daß die Strafkammer, als sie dem Angeklagten das Wort zur Antragstellung versagte, von einer derartigen Auffassung ausgegangen ist, wird in der Begründung ihres Beschlusses nicht einmal angedeutet.

Hiernach unterliegt das angefochtene Urteil nebst der demselben zu

Grunde liegenden Feststellung wegen unzulässiger Beschränkung der Verteidigung der Aufhebung.

9a. **Die Beweisaufnahme muß nur auf diejenigen erschienenen Zeugen, welche nachweislich geladen sind, erstreckt werden.** conf. L. § 244 N. 2a. St. ibid. N. 1. U. I 16. Jan. 93. E. XXIII 400.

Der Verteidiger hatte in einer Eingabe dem Gerichte angezeigt, daß er zur Hauptverhandlung verschiedene von ihm benannte Zeugen laden werde. Aus der Zahl der letzteren ist eine Zeugin zwar im Sitzungsprotokolle als erschienen aufgeführt; es ist indes ein Weiteres dort in betreff ihrer nicht vermerkt, namentlich auch nicht, daß sie vernommen oder über ihre Nichtvernehmung Beschluß gefaßt worden.

Aus den Gründen:

Der prozessualen Rüge mußte der Erfolg versagt werden, weil das Gericht nicht genötigt war, die nach Ausweis des Sitzungsprotokolles vom 30. September 1892 in der Hauptverhandlung erschienene Ehefrau Ö. im Sinne des § 244 St. P. O. als „vorgeladene" Zeugin zu behandeln und deshalb dieselbe zu vernehmen. Wie das Reichsgericht wiederholt ausgesprochen hat, ist der anwesende Zeuge nur dann ein „vorgeladener", wenn derselbe nach Maßgabe des § 38 St. P. O. unmittelbar durch den Gerichtsvollzieher geladen worden ist, und wenn ferner dem Gerichte der Nachweis solcher Ladung geführt worden.

Urtt. des R. G.'s vom 14. Februar 1880, Rechtspr. des R. G.'s in Straff. Bd. 1 S. 356, 7. April 1880 a. a. O. S. 549, 24. April 1880 a. a. O. S. 660, 4. Januar 1882 Rechtspr. des R. G.'s in Straff. Bd. 4 S. 14, 9. Januar 1885 das. Bd. 7 S. 24, 18. Juni 1888, Entsch. des R. G.'s in Straff. Bd. 17 S. 440; in dem letztgenannten Urteile ist noch besonders ausgeführt, daß die bloße Anzeige des Angeklagten oder des Verteidigers, die Ladung des Zeugen werde beabsichtigt, dem erschienenen Zeugen noch nicht die Eigenschaft eines „vorgeladenen" verleihe, wenn nicht gleichzeitig die ordnungsmäßig erfolgte Ladung durch Vorlegung der Zustellungsurkunde nachgewiesen würde. Da nun der Verteidiger unterm 27. September 1892 nur angezeigt hat, daß er die Zeugin Ö. laden werde, in dem Hauptverhandlungstermine aber nach Ausweis des Sitzungsprotokolles keinerlei weitere Erklärungen über die erfolgte Vorladung abgegeben, noch weniger den erforderlichen Nachweis geführt hat, so stand nichts im Wege, jene Zeugin lediglich als „gestellte" Zeugin — § 221 St. P. O. — zu behandeln. Zu einer Berücksichtigung eines sistierten Zeugen aber ist das Gericht nur dann verpflichtet, wenn mit seiner Gestellung ein Beweisantrag, wie ihn der § 243 St. P. O. vorsieht, verbunden wird, wenn ein solcher Antrag erkennen läßt, über welche Thatsachen der Zeuge vernommen werden soll. Ein derartiger Antrag ist nach Ausweis des Sitzungsprotokolles weder vom Angeklagten noch von dessen Verteidiger gestellt. An die Thatsache, daß die Ehefrau Ö. erschienen, sind keinerlei Erklärungen irgend welcher Art geknüpft worden. Selbst die von der Revision in Bezug genommene

Eingabe des Verteidigers vom 27. September 1892 enthält keinerlei Beweisthema. Das Gericht war daher auch nicht auf Grund des § 243 St. P. O. in die Lage gebracht, einen Beschluß über die Vernehmung oder Nichtvernehmung der Zeugin fassen zu müssen, sodaß sich der Angeklagte nicht beschweren kann, wenn das Gericht jene Zeugin unberücksichtigt gelassen und nicht vernommen hat. . . .

9b. **Die Beweisaufnahme muß nur auf diejenigen vorgeladenen Zeugen, welche erschienen sind, erstreckt werden.** conf. L. § 244 N. 2b. St. ibid. N. 2. K. S. 552. U. I 29. Jan. 80. E. I 175. R. I 293.

Mit Unrecht geht die Revision des Angeklagten von der Annahme aus, daß ein Angeklagter nach § 244 St. P. O. ein unbeschränktes Recht darauf habe, daß jeder zur Hauptverhandlung vorgeladene oder rechtzeitig namhaft gemachte Zeuge vernommen werde, so daß, wenn dessen Erscheinen durch ein Hindernis vereitelt wurde, auf Antrag die Hauptverhandlung ausgesetzt und auf einen späteren Tag behufs Vernehmung des ausgebliebenen Zeugen verlegt werden müsse.

Allerdings bestimmt § 244 St. P. O., daß die Beweisaufnahme auf die sämtlichen vorgeladenen Zeugen und Sachverständigen zu erstrecken ist; allein hierunter sind nur die auch wirklich erschienenen Zeugen und Sachverständigen zu verstehen, wie sich aus dem Gesetze selbst ergiebt.

Nach § 242 Abs. 1 St. P. O. beginnt nämlich die Hauptverhandlung mit dem Aufrufe der Zeugen und Sachverständigen.

Zeigt sich hierbei das Ausbleiben eines solchen, so räumt das Gesetz dem Angeklagten nicht das unbedingte Recht ein, sofort die Herbeiholung des Ausgebliebenen oder die Aussetzung der Hauptverhandlung zu diesem Zwecke zu verlangen, sondern an den Aufruf der Zeugen und Sachverständigen schließt sich in der Regel unmittelbar die Vernehmung des Angeklagten (§ 242 Abs. 2, 3, 4) an. Gemäß § 243 a. a. O. folgt nach der Vernehmung des Angeklagten die Beweisaufnahme und es kann das Gericht, sofern der Angeklagte einen Beweisantrag gestellt, sohin namentlich auch die Vorladung zwar bereits vorgeladener aber nicht erschienener Zeugen beantragt hat, auf solchen Antrag entweder sofort die Ladung der Zeugen anordnen oder behufs Vornahme einer Beweishandlung die Aussetzung der Hauptverhandlung beschließen, oder aber den gestellten Beweisantrag durch Gerichtsbeschluß ablehnen.

Hieraus wird von selbst klar, daß, wenn der folgende § 244 a. a. O. bestimmt, daß die Beweisaufnahme auf die sämtlichen vorgeladenen Zeugen . . . zu erstrecken sei, hierunter nur diejenigen Zeugen zu verstehen sind, welche entweder schon beim Aufrufe (§ 242) erschienen waren oder aber zufolge des erst gemäß § 243 a. a. O. gestellten und vom Gerichte zugelassenen Beweisantrages geladen worden und erschienen sind.

Für diese Auffassung spricht auch die Entstehungsgeschichte des § 244 a. a. O.

Der Entwurf der St. P. O. enthielt in § 207 den Grundsatz, daß das Gericht den Umfang der Beweisaufnahme zu bestimmen habe, ohne hierbei durch Anträge gebunden zu sein.

Die Reichstagskommission (Reichstagsverhandlungen 1876 Anlagen Seite 392 u. folg.) erklärte sich aber mit der im § 207 dort dem Gerichte eingeräumten Befugnis, die Beweisaufnahmen zu schließen, ohne daß die sämtlichen herbeigeschafften Beweismittel — abgesehen von bezüglicher Übereinstimmung der Staatsanwaltschaft und des Angeklagten — erschöpft sind, nicht einverstanden, und so entstand an Stelle des § 207 des Entwurfes der § 244 St. P. O., welcher dahin, daß die Beweisaufnahme auf die sämtlichen vorgeladenen Zeugen und Sachverständigen, sowie auf die anderen herbeigeschafften Beweismittel zu erstrecken ist, redigiert wurde, jedoch nach der zweifellosen Absicht der gesetzgeberischen Faktoren dahin zu verstehen ist, daß die vorgeladenen Zeugen, auf welche sich die Beweisaufnahme erstrecken soll, unter die bereits herbeigeschafften Beweismittel gehören, sohin erschienen sein müssen.

Im gegenwärtigen Falle nun hatte der Angeklagte mit Eingabe vom 2. December 1879 an die Staatsanwaltschaft .... zwei Zeugen, deren unmittelbare Vorladung er übernahm, benannt; dieselben waren aber bei der Hauptverhandlung am 5. Dezember 1879 nicht erschienen und zwar der Zeuge T. deshalb, weil er wegen Abwesenheit auf Reisen nicht geladen werden konnte, der zweite, T., weil er durch Unwohlsein verhindert war; in der Hauptverhandlung war also die Beweisaufnahme auf diese Beweismittel, welche nicht herbeigeschafft waren, und deren Herbeischaffung durch Gerichtsbeschluß abgelehnt worden, im Sinne des § 244 Abs. 1 St. P. O. nicht zu erstrecken; folglich macht die Revision des Angeklagten mit Unrecht die Verletzung dieser hier gar nicht anwendbaren Gesetzesbestimmung geltend.

Es kann sich hiernächst nur weiter fragen, ob durch den gemäß § 243 St. P. O. gefaßten Gerichtsbeschluß vom 5. Dezember 1879, wonach der bei der Hauptverhandlung gestellte Antrag des Angeklagten auf Vertagung der Sache behufs Vernehmung der beiden Schutzzeugen abgelehnt worden war, die Verteidigung in einem für die Entscheidung wesentlichen Punkte unzulässig (§ 377 Ziff. 8) beschränkt wurde, wie die Revision behauptet. Allein auch dieser Angriff ist erfolglos."

... Es folgt die Ausführung, daß die Vorinstanz aus thatsächlichen, der Nachprüfung mittels Revision entzogenen Gründen die Vernehmung der zwei Schutzzeugen als unbehelflich und überflüssig abgelehnt hat, und daß diese nach § 243 Abs. 2 St. P. O. zulässige Ablehnung, bei der Unanfechtbarkeit ihrer thatsächlichen Begründung, nicht als unzulässige Beschränkung der Verteidigung im Sinne des § 377 Ziff. 8 a. a. O. erachtet werden kann.

10. **Zur Entfernung des Angeklagten aus dem Sitzungszimmer ist ein Gerichtsbeschluß erforderlich.** conf. L. § 256 N. 1. St. ibid. N. 1. U. IV 28. Febr. 90. E. XX 273.

... Mit Recht wird ... gerügt, daß die Zeugen Franz H. und August Ch. in Abwesenheit der Angeklagten vernommen worden, indem die letzteren, wie das Sitzungsprotokoll bestätigt, auf Anordnung des Vorsitzenden aus dem Sitzungssaale entfernt worden sind, ohne daß hierüber ein Gerichtsbeschluß gefaßt und verkündet worden war. Dieses Verfahren verstößt gegen die Vorschrift des § 246 Abs. 1 St. P. O. bezw. § 178 G. V. G.'s. Ob einer der in diesen Gesetzesstellen bezeichneten, die Entfernung der Angeklagten aus dem Sitzungssaale rechtfertigenden Gründe, und welcher derselben vorlag, ist nicht zu ersehen. In jedem dieser Fälle bedurfte es aber eines diese Entfernung anordnenden Gerichtsbeschlusses. Dies ist in § 178 G. V. G.'s ausdrücklich vorgeschrieben, und für den Fall des § 246 Abs. 1 St. P. O. ergiebt es sich daraus, daß daselbst die Befugnis, den Angeklagten abtreten zu lassen, dem Gerichte eingeräumt ist, worunter die aus dem Vorsitzenden und den Beisitzern bestehenden Personen gemeint sind, dem im ersten Satze genannten Gerichte gegenübergestellt wird. Diese Auffassung wird auch durch die Materialien zur Strafprozeßordnung bestätigt. Denn während nach dem Entwurfe (§ 209) dem Vorsitzenden die überdies an keinerlei Voraussetzungen geknüpfte Befugnis gegeben werden sollte, einen Angeklagten vor oder bei der Vernehmung eines Zeugen oder Mitangeklagten zeitweise aus dem Sitzungszimmer abtreten zu lassen, trat an Stelle dieser Bestimmung infolge der in zweiter Lesung von der Reichstagskommission gefaßten Beschlüsse die demnächst zum Gesetze erhobene Vorschrift des § 246 Abs. 1 St. P. O., und in dem Berichte der Kommission ist dazu ausdrücklich bemerkt, es sei dieselbe einstimmig der Ansicht gewesen, daß die in § 209 des Entwurfes dem Vorsitzenden eingeräumte Befugnis nicht in dessen Hände zu legen, sondern nur dem Gerichte selbst einzuräumen sei.

Vgl. Hahn, Materialien 2. Aufl. S. 29. 1363—1365. 1584. 2253.

Der hiernach erforderliche Gerichtsbeschluß durfte nach § 33 St. P. O. erst nach Anhörung der Beteiligten, insbesondere also auch der Angeklagten ergehen und mußte gemäß der §§ 34. 35 a. a. O. mit Gründen verkündet werden. Die hiernach vorliegenden Mängel des Verfahrens werden dadurch, daß demselben weder von den beisitzenden Richtern noch von den Prozeßbeteiligten widersprochen worden, nicht geheilt, und das umso weniger, als bei dem Schweigen des Protokolles über die Gründe der Entfernung die Möglichkeit nicht ausgeschlossen ist, daß dieselbe auf gesetzlich nicht anerkannten Erwägungen beruhte, in solchem Falle aber auch die Zustimmung die Maßregel nicht rechtfertigen konnte.

11. **Für die Verlesung eines Protokolles über die frühere richterliche Vernehmung eines Zeugen** — weil dieser verstorben, in Geisteskrankheit verfallen oder sein Aufenthalt nicht zu ermitteln ist — **ist nicht erforderlich, daß die frühere Vernehmung in dem jetzt anhängigen Strafverfahren stattgefunden hat.** conf. L. § 250 N. 3. St. ibid. N. 3. U. I 5. Jan. 84. E. X 29. R. VI 22.

In der schwurgerichtlichen Verhandlung beantragte der Verteidiger des wegen Meineides angeklagten Müllers B. W. die Verlesung des Protokolles vom 17. Mai 1881 über die Vernehmung des P. Pf. — welcher nach der Angabe des in der schwurgerichtlichen Verhandlung vernommenen Zeugen L. gestorben ist — aus den Civilprozeßakten i. S. des Wirtes J. R. in S.

gegen den Müller B. W. in W.; durch Gerichtsbeschluß wurde dieser Antrag verworfen unter der Erwägung, diese Verlesung sei unzulässig, „weil die Verlesung eines gerichtlichen Zeugenprotokolles auch im Falle des Todes des Zeugen nur dann statthaft erscheint, wenn die Vernehmung desselben in betreffender Untersuchungssache erfolgte und eine Ausnahme von der Regel des § 249 St. P. O. nur in dem hier nicht gegebenen Falle der §§ 250, 255 St. P. O. statuiert ist." Die Revision des Angeklagten W. rügt, es sei durch diesen Gerichtsbeschluß die Verteidigung in einem für die Entscheidung wesentlichen Punkte unzulässig beschränkt worden, und sonach das erlassene Urteil gemäß § 377 Ziff. 8 St. P. O. als auf einer Verletzung des Gesetzes, speziell des § 250 St. P. O., beruhend anzusehen. Die Revision ist gerechtfertigt.

Das Reichsgericht erachtet auch die Verlesung eines Protokolles, welches in einer Civilprozeßsache über eine in derselben erfolgte richterliche Vernehmung eines inzwischen gestorbenen Zeugen erwachsen ist, als nach § 250 Abs. 1 St. P. O. zulässig.

Es kann zugegeben werden, daß die Bestimmung des § 250 Abs. 1 St. P. O. vorzugsweise die Fälle einer in der nämlichen Strafsache erfolgten früheren richterlichen Vernehmung im Auge hatte; dagegen läßt sich eine Beschränkung auf diese Fälle weder aus dem Wortlaute der Gesetzesbestimmung, noch aus der Entstehungsgeschichte derselben mit Sicherheit entnehmen, und wie diese einer ausgedehnten Auslegung nicht entgegenstehen, sprechen andererseits innere Gründe für eine ausdehnende Auslegung.

Der Wortlaut der Bestimmung des § 250 Abs. 1 St. P. O. enthält als einzige Beschränkung jene, daß die Vernehmung des Zeugen eine richterliche gewesen; damit ist aber nicht ausgeschlossen sowohl der Fall, daß die Vernehmung in einer anderen Strafsache, als der Fall, daß die Vernehmung in einer Civilprozeßsache erfolgt sei. Insbesondere begründen weder einzelne Ausdrücke des als Sitz der Gesetzesvorschrift zunächst in Betracht kommenden Absatzes 1 des § 250 St. P. O. (wie das Wort „das" oder das Wort „frühere"), noch der Zusammenhang oder die Vergleichung dieser Bestimmung mit der in Abs. 2 des § 250 enthaltenen Vorschrift oder mit §§ 249, 251, 253 a. a. O. einen zwingenden Schluß auf den Willen des Gesetzes, die in § 250 Abs. 1 St. P. O. festgesetzte Gestattung der Verlesung auf Protokolle über eine richterliche Vernehmung in derselben Strafsache zu beschränken, und umfaßt sprachlich die richterliche Vernehmung eines Zeugen an sich ebensowohl Akte richterlicher Thätigkeit in einer Strafsache, als in einer Civilprozeßsache. Aus der Entstehungsgeschichte des Gesetzes ferner kann für den Willen einer Beschränkung der vorbezeichneten Art ein durchschlagender Grund nicht entnommen werden, da, soweit die Motive zu § 250 Abs. 1 St. P. O. (§ 213 Abs. 1 des Entwurfes) die Worte enthalten „mag diese Vernehmung in der Voruntersuchung oder schon vor Erhebung der Klage (vgl. §§ 140, 141 a. a. O.) erfolgt sein", sie allerdings von dem hauptsächlichen Falle der Anwendung des § 250 Abs. 1 a. a. O. —

nämlich demjenigen der früheren Vernehmung in der nämlichen Strafsache — ausgehen, jedoch sonstige Fälle richterlicher Vernehmung nicht ausschließen. In der Reichsjustizkommission fanden keine Erörterungen in dieser Beziehung statt.

Für eine ausdehnende Auslegung des § 250 Abs. 1. St. P. O. sprechen nun folgende Erwägungen. Das Gesetz geht zwar von dem Grundsatze der Mündlichkeit und Unmittelbarkeit aus, jedoch nur, soweit die Durchführung dieses Grundsatzes thunlich ist und nicht andererseits den obersten Zweck einer gerechten Strafrechtspflege, Erforschung der materiellen Wahrheit beeinträchtigt. Dieser Grundsatz läßt sich nun thatsächlich nicht verwirklichen, wenn diejenige Person, deren Vernehmung als Zeuge in Betracht käme, zur Zeit der Hauptverhandlung bereits gestorben ist; hier würde es sich sonach um die Alternative handeln, wegen der Unmöglichkeit der mündlichen unmittelbaren Vernehmung derselben vor dem urteilenden Gerichte auf die Kenntnis dessen, was aus der Aussage dieser Person als Zeuge für die Überzeugung des urteilenden Gerichtes über eine Thatsache entnommen werden könnte, zu verzichten, oder dieselbe in einer anderen Form kennen zu lernen, die jedoch ebenfalls mit Garantien richtiger Erhebung und Wiedergabe der Aussage versehen ist. Im Interesse der Erforschung der materiellen Wahrheit konnte sich der Gesetzgeber nur für die letztere Richtung entscheiden. Entschied er sich dafür, so lag kein innerer Grund zunächst dafür vor, zwischen richterlichen Vernehmungen in der nämlichen und solchen in einer anderen Strafsache zu unterscheiden. Schloß der Gesetzgeber aber die Berücksichtigung von Protokollen über richterliche Vernehmungen in einer anderen Strafsache nicht aus, so hatte er auch keine genügende Veranlassung, der Beweiswürdigung in einer Strafsache solche Protokolle zu entziehen, welche über eine richterliche Vernehmung einer Person als Zeuge in einer Civilprozeßsache entstanden sind. Auch bei letzterer fehlt nicht bezüglich der förmlichen Vernehmung einer Person als Zeuge die äußere Garantie, wie bei einer richterlichen Vernehmung in einer Strafsache, und der Umstand, daß im einzelnen prozeßrechtliche Abweichungen bestehen, hindert nicht, daß darüber, worüber die Aussage einer Person als Zeuge erhoben und zu richterlichem Protokolle niedergelegt ist, in gleichem Maße die Gewähr richtiger Erhebung und Wiedergabe der Aussage besteht. Sodann kommt in Betracht, daß, wie bei Aussagen einer Person, welche der urteilende Richter unmittelbar vernommen hat, derselbe bei Würdigung des Inhaltes eines Protokolles über eine frühere Vernehmung eines Zeugen nicht an bestimmte Beweisregeln gebunden, und daß daher seiner Beurteilung im einzelnen Falle die Abwägung der Glaubwürdigkeit und Bedeutung überlassen ist, welche er einer nur durch Verlesung des Vernehmungsprotokolles ihm kundgewordenen Aussage einer Person beimessen will.

Nach dem vorstehenden ist durch den von der Revision bezeichneten Gerichtsbeschluß § 250 Abs. 1 St. P. O. verletzt. Es ist ferner die Erheblichkeit der Aussage, deren Verlesung beantragt, jedoch vom Gerichte abgelehnt wurde, für die Entscheidung nicht ausgeschlossen.

12. **Macht ein Zeuge, welcher früher sein Zeugnis abgelegt hat, von seinem Zeugnisverweigerungsrecht Gebrauch, so können die Gerichtspersonen, vor denen er seine frühere Aussage gemacht hat, über den Inhalt derselben als Zeugen vernommen werden.** conf. St. § 251 N. 2. contr. L. § 251 N. 3. K. S. 377. Glaser I S. 546. v. Schwarze, Gerichtssaal XXXIII S. 270. U. 1 1. Nov. 81. E. V 143. R. III 678.

Bertha S., die Tochter des Angeklagten, war in der Voruntersuchung, nachdem sie auf ihr Recht der Zeugnisverweigerung verzichtet, als Zeugin vernommen worden. In der Hauptverhandlung verweigerte sie das Zeugnis. Die Staatsanwaltschaft stellte nun den Antrag, über die früheren Angaben der S. den Untersuchungsrichter als Zeugen zu vernehmen. Das Gericht lehnte diesen Antrag aus dem Grunde ab, weil die beantragte Vernehmung „eine unzulässige Umgehung des § 251 St. P. O. wäre". Das freisprechende Urteil wurde von der Staatsanwaltschaft wegen Verletzung des § 251 a. a. O. angefochten.

Es erfolgte Aufhebung des Urteiles und Zurückverweisung der Sache in die erste Instanz.

Aus den Gründen:

Die Begründung des ablehnenden Beschlusses ist eine rechtsirrtümliche[1]).

Nach der Bestimmung des § 251 St. P. O. ist es nur unstatthaft, die Aussagen eines vor der Hauptverhandlung vernommenen Zeugen, welcher erst in der Hauptverhandlung von seinem Rechte, das Zeugnis zu verweigern, Gebrauch macht, zu verlesen. Im vorliegenden Falle ist jedoch nicht die Verlesung der früheren Angaben der Bertha S., sondern die Vernehmung des als Zeuge vorgeladenen und erschienenen Untersuchungsrichters über jene Angaben beantragt worden. Dieser Vernehmung stand eine gesetzliche Bestimmung und insbesondere der § 251 St. P. O. nicht im Wege. Die Ausdehnung der letzteren, nach ihrem klaren Wortlaut auf das Verbot der Verlesung beschränkten Gesetzesstelle auf den hier unterstellten Fall der Vernehmung eines Zeugen ist nicht zulässig.

Es läßt sich übrigens auch die Absicht des Gesetzgebers, dem § 251 eine solche über seinen Wortlaut hinausreichende Bedeutung beizulegen, aus der Entstehungsgeschichte der fraglichen Gesetzesstelle nicht nachweisen. Vgl. Hahn, Materialien zur Strafprozeßordnung S. 860 flg., 1366, 1562, 1598, 1880 flg.

Durch den § 251 ist nur die Anwendung des in § 249 St. P. O. hinsichtlich des Beweises durch Zeugen und Sachverständige ausgesprochenen allgemeinen Grundsatzes der Mündlichkeit, von welchem nur in den §§ 250, 252, 255 St. P. O. bezeichneten Fällen durch Verlesung der betreffenden Angaben abgewichen werden darf, auf den hier in Betracht kommenden besonderen Fall zum Ausdruck gebracht worden.

---

[1]) Vgl. Mecklenburg. Zeitschr. f. Rechtspflege I 2 S. 141—175; Gerichtssaal Bd. 33 S. 270—296.

Der Grundsatz der Mündlichkeit aber wird durch eine Zeugenvernehmung, wie sie hier in Frage steht, nicht verletzt. Es kann auch mit Grund nicht eingewendet werden, daß der Untersuchungsrichter in dem unterstellten Falle nicht über das Beweisthema selbst, über welches der privilegierte Zeuge ausgesagt, vernommen werden könnte. Eine desfallsige Beschränkung des Zeugenbeweises kennt die Strafprozeßordnung nicht; die Vernehmung sogenannter Zeugen vom Hörensagen ist nicht ausgeschlossen. Das Beweisthema bildet in einem solchen Falle die Thatsache, daß der privilegierte Zeuge, welcher in der Hauptverhandlung das Zeugnis verweigert, früher über eine von ihm gemachte Wahrnehmung ausgesagt hat. Die Zweifel, welche über den Beweiswert eines Zeugen vom Hörensagen entstehen können, kommen für die Frage, ob die Vernehmung des Zeugen zulässig ist, nicht in Betracht. Über den Wert der einzelnen Beweismittel hat nach § 260 St. P. O. das erkennende Gericht nach seiner freien Überzeugung zu entscheiden.

Ebensowenig kann ein Recht des in der Hauptverhandlung das Zeugnis verweigernden Zeugen darauf, daß seine von ihm in der Voruntersuchung unter Verzicht auf sein Recht gemachten Angaben in keiner Weise benützt werden sollen, aus dem Gesetze abgeleitet werden. Einem solchen Zeugen ist vielmehr, um ihn der Kollision der Zeugenpflicht mit anderen vom Gesetze anerkannten Pflichten zu entheben, in § 51 St. P. O. nur das Recht eingeräumt, das Zeugnis zu verweigern. Wenn er von diesem Rechte keinen Gebrauch gemacht, sondern Zeugnis abgelegt hat, so bildet das letztere eine seiner Disposition entzogene Thatsache, welche, in Ermangelung entgegenstehender gesetzlicher Bestimmungen, wie jede andere Thatsache in der Hauptverhandlung nach den von der Strafprozeßordnung über die Beweisaufnahme erteilten Vorschriften ermittelt werden kann.

Dieser Auffassung steht auch der Umstand, daß das Gesetz dem Zeugen, wenn er auch in der Voruntersuchung sich zum Zeugnis herbeigelassen hat, das Recht einräumt, in der Hauptverhandlung das Zeugnis zu verweigern, nicht entgegen. Denn hierdurch wird dem Zeugen nur wiederholt die Möglichkeit gegeben, sich dem obenerwähnten Konflikte zu entziehen, er wird nicht gezwungen, in der Hauptverhandlung Zeugnis abzulegen; allein seiner nunmehrigen ablehnenden Erklärung ist eine rückwirkende Kraft nicht beigelegt; durch diese Erklärung kann die thatsächlich vorliegende frühere Aussage nicht beseitigt werden, und es liegt daher auch kein Hindernis vor, diese Aussage in der Hauptverhandlung durch Vernehmung von Zeugen, insbesondere durch Vernehmung des Untersuchungsrichters, festzustellen.

Auf der hiernach vorliegenden Gesetzesverletzung beruht das Urteil, da die Vernehmung des Untersuchungsrichters in der oben bezeichneten Richtung zu einer anderen Entscheidung in der Hauptsache hätte führen können.

Dieselbe Meinung vertritt, nachdem inzwischen ein entgegengesetztes Urteil ergangen war, U. III 26. Mai 87, E. XVI 119, R. IX 342, in welchem die Übereinstimmung der Senate konstatiert wird.

13. Über die Frage, in welchen Grenzen zur Unterstützung des Gedächtnisses von Zeugen und Sachverständigen Protokolle über frühere Vernehmungen derselben verlesen werden dürfen, spricht grundlegend U. II. 7. Mai 80. E. I 409. conf. L. § 252 N. 3.

Das Sitzungsprotokoll bekundet, daß der Zeuge H., bei seiner Vernehmung nach erfolgter Beeidigung zur Sache befragt, erklärte, daß er sich des „fraglichen Vorfalles“ nicht mehr genau erinnern könne, daß ihm sodann zwecks Unterstützung des Gedächtnisses die von demselben in der „Voruntersuchung“ abgegebenen Erklärungen — worunter, da eine Voruntersuchung nicht stattgefunden, nur die, bevor die Sache an die Staatsanwaltschaft gelangte, von der Polizeibehörde erfolgte Vernehmung des Zeugen verstanden sein kann — vorgehalten wurden und er darauf seine Erklärungen abgab. Diese Thatsache ist in mehrfacher Richtung Gegenstand der Revisionsbeschwerde geworden.

Angeklagter W. rügt, daß, obschon es sich um mehrere Vorfälle im Juli und August 1879 gehandelt, der Vorfall, dessen sich der Zeuge nicht entsonnen, nicht angegeben, es mithin unklar sei, ob auch nur derjenige Vorfall Gegenstand der Verlesung gewesen, dessen Zeuge sich nicht entsonnen habe.

Allein nach Inhalt des Protokolles hat Zeuge nicht von einem einzelnen Teile seiner früheren Angabe, sondern seiner gesamten Angabe erklärt, daß er sich des Vorganges nicht mehr genau erinnere. Denn er hat, wie dieses nach dem Zusammenhang nicht anders aufgefaßt werden kann, unter dem „fraglichen Vorfalle“ die Gesamtheit der Thatsachen verstanden, worüber er vernommen werden sollte, und Gegenstand dieser Vernehmung konnten nur die Wahrnehmungen sein, über welche er sich früher ausgesprochen hatte.

Seitens des Angeklagten M. wird hervorgehoben, daß 1) der § 252 nur unter der Voraussetzung Anwendung finde, daß die Vernehmung des Zeugen in der Hauptverhandlung bereits erfolgt sei, 2) Zeuge in der Voruntersuchung zum gerichtlichen Protokolle vernommen sei und nur dieses gerichtliche Protokoll zur Verlesung komme und 3) die mangelhafte Erinnerung des Zeugen sich lediglich auf einzelne Thatumstände beziehe und nur bezüglich dieser einzelnen Thatumstände die Verlesung erfolge.

Der § 252 ist in zweiter Beratung der Kommission des Reichstages an die Stelle des § 214 des Bundesratsentwurfes getreten, welcher bei der Vernehmung eines Zeugen oder Sachverständigen schlechthin, auch wenn seitens des vernehmenden Richters noch kein Versuch gemacht worden war, eine in sich zusammenhängende Erklärung des Zeugen über seine Wissenschaft zu erlangen, die Verlesung des Protokolles über die frühere Vernehmung zur Unterstützung seines Gedächtnisses oder zur Feststellung oder Hebung von Widersprüchen gestattete.

Der Zweck des Kommissionsbeschlusses geht bestimmt genug aus den Ausführungen hervor, womit in der Kommission der Antrag gerechtfertigt wurde. Soweit es sich um die Unterstützung des Gedächtnisses handelte, hob man hervor, werde häufig der Fall vorkommen, daß Einzelheiten im Gedächtnis des Zeugen erloschen sind, während derselbe im vorbereitenden Verfahren vernommen werden konnte, als der Eindruck der That noch frisch in seiner Erinnerung war. Stelle sich heraus, daß in der Zwischenzeit das Gedächtnis sich verwischt habe, so sei es naturgemäß, den Zeugen darauf hinzuweisen, was er unter dem frischen Eindruck des Geschehenen im Vorverfahren bekundet habe. Es dürfe selbstverständlich die Verlesung nur als Anhalt für die mündliche Verhandlung dienen, nicht dieselbe ersetzen. Die letztere werde dieses Charakters beraubt, wenn der Richter, die Mühe eingehender Befragung des Zeugen scheuend, allzu rasch nach dem dargebotenen Auskunftsmittel greife. Solchen Mißbräuchen solle die dem Antrage gegebene Redaktion schärfer entgegentreten als die Fassung des Entwurfes. Soweit der Wortlaut eines Gesetzes dieses vermöge, werde dem Richter nahe gelegt, daß er nur im Falle äußerster Notwendigkeit, erst wenn der Zeuge erkläre, er könne sich nicht erinnern, und nur in Bezug auf denjenigen Punkt, auf welchen sich der Zeuge nicht erinnern könne, zur Verlesung aus den Akten schreiten dürfe.

Protokolle der Reichstags-Kommission zur Strafprozeß-Ordnung S. 959—961.

Hiernach ist der Revision unbedenklich zuzugestehen, daß der Vorsitzende die Befugnis nicht besitzt, ohne vorher zu versuchen, die vollständige Wissenschaft eines Zeugen durch dessen freie aus unmittelbarer Erinnerung geschöpfte zusammenhängende Aussage, wie solche § 68 St. P. O. voraussetzt, zu erlangen, sofort zur Benutzung des Verhörsprotokolles zu schreiten. Es ergiebt aber auch das Sitzungsprotokoll nicht, daß dieses vorliegend geschehen. Im Gegenteil muß der Versuch vorausgegangen sein, eine erschöpfende Aussage des Zeugen zu erlangen, denn das Sitzungsprotokoll besagt nicht nur, daß der Zeuge vernommen worden sei, sondern es wäre ohne eine vorherige Befragung über seine Wissenschaft seine Erklärung, daß er sich des fraglichen Vorfalles d. h. der Gesamtheit der in Frage stehenden Einzelvorgänge nicht mehr genau erinnere, nicht wohl möglich gewesen.

Auch enthält das Sitzungsprotokoll keine Feststellung einer von dem Gesetze abweichenden Behandlung der Sache, welche herbeizuführen nach § 273 Abs. 1 und 3 Angeklagter oder sein Verteidiger Veranlassung gehabt haben würden.

Es ist ferner richtig, daß die Verlesung sich auf denjenigen Teil des Protokolles beschränken soll, welcher die Thatsache zum Gegenstande hat, deren der Zeuge sich nicht erinnert. Aber daraus würde kein rechtliches Hindernis zu entnehmen sein, daß die Verlesung sich auf sämtliche abgegebene Erklärungen des Zeugen erstreckt, wenn, wie hier, letzterer sich eben bezüglich sämtlicher früher von ihm bestätigter Umstände auf mangelnde Erinnerung beruft.

Unrichtig dagegen erscheint es, wenn die Verlesung nur bezüglich der Voruntersuchungsprotokolle zulässig sein soll. Das Gesetz spricht nur von den Protokollen über die frühere Vernehmung und fordert seinem Wortlaute nach nichts weiter, als daß der Zeuge bereits früher vernommen und über seine Aussage ein Protokoll aufgenommen worden ist. Daß das Gesetz sich des Unterschiedes zwischen Vernehmungsprotokollen im allgemeinen und gerichtlichen Protokollen, namentlich auch der Voruntersuchung, wohl bewußt gewesen ist und diesen Unterschied hervorgehoben haben würde, wenn es denselben vorliegend als zutreffend erachtet hätte, ergiebt der unmittelbar nachfolgende § 253, welcher ebenso wie § 250 Abs. 1 nur richterliche Protokolle über Erkärungen des Angeklagten zum Zwecke der Beweisführung über ein Geständnis zur Verlesung zuläßt.

Auch liegt ein inneres Bedürfnis zu einer derartigen Beschränkung nicht vor, da es sich um einen Akt der Beweisaufnahme an Stelle der unmittelbaren Vernehmung des Zeugen überhaupt nicht handelt, sondern gerade die unmittelbare Vernehmung dadurch vorbereitet und in ihren Ergebnissen befördert werden soll."

14. Darüber, wie oft die Staatsanwaltschaft prozessualisch berechtigt sei, zu ihren Schlußausführungen das Wort zu ergreifen, spricht U. III 6. Okt. 84. E. XI 136. R. VI 599. conf. L. § 257 N. 3.

In einer schwurgerichtlichen Strafsache wegen Meineides plaidierten nach Ausweis des Sitzungsprotokolles der Staatsanwalt für Bejahung, der Verteidiger für Verneinung der Schuldfrage. Demnächst vermerkt das Protokoll: „Der Staatsanwalt bittet, nachdem jede Partei zweimal plaidiert hat, ums Wort. Es wurde der Gerichtsbeschluß verkündet, daß, da die Ausführungen zur Schuldfrage erschöpft seien, dem Staatsanwalt das Wort nicht mehr zu erteilen sei (§ 257 St. P. O.). Der Staatsanwalt bat um eine Erläuterung darüber, ob in dieser Entscheidung ein Präjudiz liegen solle, daß der Vorsitzende das Recht habe, dem Staatsanwalt das Wort zu entziehen. Der Vorsitzende erklärte persönlich, das Recht nicht in Anspruch nehmen zu wollen, und verkündete als Gerichtsbeschluß, daß es einer Erläuterung des vorher verkündeten Beschlusses nicht bedürfe." — Der Spruch der Geschworenen lautete auf Schuldig nach der Frage, und ist die Angeklagte in die vom Staatsanwalt beantragte Strafe verurteilt worden.

Die gegen dieses Urteil von der Staatsanwaltschaft eingelegte Revision wurde vom Reichsgerichte verworfen.

Die Gründe rügen zunächst als Unklarheit der Revision, daß dieselbe nicht erkennen lasse, ob das Rechtsmittel im Interesse der Angeklagten eingelegt worden sei, und erörtern die mögliche Unterstellung, daß im letzteren Falle die Staatsanwaltschaft etwa behaupten könnte, sie habe auf die Duplik des Verteidigers nunmehr selbst für Verneinung der Schuldfrage plaidieren wollen, und insofern beruhe denkbarerweise das Urteil auf der vermeintlichen Verletzung des Gesetzes. Sodann fahren die Gründe fort:

Die Rüge selbst ist in jedem Falle unbegründet. Nach Wortlaut und Sinn des § 257 St. P. O. kann es nicht zweifelhaft sein, daß das Gesetz nur je zwei von jeder Seite zu haltende Schlußvorträge als Regel voraussetzt: nach dem Schlusse der Beweisaufnahme sollen zunächst der Staatsanwalt, „sodann" der Angeklagte ihre Schlußausführungen vortragen; „dem Staatsanwalt steht das Recht der Erwiderung zu", d. h. der Staatsanwalt kann auf die erste Schlußausführung des Angeklagten noch einmal erwidern; mit der Entgegnung des Angeklagten bezw. seines

Verteidigers als „letztes Wort" soll dieses Prozeßstadium abschließen. Von einem formalen Recht der Staatsanwaltschaft, ein drittes, viertes Mal zur Schlußausführung das Wort zu ergreifen, kann angesichts der §§ 257, 299 St. P. O. nicht die Rede sein. Die fraglichen Schlußausführungen der Prozeßbeteiligten sollen den letzteren Gelegenheit geben, auf dem Boden der stattgehabten Beweiserhebungen ihre thatsächliche und rechtliche Auffassung im Zusammenhange vorzutragen. Wenn das Gesetz jedem Prozeßbeteiligten diese Gelegenheit ausdrücklich zweimal gewährt, so hat dasselbe hiermit in ausreichender Weise den Plaidoyers freien Spielraum gesichert. Der Standpunkt der Revision aber gestattet keine andere Alternative, als das formale Recht der Staatsanwaltschaft entweder auf eine erste und eine „erwidernde" Schlußausführung zu begrenzen, oder es als schlechthin unbegrenzt zu behandeln. Die letztere Alternative ist, wie keiner weiteren Ausführung bedürftig, schlechthin zu verwerfen. Hiermit ist selbstredend nicht gesagt, daß es unstatthaft, oder daß es positiv prozeßwidrig wäre, wenn die Staatsanwaltschaft ein drittes, viertes Mal zur Schlußausführung das Wort nimmt. Nur bleibt dies eine Befugnis, welche nicht mehr auf eine ausdrückliche Prozeßnorm gestützt werden kann, und deren Ausführung notwendig der gerichtlichen Kontrolle unterliegen muß. Nur das Gericht, bezw. der Gerichtsvorsitzende sind in der Lage, unbefangen zu beurteilen, ob die Duplik des Angeklagten sachlichen Anlaß zu einer ferneren Entgegnung darbietet und deshalb dem Staatsanwalt das Wort noch einmal einzuräumen ist. Vorliegenden Falls ist diese Voraussetzung vom Gericht verneint worden.

Wenn aber die Revision darauf hinweist, das Gericht könne von vornherein nicht wissen, was der Staatsanwalt etwa noch an Anträgen vorbringen wollte, und deshalb dürfe ihm keinesfalls das Gehör versagt werden, so wird durch dieses, offenbar verfehlte Argument die hier erörterte Rechtsfrage nicht berührt. Hier handelt es sich nicht um das der Staatsanwaltschaft nicht bestreitbare und nicht bestrittene Recht, Anträge zur Beweisaufnahme, zur Fragstellung oder sonst zur Sache in dem geeigneten Prozeßstadium anzubringen, sondern lediglich um den Anspruch, zur Ausführung bereits gestellter Anträge das Wort so oft zu ergreifen, als solches dem jedesmaligen Vertreter der Anklagebehörde angemessen erscheint. Daß vorliegenden Falles der Vertreter der Staatsanwaltschaft bei seinem Versuche, zum dritten Mal zu plaidieren, sachlich irgend etwas anderes beabsichtigt hätte, als eine nochmalige Gegenausführung gegen das Plaidoyer der Verteidigung anzubringen, wird von der Beschwerde führenden Staatsbehörde weder behauptet, noch auch nur wahrscheinlich gemacht. Jedenfalls wäre der Staatsanwalt in dem unterstellten Falle verpflichtet gewesen, seine etwaige Absicht, Anträge zu stellen, dem Gerichte anzuzeigen. Nach dem Sitzungsprotokolle aber hat der fungierende Staatsanwalt das Wort nur für weitere Schlußausführungen verlangt, und nur hierfür ist ihm das Wort versagt worden.

Was aber schließlich die Stellung der Staatsanwaltschaft als einer dem Gerichte koordinierten Behörde anlangt, so vermag auch dieser

Gesichtspunkt der Revision keinen besseren Halt zu gewähren. Denn nicht die behördlichen Gerechtsame und Funktionen der Staatsanwaltschaft, sondern lediglich deren Prozeßbefugnisse in der Hauptverhandlung stehen in Frage. Es bedarf nicht erst eines Hinweises auf § 177 G. V. G.'s und auf die gegen jede Ausnahmestellung der Staatsanwaltschaft in der Hauptverhandlung gerichteten Äußerungen der Reichstagskommission, vgl. Hahn, Materialien zum Gerichtsverfassungsgesetze; Protokolle S. 37 flg. Bd. 1 S. 338 flg, 344 Anl. J. zum Protokoll der 164. Sitzung Bd. 1 S. 919—21, um schon aus den §§ 237, 241, 257, 276, 299 St. P. O. ohne weiteres den Schluß herzuleiten, daß die hier fraglichen Prozeßbefugnisse der Staatsanwaltschaft in der Hauptverhandlung nicht auf Grund ihrer behördlichen Stellung, sondern nach den Grundsätzen gleicher Parteirechte in der geltenden deutschen Strafprozeßordnung geregelt worden sind. Von einem behördlichen Privileg der Staatsanwaltschaft, in der Hauptverhandlung unbeschränkt durch Gerichtsvorsitzenden und Gericht das Wort so oft zu ergreifen, als es dem betreffenden Vertreter der Anklagebehörde beliebt, wissen jedenfalls die §§ 257, 299 St. P. O. nichts.

15. **Die Vorschriften über den Strafantrag haben einen prozessualen Charakter, daher cessieren bei Feststellung desselben die Grundsätze des Verfahrens, welche für die Feststellung der Schuldfrage und Strafbemessung maßgebend sind.** conf. L. § 252 N. 13a. St. § 156 N. 9. U. II 4. April 82. E. VI 162.

Der Angeklagte ist auf Grund der erstrichterlichen Schlußfeststellung, daß er zu Berlin am 15. März 1881 den Reichskanzler Fürsten von Bismarck beleidigt hat, und zwar mittels der Presse, wegen Beleidigung mittels der Presse aus §§ 185, 194, 200 St. G. B.'s in Verbindung mit § 20 des Preßgesetzes vom 7. Mai 1874 zu einer Geldbuße verurteilt. Seine Revision ist unbegründet. Er rügt: Verletzung von Rechtsnormen des Verfahrens bezüglich der Art und Weise, wie der erste Richter bei Feststellung der Rechtzeitigkeit des Strafantrages des Beleidigten vom 26. Juni 1881 verfahren ist; und zwar speziell zunächst der §§ 249, 259, 260, 263 St. P. O., weil in der Schlußverhandlung vom 9. Januar 1882 das Schreiben des Beleidigten vom 26. November 1881 zur Verlesung gebracht ist; sodann des § 377 Nr. 8 St. P. O., weil seine Verteidigung in einem für die Entscheidung wesentlichen Punkte durch Beschlüsse des Gerichtes insofern unzulässig beschränkt worden, als seine auf zeugeneidliche Vernehmung des Beleidigten und Einholung einer Auskunft des Polizeipräsidii zu Berlin gerichteten Beweisanträge in der Schlußverhandlung abgelehnt wurden.

Die prozessualen Beschwerden gehen von der Voraussetzung aus, daß bei Feststellung der Frage, ob seitens des Beleidigten der Strafantrag rechtzeitig gestellt sei, alle diejenigen Prozeßnormen Platz greifen, welche die Strafprozeßordnung für die Hauptverhandlung (§§ 225 flg.) überhaupt gegeben hat.

Diese Voraussetzung ist nicht zutreffend und damit zerfällt dieser Angriff.

Der Angeklagte unterscheidet nicht die Frage nach der Schuld des Angeklagten und eventuell nach der Strafbemessung von der Antragsberechtigung des Verletzten bei den Antragsdelikten. Der Strafantrag steht mit jenen Fragen in keinem inneren Zusammenhange, er gehört bei den Antragsdelikten nicht zum Thatbestande, sondern bildet nur die prozessuale Vorbedingung für die Statthaftigkeit der „Strafverfolgung“ des Thäters.

Dies folgt sowohl aus der Wortfassung des § 61 St. G. B.'s und § 156 St. P. O., als auch aus den entsprechenden Vorschriften des § 64 Abs. 2 St. G. B.'s und § 259 Abs. 2 St. P. O., wodurch beim Mangel des erforderlichen Strafantrages oder bei rechtzeitiger Zurücknahme des Strafantrages „Einstellung des Verfahrens“ geboten ist.

Dem gegenüber beruht es lediglich auf einer Inkorrektheit bei der Redaktion des Strafgesetzbuches, wenn die betreffenden Bestimmungen über den Strafantrag im Abschnitte 4 Strafgesetzbuches unter den „Gründen, welche die Strafe ausschließen oder mildern“, ihre Stellung gefunden haben.

Sind aber die Vorschriften über den Strafantrag nicht als materielle, den Thatbestand und die Strafandrohung betreffende zu betrachten, haben sie vielmehr nur einen prozessualischen Charakter in dem Sinne, daß sie die Zulässigkeit eines Verfahrens auf Strafverfolgung überhaupt präjudiziell regeln, so folgt daraus, daß bei der Prüfung der Frage, ob ein wirksamer Strafantrag vorliegt, diejenigen Bestimmungen nicht maßgebend sind, welche den Beweis der Mißthat selbst, bezw. die Strafbemessung betreffen. Ebensowenig, wie der von dem Beleidigten gestellte Strafantrag zu den Überführungsmitteln gehört, welche die Hauptverhandlung gegen den Angeklagten zu liefern hat, fallen die Mittel und Wege, wodurch das erkennende Gericht sich bei Antragsdelikten vom Vorhandensein des Antrages überzeugt, unter den Gesichtspunkt einer Beweiserhebung im Sinne der Strafprozeßordnung und unterliegen deshalb auch nicht den formalen Vorschriften derselben über das bei der Beweiserhebung über die Schuldfrage zu beobachtende Verfahren.

Daß auch die Strafprozeßordnung diesen prinzipiellen Standpunkt einnimmt, und daß insbesondere deren Vorschriften über die Hauptverhandlung (§§ 225 flg.) lediglich die Verhandlung über die in der Anklage, bezw. in dem Eröffnungsbeschlusse bezeichnete „That“ regeln, aus deren Inbegriff und Ergebnissen der erkennende Richter die Überzeugung davon, ob der Angeklagte der inkriminierten That schuldig oder nicht schuldig sei, schöpfen und eventuell entnehmen soll, mit welcher Strafe derselbe ersteren Falles zu belegen sei, erhellt, außer aus der Wortfassung der §§ 260, 263 St. P. O., auch noch aus folgenden Bestimmungen:

Nach § 262 Abs. 2 St. P. O. begreift die Schuldfrage auch solche von dem Strafgesetze besonders vorgesehene Umstände, welche die „Strafbarkeit“ ausschließen, vermindern oder erhöhen; der § 264 Abs. 2 a. a. O. verlangt eine Hinweisung des Angeklagten auf die Veränderung des rechtlichen Gesichtspunktes, wenn erst in der Verhandlung solche vom Strafgesetze besonders vorgesehene Umstände behauptet werden, welche die „Strafbarkeit“ erhöhen; nach § 266 Abs. 2 a. a. O. müssen die Urteilsgründe sich darüber aussprechen, ob solche vom Strafgesetze besonders vorgesehene Umstände, welche die „Strafbarkeit“ ausschließen, vermindern oder erhöhen, für festgestellt oder für nicht festgestellt erachtet werden; endlich müssen die Urteilsgründe nach § 266 a. a. O. Abs. 1, 3, 4 die gesetzlichen Thatbestandsmerkmale das zur Anwendung gebrachte Strafgesetz, unter Umständen die Entscheidung über Annahme oder Verneinung mildernder Umstände, sowie eventuell die Gründe für die Freisprechung ergeben und sollen die Strafzumessungsgründe anführen.

Alle diese Bestimmungen treffen also Fürsorge für das Verfahren und bezw. den Inhalt des Urteiles, wenn es sich um Feststellung „der That, deren Strafbarkeit und die Strafbemessung“ handelt, während es an Vorschriften darüber gebricht, wie der Umstand konstatiert werden soll, ob der zur „Strafverfolgung“ erforderliche, das ganze prozessuale Strafverfahren bedingende Strafantrag gestellt worden sei.

Dies Schweigen findet eben darin seine Erklärung, daß die Strafprozeßordnung bezüglich der Konstatierung des Strafantrages den Richter nicht an ihre formalen Vorschriften über die Schuldfrage binden, sondern es seinem pflichtmäßigen Ermessen überlassen wollte, auf welche Weise er sich bei diesem Punkte in jedem einzelnen Falle nach Lage der Akten seine Überzeugung verschaffen wollte.

Wenn der Angeklagte für seine entgegengesetzte Ansicht deduziert:

Nach § 259 St. P. O. sei es Sache der Urteilsfindung, über die Rechtzeitigkeit des Strafantrages zu entscheiden. Jeder Gegenstand der Urteilsfindung sei auch Gegenstand der Hauptverhandlung, da das Urteil nur auf dieser beruhe. Demnach müßten die Regeln der Strafprozeßordnung für die Hauptverhandlung auch Anwendung finden auf die Feststellung, ob der Strafantrag rechtzeitig gestellt worden, so übersieht er, daß § 263 St. P. O. als Gegenstand der Urteilsfindung eben nur die in der Anklage (Eröffnungsbeschluß) bezeichnete „That“ aufstellt, wie sich dieselbe nach dem Ergebnisse der Verhandlung darstellt, also nicht ausspricht, daß Gegenstand der Urteilsfindung in diesem Sinne auch „der Strafantrag“ sei.

Auch den § 259 a. a. O. kann der Angeklagte für seine Ansicht nicht anrufen, wie die Entstehungsgeschichte ergiebt. Der entsprechende § 219 des Entwurfes lautete:

„Die Hauptverhandlung schließt mit der Erlassung des Urteiles, das Urteil kann nur auf Freisprechung oder auf Verurteilung lauten.

Die Einstellung des Verfahrens ist durch „Beschluß“ auszusprechen, wenn bei einer nur auf Antrag zu verfolgenden strafbaren Handlung sich ergiebt, daß der erforderliche Antrag nicht vorliegt, oder „wenn der Antrag rechtzeitig zurückgenommen ist“, und war betreffs Abs. 2 durch den Hinweis auf die Natur der Sache und die Rücksicht der Zweckmäßigkeit motiviert. Auf Beschluß der Reichstagskommission wurde jedoch der Entwurf in die jetzige Fassung des § 259 St. P. O. dahin geändert, daß auch die Einstellung des Verfahrens durch „Urteil“ auszusprechen sei und zwar zu dem Zwecke, damit die bezüglich des Strafantrages entstehenden Streitfragen in allen Fällen zur Entscheidung des Berufungs-, bezw. des Revisionsrichters gebracht werden könnten, sodaß das später erkennende Gericht durch die Rechtsansicht des höheren Gerichtes gebunden sei.

(Hahn, Mater. zur St. P. O. S. 877, 1496.)

Über diesen Zweck hinaus kann der gedachten Änderung des Entwurfes eine Bedeutung nicht beigemessen werden. Durch die formelle Gleichstellung der Urteile auf Freisprechung, bezw. Verurteilung des Angeklagten einerseits und der Urteile auf Einstellung des Verfahrens andererseits sollten der zwischen diesen beiden Arten der Urteile bestehende materielle Gegensatz nicht aufgehoben und die in diesen unter sich verschiedenen Urteilen zutreffenden Feststellungen nicht den gleichen Beweisvorschriften unterworfen werden.

In Anwendung dieser eben entwickelten Grundsätze auf den vorliegenden Fall durfte der erste Richter, ohne sich der Verletzung des auf Strafanträge nicht anwendbaren § 249 St. P. O. schuldig zu machen, das Schreiben des Reichskanzlers Fürsten von Bismarck vom 26. November 1881 in der Hauptverhandlung einfach zur Verlesung bringen und darauf die Ueberzeugung stützen, daß der Reichskanzler Fürst Bismarck von dem inkriminierten Abdrucke des Artikels erst durch die am 2. Juni 1881 erfolgte Vorlegung Kenntnis erlangt habe, und daß demgemäß der Strafantrag vom 26. Juni 1881 rechtzeitig gestellt sei.

Ebensowenig war er durch die für die Schuldfrage geltenden Beweisgrundsätze gehindert, den auf die eidliche Vernehmung des Beleidigten gerichteten Antrag des Angeklagten deshalb abzulehnen, weil er bei Erwägung der vorliegenden sachlichen und persönlichen Umstände diese Vernehmung nicht für ein geeigneteres Mittel zur Erforschung der Wahrheit hielt, als die schriftliche Erklärung des Beleidigten.

Beweisanträge, welche von dem Angeklagten gestellt wurden, um die Verspätung des Strafantrages darzuthun, waren allerdings vom ersten Richter zu prüfen und ihre Ablehnung zu begründen. Aber die Gründe für die Ablehnung einer solchen Beweiserhebung sind für den Revisionsrichter nicht maßgebend, wären sie selbst thatsächlicher Natur.

Deshalb ist es für die Revisionsinstanz unerheblich, ob für die Ablehnung dieser Beweisanträge in der Hauptverhandlung überhaupt und eventuell welche Gründe angegeben sind. Überdies scheitert die Rüge, daß die für die Nichtvernehmung des Beleidigten in der früheren Hauptverhandlung vom 14. November 1881 keine Gründe angeführt seien, daran, daß das Urteil auf der gedachten früheren Verhandlung nicht beruht.

Es kommt aber, abgesehen von alledem, hier darauf, ob der erste Richter bei der Konstatierung eines rechtzeitigen Strafantrages etwa prozessual gefehlt habe, gar nicht an. Denn der Revisionsrichter ist, wie schon oben angedeutet, bei einem diesfälligen Angriffe berufen, selbständig nach Lage der Akten zu prüfen, ob ein gehöriger Strafantrag vorliegt. Letzteres ist bei dem Vorhandensein der unstreitig von dem Fürsten Bismarck unterschriebenen beiden Schriftstücke — nämlich des Strafantrages vom 26. Juni 1881, welcher am 7. Juli d. J. bei der Oberstaatsanwalt-

und am 11. d. Mts. bei der competenten Staatsanwaltschaft dem preuß. Landgericht I zu Berlin eingegangen ist, und des Schreibens vom 26. November 1881 — bei den Akten unbedenklich zu bejahen. Wenn sich der Beleidigte in diesem Schreiben dahin äußert: daß er sich nicht erinnere, von dem Abdrucke des Artikels „Fürst Bismarck, Presse und Richterstand" in Nr. 6 des ihm bis dahin unbekannten „Zeitungs-Kuriers" vom 15. März 1881 früher Kenntnis erlangt zu haben, als am 2. Juni 1881, an welchem Tage ihm ausweislich der Akten des auswärtigen Amtes die betreffende Zeitungsnummer behufs Entschließung über Stellung eines Strafantrages vorgelegt sei, so ist damit für konstatiert zu erachten, daß der Beleidigte erst am 2. Juni 1881 von dem Inhalte des inkriminierten, am 15. März 1881 publizierten Artikels, sowie von dem Angeklagten als Redakteur des Zeitungs-Kuriers Kenntnis erhalten hat; daß mithin der Strafantrag vom 26. Juni 1881, präsentiert bei der Staatsanwaltschaft am 7. bezw. 11. Juli d. J., rechtzeitig gestellt ist (§ 61 St. G. B.'s).

Daß der Beleidigte den fraglichen Zeitpunkt nach seiner Erinnerung fixiert hat, schwächt die Erklärung selbst nicht ab, weil in der Vergangenheit liegende Thatsachen eben der Regel nach nur in dieser Weise bezeugt werden können. Es erhellt nach dieser Erklärung des Beleidigten nicht, daß er schon vor dem 7. April 1881 von dem Vergehen und der Person des Thäters Kenntnis erhalten und deshalb den Strafantrag — spätestens am 7. Juli d. J. — zu spät gestellt hat.

Deshalb erachtete der Gerichtshof die zeugeneidliche Vernehmung des Beleidigten über diesen Punkt für nicht erforderlich, vielmehr bei Lage der Sache für vollständig entbehrlich.

Der auf Einholung der Auskunft des Polizeipräsidii zu Berlin gerichtete Antrag des Angeklagten ist aus dem zutreffenden Grunde des Vorderrichters thatsächlich unerheblich, weil selbst der gelungene diesfällige Beweis den Zeitpunkt, wann der Beleidigte von der That und dem Thäter Kenntnis erlangte, nicht näher darthun würde.

16. Zur Bestimmung des Begriffes und der Bedeutung der Gerichtskundigkeit im Strafverfahren äußert sich grundlegend U. II 15. Nov. 87. E. XVI 327. R. IX 610. conf. L. § 260 N. 1.

Gegen den Angeklagten war festgestellt, daß er an einer innerhalb der sozialdemokratischen Partei in Deutschland bestehenden Verbindung teilgenommen, zu deren Zwecken und Beschäftigungen gehöre, die Vollziehung des Gesetzes vom 21. Oktober 1878 durch Verbreitung verbotener Schriften zu verhindern oder zu entkräften. Auf die Revision des deshalb auf Grund des § 129 St. G. B.'s verurteilten Angeklagten ist das Urteil aufgehoben aus nachfolgenden Gründen:

Das Urteil stützt die Feststellung, daß innerhalb der sozialdemokratischen Partei in Deutschland eine solche Verbindung besteht, wörtlich darauf:

daß dies gerichtskundig sei und auch aus den bisher geführten Sozialistenprozessen, insbesondere aus den überzeugenden Gründen der

Entscheidung des Reichsgerichtes Bd. 13 Nr. 86 vom 21./23. Dezember 1885 zu entnehmen sei.

Ganz unklar bleibt, was letzteres bedeuten soll. Die rechtliche Beurteilung festgestellter Thatsachen konnte sich die Strafkammer aus dem Urteile des Reichsgerichtes aneignen und auf die von ihr festgestellten Thatsachen anwenden. Aber die Feststellung von Thatsachen, welche das Reichsgericht als Revisionsgericht in seinen Urteilen nicht trifft, sondern aus den Feststellungen des Thatrichters entnimmt, konnte die Strafkammer nicht aus jenem Urteile schöpfen, sondern nach § 260 St. P. O. lediglich aus der vor ihr gepflogenen mündlichen Verhandlung. Es bleibt daher unerfindlich, wie die Strafkammer für das Bestehen der von ihr angenommenen Verbindung auf die Gründe des Urteiles des Reichsgerichtes sich hat berufen können. Schon damit ist gegen den § 260 St. P. O. verstoßen, ohne daß noch darauf verwiesen zu werden braucht, daß nach dem Protokolle über die Hauptverhandlung jenes Urteil nicht zum Gegenstande der Verhandlung gemacht ist.

Dasselbe gilt von der Berufung auf die bisher geführten Sozialistenprozesse. Selbst wenn dieselben näher bezeichnet, oder angegeben wäre, daß sie vor der erkennenden Strafkammer geführt, wovon nicht die Rede, und selbst wenn der Inhalt derselben, was nach dem Protokolle ebenfalls nicht der Fall, zum Gegenstande der Verhandlung gemacht wäre, würde die Berufung darauf wiederum nichts besagen, als daß die Strafkammer sich die in jenen Prozessen nach ihrer Meinung festgestellte Thatsache zu eigen macht, daß die von der Anklage behauptete Verbindung besteht, und in gleicher Weise gegen den § 260 St. P. O. verstoßen. Denn weder dieser § 260, noch die Vorschriften der §§ 225 flg. St. P. O. über die Hauptverhandlung in ihrer Gesamtheit lassen irgend einen Zweifel darüber aufkommen, daß jedem Angeklagten der Beweis der That vor seinem Richter durch die zulässigen Beweismittel geführt werden muß, dieser Beweis nicht durch dem einen anderen vor einem anderen Richter geführten Beweis ersetzt werden kann. Wäre dies zugelassen, so würde dem Angeklagten nicht bloß die Verteidigung gegen die Beweismittel abgeschnitten, sondern auch die Prüfung der Beweismittel dem Urteile des erkennenden Richters entzogen, damit aber ein schriftliches Verfahren an die Stelle des vom Gesetze vorgeschriebenen mündlichen Verfahrens gesetzt.

Die Strafkammer sagt an erster Stelle zwar auch, daß die Existenz der von ihr angenommenen Verbindung, an der teilgenommen zu haben der Angeklagte beschuldigt, gerichtskundig sei. Das kann nur bedeuten, daß diese Existenz bei dem erkennenden Gerichte so bekannt, daß sie keines Beweises bedürfe.

Verstoßen ist damit aber gegen das Gesetz schon um deswillen, weil, in welchem Umfange man auch im Strafverfahren die Gerichtskundigkeit als Mittel oder richtiger als Ersatzmittel der Beweisführung zulassen mag, sie nach dem Grundsatze des § 260 St. P. O. zum Gegenstande der Hauptverhandlung jedenfalls dann gemacht werden muß, wenn es sich, wie hier, um eine vom Angeklagten ausdrücklich bestrittene, die Existenz der

Strafthat in objektiver oder subjektiver Beziehung bedingende Thatsache handelt, deren Beweis durch die Gerichtskundigkeit erbracht werden soll. Nach dem Protokolle über die Hauptverhandlung ist aber über die von der Strafkammer angenommene Gerichtskundigkeit nicht verhandelt worden.

Aber auch abgesehen hiervon hat die Strafkammer dem Begriffe der Gerichtskundigkeit durch seine Anwendung im vorliegenden Falle eine Ausdehnung gegeben, welche mit den Grundsätzen der Strafprozeßordnung im Widerspruche steht.

Der Begriff der Gerichtskundigkeit ist ein Rechtsbegriff, wesentlich identisch mit dem allgemeinen Begriffe der Notorietät, der in der Gerichtskundigkeit zu einem Rechtsbegriffe dadurch wird, daß er rechtliche Bedeutung im Gerichtsverfahren und für die Stellung des Richters in demselben gewinnt. Rechtsgeschichtlich ist der Begriff in verschiedener Gestaltung im alten deutschen Rechte, dem kanonischen Rechte und dem gemeinen Civilprozeßrechte entwickelt. In der Gestaltung, in der er als Notorietät eines Deliktes, namentlich im Offizialverfahren des kanonischen Rechtes, ein Fundament des Verfahrens war, den Beweis des Verbrechens, die Ladung des Beschuldigten, die Verteidigung erübrigte, die Form des Verfahrens beeinflußte, kommt er überhaupt nicht mehr in Betracht. Keine der neueren Strafprozeßordnungen, am allerwenigsten die deutsche Strafprozeßordnung, hat der Notorietät, der Gerichtskundigkeit der That, irgend welchen Einfluß auf die Form und den Gang des Verfahrens und die Notwendigkeit des Schuldbeweises eingeräumt. Die deutsche Strafprozeßordnung erwähnt der Notorietät, der Gerichtskundigkeit, überhaupt nicht.

In einem anderen Sinne ist die Notorietät die Eigenschaft einer Thatsache, welche bewirkt, daß sie nicht bewiesen zu werden braucht, weil sie von vornherein so gewiß ist, daß ihre Kenntnis bei dem Richter vorausgesetzt werden kann. In diesem Sinne ist der Begriff der Notorietät ein Begriff des Beweisrechtes.

In diesem Sinne bezeichnete das kanonische Recht eine Thatsache als notorisch und deshalb gerichtskundig, welche so offenbar, daß sie ohne Schikane (tergiversatione aliqua, c. 17 C. 2 qu. 1) nicht geleugnet werden kann. Ungewiß bleibt dabei, welche Thatsachen so beschaffen, daß sie ohne Schikane nicht geleugnet werden können. Lehre und Übung des gemeinen Civilprozeßrechtes gelangten dahin, als notorisch, gerichtskundig, deshalb unleugbar und deshalb des Beweises nicht bedürftig anzusehen: Thatsächliche Zustände, welche der Richter unmittelbar vor Augen hat, selbst wenn sie sich in schriftlicher, urkundlicher Form verkörpern, alle gerichtlichen und eben deshalb dem Richter aus eigener Wissenschaft bekannten Vorgänge, auch die von Dritten vor dem Richter vorgenommenen Handlungen, wenn sie protokolliert, Thatsachen, von denen das Gericht offizielle Kunde durch die Staatsbehörde erlangt, wie Thatsachen der Landesorganisation, Landesverwaltung, Behördeneinrichtung endlich Thatsachen des weltgeschichtlichen und Naturlebens, deren Kenntnis ein Gemeingut aller verständigen Menschen ist, und welche deshalb nicht erst bewiesen zu werden brauchen.

Wesentlich einschränkend bezeichnete die preußische Allgemeine Gerichtsordnung im § 56 I. 10 solche Thatsachen als des Beweises nicht bedürftig, „welche dergestalt allgemein bekannt, daß kein vernünftiger Grund, sie in Zweifel zu ziehen, vorhanden ist.“

Viel weiter gehend bestimmt der § 264 deutsch. C. P. O., daß keines Beweises bedürfen Thatsachen, welche bei Gericht offenkundig sind. Sie sagt nicht, welche Thatsachen als bei Gericht offenkundig gelten können, obwohl sie im § 665 der Rechtsnachfolge als einer Thatsache erwähnt, deren urkundlicher Nachweis durch ihre Offenkundigkeit bei Gericht ersetzt werden kann. Nicht zu solchen Thatsachen, sondern zu den Bestandteilen des objektiven (öffentlichen) Rechtes hat das Reichsgericht in seinem Urteile Bd. 2 S. 63, 65 der Entscheidungen in Civilsachen die Behördeneinrichtung und die Verfassung und Einteilung der Gemeinden gerechnet, wohl aber in dem Urteile in den Entscheidungen in Civils. Bd. 17 S. 269, 271 „allgemein anerkannte wissenschaftliche Wahrheiten und Vorgänge des weltgeschichtlichen und des Naturlebens, deren Kenntnis ein Gemeingut aller verständigen Menschen ist.“

Von Thatsachen dieser Kategorie abgesehen, welche als jedem und deshalb auch bei Gericht offenkundig bezeichnet werden können, kann indessen nicht bezweifelt werden, daß auch im Sinne des § 264 C. P. O. der Begriff der Offenkundigkeit bei Gericht nur auf solche Thatsachen anzuwenden ist, welche dem Gerichte als solchem und vermöge seiner Eigenschaft und Stellung als Gericht bekannt und dadurch offenkundig geworden sind, nicht auf andere Thatsachen, mögen sie sonst auch bei Gericht noch so bekannt sein. Darüber wurde auch im gemeinen Civilprozeßrechte nicht gestritten.

Die Strafprozeßordnung vom 1. Februar 1877 erwähnt, wie bereits hervorgehoben, die Notorietät und die Gerichtskundigkeit überhaupt nicht, ebensowenig wie dies in den älteren und neueren deutschen Strafprozeßordnungen geschehen. Daraus folgt allerdings nicht, daß der Begriff für das Gebiet des Beweises im Strafverfahren überhaupt nicht verwendbar; als ein allgemeiner Rechtsbegriff hat er auch ohne ausdrückliche Anerkennung im Gesetze auch für das Strafverfahren seine Bedeutung behalten. Anzuerkennen ist auch, daß er für das Strafverfahren unentbehrlich ist. Auch im Strafverfahren kommen vielfach Thatsachen zur Sprache, welche entweder, wie die in fernere Zeit zurückliegenden Thatsachen der Geschichte nicht bewiesen zu werden brauchen, weil sie auf Grund historischer Forschung allgemein als bewiesen gelten, oder, wie die Thatsachen des Naturlebens, die allgemein gültigen Ergebnisse der Wissenschaft, von vornherein des Beweises nicht bedürfen, weil sie allbekannt und aus allgemein gültigen Gründen so gewiß sind, daß ihr Gegentheil nicht bewiesen werden kann.

Für diese Kategorie notorischer Thatsachen ist der Begriff der Notorietät und Gerichtskundigkeit auch im Strafverfahren zuzulassen und praktisch verwertbar, weil die Beweisführung im Strafverfahren nichts als die Herstellung der Gewißheit der in Betracht kommenden Thatsachen bezweckt und erübrigt wird, wenn diese Gewißheit aus allgemein gültigen, unumstößlichen Gründen bereits vorhanden ist. Aus diesem Grunde können als notorisch überhaupt alle Thatsachen bezeichnet werden, welche so allgemein bekannt sind, daß kein vernünftiger Grund, sie in Zweifel zu ziehen, vorhanden ist, und dahin können denn auch solche Thatsachen gerechnet werden, welche amtlich zur Kenntnis des Richters gekommen und auch zur allgemeinen Kenntnis gelangt sind.

Für die Verwendbarkeit des Begriffes der Notorietät und Gerichtskundigkeit auf andere Kategorien von Thatsachen im Strafverfahren ist die Natur dieses Verfahrens und die Stellung des Richters in demselben von entscheidender Bedeutung.

Die Grundlagen des Verfahrens, wie es die deutsche Strafprozeßordnung geordnet, und die Vorschriften in den §§ 225 flg. im einzelnen und in ihrem Zusammenhange lassen klar, bestimmt und völlig unzweideutig die Auffassung erkennen, daß der Richter im Strafverfahren seine Überzeugung von der Gewißheit und die Feststellung aller für den objektiven und subjektiven Thatbestand der strafbaren Handlung, die dem Angeklagten schuld gegeben, relevanten Thatsachen lediglich aus demjenigen zu entnehmen hat, was Gegenstand der gerichtlichen Verhandlung in der Hauptverhandlung gewesen und ihm in dieser in der gesetzlichen Form vorgebracht worden ist, niemals aus dem, was er außerhalb dieser Verhandlung selbst gesehen, wahrgenommen, erfahren hat. Nur bei Beurteilung des so Verhandelten oder Vorgebrachten ist der Richter an keine Vorschrift (Beweistheorie) gebunden. Außerhalb des Verhandelten und Vorgebrachten giebt es, abgesehen von den Thatsachen im obigen Sinne, die nicht bewiesen zu werden brauchen, weil sie ohne dies gewiß sind, im Strafverfahren keine Thatsachen, welche der Richter wissen und deshalb für festgestellt erachten darf, ohne daß sie bewiesen sind. Der Richter darf in diesem Sinne nicht wissen, was in den Akten des Straffalles und noch weniger, was in anderen Akten enthalten ist, am allerwenigsten, was er außerhalb der Verhandlung gesehen oder gehört hat. Die sämtlichen Vorschriften der Strafprozeßordnung über die Beweiserhebung in der Hauptverhandlung beruhen darauf, daß alles, was auf der Wahrnehmung beruht, durch die Vernehmung des Wahrnehmenden, alles, was beurkundet, durch Verlesung der Urkunde, alles, was der Richter selbst gesehen hat, durch die richterliche Augenscheinseinnahme in der gesetzlich vorgeschriebenen Form festzustellen ist. Daneben kennt das Gesetz keine Gerichtskundigkeit in bezug auf Thatsachen, welche die Existenz des Verbrechens in objektiver oder subjektiver Beziehung bedingen. In bezug auf alle diese Thatsachen ist der Beweis in der gesetzlichen Form durch die Hauptverhandlung zu erbringen. Die gegenteilige Annahme würde dahin führen, den Anschuldigungsbeweis durch die Notorietät ersetzen zu lassen und der subjektiven Willkür Thür und Thor öffnen.

In Wahrheit sagt die Strafkammer aber, wenn sie die Existenz der verbotenen Verbindung, an der teilgenommen zu haben der Angeklagte beschuldigt, als gerichtskundig bezeichnet und deshalb als gewiß festgestellt, nichts, als daß der objektive Thatbestand der strafbaren Handlung ihr ohne Beweis durch die Hauptverhandlung feststeht. Damit ist klar gegen das Gesetz verstoßen, auch wenn die Strafkammer die Gerichtskundigkeit nicht, wie es den Anschein hat, lediglich auf die erwähnten anderen Prozesse und das Urteil des Reichsgerichtes gründet.

17. Die Frage, ob und in welchen Fällen die Hinweisung des Angeklagten auf eine Veränderung des rechtlichen Gesichtspunktes erfolgen muß, wenn zwar das im Eröffnungsbeschluß angeführte Strafgesetz, nicht aber die in jenem angeführte Bestimmung desselben anwendbar bleibt, behandelt U. II 11. Okt. 89. E. XIX 401. conf. L. § 264 N. 3b.

Die drei Beschwerdeführer sind durch den Eröffnungsbeschluß für verdächtig erklärt: am 21. Januar 1889 zu Stettin von einem befriedeten Besitztume, in welchem sie ohne Befugnis verweilten, auf die Aufforderung eines Berechtigten sich nicht entfernt zu haben, und zwar gemeinschaftlich.

In dem Urteile sind die vorgedachten Personen für überführt erachtet: damals dort in ein befriedetes Besitztum widerrechtlich eingedrungen zu sein, und zwar gemeinschaftlich.

Gerügt ist, daß eine Verurteilung in der erfolgten Art nicht habe stattfinden dürfen ohne vorgängige Hinweisung auf den veränderten rechtlichen Gesichtspunkt (§ 264 St. P. O.).

Diesem Angriffe ist Folge gegeben.

Aus den Gründen:

Im vorliegenden Falle stützt sich der Eröffnungsbeschluß auf § 123 Abs. 1, 3 St. G. B.'s, und dieselben Vorschriften sind der Verurteilung zu Grunde gelegt. Der § 264 St. P. O. wäre für unanwendbar zu erachten, wenn unter „Strafgesetz" jeder Strafparagraph als solcher, also in seinem ganzen Umfange, oder doch jeder einzelne darin als Strafdrohung gebildete einheitliche Satz zu verstehen wäre. Die Fassung der Strafgesetze entspricht aber nicht immer der Voraussetzung, daß mehr als ein strafbarer Thatbestand in einem Satze nicht zum Ausdrucke gebracht werden soll.

Verschiedene Thatbestände vereinigt beispielsweise § 12 Nr. 1 des Nahrungsmittelgesetzes vom 14. Mai 1879 (R. G. Bl. S. 145); Urt. des Reichsgerichtes vom 3. April 1883, Entsch. des R. G.'s in Strafs. Bd. 8 S. 149; verschiedene Thatbestände nach der Ausführung des Reichsgerichtes im Urteile vom 15. Juni 1885, Entsch. des R. G.'s in Strafs. Bd. 12 S. 379, auch § 223 a St. G. B.'s. Dies ist angenommen, obschon hier nicht, wie in § 12 Nr. 1 a. a. O., durch ein Wort wie „ingleichen" in der Fassung auf eine Sonderung von Thatbeständen hingedeutet, sondern die Begehung einer Körperverletzung nur je nach verschiedenen, durch „oder" verbundenen Modalitäten charakterisiert worden ist.

Durch das Wort „oder" werden in zahlreichen anderen Vorschriften verschiedene Ausführungsweisen strafbarer Handlungen bezeichnet, bei denen es sich nicht um eine wesentlich andere That, sondern nur um gleichwertige Merkmale derselben That handelt. Für solche Fälle ist vom Reichsgerichte in vielfachen Entscheidungen angenommen, daß kein Grund zur Anwendung des § 264 St. P. O. gegeben sei, weil es sich hier immer um dasselbe

Strafgesetz handle, nicht aber um mehrere Strafgesetze, die nur aus redaktionellen Gründen in einen Satz zusammengestellt sind. So beispielsweise für § 230 Abs. 2 St. G. B.'s (Beruf oder Gewerbe), Rechtspr. des R. G.'s Bd. 3 S. 350, § 274 Nr. 2 St. G. B.'s (verrückt oder fälschlich setzt"), Rechtspr. des R. G.'s Bd. 4 S. 62, § 210 Nr. 2 K. O. (Unterlassung oder unordentliche Führung von Büchern).

Vgl. Entsch. des R. G.'s in Strafs. Bd. 3 S. 417.

In Frage steht demnach für § 123 Abs. 1 St. G. B.'s, ob darin durch das die beiden Vordersätze verbindende „oder" verschiedene Merkmale derselben Strafthat aneinander gereiht sind oder mehrere auseinanderfallende Thatbestände?

Das letzte ist anzunehmen. Es springt die Verschiedenheit ins Auge, sobald — entgegengesetzt dem vorliegenden Falle — angenommen wird, daß der Eröffnungsbeschluß auf „widerrechtliches Eindringen" gerichtet ist, die Verurteilung aber wegen widerrechtlicher Nichtentfernung erfolgen soll. Hier steht nicht mehr das Recht zum Eintritt in Frage, sondern unabhängig davon: die Befugnis zu verweilen, die Aufforderung zur Entfernung, die Befugnis zu dieser Aufforderung und das Verbleiben ihr entgegen. Die That, um die es sich hierbei handelt, ist durchweg verschieden von der eines unbefugten Eindringens; die Verteidigung hat ein weiteres Feld.

Kann aber im Eindringen nicht dieselbe Strafthat gefunden werden, wie im unbefugten Verbleiben im Sinne des § 123 Abs. 1 St. G. B.'s, so ergiebt sich daraus, daß es sich hier nicht lediglich um verschiedene Merkmale derselben That handelt, die miteinander vertauscht werden könnten, ohne die wesentlichen strafrechtlichen Voraussetzungen der Handlung zu ändern.

Ein fernerer, äußerer Anhalt für die Annahme der Verbindung zweier, voneinander trotz der Gleichheit der Begehungsorte verschiedener Strafthaten in § 123 Abs. 1 St. G. B.'s läßt sich daraus entnehmen, daß § 124 St. G. B.'s für den sog. schweren Hausfriedensbruch lediglich an den Thatbestand des widerrechtlichen Eindringens beim einfachen Hausfriedensbruche sich angeschlossen hat. Das Umgekehrte gilt für § 9 des preußischen Feld- und Forstpolizeigesetzes vom 1. April 1880 (G. S. S. 230), wo nur die Nichtentfernung bestraft wird, begangen auf einem Grundstücke wider die Aufforderung des Berechtigten.

Ob diejenigen Thatsachen, welche der Annahme des widerrechtlichen Eindringens im Urteile zu Grunde gelegt, bereits in der Anklage erwähnt sind, kommt bei der Erwägung des § 264 St. P. O. nicht in Betracht. Diese Vorschrift ist durch Nichtanwendung hier verletzt.

18. **Während eine Abänderung oder Ergänzung des Urteiles nach erfolgter Verkündigung desselben unstatthaft ist, kann ein mitberatener und mitbeschlossener, aber aus Versehen nicht mitverkündeter Teil des Urteils nachträglich verkündet werden.** conf. L. § 267 N. 6. U. II 15. Febr. 87. E. XV 271. R. IX 132.

Das Sitzungsprotokoll über die Hauptverhandlung vom 13. November 1886 giebt das Urteil als durch Verlesung der Urtelsformel und mündliche Eröffnung der Gründe dahin verkündet an:

1. Der Angeklagte G. L. . . . . wird wegen wissentlichen Meineides zu einer Gefängnisstrafe von einem Jahre verurteilt, hat auch die Kosten des Verfahrens zu tragen.
2. Der Angeklagte wird dauernd für unfähig erklärt, als Zeuge oder Sachverständiger eidlich vernommen zu werden.

Es folgt darauf jedoch der Vermerk:

Registriert wird dabei, daß vor Abschluß des Protokolles, aber nachdem bereits zwei andere Sachen verhandelt waren, der Passus 2 des Urteilstenors, der mitberaten und beschlossen, aber versehentlich nicht von vornherein dem Urteilstenor beigefügt war, dem Urteilstenor zugesetzt, und in der noch fortdauernden Sitzung und dem noch anwesenden Angeklagten L. zusätzlich zu der bereits verkündeten Entscheidung zu 1 verkündet worden ist.

Hieran schließt sich der Vermerk, daß der Gerichtshof auch beschlossen hat, den Angeklagten sofort zu verhaften, und daß dem Angeklagten auch dieses mit der Kenntnisgabe von dem ihm dagegen zustehenden Rechte der Beschwerde verkündet worden ist.

Die Revision des Staatsanwaltes greift das vorgedachte, demnächst entsprechend mit den Entscheidungsgründen abgesetzte Urteil insoweit an, als nicht bei der Verurteilung wegen Meineides aus den §§ 153, 154, 157 St. G. B.'s gemäß dem § 161 daselbst auf die dauernde Unfähigkeit des Verurteilten, als Zeuge oder Sachverständiger eidlich vernommen zu werden, erkannt worden sei. Es ist der Antrag gestellt, das Urteil, soweit es angefochten, aufzuheben, in der Sache selbst aber auf die dauernde Unfähigkeit des Angeklagten, als Zeuge oder Sachverständiger eidlich vernommen zu werden, zu erkennen. Zur Begründung ist über den Hergang in der Sitzung vom 13. November 1886 unter Angabe von Beweismitteln angeführt:

Es sei zunächst nur die Nr. 1 der Urteilsformel durch Verlesung und mündliche Eröffnung der bezüglichen Gründe verkündet, dann der Haftbeschluß verkündet und der Angeklagte von dem aufwartenden Gerichtsdiener verhaftet und aus dem Sitzungssaale in die Landgerichtszelle abgeführt. Nachdem darauf zwei andere Strafsachen verhandelt worden, sei der Angeklagte auf Anordnung des Vorsitzenden aus der Landgerichtszelle in den Sitzungssaal ein- und der Strafkammer vorgeführt, und es sei nunmehr die (inzwischen nachgetragene) Bestimmung Nr. 2 der Urteilsformel verkündet. Nachdem dieses geschehen, habe der fungierende Staatsanwalt, welcher ebensowenig wie der Angeklagte vorher gehört worden, den Antrag gestellt, den Hergang zu Protokoll zu konstatieren.

Nach dem geschilderten Hergange habe nicht protokolliert werden können, daß der Angeklagte „noch anwesend“ war. Die Hauptverhandlung in seiner Sache sei mit seiner Abführung geschlossen gewesen, und mit seiner Vorführung habe eine neue Hauptverhandlung begonnen. Danach sei die wichtige Entscheidung der Aberkennung der Fähigkeit, als Zeuge oder Sachverständiger eidlich vernommen zu werden, nicht rechtsgültig zustande gekommen, das Protokoll als falsch angefertigt anzusehen und der gestellte Revisionsantrag gerechtfertigt.

Einer weiteren Erörterung über den Hergang in der Sitzung vom 13. November 1886 bedarf es indessen nicht. Es geht schon aus dem Sitzungsprotokolle selbst hervor, daß zunächst nur der die Hauptstrafe betreffende Teil 1 der Urteilsformel verkündet worden ist, daß dann in derselben Sitzung der Strafkammer, aber nach Verhandlung zweier anderer Strafsachen, auf die Strafsache des Angeklagten zurückgekommen und nachträglich, in Ergänzung jener Publikation, den Beteiligten — dem Staatsanwalte und dem Angeklagten — der die Nebenstrafe betreffende Teil 2 der Urteilsformel, welcher vom Gerichte von vornherein schon mitberaten und mitbeschlossen war, verkündet worden ist. Dies ist als unzulässig nicht zu erachten. Da ein Teil des beschlossenen Urteiles nicht mitverkündet worden war, so lag eine gehörige und vollendete Publikation noch nicht vor. Unzweifelhaft können in einem verkündeten Urteile vorkommende Schreibfehler von Amts wegen, wie auf Antrag in continenti berichtigt werden. Im übrigen setzt der Grundsatz der Unabänderlichkeit eines Urteiles eine vollendete Verkündung voraus. Ist nur ein Teil des beschlossenen Urteiles verkündet worden und hat also eine vollständige Verkündung nicht stattgefunden, so ergiebt sich daraus, daß die Verkündung vollendet, das Urteil so, wie es beschlossen, kundgegeben werden muß, und diese Ergänzung der Verkündung ist solange zulässig, als die Urteilsverkündung überhaupt zulässig ist, also mit Rücksicht auf § 267 St. P. O. jedenfalls binnen einer Woche, was im vorliegenden Falle eingehalten ist. Es bedarf hier deshalb keiner Entscheidung, ob nicht auch über diese Frist hinaus eine Ergänzung der Verkündung zulässig gewesen wäre. Diese Auffassung liegt auch dem Urteile des Reichsgerichtes vom 22. November 1881, Entsch. des R. G.'s in Straff. Bd. 5 S. 173 flg., zu Grunde. Es ist dort für unzulässig erachtet, daß die Frage nach der Anrechnung der Untersuchungshaft, auf die erkannte Strafe nachträglich zur Erörterung und Entscheidung gebracht worden war, und ausgesprochen, daß diese Frage, weil sie Gegenstand der ursprünglichen Urteilsberatung hätte sein müssen, nicht nachträglich oder wiederholt entschieden werden durfte, nachdem sie dort beiseite gelassen oder gar verneint worden war. Dabei ist hervorgehoben und offenbar zu einem solchen Falle in Gegensatz gestellt, daß es sich nicht etwa nur um eine nach Publikation des Urteiles erfolgte Vervollständigung des letzteren in einem Punkte handele, welcher bei der Beratung von dem Gerichte beschlossen, von dem Vorsitzenden aber aus Versehen unverkündet geblieben war, sodaß also erst mit der Verkündung dieses Nachtrages das der Intention des Gerichtes entsprechende und in dessen Beratung zum Ausdrucke gelangte Urteil vollständig nach außen vorgelegen hätte. Auch das Urteil des Reichsgerichtes vom 23. April 1885 (Rep. 881/85) betrifft einen Fall, in welchem das ursprünglich beratene und verkündete Urteil auf Grund neuer Beratung eine Ergänzung erhalten hatte, und erklärt eine solche Ergänzung für unzulässig. Vorliegend, wo eine alsbaldige nachträgliche Verkündung eines Teiles des schon vor der ersten Verkündung beschlossenen Urteiles stattgefunden hat, ist damit ein prozessualer Grundsatz für verletzt nicht zu erachten. Läge aber auch eine Gesetzesverletzung vor, so würde das Urteil auf derselben nicht beruhen, der Fall der Revision nach § 376 St. P. O. daher nicht gegeben, vielmehr die Revision des Staatsanwaltes gegenstandslos sein, weil auf die Nebenstrafe, auf welche nach §§ 161, 57 Nr. 3, 5 St. G. B.'s notwendig erkannt werden mußte,

Entsch. des R. G.'s in Straff. Bd. 6 S. 416 flg., in Wirklichkeit auch erkannt worden ist.

19. **Wenn nach ordnungsmäßigem Abschluß des Sitzungsprotokolles eine nachträgliche berichtigende oder ergänzende Erklärung der beiden instrumentierenden Beamten zu den Akten eingegangen ist, so ist diese vom Revisionsgericht zu berücksichtigen, falls nicht vor Eingang der Berichtigung die Revision auf den Mangel des Protokolls oder auf die aus dem Protokolle zu ersehende Gesetzwidrigkeit gestützt ist.** conf. L. § 274 N. 3b. K. S. 543. U. II 12. Juni 89. E. XIX 367.

Begründet ist der prozessuale Angriff. Die Revisionsschrift behauptet nämlich:

Der Zeuge G. sei entgegen der Bestimmung in § 68 St. P. O. nicht vollständig vernommen worden; derselbe habe sich, nachdem die Beweisaufnahme für beendigt erklärt und die Staatsanwaltschaft, sowie die Verteidigung mit ihren Anträgen gehört worden seien, mit der Erklärung gemeldet, er habe noch etwas anzuführen; er sei aber nicht zum Worte verstattet worden. Der Verteidiger habe nunmehr seinerseits die nochmalige Vernehmung des D. beantragt; dieser Antrag sei mit der Begründung abgelehnt, daß ohne die Angabe der Thatsachen, welche D. in Ergänzung seiner früheren Aussage bekunden solle, die Erheblichkeit derselben nicht geprüft werden könne.

Das Audienzprotokoll vom 9. Mai 1889 ergiebt nichts über den behaupteten Vorgang. Am 7. Juni 1889, noch vor dem Eingange der Revisionsbegründung, ging aber ein Antrag des Verteidigers auf Ergänzung des Protokolles ein. Aus Anlaß dieses Antrages gaben der Vorsitzende und der Gerichtsschreiber folgende Erklärung zu den Akten:

Registriert wird, daß in der Strafsache wider G. in der Hauptverhandlung vom 9. Mai 1889 nach Schluß der Beweisaufnahme, nach Anhörung der Staatsanwaltschaft, der Verteidigung und des Angeklagten und nachdem Verteidigung und Angeklagter auf ausdrückliches Befragen erklärt hatten, daß sie nichts mehr anzuführen hätten, der cand. med. D. erklärte:

„Bitte um das Wort,"

daß dem Zeugen eröffnet wurde, daß er zum Worte nicht verstattet werden könne, daß hierauf der Verteidiger erklärte:

„Vielleicht kann . . . D. noch etwas bekunden, ich bitte ihn zu hören,"

und daß diesem Antrage auf verkündeten Beschluß nicht stattgegeben worden, weil D. ausführlich zur Sache vernommen war und die Verteidigung erklärte, außer stande zu sein, anzugeben, worüber D. noch weiter vernommen werden sollte. Angeklagter und Verteidiger, befragt, ob sie noch etwas anzuführen (hätten), verneinten dies.

Die Richtigkeit dieser Registratur vorausgesetzt, bleibt völlig unklar, weshalb nicht gemäß § 273 Abs 1 St. P. O. der vom Verteidiger gestellte Antrag und die ablehnende Entscheidung im Audienzprotokolle beurkundet worden sind.

Unzweifelhaft enthält der Vorgang, wie er am 15. Juni 1889 in wesentlicher Übereinstimmung mit den Angaben des Verteidigers beurkundet ist, eine Gesetzesverletzung. Es liegt die Annahme nahe und muß daher zu Gunsten des Angeklagten unterstellt werden, daß der Zeuge seiner Aussage etwas abzunehmen oder zuzusetzen hatte. Daran durfte der Zeuge schon mit Rücksicht auf die Vorschriften in §§ 158, 163 Abs. 2 St. G. B.'s nicht gehindert werden. Aber auch der Angeklagte hatte ein Interesse daran, daß dem Zeugen das erbetene Wort nicht versagt wurde. Unerheblich ist, daß die Beweisaufnahme schon geschlossen war; dieser Schluß hat immer nur einen provisorischen Charakter.

Vergl. Entsch. des R. G.'s in Strafs. Bd. 3 S. 116.

Nicht minder gleichgültig ist, daß die Vernehmung des D. eine ausführliche gewesen war; denn dieser Umstand schließt Irrtümer und Mißverständnisse nicht aus und berechtigt den Strafrichter nicht, weitere Mittel, die sich zur Aufklärung der Sache bieten, von der Hand zu weisen. Endlich ist auch nicht abzusehen, wie sich die Strafkammer für befugt erachten konnte, die nochmalige Abhörung des Zeugen von Anträgen des Verteidigers bezüglich der zu stellenden Fragen abhängig zu machen. Nach Auffassung der Strafkammer hätte anscheinend der Verteidiger den Zeugen befragen und demnächst dem Gerichte den Gegenstand der weiteren Vernehmung bezeichnen sollen; man sieht aber nicht ein, weshalb dieser Umweg und nicht der gerade Weg der Befragung des Zeugen über den Grund seines Verlangens, zum Worte verstattet zu werden, eingeschlagen werden sollte. Der erste Richter hat sich daher seiner Verpflichtung, die materielle Wahrheit zu erforschen (§ 153 Abs. 2 St. P. O.), aus unzulässigen Gründen entzogen.

Die Erklärung des Vorsitzenden und des Gerichtsschreibers vom 15. Juni 1889 ist indeß nach Lage der Akten erst abgegeben, nachdem das Audienzprotokoll vom 9. Mai 1889 von beiden unterschrieben und als vollendetes zur weiteren geschäftlichen Behandlung zu den Akten gegeben worden war. Nach den Ausführungen in dem Urteile des Senates vom 13. März 1883, Entsch. des R. G.'s in Strafsachen Bd. 8 S. 141, wäre die berichtigende Erklärung nicht zu berücksichtigen. Allein durch Urteil vom 20. November 1880, Entsch. des R. G.'s in Strafs. Bd. 3 S. 47, hat der III. Strafsenat des Reichsgerichtes als Grundsatz ausgesprochen, daß den Prozeßbeteiligten die Möglichkeit nicht abgeschnitten sei, eine Berichtigung des Protokolles durch Anträge bei dem Vorsitzenden herbeizuführen, und aus dem Zusammenhange der Gründe jenes Urteiles geht hervor, daß nach Ansicht des III. Strafsenates eine solche Berichtigung vom Revisionsgerichte zu berücksichtigen sei. Auf der gleichen Anschauung beruht das Urteil desselben Senates vom 18. Juni 1883, Rechtspr. des R. G.'s Bd. 5 S. 451, in welchem jedoch im Anschlusse an ein

Urteil des I. Strafsenates vom 31. Mai 1880, Entsch. des R. G.'s in Strafs. Bd. 2 S. 76, der Berichtigung eine Grenze gezogen ist. Hat ein Prozeßbeteiligter, so wird im Urteile vom 18. Juni 1883 ausgeführt, auf einen Mangel des Protokolles oder auf eine aus dem Protokolle zu ersehende Gesetzwidrigkeit das Rechtsmittel der Revision gestützt, so schließt dies die Geltendmachung eines prozessualen Rechtes ein, welches das Instanzgericht nicht dadurch entziehen kann, daß es den das Recht begründenden Mangel durch eine erst nach Eingang der Revisionsschrift vorgenommene Berichtigung des Protokolles oder einen Nachtrag zu demselben beseitigt.

Der gegenwärtige Fall hat den II. Strafsenat zu einer wiederholten Prüfung der Zweifelsfrage veranlaßt, und der Senat hat nicht geglaubt, die in seinem Urteile vom 13. März 1883 ausgesprochene Ansicht aufrecht halten zu sollen. Die Erwägung jenes Urteiles,

> daß die berufsmäßige Thätigkeit des Vorsitzenden und des Gerichtsschreibers zur Herstellung des Protokolles ihr Ende erreiche, wenn beide dasselbe unterschrieben und als ein vollendetes zur weiteren geschäftlichen Behandlung zu den Akten gegeben haben,

erscheint nicht durchgreifend. Denn im allgemeinen wird es als eine Berufspflicht des Urkundsbeamten anzusehen sein, Fehler der Beurkundung, von denen er sich nachträglich überzeugt hat, behufs Verhütung von Rechtsverletzungen zur Anzeige zu bringen. Der Berücksichtigung einer solchen Anzeige, welche ein Audienzprotokoll betrifft, steht die Vorschrift im § 274 St. P. O., welche gegen den die Förmlichkeiten betreffenden Inhalt des Protokolles nur den Nachweis der Fälschung zuläßt, nach Ansicht des Senates nicht entgegen. Denn diese Vorschrift schließt gegenüber den Beurkundungen des Audienzprotokolles nur den Gegenbeweis aus, eine Berichtigung oder Ergänzung des Audienzprotokolles durch übereinstimmende Erklärung des Vorsitzenden und des Gerichtsschreibers, enthält jedoch einen Widerruf der früheren Beurkundung und entzieht derselben, soweit der Widerruf reicht, die Beweiskraft, sodaß es eines Gegenbeweises nicht mehr bedarf. Aus diesen Gründen legt der Senat dem Umstande kein Gewicht bei, daß am 15. Juni 1889 das Audienzprotokoll bereits vollzogen zu den Akten gegeben war. Der im Urteile des III. Strafsenates vom 18. Juni 1883 vorgesehene Fall, daß durch die Berichtigung ein nach Lage der Akten begründeter Anspruch des Beschwerdeführers beseitigt werde, liegt hier nicht vor.

Diese Erwägungen führten dahin, eine Gesetzesverletzung als vorhanden anzuerkennen. Da die Möglichkeit, daß das Urteil durch den Verstoß beeinflußt worden, sich nicht verneinen läßt, mußte die Aufhebung des Urteiles und der Feststellung desselben erfolgen.

§ 13a.

Hauptverhandlung vor den Schwurgerichten.

1. **Die Verlesung der für die Geschworenen nach dem Schlusse der Beweisaufnahme entworfenen Fragen ist auch bei Zustimmung aller Prozeßbeteiligten unerläßlich.** conf. L. § 290 N. 3. St. ibid. N. 3. U. IV 17. Juni 84. E. X 436.

Von den prozessualischen Beschwerden der Revision greift diejenige durch, welche die Nichtverlesung der den Geschworenen zur Beantwortung vorgelegten Fragen rügt.

Daß in der That eine Verlesung der Fragen nicht stattgefunden hat, ist nach der Fassung des Sitzungsprotokolles nicht zu bezweifeln. In diesem sind nämlich von den vorgedruckten Worten des verwendeten Formulares:

„Nach dem Schlusse der Beweisaufnahme wurden die von dem Vorsitzenden entworfenen Fragen, wie sie in der Anlage niedergeschrieben sind, verlesen,"

die drei letzten, sowie der folgende auf Mitteilung von Abschriften bezügliche Vermerk durchstrichen und durch nachstehende geschriebene Worte ersetzt:

— „nach den einzelnen Gruppen im Anschlusse an den Anklagebeschluß niedergeschrieben sind, unter spezieller Benennung der verschiedenen zu denselben gehörigen Fälle, mündlich mitgeteilt. Sowohl Staatsanwalt als auch Verteidiger erklärten sich mit dieser Art der Mitteilung einverstanden. Auch erfolgte anderweit hiergegen kein Widerspruch."

Sodann ist weiter protokolliert, daß Einwendungen gegen diese Fragen nicht erhoben, daß jedoch auf Antrag der Verteidigung unter Zustimmung der Staatsanwaltschaft den Hauptfragen, wo solches gesetzlich zulässig, die Frage nach mildernden Umständen hinzugefügt und dies ebenfalls „mitgeteilt" sei.

Daß in der hier registrierten „Mitteilung" nicht eine wörtliche Verlesung der Fragen, sondern nur eine Bekanntmachung des für wesentlich erachteten Inhaltes derselben verstanden sein kann, erhellt aus der Durchstreichung des vorgedruckten Wortes: „verlesen", sowie aus der hinzugefügten Bemerkung, daß die Prozeßbeteiligten mit dieser Art der Mitteilung sich einverstanden erklärt hätten, welche nur dann verständlich ist, wenn nicht das vom Gesetze vorgeschriebene Mittel der Bekanntmachung angewendet wurde. Auf welchen Teil des Inhaltes der Fragen sich die „mündliche Mitteilung" überhaupt erstreckt habe, ist aus dem Protokolle nicht zu ersehen.

In diesem Verfahren ist mit der Revision ein Verstoß gegen § 290 St. P. O. zu erblicken, welcher in seinem zweiten Absatze bestimmt:

„Nach dem Schlusse der Beweisaufnahme werden die" (von dem Vorsitzenden) „entworfenen Fragen verlesen. Der Vorsitzende kann sie den Geschworenen, der Staatsanwaltschaft und dem Angeklagten in Abschrift mitteilen und soll einem hierauf gerichteten Antrage entsprechen."

Hier ist als unerläßliche Art der Mitteilung der entworfenen Fragen deren Verlesung vorgeschrieben, welcher zwar noch eine weitere — nämlich die Erteilung von Abschriften — hinzutreten kann, die jedoch durch keine andere ersetzt zu werden vermag, insbesondere auch nicht durch nicht wortgetreue Angaben über ihren Inhalt, deren Umfang im Einzelfalle durch das Ermessen des Vorsitzenden bestimmt werden und deren Vollständigkeit sich jeder wirksamen Kontrolle entziehen würde. Es kann auch mit Grund nicht bezweifelt werden, daß es sich insoweit um eine wirkliche Norm des Verfahrens im Sinne des § 376 St. P. O. und nicht um eine bloße Instruktion für die Geschäftsleitung des Vorsitzenden handelt. Hierfür spricht nicht nur die Wortfassung der fraglichen Vorschrift im Gegensatze zu dem instruktionellen „soll“ des unmittelbar folgenden Satzes, sondern auch die Bedeutung des Aktes in dem gegenwärtigen Strafverfahren. Während nämlich die große Mehrzahl der früheren deutschen Strafprozeßordnungen, insbesondere auch die preußische Verordnung vom 3. Januar 1849 und das dieselbe modifizierende Gesetz vom 3. Mai 1852, sowie die preußische Strafprozeßordnung für die neu erworbenen Landesteile vom 25. Juni 1867 (G. S. S. 921 flg.), die Mitteilung der Fragen auf die Parteivorträge und den Schlußvortrag des Vorsitzenden folgen ließen, und nur die letztgedachte Prozeßordnung im § 328 dem Vorsitzenden gestattete, im einzelnen Falle, sofern es zur besseren Übersicht der Sache geeignet erscheine, die Festsetzung und Verlesung der Fragen gleich nach dem Schlusse des Beweisverfahrens und vor den Ausführungen über dessen Ergebnis eintreten zu lassen, hat die gegenwärtige Strafprozeßordnung nach dem Vorgange des sächsischen Gesetzes vom 1. Oktober 1868, die eben erwähnte Ausnahme zur schlechthin geltenden Regel erhoben, um für die sich anschließenden Ausführungen der Parteien eine feste und begrenzte Grundlage zu gewinnen und zugleich den Geschworenen das Verständnis jener Ausführungen zu erleichtern.

Vgl. die Motive des Entwurfes bei Hahn, Materialien der Strafprozeßordnung S. 222.

Dieser Zweck kann aber mit Sicherheit nur dann erreicht werden, wenn der Inhalt der Fragen, welche für die Urteilsfindung von maßgebender Bedeutung sind und nach der Struktur des Prozesses für dieses Stadium des schwurgerichtlichen Verfahrens in ähnlicher Weise, wie der bei Beginn der Verhandlung zu verlesende Eröffnungsbeschluß für das ganze Hauptverfahren, die Grundlage bilden, vollständig und in zweifelsfreier Authentizität, also durch Verlesung oder Mittheilung getreuer Abschriften, zur Kenntnis aller Beteiligten gebracht wird. Demgemäß läßt denn auch das Gesetz, welches sich aus praktischen Gründen für die erste Art der Mitteilung entschieden und die zweite für fakultativ erklärt hat, nirgends erkennen, daß es unter Umständen eine Abweichung von dem Gebote der Verlesung gestatten wolle, und ebensowenig geben die Motive oder die Verhandlungen der gesetzgebenden Körper einen Anhalt für diese Annahme. Vielmehr hat es sich bei der Beratung des, in der vorliegenden Beziehung mit dem Gesetze übereinstimmenden Entwurfes nur darum gehandelt, ob nicht noch neben der Verlesung der Fragen die abschriftliche Mitteilung derselben an die Geschworenen und die Prozeßparteien für obligatorisch zu erklären sei. Ein hierauf gerichteter Antrag hat zwar die Zustimmung der Mehrheit nicht gefunden; doch hat sich das allseitig zu Tage getretene Interesse an einer gründlichen Prüfung der Fragen durch die dem Entwurfe beigefügten und in das Gesetz übergegangenen Zusätze bethätigt, daß dem von einem Beteiligten gestellten Antrage auf abschriftliche Mitteilung der Fragen entsprochen werden solle, und daß auf Verlangen der Staatsanwaltschaft oder des Angeklagten oder eines Geschworenen behufs Prüfung der Fragen die Verhandlung auf kurze Zeit zu unterbrechen sei.

Vgl. Hahn, a. a. O. S. 912 flg. 1568.

Bemerkt mag noch werden, daß die preußische Verordnung vom 3. Januar 1849 § 104 die Verlesung der gestellten Fragen durch den Vorsitzenden bei Strafe der Nichtigkeit vorschrieb, diese Vorschrift jedoch durch das Gesetz vom 3. Mai 1852 beseitigt wurde, weil (wie der Kommissionsbericht der zweiten Kammer bemerkte) schwerlich zu besorgen sei, daß die Verlesung jemals versäumt werden möchte und es nicht gerechtfertigt erscheine, daß die Verhandlung, wenn das Protokoll den Vermerk über die geschehene Verlesung nicht enthalte, gleichviel ob dieselbe geschehen sei oder nicht, gemäß Art. 78 des Gesetzes nichtig werde. Diese das Wesen der Sache nicht berührende Erwägung hat jedoch nicht verhindern können, daß schon die oben erwähnte Strafprozeßordnung vom 25. Juni 1867 (§ 315 Abs. 4) die Verlesung der Fragen wiederum obligatorisch machte.

Das Unterbleiben der Verlesung konnte nur im vorliegenden Falle nicht dadurch gerechtfertigt werden, daß sich, wie im Sitzungsprotokolle vermerkt ist, Staatsanwalt und Verteidiger mit der in anderer Weise erfolgten Mitteilung einverstanden erklärten und auch sonst ein Widerspruch gegen dieselbe nicht geäußert wurde. Denn es handelt sich hierbei um eine im öffentlichen Interesse zur Herbeiführung eines sachgemäßen Spruches der Geschworenen gegebene Vorschrift, auf deren Beobachtung weder die Prozeßparteien noch die Geschworenen wirksam verzichten können.

Es unterliegt endlich auch keinem Bedenken, daß die vorgefallene Gesetzesverletzung, durch welche den Beteiligten eine genaue Prüfung der Fragen unmöglich gemacht wurde, die demnächst ergangene Entscheidung beeinflußt haben kann, wie denn ja auch in den Revisionsschriften die Fassung der Fragen als unzutreffend gerügt und die unstatthafte Änderung einer derselben geltend gemacht wird. Ein mehreres aber, als die aus den Umständen sich ergebende Möglichkeit eines ursächlichen Zusammenhanges, darf, sofern es sich um die Verletzung einer Prozeßnorm handelt, für die Annahme, daß das Urteil auf der Verletzung beruhe, nicht erfordert werden, wie auch bereits vom Reichsgerichte vielfach anerkannt ist.

Vgl. Entsch. des R. G.'s in Strafs. Bd. 1 S. 212, Bd. 6 S. 255, Bd. 9 S. 69.

2. **Durch Beantwortung der Hauptfrage entscheiden die Geschworenen zugleich über das Vorhandensein etwaiger die Schuld ausschließender Umstände.** conf. L. § 293 N. 12b. St. ibid. N. 4. K. S. 608. U. I 27. Sept. 83. E. IX 105. R. V 550.

Die Revision des Angeklagten rügt Verletzung des § 193 St. G. B.'s mit § 294, event. § 295 St. P. O., weil nicht, dem Antrage des Verteidigers gemäß, darüber, ob der Angeklagte bei Begehung der ihm zur Last gelegten Beleidigungen zur Wahrung berechtigter Interessen gehandelt habe, eine Hilfs-, eventuell eine Nebenfrage gestellt worden sei.

Diese Rüge geht fehl.

Von Stellung einer Nebenfrage kann hier keine Rede sein, da Nebenfragen nur über solche vom Gesetze besonders vorgesehene Umstände zu stellen sind, welche entweder die Strafbarkeit mindern oder erhöhen (§ 295 Abs. 1), oder solche nach bereits verübter That wieder aufheben (§ 295 Abs. 2 St. P. O. mit §§ 163, 204, 209, 310, auch § 46 St. G. B.'s). Hilfsfragen sind aber gemäß § 294 St. P. O. nur dann zu stellen, wenn die Verhandlung Umstände ergeben hat, nach welchen eine vom Eröffnungsbeschlusse abweichende Beurteilung der That in Betracht kommt, also die Anklage primär oder eventuell zu ändern und die That unter einen anderen rechtlichen Gesichtspunkt zu subsumieren ist.

Im Falle des § 193 St. G. B.'s handelt es sich aber nicht um Umstände, durch welche die That als solche geändert, eine andere rechtliche Qualifikation derselben bedingt würde, sondern um Momente, durch welche der gleichen, vom Eröffnungsbeschlusse vorausgesetzten That gegenüber die Strafbarkeit ausgeschlossen werden soll. Über solche Ausschließungsgründe sollen, wie sich aus der in der Justizkommission des Reichstages beschlossenen Streichung des Wortes „ausschließen" in § 253 (nun 295) Abs. 1 und der weiteren auf Strafausschließungsgründe bezüglichen Bestimmung des damaligen Absatz 2, sowie den hierüber gepflogenen Verhandlungen (vgl. 65. Sitzung vom 7. September 1875 S. 460 flg.) unzweifelhaft ergiebt, besondere Fragen an die Geschworenen nicht gestellt, es soll die Entscheidung über die Schuldfrage nicht geteilt werden.

Wenn dort hervorgehoben wurde, daß beispielsweise in den Fällen der §§ 51—54 St. G. B.'s bei Unzurechnungsfähigkeit des Thäters oder wenn derselbe in einem Notstande oder in Notwehr gehandelt hat, eine strafbare That nicht vorhanden sei, also die Frage, ob der Angeklagte der That schuldig sei, ohne gleichzeitige Berücksichtigung des fraglichen Ausschließungsgrundes gar nicht beantwortet werden könne, so schlägt dieser Grund vollkommen auch im Falle des § 193 St. G. B.'s ein; denn auch diese Gesetzesstelle betrachtet eine Beleidigung, wenn sie lediglich zur Wahrung berechtigter Interessen begangen wurde, nur dann als vorhanden, wenn dieses „Vorhandensein" trotz der an sich veranlaßten Wahrung berechtigter Interessen aus der Form der Äußerung oder aus den Umständen, unter welchen sie geschah, hervorgeht. Sowohl die Frage, ob der Beleidiger in Wahrung berechtigter Interessen gehandelt hat, als bejahenden Falles die weitere, ob sich nicht trotzdem aus Form und Umständen die Absicht, zu beleidigen, und damit das Vorhandensein der Beleidigung ergebe, sind Voraussetzungen für Bejahung oder Verneinung der Frage, ob sich der Angeklagte einer Beleidigung schuldig gemacht habe, und können daher von der Hauptfrage, durch welche die Schuldfrage beantwortet werden soll, nicht in einer besonderen Frage ausgeschieden und für sich allein beantwortet werden.

Daß hiernach aus der Frage und aus ihrer Beantwortung nicht hervorgehe, welche Rücksicht dem Ausschließungsgrunde geschenkt würde, und daß die Hinweisung der Geschworenen auf diese Berücksichtigung lediglich der Belehrung des Vorsitzenden überlassen bleibe, waren sich die gesetzgebenden Faktoren wohl bewußt. Es wurde aber diese Unterweisung für genügend und die hierdurch ermöglichte Vereinfachung der Fragestellung für überwiegend vortheilhaft erachtet.

Demgemäß war auch gegebenen Falles die Frage, ob die Strafbarkeit im Hinblicke auf die Bestimmung des § 193 St. G. B.'s ausgeschlossen sei oder nicht, der allein entscheidenden Würdigung der Geschworenen anheimzugeben, und da diese durch Bejahung der Schuldfrage zugleich das Vorhandensein eines Strafausschließungsgrundes verneint haben, ist das Revisionsgericht nicht in der Lage, nachzuprüfen, ob ein solcher vorhanden sei oder nicht.

3. **Die Subsumtion der Thatumstände unter die gesetzlichen Merkmale der That unterliegt auch dann der Nachprüfung des Revisionsgerichtes nicht, wenn die Thatumstände in die den Geschworenen vorgelegten Fragen aufgenommen sind.** conf. L. § 293 N. 11a. St. ibid. N. 6. U. III 15. Jan. 81. E. III 250.

„Der Spruch der Geschworenen, auf welchen das angefochtene Urteil gegründet ist, enthält in den Ausdrücken des Gesetzes die Merkmale der in Frage stehenden That mit der Modifikation, daß das Merkmal der Zahlungseinstellung mit den Worten wiedergegeben ist: „welche ihre Zahlungen eingestellt hatte," und daß am Schlusse die Merkmale „Verheimlichen" und „Beiseiteschaffen" kumulativ festgestellt sind; außerdem ist Ort, Zeit und Ausführung der That in dem Spruche mit den Worten bezeichnet: „am 5. Juni 1879 zu Kassel durch Verkauf ihres Mobiliarvermögens an den Albert E." Wenn nun die materielle Rüge der Angeklagten diesen Verkauf vom 5. Juni einer eingehenden Erörterung unterzieht und nach den Ergebnissen derselben Spruch und Urteil für rechtsirrtümlich erachtet, so beruht diese Rüge auf einer Verkennung der Aufgabe der Geschworenen.

Das Gesetz hat den Geschworenen rückhaltslos die Subsumtion der für erwiesen erachteten Thatsachen unter den Verbrechensbegriff zugewiesen, mithin mit der Thatfrage zugleich die Rechtsfrage, das Schuldig vor dem Gesetze. Aus diesem Grunde soll die Hauptfrage die dem Angeklagten zur Last gelegte That nur nach ihren gesetzlichen Merkmalen bezeichnen, die That spezialisierende Umstände aber nicht weiter aufnehmen, als solche erforderlich sind, um die Identität der That festzustellen. Von der Aufnahme der Subsumtionsobjekte selbst hat der Gesetzgeber mit vollem Bewußtsein aus dem Grunde abgesehen, weil er die Geschworenen für die Subsumtion der von ihnen für bewiesen erachteten Thatsachen völlig unabhängig stellen wollte; die Geschworenen sollen nach der Absicht des Gesetzgebers Herren der That und der Rechtsfrage sein. Es ist daher auch unterlassen, eine Bürgschaft dafür zu suchen, daß die Geschworenen ihre Subsumtionsobjekte allein aus den in der Hauptverhandlung erörterten Umständen entnehmen. Sind aber hiernach die Geschworenen nicht behindert, für die Schuldfrage alle ihnen zu Gebote stehenden thatsächlichen Gesichtspunkte zu berücksichtigen, so folgt, daß, wenn in einem konkreten Falle ein vollständiger Thatbestand in die Frage aufgenommen sein sollte und auf Grundlage dieses Thatbestandes das Schuldig rechtlichen Bedenken unterliegen müßte, gleichwohl das Revisionsgericht nicht in der Lage ist, den Spruch aufzuheben, so lange es die Möglichkeit anerkennen muß, daß der Spruch auf andere in der Frage nicht enthaltene Thatumstände gestützt worden ist, und so lange nicht die Identität der That alteriert erscheint. Eine Anfechtung eines die gesetzlichen Merkmale der Strafthat enthaltenden Spruches aus dem Grunde unrichtiger Subsumtion der für erwiesen erachteten Thatsachen unter die Deliktsmerkmale ist daher nach der Konstruktion des Verfahrens fast als ausgeschlossen anzusehen. Von diesen Gesichtspunkten aus erscheint die Rüge der Angeklagten ohne weiteres verfehlt. Der Spruch enthält die gesetzlichen Merkmale der That, die Zahlungseinstellung, die Verheimlichung und Beiseiteschaffung von Vermögensstücken, die Absicht, die Gläubiger zu benachteiligen. Daß die Zahlungseinstellung in der Form des Plusquamperfektums festgestellt ist, ist ohne Bedeutung, da für den Thatbestand des § 281 Nr. 1 St. G. B.'s einflußlos ist, ob die Handlung der Zahlungseinstellung nachfolgt oder derselben vorausgeht. Ohne Belang ist ferner, daß der Spruch sowohl die Verheimlichung als die Beiseiteschaffung als gegeben ansieht, während das Gesetz nur ein Verheimlichen oder ein Beiseiteschaffen fordert; dieselbe Handlung sogar kann beide Merkmale erfüllen, sofern sie nicht nur thatsächlich Vermögensstücke dem Zugriffe der Gläubiger entzieht, sondern zugleich auch die Wahrnehmbarkeit dieser Entziehung den Gläubigern erschwert. Der in der Frage hevorgehobene Verkauf endlich entzieht sich der Nachprüfung selbst in der Richtung, ob durch einen Verkauf überhaupt Vermögensstücke verheimlicht oder beiseitegeschafft werden können; denn die Geschworenen waren eben nicht gehalten auf diesen Verkauf ihren Spruch zu gründen; vielmehr konnten sie, die Identität der zur Anklage gestellten That vorausgesetzt, das Merkmal der Verheimlichung auch in solchen Thatumständen erkennen, welche in die Frage gar nicht aufgenommen waren.

4. **Das Gericht ist nicht deshalb zur Ablehnung einer beantragten Frage befugt, weil sich im konkreten Fall die Thatumstände nicht unter dem Thatbestand der Frage subsumieren lassen.** conf. L. § 296 N. 1. St. ibid. N. 1, 4. U. III 19. Apr. 83. E. VIII 222. R. V 268.

In der Hauptverhandlung hat der Verteidiger der wegen Meineides aus § 154 St. G. B.'s angeklagten Beschwerdeführerin den Antrag gestellt, den Geschworenen eine Nebenfrage aus § 157 Nr. 1 St. G. B.'s vorzulegen, und hat dabei als dasjenige Vergehen, dessen Verfolgung die Angeklagte bei wahrheitsgemäßer Zeugenaussage befürchten durfte, „Beihilfe zur Kuppelei" bezeichnet. Der Antrag ist durch Gerichtsbeschluß aus dem Grunde abgelehnt worden:

„da die Voraussetzungen der Beihilfe zur Kuppelei für die von dem Verteidiger angegebenen thatsächlichen Verhältnisse nicht zutreffend erscheinen."

Durch diesen Gerichtsbeschluß ist § 296 St. P. O. verletzt worden. Nach dieser Prozeßvorschrift durfte die beantragte Vorlegung der Nebenfrage nur aus Rechtsgründen abgelehnt werden. Die vorbezeichneten

Motive des hier in Rede stehenden Gerichtsbeschlusses lassen keinen Rechtsgrund erkennen und schließen die Annahme nicht aus, daß die Vorinstanz in unzulässiger rein thatsächlicher Würdigung der Beweisergebnisse aussprechen wollte, nach Lage der Sache würden die Thatumstände, welche von der Angeklagten bei wahrheitsgemäßer Aussage anzugeben gewesen wären, ihr noch keine Strafverfolgung wegen Beihilfe zur Kuppelei haben zuziehen können. Hierüber aber hatten die Geschworenen und nicht das Gericht zu urteilen. Die Geschworenen waren überall auch gar nicht gebunden, sich nur an die vom Verteidiger hervorgehobenen Thatumstände und an den Gesichtspunkt der Teilnahme an Kuppelei zu halten; nichts hinderte sie, nach freier Überzeugung von irgend welcher anderen Beurteilung der Thatsachen und Thatbestandsmerkmale ausgehend, schlecht hin für erwiesen zu erklären, „daß die Angabe der Wahrheit gegen die Angeklagte eine Verfolgung wegen eines Verbrechens oder Vergehens nach sich ziehen könnte." Welche Thatsachen, und unter welchen Vergehensbegriff subsumiert, den Geschworenen hierbei vorschwebten, darüber brauchte ihr Spruch keine Auskunft zu geben, und hierüber durften sie auch durch die Fragestellung nicht gebunden werden. Denn da die Geschworenen nicht lediglich die That-, sondern die gesetzliche Schuldfrage zu beantworten haben, muß ihnen auch vom Gesichtspunkte des § 157 Nr. 1 St. G. B.'s die Beurteilung unbenommen bleiben, inwieweit die gesetzlichen Merkmale, d. h. die thatsächlichen und die rechtlichen Voraussetzungen des hier fraglichen Strafminderungsgrundes vorliegen. Deshalb hätte auch der Verteidiger bei Stellung seines Antrages sich auf die Bezeichnung des Strafminderungsgrundes beschränken und die Darlegung, wegen welchen Verbrechens oder Vergehens die Angeklagte sich durch die Angabe der Wahrheit die Verfolgung zuziehen konnte, den an die Fragestellung sich anschließenden Ausführungen vorbehalten können. Daß der Verteidiger es schon bei Stellung des Antrages für erforderlich gehalten, denselben thatsächlich und rechtlich zu substanziieren, änderte daran nichts, daß das Gericht sich auf die allgemeine Prüfung zu beschränken hatte, ob die beantragte Frage überhaupt rechtlich zulässig und, ihre Bejahung vorausgesetzt, für die Entscheidung erheblich sei, ob also mittels derselben ein strafrechtlicher Gesichtspunkt aufgestellt und der Entscheidung der Geschworenen unterbreitet werden solle, welcher bei der Beurteilung der Anklage in Betracht komme. Nur wenn diese Frage verneint wurde, durfte das Gericht den Antrag ablehnen. Nach Lage des Falles erübrigt sich daher auch jedes Eingehen auf die von der Revision berührten Fragen, ob die Verkuppelte zugleich als Gehilfin der Kuppelei qualifiziert werden kann, ob die Angeklagte gerade über derartige Verhältnisse Zeugnis ablegen sollte und dergleichen mehr.

Vgl. Entsch. d. R. G.'s in Straff. Bd. 1 S. 423, Bd. 6 S. 286.

5. **Eine Anfechtung des Urteils kann nicht auf den Inhalt der Rechtsbelehrung durch den Vorsitzenden gestützt werden.** conf. L. § 300 N. 8. St. ibid. N. 5. K. S. 621. U. III 28. Jan. 80. E. I 85. R. I 284.

„Die Revision beantragt die Aufhebung des Spruchs der Geschworenen und des darauf gebauten Urteils der vorigen Richter, weil die Vorschrift des

§ 300 St. P. O., wonach der Vorsitzende des Schwurgerichts bei Erteilung der Rechtsbelehrung an die Geschworenen nicht in eine Würdigung der Beweise einzugehen hat, dadurch verletzt worden sei, daß bei der gegen den Beschwerdeführer am 1. Dezbr. 1879 geführten Schwurgerichtsverhandlung der Vorsitzende in seiner Rechtsbelehrung darauf hingewiesen habe, ein richterliches Protokoll, in diesem Falle das Protokoll des Untersuchungsrichters vom 4. Januar 1879 über die Beeidigung des Beschwerdeführers, liefere so lange einen unumstößlichen Beweis, als nicht der positive Gegenbeweis geführt sei, und hiermit der Vorsitzende seine zudem gar nicht zutreffende Auffassung des hier vorgelegenen Beweises den Geschworenen gegenüber, für welche sie unzweifelhaft maßgebend gewesen sei, ausgesprochen habe."

Das Protokoll über die Hauptverhandlung vom 1. Dezember 1879 enthält über das angefochtene Verfahren des Vorsitzenden keine weitere Angabe, als daß der letztere die Geschworenen über die rechtlichen Gesichtspunkte belehrt habe, welche von ihnen bei Lösung der ihnen gestellten Aufgaben in Betracht zu ziehen sein würden.

Nach § 274 St. P. O. kann die Beobachtung der für die Hauptverhandlung vorgeschriebenen Förmlichkeiten nur durch das Protokoll bewiesen werden, und ist der diese Förmlichkeiten betreffende Inhalt desselben nur durch den Nachweis der Fälschung anfechtbar. Der Beschwerdeführer hat eine solche Fälschung nicht behauptet, sondern sich mit der Behauptung begnügt, der Vorsitzende habe jene Belehrung über die Beweiskraft des Protokolls vom 4. Januar 1879 ertheilt und dafür die Mitglieder des Schwurgerichtshofes als Zeugen benannt.

Unter den in § 274 St. P. O. erwähnten Förmlichkeiten sind, mit Rücksicht namentlich auf § 273 das., überhaupt diejenigen Vorgänge des Hauptverfahrens zu verstehen, welche für dessen Rechtsbeständigkeit von Einfluß sind. Auch liefert nach dem Sinne des § 274 das Protokoll über das Hauptverfahren nicht nur insofern einen blos durch Darlegung einer Fälschung widerlegbaren Beweis, daß für feststehend erachtet werden muß, was das Protokoll als geschehen bekundet, sondern auch insofern, daß als nicht geschehen anzusehen ist, worüber es schweigt, sofern es sich um einen Vorgang der eben gedachten Art handelt. Es fehlt also schon an der gesetzlich notwendigen Unterlage für die erhobene Beschwerde.

Es ist aber überhaupt nicht die Absicht der Prozeßordnung, die Revision zu gewähren wegen einer Gesetzesverletzung, welche angeblich der Vorsitzende des Schwurgerichts durch den Inhalt, welchen er seinem Schlußvortrag gab, begangen. Wohl kann die protokollarische Feststellung eines für die Rechtsbeständigkeit des Verfahrens erheblichen Vorgangs der Hauptverhandlung in der Regel von den Parteien beantragt werden; sowohl dieser Antrag, als auch dessen etwa erfolgte Zurückweisung müssen gleichfalls ihre Beurkundung im Protokoll finden, und es stände, wenn dieses verweigert wäre, eine Beweisführung über die Stellung und Zurückweisung des Antrags in Frage. Aber dieses gilt nicht für den Schlußvortrag des Vorsitzenden. Die Vorschrift, daß die Belehrung des Vorsitzenden an die Geschworenen keiner Erörterung unterzogen werden soll (§ 300

St. P. O.), läßt selbst jeden Antrag dieser Art als unzulässig erscheinen. Wenn das Gesetz jede Erörterung der von dem Vorsitzenden erteilten Belehrung ausschließt, so kann es nicht statthaft sein, daß die protokollarische Fixierung dieser Belehrung, um auf der Grundlage des Protokolls das Urteil anfechten zu können, beantragt würde. Die Stellung und Motivierung eines solchen Antrags könnte, ohne daß die Belehrung einer Erörterung unterzogen würde, nicht wohl erfolgen. Eine derartige Einrichtung ist aber auch mit der Stellung des Vorsitzenden und dem Zwecke der ihm aufgetragenen Belehrung kaum zu vereinigen. Es kommt dabei insbesondere noch in Betracht, daß zwar von der Reichstagskommission dem Entwurfe als Abs. 3 des § 259 und als § 301a Bestimmungen beigefügt worden waren, nach welchen auf Antrag der Staatsanwaltschaft und der Verteidigung bestimmt bezeichnete Sätze der Rechtsbelehrung von dem Vorsitzenden schriftlich zu fassen, den Geschworenen zu verlesen und dem Protokoll beizufügen gewesen wären und wonach eine durch das Protokoll festgestellte, einen Rechtsirrtum enthaltende Rechtsbelehrung die Revision begründet hätte, — daß aber diese Kommissionsbeschlüsse in Folge des Widerspruchs der verbündeten Regierungen in dritter Lesung beseitigt wurden und der Entwurf in der Hauptsache wiederhergestellt worden ist. Protokolle der Reichstagskommission S. 498, 588, 998; Stenographische Berichte S. 986. Es erscheint endlich insbesondere die Behauptung, der Vorsitzende habe die seiner Aufgabe gezogenen Grenzen überschritten, indem er in eine Würdigung der Beweise eingegangen sei, auch darum nicht geeignet, im Wege der Revision verfolgt zu werden, weil unzweifelhaft der Vorsitzende seine Belehrung dem einzelnen Falle anpassen darf und häufig ganz zweckmäßig so verfahren wird, auch die den Beweis betreffenden Grundsätze des Prozeßrechts Gegenstand der Rechtsbelehrung sein können und daher die Bestimmung der Grenze, von welcher an die Belehrung eine derartige Ausschreitung in sich schließen würde und ob die Überschreitung von Einfluß auf den Spruch der Geschworenen gewesen, zu peinlichen Erörterungen führen und kaum jemals ein sicheres Resultat ergeben würde.

Nach Vorstehendem ist die Annahme begründet, daß von der Staatsanwaltschaft oder dem Verteidiger ein Antrag auf protokollarische Feststellung des Inhalts der von dem Vorsitzenden des Schwurgerichts erteilten Belehrung oder einzelner Sätze derselben, um hierdurch eine Grundlage für die Anfechtung des Urteils zu gewinnen, nicht gestellt, daß auch nicht auf anderem Wege dieser Nachweis versucht werden darf, daß vielmehr die Revision auf die Behauptung, der Vorsitzende habe, indem er die Belehrung, wie geschehen, erteilt, eine Gesetzesverletzung begangen, nicht gestützt werden kann, weder in der Richtung, daß der Vorsitzende die Grenzen einer Rechtsbelehrung, indem er in eine Würdigung der Beweise eingegangen sei, überschritten, noch in der Richtung, daß in der Rechtsbelehrung ein Rechtsirrtum enthalten gewesen sei.

Sonach war die Revision zu verwerfen."

6. Zur Einleitung des Berichtigungsverfahrens ist ein aus dem Spruche der Geschworenen selbst ohne Zurückgehen auf die Akten erkennbarer Widerspruch

erforderlich. conf. L. § 309 N. 5. St. ibid. N. 2. K. S. 628. U. III 29. Apr. 82. E. VI 317. R. IV 401.

1. Nachdem an die Geschworenen zwei Fragen gestellt worden waren, die eine, ob der Angeklagte schuldig sei, am 16. Juni 1879 wissentlich ein falsches Zeugnis mit einem Eide bekräftigt zu haben, die zweite, ob der Angeklagte schuldig sei, am 2. November 1878 an Orten, an denen er nicht berechtigt war, zu jagen, in Gemeinschaft mit anderen Personen die Jagd ausgeübt zu haben, beantworteten die Geschworenen die erste Frage mit „Nein", die zweite mit „Schuldig". Das Gericht erachtete, wie es im Hauptprotokolle heißt, daß dieser Spruch in der Sache sich widersprechend sei. Es ist im Protokolle weiter gesagt, auf Beschluß des Gerichtes seien daher gemäß § 309 St. P. O. die Geschworenen vom Vorsitzenden aufgefordert, sich in das Beratungszimmer zurückzuziehen, um dem gerügten Mangel abzuhelfen. Nach Rückkehr der Geschworenen lautete der Spruch zur ersten Frage unverändert „Nein", zur zweiten Frage dagegen nunmehr „Nicht schuldig", und wurde der Angeklagte demgemäß freigesprochen.

Die Revision der Staatsanwaltschaft rügt, das Gericht habe nicht angegeben, weshalb der Spruch in der Sache sich widersprechend sei; dies habe umsomehr geschehen müssen, weil der Spruch in keinem Punkte in der Sache sich widersprochen habe; die Geschworenen hätten vor der erneuten Beratung darauf aufmerksam gemacht werden müssen, daß sie an keinen Teil ihres früheren Spruches, auch nicht an den Spruch zur ersten Frage, gebunden seien, welche Belehrung, wie das Protokoll ergebe, nicht stattgefunden habe: somit erschienen die §§ 309, 311 St. P. O. als verletzt.

Die Vorschrift, es müsse nach stattgehabtem Berichtigungsverfahren der berichtigte Spruch in der Weise niedergeschrieben werden, daß der frühere erkennbar bleibe (§ 312 St. P. O.), bringt den Gedanken des Gesetzes zum Ausdruck, daß der Revisionsinstanz die Möglichkeit zu gewähren sei, zu prüfen, ob der ursprüngliche Spruch an einem der Berichtigung bedürftigen Mangel gelitten habe (Motive zu §§ 265 bis 270 des Entwurfes S. 183). Dieser Prüfung darf sich daher die Revisionsinstanz nicht entziehen. Sie führt aber im vorliegenden Falle zu dem Ergebnisse, daß aus dem Inhalte der an die Geschworenen gerichteten Fragen und aus der ersten Beantwortung derselben sich ein sachlicher Widerspruch nicht erkennen läßt. Denn es leidet keinen Zweifel, daß der Angeklagte am 2. November 1878 unberechtigter Weise die Jagd ausgeübt haben kann, wenngleich er am 16. Juni 1879 keinen falschen Zeugeneid geleistet hat, und aus den Fragen und deren ursprünglicher Beantwortung ist eben nur der abstrakte Thatbestand dieser beiden Delikte ersichtlich, nicht aber ein konkreter Umstand, vermöge dessen etwa in diesem Falle die Nichtschuld an dem einen Delikte die Schuld an dem anderen widerlegte. Nicht unbedingt ausgeschlossen ist hierdurch die Möglichkeit einer Würdigung des Beweisergebnisses durch die Geschworenen, welche, wenn sie konsequent gewesen wäre, schon bei der ersten Beantwortung der zweiten Frage zu einer Verneinung derselben hätte führen müssen, also eine inkonsequente und insofern sich widersprechende Würdigung des Beweisergebnisses. Allein weder läßt sich behaupten und nachweisen, daß die Geschworenen in dieser Weise in einen Widerspruch verfallen sind, noch würde ein solcher Widerspruch notwendig bewirken müssen, daß der kundgegebene Spruch in sich selbst als widersprechend zu betrachten sei, und nur für einen Widerspruch der letzteren Art ordnet das Gesetz (§ 309) das Berichtigungsverfahren an. Die Feststellung eines Widerspruches der erstgedachten Art würde das Gericht nicht ohne eigene Nachprüfung des Beweisergebnisses vornehmen können, welche teils in dieser Richtung (vgl. dagegen § 317 St. P. O.) überall nicht in der Aufgabe des Gerichtes liegt, teils die Geschworenen nicht binden, also nicht die Veranlassung werden könnte, sie zu einer Berichtigung eines Spruches anzuhalten. Der Instanzrichter hat daher ohne Grund ein Berichtigungsverfahren eintreten lassen, und, da hierauf der endliche Spruch und das Urteil beruhen, erscheint die bezügliche Rüge der Revision als begründet.

Die prozessuale Zulässigkeit der staatsanwaltlichen Revision im vorliegenden Falle, wo die Geschworenen den Angeklagten für nicht schuldig erklärt haben (§ 379 St. P. O.), ergiebt sich daraus, daß bei der Vorschrift des § 379 die Legalität des von den Geschworenen abgegebenen Spruches, also, wenn ein Berichtigungsverfahren stattgefunden und auf den Spruch Einfluß geübt hat, auch die Legalität des Berichtigungsverfahrens vorausgesetzt ist.

2. Aus dem Vorstehenden folgt die Notwendigkeit der Aufhebung des angefochtenen Urteiles. Hinsichtlich der Grenze, bis zu welcher die Aufhebung zu gehen hat, ist folgendes zu erwägen. Der erste Spruch der Geschworenen, welcher, soviel die Form angeht, in welcher er vorliegt, zu keinem Bedenken Anlaß giebt (vgl. § 308 St. P. O.), wurde vom Instanzgericht zum Gegenstande eines dem Gesetze nicht entsprechenden sachlichen Berichtigungsverfahrens gemacht, und hieran schloß sich eine inhaltliche Veränderung desselben von seiten der Geschworenen. Es war aber eine solche Abänderung nur unter der Voraussetzung gestattet, daß einer derjenigen Gründe gegeben war, die zu einem Berichtigungsverfahren, nach der Kundgebung des Spruches durch den Obmann (§ 308 a. a. O.), den gesetzlichen Vorschriften gemäß führen konnten. Von dieser, hier nicht erfüllten, Voraussetzung abgesehen, haben die Prozeßbeteiligten ein Recht darauf, daß auf der Grundlage des kundgegebenen Spruches das Urteil abgefaßt und verkündet werde; auch zu dem Zwecke, damit diesem Rechte die praktische Durchführbarkeit nicht entzogen werde, ist die Vorschrift in das Gesetz aufgenommen worden, daß der berichtigte Spruch in der Weise niederzuschreiben ist, daß der frühere erkennbar bleibt (§ 312 St. P. O.). Demgemäß unterliegt, wenn das eingeleitete Berichtigungsverfahren keine gesetzliche Grundlage hatte, der infolge desselben kundgegebene spätere, vom ersten Spruche abweichende, Spruch der Aufhebung, und hat das in erster Instanz anderweit zu verkündende Urteil die durch den ersten Spruch getroffenen Feststellungen zum Ausgangspunkte zu nehmen.

3. Daß, wenn das Gericht den Geschworenenspruch in sich widersprechend findet, es den Geschworenen die Gründe dieser seiner Ansicht

mitzuteilen hat, folgt ohne weiteres daraus, daß ohne solche Mitteilung die Geschworenen sich zu einer Berichtigung des Spruches nicht bewogen finden können; denn diese Berichtigung soll ihrer Überzeugung gemäß erfolgen, also das Resultat der von ihnen durch die Beanstandung des Spruches gewonnenen Einsicht in den Mangel desselben sein. Daß ferner, wenn das Gericht ein Berichtigungsverfahren wegen sachlicher Mängel des Spruches eintreten läßt, den Geschworenen zu eröffnen sei, daß sie an keinen Teil des früheren Spruches gebunden sind, kann aus der Vorschrift in § 300 St. P. O. gefolgert werden. Denn sachliche Mängel sollen, soweit erforderlich, die nochmalige Prüfung des gesamten Spruches zur Folge haben, und eben hierzu soll das Gericht die Geschworenen veranlassen, damit der neue veränderte Spruch in allen seinen Teilen zwar fehlerfrei werde, aber doch die Überzeugung der Geschworenen zum Ausdrucke bringe.

Die hierauf bezüglichen Revisionsbeschwerden bedürfen aber keiner weiteren Erörterung, da ihnen infolge des Umstandes, daß die Einleitung eines Berichtigungsverfahrens als ungerechtfertigt befunden worden ist, eine praktische Bedeutung jedenfalls nicht zuerkannt werden kann.

Die Wiederherstellung des ersten Geschworenenspruches rechtfertigt zugleich die Zurückverweisung der Sache an das Landgericht.

Drittes Kapitel.

Rechtsmittel.

§ 14.

Allgemeine Bestimmungen.

1. Über die Fälle, in denen ein freigesprochener Angeklagter das Urteil durch Rechtsmittel anfechten kann, handelt grundlegend U. III 11. Juni 81. E. IV 355. R. III 380. conf. L. § 338 N. 2.

1. Gegen den Angeklagten war das Hauptverfahren eröffnet, weil er verdächtig erschien, wider besseres Wissen den Amtsgerichtsrat J. durch mehrere bei Behörden gemachte Eingaben der Beugung des Rechtes durch ein von dem Denuntiaten in dem Besitzstörungsprozesse des Fuhrmannes K. gegen den Denuntianten am 14. Mai 1878 abgegebenes Erkenntnis, welches dem letzteren ungünstig lautete, beschuldigt zu haben (St. G. B.'s §§ 164, 336). Der vorige Richter hat den Angeklagten durch das jetzt mittels der Revision desselben angefochtene Urteil freigesprochen, weil nicht erwiesen sei, daß der Angeklagte die gedachten Anschuldigungen wider besseres Wissen gegen den Denuntiaten J. erhoben habe. Der in dem früheren Civilprozesse behandelte Besitzstörungsstreit ist in den Urteilsgründen einer Erörterung nicht unterzogen worden.

Die Rechtsverletzung, auf welche der Angeklagte seine Revision gegen dieses ihn freisprechende Urteil stützt, findet derselbe darin, daß eine Entscheidung über das bürgerliche Rechtsverhältnis, von dessen Beurteilung die Strafbarkeit der ihm zur Last gelegten Handlung abhänge, nämlich eben über jene Besitzstörungsangelegenheit, von den vorigen Richtern nicht gegeben worden sei, ungeachtet eines hierauf von ihm gestellten Antrages; damit sie gegen § 261 St. P. O. verstoßen und der Angeklagte in seinem Interesse verletzt worden, weil er gegen gewisse in dem erwähnten Civilprozesse abgehörte Zeugen und gegen den Amtsgerichtsrat J. als Richter zu dem Zwecke Denuntiationen wegen Meineides, bezw. wegen Beugung des Rechtes angebracht habe, damit er nach Maßgabe des § 543 Nr. 3 u. 5 C. P. O. das Material zu einer Restitutionsklage erhalte.

Die Revision ist unbegründet. Es ist zunächst hervorzuheben, daß seitens des Angeklagten ein Antrag auf Mitentscheidung der in dem früheren Civilprozesse verhandelten Streitigkeit weder in der Hauptverhandlung noch auch im Vorverfahren gestellt worden ist, daß die Denuntiation gegen die erwähnten Zeugen wegen Meineides mit der gegenwärtigen Untersuchungssache nichts zu thun hatte, und daß der Angeklagte eine Absicht, mittels seiner Denuntiationen gegen die Zeugen oder gegen J. das Material zu einer Restitutionsklage in der Besitzsache zu erlangen, nirgends kundgegeben hat.

Im übrigen hängt die Entscheidung über das Rechtsmittel davon ab, ob durch die Nichterörterung der Besitzsache in den Urteilsgründen eine gesetzliche Vorschrift, speziell die des § 261 St. P. O. überhaupt, und namentlich in einer solchen Weise verletzt worden sei, daß dadurch dem Angeklagten, ungeachtet des Umstandes, daß er nicht verurteilt, sondern freigesprochen worden, das Rechtsmittel der Revision gegen das freisprechende Urteil erwachsen ist. Beide Fragen sind zu verneinen.

In der Strafprozeßordnung sind die Voraussetzungen, unter welchen der Angeklagte von dem ihm zustehenden Rechte zur Ergreifung des Rechtsmittels der Revision gegen das Endurteil Gebrauch machen darf, nicht ausdrücklich bestimmt. Erwägungen allgemeiner Natur, auf welche daher die Entscheidung gestützt werden muß, führen zu folgendem Ergebnis:

Gegenstand des Strafprozesses ist die rechtliche Geltendmachung des staatlichen Strafrechts. Die Aufgabe des Strafprozesses in jedem konkreten Falle besteht darin, zu ermitteln und festzustellen, ob gegen den Angeklagten der Beweis einer strafrechtlichen Schuld geführt worden sei. Ist der Schuldbeweis durch das Urteil für nicht hergestellt erklärt und in Folge davon der Angeklagte freigesprochen worden, so ist damit dem rechtlichen Interesse des letzteren insoweit, als es sich um den Bereich des anhängig gewordenen strafrechtlichen Verfahrens handelt, genügt, denn es ist ausgesprochen, daß ein Anspruch des Staates auf Bestrafung gegen den Angeklagten nicht bestehe, und mit diesem Ausspruche die Aufgabe des konkreten Strafprozesses erfüllt. Die Art der Motivierung des freisprechenden Urteiles kann in anderen Beziehungen die Interessen des Angeklagten berühren; es könnte der Angeklagte eine größere Ausdehnung des Verfahrens behufs der Führung des positiven Beweises seiner Unschuld wünschenswert gefunden haben; diese Interessen liegen aber außerhalb der Aufgabe, welche zu erfüllen dem im Strafprozesse erkennenden Gerichte oblag.

Der Zweck der durch das Gesetz gewährten Rechtsmittel gegen die Endurteile der Strafgerichte ist nach der Aufgabe des Strafprozesses zu bestimmen; sie sollen dazu dienen, die Aufhebung derjenigen Verletzungen der rechtlichen Interessen, sei es des Staates, sei es des Angeklagten oder anderer Prozeßbeteiligten, zu erwirken, welche sich durch das verkündete Urteil ergeben haben, und da der wesentliche Inhalt des Urteiles in der Entscheidung darüber besteht, ob der Staat gegen den Angeklagten einen Strafanspruch habe oder nicht, ist ein das Rechtsmittel begründender Eingriff in das Recht der einen oder anderen Partei insbesondere dann vorhanden, wenn die Existenz des Strafanspruches mit Unrecht bejaht oder verneint worden ist; ein solcher Fall liegt auch dann vor, wenn die durch die Erhebung des Schuldbeweises bedingte Entscheidung über den Strafanspruch auf einem Verfahren beruht, welches die vom Gesetz für die

Erhebung des Beweises gegebenen Normen verletzt. Hat sich eine derartige Verletzung nicht ereignet, oder ist sie für die Entscheidung ohne Einfluß geblieben und ein solcher Einfluß auch nicht kraft gesetzlicher Fiktion anzunehmen (St. P. O. § 377), und ist ferner das gewonnene Beweisergebnis dem Strafgesetz gemäß beurteilt worden, so bleibt für das Rechtsmittel der Revision keine Aufgabe und kein Raum übrig. Dabei hat das Gesetz zwar nicht ausdrücklich ausgesprochen, ist aber doch von dem Grundsatz ausgegangen, daß der Angeklagte mittels der Revision nur die Eingriffe des Urteils in seine eigene Rechtssphäre, nicht in die Rechtssphäre des Staates, abzuwehren befugt sein soll, weil er den Staat nicht zu vertreten hat; die in dieser Hinsicht weiter bemessene Kompetenz der Staatsanwaltschaft (St. P. O. § 338) hat ihren Grund darin, daß der Staat die Nichtbestrafung Unschuldiger auch als ein staatliches Interesse anerkennt. Lautet daher das Urteil auf Freisprechung, so läßt sich für den Angeklagten die Revision nicht rechtfertigen, denn ein Urteil dieses Inhaltes greift in seine Rechtssphäre nicht ein. Allerdings wird dabei vorausgesetzt, daß die Freisprechung eine so vollständige Verneinung des strafrechtlichen Anspruches gegen den Angeklagten bedeute, daß die Rechtssphäre desselben auch nicht in Nebenpunkten beeinträchtigt erscheint, daß also beispielsweise er auch nicht in Kosten des Verfahrens verurteilt (St. P. O. § 499) oder durch das Urteil seine Unterbringung in eine Erziehungs- oder Besserungsanstalt angeordnet ist (§ 268 das.). Auch hat man unter einer das Rechtsmittel ausschließenden Freisprechung nach dem Obigen eine Verneinung der strafrechtlichen Schuld des Angeklagten zu verstehen; wäre die strafrechtliche Schuld bejaht, der Angeklagte aber aus anderen Gründen für straffrei erklärt worden, namentlich im Fall der Kompensation gegenseitiger Beleidigungen oder Körperverletzungen (§§ 199, 233 St. G. B.'s), und im Fall der Verjährung der Strafverfolgung (§ 66 das.), oder der Einstellung des Verfahrens wegen Mangels des erforderlichen Strafantrages bei für erwiesen erklärter Schuld (St. P. O. § 259), so stände der Revision des Angeklagten nichts entgegen; dieselbe würde sich aber in dergleichen Fällen auch nicht gegen denjenigen Teil des Urteils richten, welcher für den Angeklagten vorteilhaft ist, sondern gegen denjenigen, der ihn für schuldig erklärt.

Es kann vorkommen, daß ein Urteil auf Grund eines Verfahrens, welches die prozessualischen Rechte des Angeklagten verletzt hat, zu einer thatsächlichen Feststellung gelangt, die dem gesetzlichen Begriffe eines Vergehens entspricht, also zu einem Schuldig und zur Erkennung einer Strafe führen müßte, daß aber infolge rechtsirrtümlicher Nichtanwendung des Strafgesetzes der Angeklagte dennoch für nicht schuldig erklärt, und freigesprochen wird. Auch dann würde demselben das Rechtsmittel der Revision nicht zustehen. Verfolgt die Staatsanwaltschaft gegen ihn die Revision wegen materieller Gesetzesverletzung, und wird das Urteil aufgehoben und die Sache in die erste Instanz zurückverwiesen, so bleibt dem Angeklagten das Recht, gegen ein nunmehr erfolgendes verurteilendes Erkenntnis das Rechtsmittel wegen jener früheren Verletzung prozessualischer Normen zu gebrauchen, auch dann, wenn die thatsächlichen Feststellungen des ersten freisprechenden Urteils in der Revisionsinstanz aufrecht erhalten waren. Der Gegenstand der Anfechtung mittels des Rechtsmittels ist immer nur der dispositive Teil des Urteils; erst wenn solcher das Rechtsinteresse des Angeklagten verletzt, gereichen die in dem früheren Verfahren vorgekommenen prozessualen Verstöße demselben zur Beschwerde; an einer Aufhebung des auf das mangelhafte Verfahren gebauten früheren freisprechenden Urteils hatte er kein Interesse. Die Feststellungen aber sind nur Unterlagen des Urteils, sie bilden nicht selbst das Urteil, die Aufrechterhaltung derselben in dem Urteil des Revisionsgerichtes kann dem Angeklagten so wenig als der Zeitablauf seit dem ersten Urteil das Recht entziehen, die Anfechtung des neuen verurteilenden Erkenntnisses mit Angriffen auf das dem aufgehobenen Urteil vorausgegangene Verfahren zu begründen. Denn der Prüfung des Revisionsgerichtes unterlag im vorausgesetzten Falle ausschließlich die Anwendung des Gesetzes auf die dem Urteil zu Grunde liegenden Feststellungen; das Revisionsgericht war, auch wenn es (was nicht häufig der Fall sein wird, ohne daß Rüge erhoben würde) den Mangel des Verfahrens wahrnahm, gesetzlich verhindert, daraus die praktische Konsequenz der Aufhebung des Urteiles zu ziehen, da es die Feststellungen nur aufheben darf, sofern sie durch die Gesetzesverletzung betroffen werden, wegen deren die Aufhebung des Urteiles erfolgte (St. P. O. §§ 392, 393), wonach denn nur im Sinne eines Ausspruches, daß letzteres nicht der Fall sei, die Aufrechthaltung der Feststellungen verstanden werden kann. Sodann konnte von dem Angeklagten die Revision gegen dieses erste Urteil schon deshalb nicht mit Erfolg verfolgt werden, weil letzteres, insofern es auf Freisprechung infolge unrichtiger Gesetzesanwendung lautete, nicht auf solchen Verletzungen prozessualischer Normen beruhen konnte, wodurch das Recht des Angeklagten benachteiligt wurde (St. P. O. § 376). Zwar ist es bei einer Sachlage, wie die hier bezeichnete, nicht unmöglich, daß dem Angeklagten, weil er das erste freisprechende Urteil mit der Revision nicht angreifen kann, die Möglichkeit der Geltendmachung der demselben voraufgegangenen prozessualischen Verstöße überhaupt entgeht, nämlich dann, wenn auf die Revision der Staatsanwaltschaft das Revisionsgericht die Sache nicht in die erste Instanz zurückverweist, sondern selbst in der Sache entscheidet, indem es auf die nicht angefochtenen thatsächlichen Feststellungen der ersten Instanz die absolut bestimmte Strafe oder das Strafminimum in Anwendung bringt (St. P. O. § 394), weil ihm die vorgekommene Verletzung prozessualischer Normen unbekannt geblieben ist. Diese in § 394 a. a. O. dem Revisionsgerichte erteilte Befugnis ist jedoch eine gegenüber dem sonstigen System des Rechtsmittels durchaus exceptionelle und so beschränkte, daß die Möglichkeit ihrer Anwendung und der daraus weiter sich ergebenden Benachteiligung des Angeklagten nicht ausreicht, die im Vorstehenden erörterten Grundsätze in Ansehung der Zulässigkeit der Revision zu widerlegen.

2. Dieselben müßten, da der gegenwärtige Beschwerdeführer durch das angefochtene Urteil für nichtschuldig erklärt und freigesprochen worden

ist, zur Verwerfung seiner Revision selbst dann führen, wenn die Rüge einer Verletzung des § 261 St. P. O. an sich für begründet befunden werden könnte. Auch diese Rüge erscheint jedoch als nicht gerechtfertigt.

Es steht ihr vor allem entgegen, daß der § 261 a. a. O. den Grundsatz zum Ausdruck bringen wollte, daß, wo in einer Untersuchungssache bürgerliche Rechtsverhältnisse präjudiziell für die Strafbarkeit der angeklagten Handlung sind, weil der Thatbestand der letzteren, ohne jene zu entscheiden, nicht festgestellt werden kann, der Strafrichter die Befugnis und, unter Vorbehalt des ihm im Abs. 2 des Paragraphen eingeräumten Rechtes, auch die Pflicht habe, über jene Verhältnisse nach den Normen des Strafverfahrens zu entscheiden, daß er also nicht an eine vorgängige Entscheidung des Civilrichters gebunden sei, oder darauf zu warten habe. Von einer Verletzung dieses Grundsatzes, von einer Aussetzung des Verfahrens, einer Verweisung der Parteien auf die Entscheidung des Civilrichters, oder davon, daß die vorigen Richter eine civilrichterliche Entscheidung, insbesondere die des Amtsgerichtsrates J. in dem Besitzstreite des Angeklagten mit K. für unbedingt bindend hinsichtlich der Entscheidung in dem anhängigen Strafverfahren erklärt hätten, ist aber hier überall nicht die Rede.

Die Besitzstörungsfrage war sodann nicht präjudiziell für die Entscheidung über das dem Angeklagten zur Last gelegte Vergehen der falschen Anschuldigung; denn selbst wenn sie von J. unrichtig beurteilt worden war, konnte der Thatbestand des angeklagten Vergehens vollständig erwiesen sein, da eine unrichtige Entscheidung nicht gleichbedeutend mit vorsätzlicher Beugung des Rechtes ist, und diese letztere nicht ein bloßer Irrtum hinsichtlich der Beurteilung der Besitzstörungssache, vom Angeklagten dem J. vorgerückt worden war. Am wenigsten läßt sich von einer Präjudizialität der zwischen Kl. und dem Angeklagten verhandelten Besitzfrage für das hier in erster Instanz ergangene freisprechende Strafurteil reden. Denn da die vorigen Richter die Nichtschuld des Angeklagten daraus abgeleitet haben, daß nicht erwiesen sei, derselbe habe seine Denuntiation gegen J. wider besseres Wissen gemacht, und da die Beantwortung der Frage, wie die Besitzstreitigkeit dem Rechte gemäß hätte entschieden werden müssen, mag sie zu Gunsten oder zu Ungunsten der von J. abgegebenen Entscheidung ausfallen, die von den vorigen Richtern festgestellte Thatsache, daß der Angeklagte, soviel erwiesen, um die objektive Falschheit der Denuntiation nicht wußte, unberührt läßt, konnte die Freisprechung aus diesem Grunde geschehen, ohne daß in eine Erörterung jener civilrechtlichen Frage eingetreten wurde. Dabei ist angenommen, daß die vorigen Richter in eine solche Erörterung wirklich nicht eingetreten sind; ob sich dies so verhalte, muß ohnehin ungewiß bleiben; da nur feststeht, daß sie sich über die Civilfrage in den Urteilsgründen nicht ausgesprochen haben.

Eine Verletzung der Vorschriften des § 266 Abs. 4 St. P. O. liegt in diesem Schweigen der Urteilsgründe nicht, denn denselben ist dadurch bereits entsprochen, daß in Beziehung auf ein notwendiges Merkmal des angeklagten Vergehens, das Wissen um die Falschheit der Denuntiation, gesagt ist, es sei nicht erwiesen worden. Unbedingt notwendig wird die ausdrückliche Entscheidung einer für die Strafsache präjudiziellen streitigen Civilfrage nur im Falle eines verurteilenden Erkenntnisses, weil nur ein solches die sämtlichen Merkmale der Strafthat feststellen muß, damit die Anwendung des Strafgesetzes gerechtfertigt erscheine; freisprechende Erkenntnisse sind dagegen schon dann vollständig motiviert, wenn nur ein notwendiges Merkmal des Thatbestandes auf die dem Gesetz entsprechende Weise verneinend beantwortet worden ist.

Die Beschwerde der Revisionsschrift stützt sich endlich nicht lediglich darauf, daß in den Gründen des angefochtenen Urteils die erwähnte Civilsache nicht von neuem geprüft und entschieden, sondern hauptsächlich darauf, daß darin nicht ausgesprochen worden sei, ob J. „gegen den § 543 Nr. 5 C. P. O. verstoßen habe," was zweifellos den Sinn hat, daß es an einem Ausspruch darüber fehle, ob sich J. einer vorsätzlichen Beugung des Rechts schuldig gemacht habe; die abermalige Entscheidung über die Civilsache würde aber einen Ausspruch des letzteren Inhaltes noch keineswegs enthalten haben. Und wenn, wie aus dem Zusammenhange und der Tendenz der Revisionsschrift erhellt, der Beschwerdeführer der Meinung war, durch einen Ausspruch über das dem J. vorgeworfene Verbrechen des § 336 St. G. B.'s in dem gegen ihn wegen falscher Anschuldigung eingeleiteten Verfahren das Fundament einer nach § 543 Nr. 5 C. P. O. anzustellenden civilrechtlichen Restitutionsklage gegen K. zu erhalten, so steht entgegen, daß dieser Zweck nur durch ein gegen J. selbsteingeleitetes Strafverfahren, welches mit dessen Verurteilung endigte (C. P. O. § 544), zu erreichen gewesen sein würde.

Die Revision war daher zu verwerfen.

2. **Die Einlegung von Rechtsmitteln durch Telegramm ist zulässig,** wie bezüglich der Revision nach vorangegangenen abweichenden Entscheidungen U. III 2. Juli 82, E. IX 38, R. V 408 ausgeführt wird. conf. L. zum ersten Buche N. 9c. St. § 355 N. 4. § 381 N. 2.

Die von dem Angeklagten C. eingelegte Revision ist formell für zulässig zu erachten.

Die Einlegung der Revision ist zwar mittels telegraphischer Depesche erfolgt, und das Reichsgericht hat in den Urteilen vom 24. Januar 1880 g. B. und vom 5. April 1881 g. W., vgl. Entsch. des R. G.'s in Straff. Bd. 4 S. 59, ausgesprochen, daß mit telegraphischer Einlegung des Rechtsmittels der Formvorschrift des § 381 Abs. 1 St. P. O., welche Einlegung zu Protokoll des Gerichtsschreibers oder schriftliche Einlegung erfordert, nicht genügt werde. Die diesen Entscheidungen zu Grunde liegende Rechtsansicht ist aber aufgegeben durch Anerkennung des dem Urteile der vereinigten Strafsenate des Reichs-Gerichtes vom 6. März 1883 gegen B., vgl. Entsch. des R. G.'s in Straff. Bd. 8 S. 92 flg., zu Grunde liegenden Rechtssatzes, daß die in Text und Unterschrift mit der Aufgabedepesche übereinstimmende Depesche, das am Ankunftsorte ausgefertigte Telegramm als eine Urkunde anzusehen ist, die von dem Aufgeber selbst unter Benutzung des Telegraphen, d. i. unter Benutzung von Naturkräften und Menschen — der Telegraphenbeamten — als seiner Werkzeuge, geschrieben und unterschrieben ist. Die schriftliche Form, und zwar hergestellt vom Aufgeber der Depesche, nicht durch Repräsentanten seines Willens, durch der Legitimation bedürftige beauftragte Stellvertreter im juristischen Sinne, sondern von ihm selbst unter Benutzung der bezeichneten Organe als seiner Werkzeuge, liegt mithin vor. Eine Originatunterschrift in dem Sinne, daß die Unterzeichnung der Schrift physisch von dem Aussteller der Urkunde bewirkt sein müsse, fordert § 381 Abs. 1 St. P. O. zur Schriftlichkeit ebensowenig, wie eine Beglaubigung der Echtheit der Unterschrift. In Mangel von Bedenken gegen die Authentizität der Schrift, d. i. gegen die Annahme, daß Inhalt und Unterschrift dem Willen der durch die Urkunde als Aussteller gekennzeichneten Person entspreche, muß daher auch eine Revisionseinlegung, welche in einer mit der Unterschrift des Beschwerdeführers versehenen Depeschenausfertigung erklärt wird, als eine von demselben schriftlich im Sinne des § 381 a. a. O. geschehene anerkannt und daher, da Bedenken der bezeichneten im vorliegenden Falle nicht obwalten, auch hinsichtlich der Revision des C. die gesetzliche Form als gewahrt angesehen werden.

§ 15.

Berufung.

1. Hierfür sind grundlegende Entscheidungen nicht vorhanden, da das Reichsgericht in der Regel für die Revision gegen Berufungsurteile nicht zuständig ist.

2. **Auf die vom Angeklagten eingelegte Berufung ist eine Abänderung des Urteils zu Ungunsten des Angeklagten nur in Beziehung auf die Strafe, nicht aber in Beziehung auf die Qualifizierung der That unzulässig.** U. III 15. Nov. 83. E. IX 324. R. V 696. conf. L. § 372 N. 2. St. ibid. N. 1. K. 663, a. M. Binding S. 185.

§ 16.

Revision.

1. **Der Revisionsrichter ist bei Prüfung prozeßrechtlicher Beschwerden nicht an die Feststellung des Instanzrichters gebunden, sondern kann seinerseits die thatsächlichen Voraussetzungen für die zur Frage stehenden Prozeßregeln frei würdigen.** conf. L. § 376 N. 2a. St. ibid. N. 4. U. III 13. Juli 81. E. IV 388. R. III 481.

Die in der Begründung spezialisierte prozessuale Beschwerde ist darauf gestützt, daß der als Sachverständiger vernommene Dr. F., welcher sein Gutachten über den Geisteszustand des Angeklagten nach dem Protokolle auf den ein für allemal geleisteten Sachverständigeneid genommen habe, keineswegs für Gutachten dieser Art im allgemeinen beeidigt sei.

Diese Rüge erscheint auch nach dem zu den Akten gebrachten Materiale begründet und steht derselben auch nicht entgegen, daß in den Urteilsgründen ausdrücklich eine dem Anführen der Staatsanwaltschaft entgegenstehende Feststellung getroffen ist. Denn es steht nicht ein Bestandteil des Straffalles selbst, sondern nur ein prozessualer Vorgang, die Beeidigung des Sachverständigen, zur Frage und im Gebiet der prozessualen Thatsachen bindet eine vom Instanzrichter getroffene Feststellung den Revisionsrichter nicht. Vielmehr ist letzterer, wenn er auf erhobene Revision darüber zu entscheiden hat, ob der Instanzrichter eine das Verfahren bestimmende Vorschrift beobachtet hat, in der Würdigung der thatsächlichen Voraussetzungen für die zur Frage stehende Prozeßregel grundsätzlich frei, soweit nicht erkennbar das freie Ermessen des Instanzrichters entscheiden soll. Denn nur in Bezug auf die Thatfrage selbst hat die Strafprozeßordnung die freie Beweiswürdigung und die Feststellung des thatsächlichen Ergebnisses des Beweises in die Hand des Instanzrichters gelegt, während sie keinen Anhalt dafür bietet, daß auch hinsichtlich des Vorhandenseins oder Nichtvorhandenseins für die angefochtene Gesetzmäßigkeit prozessualer Vorgänge erheblicher Thatsachen die Annahme des Instanzrichters für den Revisionsrichter bindend sein soll. Das Protokoll über die Hauptverhandlung hat nur die Zweckbestimmung, die Vorgänge in dieser Verhandlung wiederzugeben und kann etwas anderes nicht enthalten. Es beweist bis zum Nachweise der Fälschung, daß in der Hauptverhandlung die für dieselbe vorgeschriebenen Förmlichkeiten beobachtet oder nicht beobachtet worden seien (St. P. O. §§ 273, 274) in vorliegender Sache also, daß Dr. F. sich auf den ein für allemal geleisteten Sachverständigeneid berufen hat; dagegen bringt es dafür keinen Beweis, daß der F. früher in der zur Frage stehenden Weise beeidigt worden ist.

Das Gericht stützt nun nach seiner Fol. 37 der Akten enthaltenen Zuschrift an die Staatsanwaltschaft seine Annahme allein auf den von Dr. F. als Kreiswundarzt geleisteten Eid, auch behauptet der Sachverständige selbst in seiner schriftlichen Erklärung vom 11. Mai, nur als Kreiswundarzt, nicht auch als gerichtlicher Sachverständiger beeidigt zu sein. Der nach den angeschlossenen Akten des Kreisamts zu Bernburg, betr. „die Verpflichtung des Physikatspersonals", von Dr. F. am 6. Juli 1864 zu Bernburg vor einem Kreisbeamten geleistete Eid ist nun von dem zum Kreiswundarzt ernannten Dr. F. auf die Beobachtung der Medizinalordnung und der ihm verlesenen Instruktion in Verwaltung des Amtes und Ausübung der Kunst gerichtet. Es ist also ein Diensteid, mit welchem die getreue Verwaltung des Amtes versprochen wird. Die in Bezug genommene Medizinalordnung selbst ist die Medizinalordnung für das Herzogtum Bernburg vom 2. Oktober 1820. Nach dieser ist nun aber „der Amtswundarzt ein dem Physikus untergeordneter Gehilfe, und in seinem Beruf und Pflichtenkreis fällt nach den Vorschriften des achten Kapitels, auf welche die eingeforderte Instruktion Bezug nimmt, überhaupt nicht die Behandlung innerer Krankheiten, umsoweniger kann er im Sinne der Medizinalordnung als ein Sachverständiger im Gebiete der Psychiatrie angesehen werden. Gehört aber die Erstattung von Gutachten über Geisteszustände nicht zum Amtskreise des Amtswundarztes, so wird auch ein von letzterem über diesen Gegenstand erstattetes Gutachten nicht durch den Amtseid gedeckt. Der Dr. F. war vielmehr bei dem von ihm erstatteten Gutachten außerhalb seines Amtskreises, mußte mithin auch besonders als Sachverständiger beeidet werden. Das Urteil, welches nach den Gründen auf dem Gutachten beider Sachverständigen beruht war daher wegen Nichtbeeidigung des Dr. F. somit wegen Verletzung der §§ 60 und 72 St. P. O. mit seinen Feststellungen aufzuheben.

2. **Die Revision kann auch auf Verletzung ausländischen Rechts gegründet werden.** conf. L. § 376 N. 3a. St. ibid. N. 6. K. S. 670. U. III 21. Febr. 84. E. X 285. R. IV 142.

Den wesentlichen Stützpunkt ihrer Angriffe gegen das erstinstanzliche Urteil suchen sowohl die Angeklagten, als auch die Nebenklägerin in dem § 20 des Markenschutzgesetzes und, im Zusammenhange hiermit, in den Vorschriften des britischen Rechtes über den Schutz einerseits der britischen, andererseits der deutschen Warenzeichen. Daß die Nebenklägerin in Deutschland keine Handelsniederlassung besitzt, ist außer Streit; nicht minder außerhalb der jetzigen Streitigkeiten liegt es, ob sie der Anforderung unter 1. des angeführten § 20 hinsichtlich ihrer in Rede stehenden Marken genügt hat. Der unter 2. a. a. O. verlangte Nachweis ist mit der Anmeldung zu verbinden; darauf, ob dies von seiten der Nebenklägerin seinerzeit geschehen sei, brauchte daher der Instanzrichter in seinen Urteilsgründen nicht einzugehen. Daher kommen von den Vorschriften des § 20 a. a. O. gegenwärtig nur die beiden in Betracht, daß in dem Staate, wo die Nebenklägerin ihre Niederlassung hat, deutsche Warenzeichen nach einer im Reichsgesetzblatte enthaltenen Bekanntmachung einen Schutz genießen müssen, und daß die Anmeldung der Warenzeichen von Gewerbtreibenden, welche im Inlande eine Handelsniederlassung nicht besitzen, ein Recht auf die Zeichen nur insofern und auf so lange begründet, als in dem fremden Staate der Anmeldende in der Benutzung der Zeichen geschützt ist. Die Frage, ob der ersteren Vorschrift genügt worden sei, erledigt sich durch Verweisung auf die im Reichsgesetzblatte erschienene Bekanntmachung vom 14. April 1875.

Was die Erörterungen des angefochtenen Urteiles über britisches Recht betrifft, so ist in der hiesigen Hauptverhandlung die Ansicht aufgestellt worden, auf Verletzung ausländischen Rechtes könne das Rechtsmittel der Revision nicht gegründet werden; für diese Ansicht wurde unter anderem auf den § 511 C. P. O. Bezug genommen, wo allerdings eine Beschränkung der in Civilsachen zulässigen Revision nicht nur auf Fragen des inländischen Rechtes ausgesprochen worden ist, sodaß in Ansehung anderer Rechtsfragen das Revisionsgericht die Entscheidung der Vorinstanz als maßgebend zu betrachten hat (vgl. §§ 525, 528 Abs. 4 C. P. O.), Indessen hat die Strafprozeßordnung eine derartige Beschränkung des der Revision in Strafsachen zugänglichen Rechtsgebietes nicht ausgesprochen (vgl. § 376 St. P. O.). Eine analoge Übertragung der bezüglichen Sätze des Civilprozesses auf den Strafprozeß würde schon dem Wortlaute des § 376 a. a. O. nicht entsprechen. Überdies bildet die erwähnte Beschränkung der Revision in Civilsachen auch innerhalb des Civilprozesses eine Ausnahme von der Regel, welche letztere in Übereinstimmung mit der allgemeinen Rechtsdoktrin in dem § 265 C. P. O. ihren Ausdruck gefunden hat, ist also wegen dieser ihrer Eigenschaft als einer Ausnahmebestimmung um so weniger einer analogen Übertragung auf den Strafprozeß fähig. Die Motive der Civilprozeßordnung und die Beratungen über den Entwurf der letzteren lassen erkennen, welche besonderen, nur die Civilprozesse betreffenden Rücksichten zu jener Beschränkung der civilprozessualischen Revision geführt haben. Es handelte sich einerseits um eine Entlastung des Reichsgerichtes mit der Folge, daß die Zahl der Senate dieses Gerichtes nicht zu groß und dadurch die Durchführung einer einheitlichen Rechtsprechung gefährdet würde, andererseits um den Gedanken, daß der oberste Gerichtshof grundsätzlich ein Gerichtshof für das deutsche Reichsrecht sein sollte, auch um die Erwägung, daß bei lokal beschränkten Rechtsnormen die Lokalgerichte die nämliche oder eine noch größere Gewähr einer richtigen Rechtsanwendung bieten würden (vgl. Motive S. 44—46); die Ausschließung des ausländischen Rechtes von der Revision in Civilsachen wurde insbesondere auf die erwähnte grundsätzliche Idee eines Gerichtshofes für das deutsche Reichsrecht, sodann auf den Vorgang des französischen Rechtes zurückgeführt (das. S. 322). Aus dem Zwecke einer im Dienste der Rechtseinheit wünschenswerten Entlastung des Reichsgerichtes ist auch die Einführung der Revisionssumme hervorgegangen (§ 508 C. P. O.). Hinsichtlich der Strafsachen treten alle vorstehend erwähnten Rücksichten in ihrer Wichtigkeit wesentlich zurück. Soviel das ausländische Recht betrifft, ist dessen Eingreifen in Strafsachen praktisch in ungleich wenigeren Fällen möglich, als bei den Civilsachen, es konnte also eine gesetzliche Versagung der Revision wegen Verletzung solchen Rechtes aus den erwähnten praktischen Rücksichten überhaupt nicht begründet erscheinen. Die Motive der Strafprozeßordnung sehen daher von einer solchen Beschränkung des Rechtsmittels gänzlich ab; sie heben nur hervor, das Wort „Rechtsnorm“ (§ 376) sei im weitesten Sinne zu nehmen (S. 202, 203). Da, wo das Gesetz die Zuständigkeit des Reichsgerichtes für Revisionen gegen Urteile der Strafkammern in erster Instanz von der Zuständigkeit der Oberlandesgerichte für Revisionen gegen solche Urteile abgrenzt (§ 136 Ziff. 2 G. V. G.'s, vgl. mit § 123 Ziff. 3 a. a. O.), wird jede landesrechtliche Rechtsnorm ohne Unterschied für revisibel erklärt und eine Unterscheidung zwischen Landesgesetzen und anderen Gesetzen blos mit der Wirkung gemacht, daß das Gericht, welches über die Revision zu entscheiden hat, ein anderes ist. Hätte die Revision wegen Verletzung ausländischen Rechtes nicht zugelassen werden sollen, so wäre an den gedachten Stellen des Gerichtsverfassungsgesetzes der Ort gewesen, wo dies hätte ausgesprochen werden müssen, wenn nicht der § 376 St. P. O. dazu gewählt werden sollte. Auch die Rechtsprechung des Reichsgerichtes in Strafsachen hat schon in zahlreichen Fällen, namentlich wenn die Anwendbarkeit des § 4 Ziff. 3 St. G. B.'s in Frage stand, sich dahin entschieden, daß eine Verletzung ausländischen Rechtes mittels der Revision gerügt werden könne und die Erklärung im Urteile erster Instanz über den Inhalt des ausländischen Rechtes nicht etwa als eine die Revisionsinstanz bindende thatsächliche Feststellung betrachtet werden dürfe. Es war hiernach im gegenwärtigen Falle auf die Revisionsbeschwerden über unrichtige Anwendung des britischen Rechtes einzugehen.

3. **Der Revisionsrichter hat bei der Nachprüfung eines Ablehnungsgesuches das thatsächliche zur Motivierung der Besorgnis der Befangenheit vorgebrachte Material zu prüfen.** conf. L. § 377 N. 7b. K. S. 673. U. III 30. Nov. 82. E. VII 340. R. IV 854.

Die erste Revisionsbeschwerde, gestützt auf § 377 Nr. 3 St. P. O., behauptet, das vom Angeklagten gegen die Landgerichtsräte von P. und G. gerichtete Ablehnungsgesuch sei mit Unrecht verworfen worden. Die Motivierung der Beschwerde ergiebt, daß nicht das vom Instanzgerichte bei der Verwerfung des Gesuches eingehaltene Verfahren als ein prozessualisch fehlerhaftes angefochten werden soll, sondern daß die gerügte Rechtsverletzung in die behauptetermaßen unrichtige Würdigung der Umstände, aus welchen der Angeklagte seine Besorgnis der Befangenheit der beiden genannten Richter in dieser Sache abgeleitet hatte (§ 24 St. P. O.), von seiten des Instanzrichters gesetzt, und eine materielle Nachprüfung dieser Würdigung, bezw. dieser Umstände, in der gegenwärtigen Instanz beantragt wird.

Daher fragt es sich zunächst, ob das Revisionsgericht sich mit einer derartigen Nachprüfung des in der Vorinstanz für das Ablehnungsgesuch vorgebrachten Materials, entgegen dem in § 376 St. P. O. für die Aufgabe der Revisionsinstanz aufgestellten Grundsatze, zu befassen habe. Diese Frage muß bejaht werden. Das regelmäßige Rechtsmittel gegen den Beschluß, durch welchen ein Ablehnungsgesuch für unbegründet erklärt wird, ist die sofortige Beschwerde (§ 28 Abs. 1 a. a. O.). Daß die Beschwerdeinstanz die von einem Prozeßbeteiligten zur Begründung der Besorgnis, ein Richter werde nicht unbefangen zu urteilen imstande sein, vorgebrachten *thatsächlichen* Momente zu prüfen hat, bedarf nicht des Nachweises. Der Abs. 2 des § 28, welcher für den Fall, wenn das Ablehnungsgesuch gegen einen erkennenden Richter, wie in der gegenwärtigen Sache, gerichtet, und für unbegründet erklärt worden ist, an die Stelle der sofortigen Beschwerde dasjenige Rechtsmittel setzt, wodurch demnächst das verkündete Urteil angefochten wird (vgl. § 377 Nr. 3 a. a. O.) wollte für diesen Fall nicht die abermalige materielle Prüfung in höherer Instanz abschneiden, also den ablehnenden Prozeßbeteiligten, wenn die Ablehnung einen erkennenden Richter betrifft, *ungünstiger* stellen, als wenn sie sich auf einen anderen Richter bezieht, sondern er wollte der Verschleppung der Sache vorbeugen, die befürchtet wurde, wenn auch noch in einem schon vorgerückten Prozeßstadium, namentlich unmittelbar vor Beginn oder erst in der Hauptverhandlung, das Rechtsmittel einer Beschwerde mit Suspensiveffekt zugelassen würde. Diesen Gedanken des Gesetzgebers sprechen die Motive zu § 22 des Entwurfes (§ 28 des Gesetzes) mit Bestimmtheit aus, indem sie sagen: die Zulassung einer besonderen Anfechtung des das Ablehnungsgesuch verwerfenden Beschlusses mittels Beschwerde würde zu großen Weitläufigkeiten und Mißbräuchen führen, da der Beschwerde, wenn sie überhaupt eine Bedeutung haben solle, aufschiebende Wirkung beigelegt werden müsse. Bei der Beratung der Reichstagskommission wurde nicht verkannt, daß die Verweisung der materiellen Nachprüfung des verwerfenden Beschlusses an die Revisionsinstanz eine Ausnahme von der Regel der Beschränkung des Rechtsmittels der Revision auf die rechtliche Beurteilung darstellen würde, und von einem Mitgliede beantragt, den Abs. 2 des § 22 (§ 28) zu streichen, unter der Begründung, daß die Anfechtung des Beschlusses vor dem Reichsgerichte nicht zugelassen werden dürfe, da die Frage der Ablehnung nicht bloß rein thatsächlicher Natur, sondern dies sogar in einem eminenten Grade sei, weil sie vom richterlichen Ermessen abhänge. Dagegen wurde aber wiederum der schon in den Motiven hervorgehobene Gesichtspunkt geltend gemacht, daß es, da nach Streichung des Abs. 2 gemäß Abs. 1 des Paragraphen die Beschwerde zulässig sein würde, und diese selbstverständlich suspensiven Effekt haben müsse, in der Hand des Angeklagten, wenn man den Abs. 2 streiche, liegen würde, durch unbegründete Vertagungsanträge die Verhandlung, zu welcher vielleicht viele Zeugen geladen seien, zu verschleppen (Protokolle S. 13). Jener Antrag wurde hierauf zurückgezogen, ohne daß etwa gegen ihn eingewendet worden wäre, er sei durch eine unrichtige Ansicht hinsichtlich des Umfanges des in diesem Falle dem Revisionsgerichte zustehenden Prüfungsrechtes veranlaßt, und nicht wieder erneuert. Hieraus ergiebt sich, daß die Absicht bei der durch den Abs. 2 des § 28 und den § 377 Nr. 3 erfolgten Normierung des Gegenstandes dahin ging, es solle für die versagte sofortige Beschwerde gegen den die Ablehnung verwerfenden Beschluß das gegen das unter Mitwirkung des abgelehnten Richters ergangene Urteil zugelassene Rechtsmittel vollen Ersatz gewähren, ungeachtet dadurch, wenn das Urteil erster Instanz nur mit der Revision angefochten werden kann, die Entscheidung der Revisionsinstanz auch auf die materielle Würdigung der Ablehnungsgründe, also auf rein thatsächliches Gebiet ausgedehnt wird.

4. Von Erschwerung der Verteidigung in einem für die Verteidigung wesentlichen Punkte handelt U. II 25. Jan. 81. E. III 298. conf. L. § 377 N. 18. St. ibid. N. 11—16. K. S. 675.

„Zunächst die Revisionsgründe der Angeklagten W. und B. anlangend, so ist § 377 Ziff. 8 St. P. O. durch Ablehnung des in der Hauptverhandlung von denselben gestellten Beweisantrages nicht in der Richtung verletzt, daß es sich dabei um einen für die Entscheidung wesentlichen Punkt handelte.

Denn die Frage, ob ein Punkt für die Verteidigung wesentlich ist, läßt sich, da der Revisionsrichter prozessualisch nicht in der Lage ist, die Ergebnisse der Untersuchung im Wege unmittelbarer Erhebung einer Prüfung zu unterwerfen und daher ein einzelnes Beweismittel im Verhältnisse zu den übrigen und zu der ganzen Sachlage zu würdigen, nur vom Standpunkte des erkennenden Richters aus beurteilen. Aus den Entscheidungsgründen desselben muß hervorgehen, daß er, je nachdem der Beweisantrag die Bestätigung oder die Wiederlegung einer Thatsache bezweckte, die Existenz bezw. Nichtexistenz der Thatsache für erheblich erachtete, aber in einem dem Antrag entgegengesetzten Sinne entschied, dadurch also, daß er den angebotenen Beweis ablehnte, dem Angeklagten die Möglichkeit benahm, ein anerkanntes Belastungsmoment zu entkräften oder ein Entlastungsmoment darzuthun. Der zu Beweis verstellten Thatsache, daß die drei Beschwerdeführer ein Fuhrwerk nach Kruschwitz mieten wollten, ist aber weder in den Gründen des ablehnenden Beschlusses noch in denjenigen des Urteils irgend welche Bedeutung beigelegt worden.

Zwar würde die Ablehnung des Antrags, auch abgesehen von den durch § 377 Ziff. 8 St. P. O. hervorgekehrten Gesichtspunkten, die Revision begründen, wenn ein Rechtsirrtum ersichtlich wäre, welcher zur Zurückweisung geführt hätte und zugleich die Grundlagen des Urteils berührte. Allein dieses ist nicht der Fall; die Gründe des Beschlusses sind lediglich der konkreten Sachlage entnommen, also thatsächliche, welche eine Nachprüfung im Wege des gegenwärtigen Rechtsmittels nicht gestatten."

5. **Ist durch die Revision fehlerhafte Anwendung des Gesetzes gerügt, so unterliegt die Gesetzesanwendung im vollen Umfange der Nachprüfung des Revisionsrichters, und dieser ist in der Prüfung durch die Revisionsanträge nicht beschränkt.** conf. L. § 384 N. 6. St. ibid. N. 2. K. S. 680. U. II 2. Dez. 81. E. V 186.

Die Revision der Staatsanwaltschaft ist begründet.

Der Angeklagte ist durch das angefochtene Urteil zweier in der Nacht vom 28. Februar zum 1. März 1881 verübter Vergehen für schuldig erklärt, nämlich der Meuterei und der Begünstigung eines Diebstahles. Die Strafe ist wegen der Meuterei aus § 122 St. G. B.'s auf 9 Monate Gefängnis und für die Begünstigung des Diebstahles aus § 257 St. G. B.'s auf 3 Monate Gefängnis bemessen. Der erste Richter hat beide Einsatzstrafen gemäß § 74 St. G. B.'s in eine Gesamtstrafe verwandelt, die auf 9 Monate Gefängnis berechnet ist, und hat diese Gesamtstrafe überdies unter Anwendung von §§ 21, 79 St. G. B.'s wegen noch nicht vollzogener früher erkannter Strafen in eine Zuchthausstrafe von sechs Monaten umgewandelt.

Die Revisionsschrift erhebt nur Beschwerde gegen die Umwandlung der neunmonatlichen Gefängnisstrafe in Zuchthaus und hat ihr Gesuch ausdrücklich dahin gestellt, unter Aufrechterhaltung der thatsächlichen Feststellung und der erkannten Gesamtstrafe von neun Monaten Gefängnis das angefochtene Urteil insoweit aufzuheben, als es die Umwandlung dieser Gefängnisstrafe in eine sechsmonatliche Zuchthausstrafe ausspricht.

Indessen ist durch dies Gesuch das Revisionsgericht nicht gehindert, die materielle rechtliche Prüfung des angefochtenen Urteils nach allen Richtungen hin eintreten zu lassen. Die den Gegenstand des Angriffes bildende Zuchthausstrafe betrifft beide abgeurteilte Vergehen, und der Angriff stützt sich nicht auf die Verletzung einer Rechtsnorm über das Verfahren, sondern auf die Verletzung von Bestimmungen des materiellen Rechtes.

Die hiernach vorliegende, das ganze Urteil umfassende materielle Beschwerde befaßt den Revisionsrichter mit der ganzen Sache und kann durch das Gesuch der Revisionsschrift nicht beschränkt werden. Zwar besagt der § 392 St. P. O., „der Prüfung des Revisionsgerichts unterliegen nur die gestellten Revisionsanträge"; allein dies ist in Verbindung zu setzen mit dem § 384 St. P. O., woraus sich ergiebt, daß es sich nicht um die gestellten Gesuche, sondern um die Grundlage und den Gegenstand der Revision handelt. Dies wird insbesondere klar aus den Regierungsmotiven zu den §§ 305, 313 des Entwurfes, welche mit den §§ 384, 392 wörtlich übereinstimmen. Dort ist im Eingange gesagt: „Die Vorschrift des § 313 steht in so engem Zusammenhange mit derjenigen des § 305, daß es sich empfiehlt, die Motivierung beider zu verbinden." Später heißt es: „Die Revisionsanträge sollen den Streitgegenstand für die Revisionsinstanz feststellen; sie beziehen sich lediglich auf die Urteilsformel und müssen erkennen lassen, ob diese in ihrem ganzen Umfange oder nur zum Teil als unrichtig angefochten wird. Dies hat seine besondere Bedeutung in den Fällen, wenn das Urteil mehrere strafbare Handlungen zum Gegenstande hat, oder wenn es mehrere Strafen nebeneinander erkennt. Insoweit das Urteil von den Revisionsanträgen nicht betroffen wird, erlangt es die Rechtskraft und unterliegt es der Prüfung des Revisionsrichters nicht."

„Jenes Erfordernis (nämlich die Begründung der Revisionsanträge) bezweckt nur die Richtung der Beschwerde außer Zweifel zu stellen. Sobald behauptet wird, daß die Anwendung des Strafgesetzes auf das festgestellte Sachverhältnis fehlerhaft sei, ist die Revision genügend begründet; der Revisionsrichter hat alsdann diese Gesetzesanwendung ganz frei und in ihrem vollen Umfange, unabhängig von den Angriffen und Ausführungen des Beschwerdeführers, seiner Prüfung zu unterwerfen."

Aus der Kombination der §§ 384, 392 St. P. O. ergiebt sich also für die materielle Beschwerde, mag sie vom Angeklagten oder von der Staatsanwaltschaft eingelegt sein; daß der Revisionsrichter ohne Rücksicht auf Ausführungen und Anträge des Beschwerdeführers mit der ganzen Sache befaßt ist, wenn alle abgeurteilten Delikte und alle erkannten Strafen von dem Angriffe getroffen werden, und dies ist nach dem oben Gesagten hier der Fall, weil die bemängelte Zuchthausstrafe als Gesamtstrafe für die beiden in Frage stehenden Delikte ausgesprochen ist. Die Beschwerde der Staatsanwaltschaft betrifft die Verurteilung des Angeklagten zu einer sechsmonatlichen Zuchthausstrafe wegen Meuterei und Begünstigung; in diesem Umfange ist das erste Erkenntnis angefochten und der Nachprüfung des Revisionsrichters, soweit die Verletzung einer Rechtsnorm in Frage kommt, unterworfen. Kein Teil dieser Entscheidung hat die Rechtskraft bestritten.

6. **Ein von einem Rechtsanwalt nicht unterzeichnetes Schriftstück kann als Revisionsbegründung auch dann nicht berücksichtigt werden, wenn darauf in einem von einem Rechtsanwalt unterzeichneten Schriftstück Bezug genommen wird.** conf. L. § 385 N. 5. U. IV 7. Okt. 87. Goltd. Arch. XXXV 393.

Die Begründung der Revisionsanträge stellt die Rüge einer Verletzung von Normen des Verfahrens nicht auf, enthält jedoch den Vermerk, daß sich der Verfasser derselben „auf die anliegende Information bezüglich der gerügten Verletzung prozessualischer Normen beziehe". Beigefügt ist der Revisionsbegründung ein Schriftstück, welches nur vom Angeklagten unterschrieben ist und sich als eine Information für den mit der Anfertigung der Revisionsbegründung betrauten Rechtsanwalt darstellt. In demselben wird hauptsächlich darüber Beschwerde geführt, daß verschiedene vom Angeklagten in der Hauptverhandlung gestellten Beweisanträge abgelehnt worden seien.

Sollten diese Beschwerden durch den Vermerk zu Teilen der Revisionsgründe und zu Unterlagen der gestellten Revisionsanträge gemacht werden, so würde diese Form dem Gesetze nicht entsprechen. Nur in einer von dem Verteidiger oder einem Rechtsanwalt unterzeichneten Schrift oder zu Protokoll des Gerichtsschreibers kann gemäß § 385 St. P. O. die Begründung der Revisionsanträge in rechtsgültiger Weise erfolgen. Diese Formenvorschrift ruht nach den Motiven zur Strafprozeßordnung (Hahn, Materialien Bd. I S. 255) auf der Ansicht des Gesetzgebers, im Interesse sowohl des Angeklagten wie des Revisionsgerichts den Unzuträglichkeiten und Nachteilen vorzubeugen, die durch die Abfassung der Revisionsanträge und ihrer Begründung seitens einer nicht sachverständigen Person hervorgerufen werden können. Sie ist eine zwingende und duldet eine ausdehnende Erklärung nicht. Sie kann daher auch dadurch nicht ersetzt werden, daß in einem formgerechten Schriftsatze auf eine Begründung, die sich an einem der gesetzlichen Vorschrift nicht entsprechenden Schriftstück befindet, blos Bezug genommen wird. Denn diese Bezugnahme läßt nicht erkennen, ob der Rechtsanwalt jene Begründung nach der formellen und materiellen Seite geprüft, und ob er die Verantwortlichkeit für dieselbe übernimmt; sie läßt nicht erkennen, weshalb er es unterlassen, durch Unterzeichnung des Schriftstückes seiner Genehmigung des Inhalts desselben Ausdruck zu geben. Ebensowenig wie die bloße Beglaubigung der Unterschrift des Angeklagten unter einem Privatschriftstück (Entsch. des R. G.'s in Strafs. IX 68) bietet sie eine Gewähr für den sachgemäßen Inhalt des Schriftsatzes und erfüllt den Zweck des Gesetzes nicht. Das Gleiche ist bereits vom Reichsgericht in der Entscheidung vom 1. Oktober 86 (E. XIV S. 348) ausgesprochen. Hiernach können die Rügen, welche in dem beigelegten Schriftstücke aufgestellt worden sind, keine Beachtung finden.

7. **Das Revisionsgericht kann die Revision durch Beschluß als unzulässig verwerfen, wenn es an der gesetzlich erforderlichen Begründung des Revisionsantrages** — Rüge der Verletzung einer Rechtsnorm — **fehlt.** U. I 8. Dez. 79. E. I 257.

„Der Angeklagte hat rechtzeitig die Revision eingelegt."

In seinem Vorbringen: „er sei unschuldig verurteilt worden," ist der erforderliche Revisionsantrag zu finden, insofern aus jener Erklärung hervorgeht, daß das Urteil in seinem ganzen Umfange angefochten werden will.

Dagegen fehlt die nach § 384 Abs. 2 St. P. O. zur Rechtfertigung der Revision nötige Begründung des Revisionsantrages, denn der Angeklagte hat weder die Verletzung einer Rechtsnorm in Beziehung auf das Verfahren, noch die Verletzung einer anderen Rechtsnorm behauptet. Es ist insbesondere in dem Vorbringen des Angeklagten, er sei unschuldig verurteilt worden, nicht die Behauptung der Verletzung eines Gesetzes, sondern nur ein Angriff auf die der Nachprüfung nicht unterliegende thatsächliche Feststellung des Instanzrichters zu finden.

Die Revision war demnach wegen jenes formellen Mangels, dem Antrage der Reichsanwaltschaft entsprechend, auf Grund des § 389 Abs. 1 St. P. O. ohne mündliche Verhandlung durch Beschluß als unzulässig zu verwerfen.

Zwar ist in den Motiven zum Entwurfe der St. P. O. zu § 389 (§ 310 des Entwurfes) bemerkt:

„Die Befugnis des Revisionsgerichtes, das Rechtsmittel ohne „Hauptverhandlung, also durch Beschluß in beratender Sitzung, zurück„zuweisen, geht weiter, als die entsprechende Befugnis des ersten „Richters; sie erstreckt sich auf den Fall, wenn der Beschwerdeführer nicht „die erforderlichen Revisionsanträge gestellt hat, also nicht ersichtlich ist, „in welchem Umfange das Urteil angefochten wird. Es erschien da„gegen nicht angemessen, die Befugnis einer derartigen Zurückweisung „auch auf den Fall der Nichtbeachtung der Vorschriften über die Be„gründung der Revisionsanträge auszudehnen, weil die Grenze zwischen „einer sachlich unrichtigen und einer formell ungenügenden Begründung „oft schwer zu ziehen sein wird."

Allein diese Auffassung der Motive hat einen entsprechenden Ausdruck im Gesetze nicht gefunden. Die Worte des ersten Absatzes des § 389: „Anbringung der Revisionsanträge" lassen sich um so weniger in der von den Motiven angedeuteten Richtung einschränkend auslegen, als in anderen Gesetzesstellen mit denselben Worten sowohl die Anbringung der Revisionsanträge an sich, als auch deren Begründung bezeichnet wird (vgl. die §§ 386 Abs. 1, 387 Abs. 1, 392 St. P. O.). Das Revisionsgericht ist daher nicht berechtigt, im Widerspruche mit dem Wortlaute des Gesetzes den § 389 in dem von den Motiven ihm beigelegten Sinne anzuwenden.

Übrigens sind auch in den Verhandlungen der Justizkommission des Reichtages und des Reichstages selbst Anhaltspunkte dafür, daß der § 389 in jenem Sinne aufgefaßt und angenommen worden, nicht aufzufinden.

Es haben sich vielmehr, was zunächst die Justizkommission anbelangt, bei der ersten Lesung des Entwurfes der St. P. O. (Sitzung 73 S. 601 ff.) aus Veranlassung der hinsichtlich des § 389 entstandenen Debatte mehrere Kommissionsmitglieder (Struckmann, von Puttkammer) sowie der Vertreter des Bundesrates in einer Weise ausgesprochen, daß die Annahme gerechtfertigt ist, es seien dieselben von der Anwendbarkeit des § 389 Abs. 1 auf alle formellen Mängel der Rechtfertigung der Revision ausgegangen. Ein Kommissionsmitglied (Struckmann) hat insbesondere geltend gemacht: „die fragliche Bestimmung stamme aus dem preußischen Rechte und habe sich bewährt". Nach Art. 113 des preuß. Gesetzes vom 3. Mai 1852 aber ist die Nichtigkeitsbeschwerde auch in dem Falle ohne mündliche Verhandlung zurückzuweisen, wenn rücksichtlich der Angabe der Beschwerdepunkte der Bestimmung des Art. 111 nicht genügt ist. Der Art. 111 jenes Gesetzes schreibt vor, daß aus der Angabe der Beschwerdepunkte hervorgehen müsse, ob die Nichtigkeitsbeschwerde auf Verletzung oder unrichtige Anwendung eines Gesetzes oder Rechtsgrundsatzes oder ob sie auf Verletzung oder unrichtige Anwendung wesentlicher Vorschriften des Verfahrens gegründet werde.

Gegenüber diesen Ausführungen ist in der Justizkommission von keiner Seite die in den Motiven dargelegte Auffassung hervorgehoben worden. Der Abgeordnete Herz bekämpfte zwar den Paragraphen, „weil es, wenn es sich auch nur um Formation handele, doch bedenklich sei, eine Revision durch einen in geheimer Sitzung gefaßten Beschluß zu beseitigen", er berührte aber die einschränkende Auslegung des Paragraphen im Sinne der Motive nicht, sondern stellte den weitergehenden Antrag, den Paragraphen ganz zu streichen. Dieser Antrag ist abgelehnt worden.

Auch bei der zweiten Lesung des Entwurfes (Sitzung 153 S. 1031) wurde bei der Beratung des § 389 in der Justizkommission der Standpunkt der Motive in keiner Weise vertreten. Es kann insbesondere eine solche Vertretung auch nicht in der Äußeruug des Bevollmächtigten des Bundesrates gegenüber dem wiederholt eingebrachten und in der Folge auch wiederholt abgelehnten Herz'schen Antrag gefunden werden. Jene Äußerung lautet dahin:

„Bekanntermaßen werden in sehr häufigen Fällen verspätete oder „in der Form ganz unzulässige Beschwerden an den obersten Gerichts„hof gebracht, bei welchen also die Nichteinhaltung der Bestimmungen, „welche § 310 (jetzt 389) im Auge habe, klar vorliege. Da müsse „das Revisionsgericht, ohne den Apparat einer Hauptverhandlung in „Bewegung zu setzen, durch einfachen Beschluß die Beschwerde als „unzulässig verwerfen können; dies sei praktisch gewiß möglich und „nötig, nur um klare Fälle handle es sich ja."

Mit den von dem Vertreter des Bundesrates hervorgehobenen „praktischen" Gesichtspunkten, gegen welche von keiner Seite ein Widerspruch erhoben worden ist, wäre es schwer zu vereinigen, wenn davon auszugehen wäre, daß das Revisionsgericht auch solche Revisionsanträge, aus deren Begründung nicht hervorgeht, ob überhaupt eine Gesetzesverletzung, beziehungsweise ob die Verletzung einer Rechtsnorm in Beziehung auf das Verfahren oder die Verletzung einer anderen Rechtsnorm behauptet werden will, welche sonach unzweifelhaft als formell ungenügend zurückzuweisen sind, zum Gegenstande einer mündlichen Verhandlung zu machen und durch Urteil zu entscheiden habe.

„Im Reichstage endlich wurde der § 389 ohne Debatte, nach dem Antrage der Justizkommission angenommen."

8. **Eine teilweise Aufhebung der die Schuldfrage betreffenden Feststellungen durch das Revisionsgericht ist unzulässig.** conf. L. § 393 N. 3b. St. ibid. N. 4. K. S. 687. U. III 30. Juni 80. E. II 289. R. II 137.

Ein wegen fahrlässiger Tötung ergangenes landgerichtliches Urteil war in der Revisionsinstanz aufgehoben und die Sache zu anderweiter Verhandlung zurückverwiesen. In dem darauf stattgehabten neuen Verfahren nahm das Landgericht nur hinsichtlich der Verschuldung des Angeklagten, nicht hinsichtlich der Thatsache des Todes und der objektiven Ursache desselben Beweis auf, und beschränkte in derselben Weise die neuen Feststellungen, indem es davon ausging, die Feststellungen des ersten Urteiles über den Tod und dessen Ursache seien mit der Revision nicht angegriffen und durch das Revisionsurteil nicht aufgehoben.

Aus den Gründen:

„Die prozessualische Beschwerde des Angeklagten über die Unvollständigkeit der dem angefochtenen Urteile voraufgegangenen Beweisaufnahme war für begründet zu erachten."

Die vorigen Richter haben ausgesprochen, daß über den Tod des Sch. und dessen Ursache eine Beweisaufnahme nicht stattfinden solle, weil insoweit die thatsächlichen Feststellungen des ersten landgerichtlichen Urteiles vom 28. November 1879 durch das Urteil des Reichsgerichtes vom 7. Februar 1880 nicht aufgehoben seien. Dieser Ausspruch enthält eine unrichtige Auffassung des letzteren Urteiles, welches sämtliche den jetzigen Beschwerdeführer betreffenden thatsächlichen Feststellungen aufgehoben hat, ohne zwischen denjenigen, welche den Tod des Sch. und die objektive Veranlassung desselben, und denjenigen, welche die subjektive Verschuldung des Beschwerdeführers angingen, einen Unterschied zu machen. Schon aus diesem Grunde würde das jetzt abgegebene Urteil des Landgerichts aufzuheben gewesen sein, da es bei der durch die reichsgerichtliche Entscheidung, welche die frühere Feststellung über die Ursache des Todes des Sch. beseitigte und bei dem erwähnten Ausspruche des zweiten Urteiles erster Instanz, wonach eine neue Beweisaufnahme in dieser Beziehung nicht stattfinden solle und nicht stattgefunden hat, herbeigeführten Prozeßlage an der Feststellung des objektiven Thatbestandes der Tötung völlig fehlt.

Aber auch aus inneren Gründen war die Herübernahme eines Teiles der thatsächlichen Feststellungen aus dem aufgehobenen in das neue Urteil des Landgerichts verwerflich.

Zwar bestimmt § 393 St. P. O., daß in der Revisionsinstanz die einem aufgehobenen Urteile zu Grunde liegenden Feststellungen, nur *sofern* sie durch die Gesetzesverletzung, die zur Aufhebung des Urteiles führte, betroffen werden, aufgehoben werden sollen, und die Motive des Gesetzes S. 210, 211 bemerken hierüber, die Aufhebung brauche sich nicht notwendig auf das ganze Urteil zu erstrecken; sie treffe vielmehr die Entscheidung nur *insoweit*, als diese auf einer Gesetzesverletzung beruhe; hinsichtlich eines etwaigen von dieser Verletzung nicht berührten Bestandteiles der Entscheidung sei das Rechtsmittel zu verwerfen; erfolge die Aufhebung des Urteiles wegen eines Mangels im Verfahren, so verstehe sich, daß letzteres insoweit hinfällig werde, als es durch den Mangel betroffen sei. Allein diese Sätze der Motive können zur Aufrechterhaltung des angefochtenen Urteiles schon deshalb nicht benutzt werden, weil sie lediglich den Zweck haben, für die Entscheidung des Revisionsgerichts eine Direktive zu geben, und, wie oben bereits hervorgehoben, das Urteil des Revisionsgerichtes vom 7. Februar 1880 alle den Beschwerdeführer angehenden Feststellungen des Urteiles des Landgerichts vom 28. November 1879 aufgehoben hatte. Diesen Zweck geben die Motive an jener Stelle mit bestimmten Worten an, indem sie fortfahren, um Zweifel darüber zu vermeiden, ob und inwieweit durch die Aufhebung des Urteiles eine Erneuerung des Verfahrens bedingt sei, solle nach Abs. 2 des § 393 (§ 315 des Entwurfes) der Revisionsrichter, wenn er eine aufhebende Entscheidung erlasse, gleichzeitig die Einwirkung der von ihm gefundenen Gesetzesverletzung auf die dem Urteile zu Grunde liegenden Feststellungen prüfen, und, soweit er diese letztere durch jene Verletzung für betroffen erachte, sie ausdrücklich aufheben.

Sodann macht auch der Wortlaut des Abs. 2 des § 393 die Annahme nicht erforderlich, daß der Gesetzgeber dabei an eine bloß teilweise Aufhebung der über die Schuldfrage hinsichtlich einer bestimmten angeklagten Strafthat handelnden Feststellungen gedacht habe. Der Sinn der Vorschrift, wie die gebrauchten Worte ihn erkennen lassen, geht vielmehr dahin, daß, wenn die in der Revisionsinstanz gefundene Gesetzesverletzung nur in der unrichtigen Anwendung des Strafgesetzes auf die thatsächlichen Feststellungen liegt, die letzteren von der Aufhebung des Urteiles auszunehmen und aufrecht zu halten sind, und daß ihre Aufhebung bloß dann erfolgen soll, wenn bei ihrem Zustandekommen selbst eine Gesetzesverletzung unterlief.

Beruhte die Aufhebung des Urteiles auf Mängeln im Verfahren, so ergeben die angezogenen Motive die Regel, daß nur diejenigen Teile des Verfahrens aufzuheben sind, welche dem gefundenen Mangel der Zeit nach folgten, und diese Regel wird durch einen weiteren Satz der Motive in der Anwendung auf einen bestimmten Fall dahin erläutert, „daß bei Aufhebung eines schwurgerichtlichen Urteiles gleichzeitig der Spruch der Geschworenen aufzuheben sei, sofern nicht die Gesetzesverletzung erst in dem der Verkündung des Spruches nachfolgenden Verfahren oder bei der Anwendung des Gesetzes auf den Spruch vorgefallen sei.“

Daß diejenigen Feststellungen, welche bestimmt sind, die Schuldfrage hinsichtlich einer einzelnen bestimmten Strafthat zu beantworten, nicht, der Vorschrift des § 393 Abs. 2 zufolge, einer bloß teilweisen Aufhebung unterliegen sollen, ergiebt sich grundsätzlich aus der inneren Unteilbarkeit der Schuldfrage als solcher und daraus, daß die einzelnen Stadien der Beweiserhebung sich notwendig einander beeinflussen und nur in ihrer Gesamtauffassung zu einem richtigen Spruche führen können. Hiervon ausgehend hat das Gesetz aber auch die positive Vorschrift gegeben, daß die Beweisaufnahme über den Thatbestand einer strafbaren Handlung als ein untrennbares Ganzes zu behandeln sei, indem gesagt wird, das Gericht habe über das Ergebnis derselben nach seiner aus dem Inbegriffe der Verhandlung geschöpften Überzeugung zu entscheiden und die Hauptverhandlung in ununterbrochener Gegenwart der zur Urteilsfindung berufenen Personen zu erfolgen (§§ 260, 225, vgl. 228 St. P. O.). Mit der „Verhandlung“ ist aber überhaupt nur die Verhandlung vor dem erkennenden Gerichte gemeint.“

Viertes Kapitel.

§ 17.

Wiederaufnahme eines durch rechtskräftiges Urteil geschlossenen Verfahrens.

1. Über das Wesen des Wiederaufnahmeverfahrens verbreitet sich U. I 13. Juni 89, E. XIX 321, teilweise dagegen polemisierend L. zum IV. Buche N. 3, K. S. 706.

Die Revision des Antragstellers ist durch Urteil des Reichsgerichtes vom 14. Januar d. Js.[1]), weil von einem nicht legitimierten Dritten eingelegt, als unzulässig verworfen worden. Am 7. Mai hat er ein Gesuch um Wiederaufnahme des Verfahrens eingereicht, in welchem er anführt, daß die in den Akten fehlende Legitimation des die Revision einlegenden Anwaltes durch eine von ihm auf letzteren ausgestellte und von letzterem dem Gerichte voriger Instanz eingereichte, ohne sein Verschulden aber nicht zu den Akten gekommene, sondern einem anderen gleichzeitig gegen ihn anhängig gewesenen Untersuchungsverfahren eingefügte Vollmacht beschafft gewesen sei.

Die Richtigkeit dieser Behauptung ist als durch die eingeleiteten Ermittelungen festgestellt anzusehen. Gegen den Angeklagten waren vier Anzeigen wegen Lotterievergehens, begangen durch Inserate in den Nummern 102 (F.), 103 (W.), 116 (F.) und 160 (P.) der von ihm redigierten Dorfzeitung, bei dem Staatsanwalte zu Hanau am 9. Mai, an demselben Tage, am 24. Mai und am 15. Juli v. Js. eingelaufen. In der Anklageschrift vom 12. Juli wurde wegen der drei Maianzeigen Eröffnung der Hauptverhandlung vor der Strafkammer bei dem Amtsgerichte Fulda beantragt, und am 30. Juli wurde dem Angeschuldigten der Beschluß zugestellt, wodurch ihm eine 14 tägige Frist zur Erklärung auf jenen Antrag bestimmt wurde, während die Anzeige aus dem Juli am 6. August dem Landgerichte mit dem Antrage auf Verweisung zur Hauptverhandlung vor dem Schöffengerichte in Fulda vorgelegt, diesem Antrage unterm 13. desf. Folge gegeben, vom Amtsgerichte Fulda Termin in dieser Sache am 24. desselben angesetzt und mit dessen Eröffnung dem Angeklagten der Beschluß des Landgerichtes am 27. August zugestellt wurde. Die am 11. August bei dem Landgerichte mit Vollmacht vom 3. desf. eingegangene und „zu den Akten" verfügte Eingabe, worin um Nichteröffnung des Hauptverfahrens gebeten wurde, konnte sich danach nur auf die drei ersten

[1]) Vgl. Entsch. des R. G.'s in Straff. Bd. 18 Nr. 88.

Anzeigen beziehen, welche den Urteilen der Strafkammer und des Reichsgerichtes zu Grunde liegen, ist aber in der schöffengerichtlichen Akte eingeheftet worden und dadurch bei Erlaß der beiden Urteile ungekannt gewesen.

Den Antrag auf Wiederaufnahme des Verfahrens und Erneuerung der Hauptverhandlung vor dem Revisionsgerichte gründet der rechtskräftig Verurteilte auf § 399 Ziff. 1 St. P. O., eventuell Ziff. 5, indem er davon ausgeht, daß weil an dem Fehlen der Vollmacht in den Akten zur Zeit des Reichsgerichtsurteiles sowohl er als sein Anwalt außer Verschulden gewesen, vielmehr die Ursache in dem Versehen eines Gerichtsbeamten gelegen und Abhülfe auf dem Wege der Wiedereinsetzung in den vorigen Stand unthunlich sei, solche auf dem Boden des 4. Buches der Strafprozeßordnung in analoger Anwendung der genannten Ziffern gefunden werden müsse.

Auch daß auf dem Wege der Wiedereinsetzung in den vorigen Stand der eingetretene Prozeßnachteil nicht zu beseitigen ist, muß zugegeben werden. Nach Maßgabe des § 342 St. P. O. würde eine Berücksichtigung des Wiederaufnahmegesuches unter dem Gesichtspunkte der Wiedereinsetzung nicht ausgeschlossen erscheinen, und es würde daher zu prüfen sein, ob die Einlegung und Begründung der Revision in schriftlichen Eingaben eines Nichtlegitimierten eine Wahrung der dafür bestehenden Fristen für den Verurteilten enthalte, oder ob für letzteren eine durch unabwendbaren Zufall veranlaßte Versäumung der Frist zur Einlegung des Rechtsmittels in formell ordnungsmäßiger Weise angenommen werden könne; allein es kann das Eingehen auf diese Frage, sowie die weitere, ob die Wiedereinsetzung gegen die Versäumung der Frist nach dem Inhalte und der Stellung des 5. Abschnittes des 1. Buches im System der Strafprozeßordnung auch ein inzwischen ergangenes rechtkräftiges Urteil zu beseitigen die Kraft habe, darum unterbleiben, weil die Wiedereinsetzung an eine Frist gebunden ist, welche das Wiederaufnahmegesuch nicht gewahrt hat, da der Verurteilte seinem eigenen Anführen nach durch die ihm am 26. Februar zugegangene Benachrichtigung von dem Verbleibe der betreffenden Vollmacht Kenntnis erhalten hat und dadurch für das bis daher unabwendbare Hindernis der Fristeinhaltung jedenfalls beseitigt war.

Es muß daher die Frage beantwortet werden, ob der allein gewählte Weg des Wiederaufnahmeverfahrens den Antragsteller zum Ziele führen könne.

Allein der oben angeführte Ausgangspunkt der Ausführungen des Verurteilten ist schon an sich unhaltbar. Die Strafprozeßordnung enthält Rechtsbehelfe gegen Verletzungen der bei einem Strafverfahren Beteiligten nur, insoweit sie solche ausdrücklich aufstellt; insbesondere ist die Gewährung von Rechtsmitteln, Restitution, Einspruch positiv in bestimmten Grenzen geregelt, und gerade die Wiederaufnahme des Verfahrens ist am wenigsten ein subsidiäres Prozeßrecht zur Abwendung prozessualer Verletzungen, vielmehr eine aus kriminalpolitischen Erwägungen in ganz einzelnen genau umgrenzten Fällen teils in weiteren, teils in engeren

Schranken als in anderen Prozeßordnungen dem rechtskräftig Verurteilten gebotene Hilfe.

Weiter aber ist es außer Zweifel, daß die Wiederaufnahme eines durch rechtskräftiges Urteil geschlossenen Verfahrens allein zu dem Zwecke in die Prozeßordnung aufgenommen ist, um da, wo die Gerechtigkeit es gebietet, die formell unanfechtbare Entscheidung der Schuldfrage von neuem zur Erörterung zu bringen; weder der offenbarste Verstoß gegen das materielle Recht, noch die Verkümmerung des klarsten Prozeßrechtes kann (Ziff. 3 kann außer Betracht bleiben, vgl. Bericht der Reichstagskommission S. 99 oben) den Rechtsbestand der durch Urteil geschaffenen Rechtskraft in Frage stellen, sondern allein der Nachweis der in erheblichem Grade bedenklich gewordenen Entscheidung des Urteiles in betreff der Thatfrage. Von Wiederaufnahme des Verfahrens kann daher nur die Rede sein, wo ein Urteil in der Sache selbst beseitigt werden, nicht wo lediglich eine Entscheidung über die Zulässigkeit eines Rechtsmittels angegriffen werden soll, und wo andere Prozeßgesetze Kassationsrekurse, Querelen wegen Justizverweigerung u. dgl. Prozeßmittel kannten. Die Entscheidung zu Ungunsten des Verurteilten muß darin liegen, daß er schuldig erkannt ist, die Tendenz des Wiederaufnahmegesuches muß die Freisprechung von Schuld, nicht die Eröffnung einer wiederholten Erörterung der Rechtsfrage sei.

Insbesondere aber passen auch die als vermeintlich analog herangezogenen Ziff. 1, 5 des § 399 St. P. O., wie die Oberreichsanwaltschaft mit Grund in ihrer Erklärung auf das Wiederaufnahmegesuch hervorhebt, gar nicht auf die Sachlage. Es kann unentschieden bleiben, ob nicht Ziff. 1 ebenso eine strafbare That zur Voraussetzung nimmt, wie Ziff. 2 (vgl. § 404 und Motive S. 214 betr. Fall Ziff. 1), jedenfalls kann mangelhaftes, unvollständiges Aktenmaterial nicht als verfälschte Urkunde bezeichnet werden, und daß die — wesentlich durch Nichtgewährung des Rechtsmittels der Berufung mit veranlaßte — Aufnahme der Ziff. 5 in das Gesetz im Hinblicke auf Beseitigung oder Erschütterung der Beweisgrundlagen für die That allein erfolgt ist, ergeben die Motive zu § 399 — vgl. S. 215, 216. Der Entwurf hat dem Grundsatze Ausdruck gegeben, daß einer nochmaligen Prüfung der Schuldfrage die Rechtskraft nicht entgegenstehen darf, wenn die ausgesprochene Verurteilung als begründet nicht ferner erachtet werden kann — mit vollster Deutlichkeit.

2. **Die Wiederaufnahme des Verfahrens findet nicht Anwendung, wenn das nachherige Geständnis nur einen schwereren Gesichtspunkt der abgeurteilten That betrifft, wegen dessen der Angeklagte nicht schuldig erklärt worden ist.** U. III 5. März 81. E. III 399. R. III 118. Gl. A. St. § 402 N. 4. contr. L. § 402 N. 7. K. S. 708.

Gegen den Angeklagten war das Hauptverfahren vor dem Schwurgerichte zu Altona wegen Mordes eröffnet. In der Verhandlung vom 18. Oktober v. J. bejahten die Geschworenen die erste auf vorsätzliche Tötung gerichtete Frage, verneinten aber die zweite Frage, ob Angeklagter schuldig sei, die zu 1 gedachte That mit Überlegung ausgeführt zu haben. Das Schwurgericht erkannte hierauf, daß Angeklagter der vorsätzlichen Tötung schuldig und deshalb mit einer Zuchthausstrafe von 10 Jahren u. s. w. zu bestrafen. Die Urteilsgründe führten unter Bezugnahme auf den Spruch der Geschworenen an, es sei nicht als festgestellt und erwiesen anzusehen, daß Angeklagter die Tötung mit Überlegung ausgeführt habe. Nach seiner Verurteilung legte Angeklagter, welcher bisher die That geleugnet hatte, vor dem Untersuchungsrichter ein Geständnis ab, nach welchem es wahrscheinlich wurde, daß er die That mit Überlegung ausgeführt hatte. Auf Grund dieses für glaubwürdig erachteten Geständnisses wurde Wiederaufnahme des Verfahrens aus § 402 Ziff. 4 St. P. O. beschlossen, nachdem die Beschwerde, welche Angeklagter gegen den, den staatsanwaltlichen Antrag auf Wiederaufnahme für zulässig erklärenden, Beschluß der Strafkammer erhoben hatte, vom Oberlandesgerichte zurückgewiesen worden war. In der erneuten Hauptverhandlung bejahten die Geschworenen neben der Frage der vorsätzlichen Tötung auch die Frage der Ausführung mit Überlegung. Das Gericht verurteilte hierauf Angeklagten unter Aufhebung des früheren Urteils wegen Mordes zur Todesstrafe. Die hiergegen vom Angeklagten erhobene, allein auf Verletzung der Ziff. 4 des § 402 St. P. O. gestützte Revision ist begründet befunden aus folgenden Erwägungen:

„Die Beschwerde des Angeklagten, welche Verletzung des § 402 Ziff. 4 St. P. O. rügt, hat für begründet erachtet werden müssen. Die Wiederaufnahme des Verfahrens ist erfolgt, nachdem Angeklagter, welcher wegen Mordes zur Untersuchung gezogen, jedoch nur wegen Totschlages verurteilt war, nach der Verurteilung ein Geständnis abgelegt hat, welches vom Gerichte als glaubwürdig dafür angesehen ist, daß er die ihm zur Last gelegte vorsätzliche Tötung mit Überlegung ausgeführt hat. Es ist aber die Wiederaufnahme nach dem Gesetze unzulässig gewesen. Die Fälle 1 bis 3 in § 402 gestatten freilich die Wiederaufnahme auch im Falle der Verurteilung wegen eines geringeren Vergehens und fordern nicht einmal, daß wegen des schweren Delikts Anklage erhoben gewesen ist. Dagegen ist in Ziff. 4 des § 402 die Zulässigkeit der Wiederaufnahme auf den Fall der Freisprechung beschränkt. Nach dieser Bestimmung findet die Wiederaufnahme statt, „wenn von dem Freigesprochenen vor Gericht oder außergerichtlich ein glaubwürdiges Geständnis der strafbaren Handlung abgelegt wird." Das Gesetz kennt nun aber nur eine völlige Freisprechung; eine teilweise Freisprechung ist demselben fremd. Wenn nach dem Ergebnisse der Verhandlung für die That des Eröffnungsbeschlusses oder für die That, auf welche die Verhandlung nach Maßgabe des § 264 St. P. O. erstreckt worden ist, der Beweis nicht erbracht worden ist, dagegen eine minder schwere That als erwiesen erachtet wird, so erfolgt nicht die Freisprechung von der schwereren und die Verurteilung wegen der minder schweren Strafthat, sondern nur die Verurteilung wegen des festgestellten minder schweren Delikts. Daß das Gesetz den Ausdruck „Freigesprochenen" in Ziff. 4 des § 402 auch eben nur im Sinne einer völligen Freisprechung verstanden hat, geht auch aus einer Vergleichung mit Ziff. 5 des § 399 St. P. O. hervor. Denn hier, wo der Gesetzgeber die Wiederaufnahme zu Gunsten des Angeklagten im Falle der Beibringung neuer Thatsachen und Beweismittel auch schon dann gestatten wollte, wenn die neuen Thatsachen und Beweismittel in Verbindung mit den früher erhobenen Beweisen in Anwendung eines milderen Strafgesetzes eine geringere Bestrafung zu begründen geeignet sind, ist es für notwendig erachtet, diesen Fall ausdrücklich neben der zunächst gedachten Freisprechung hervorzuheben. Der Gesetzgeber hat durch diese Hervorhebung anerkannt, daß nach seinem Systeme die an erster Stelle genannte Freisprechung den Fall der Anwendung eines milderen Strafgesetzes, eine sogenannte teilweise Freisprechung, an sich nicht ergreift, sondern eine solche Freisprechung bezielt, welche dem Angeklagten keine Schuld an der Strafthat, für welche er zur Verantwortung gezogen war, zur Last gelegt. Die Motive zum Entwurfe gestatten auch keinen beachtlichen Zweifel darüber, daß in Ziff. 4 des § 402 der Fall der völligen Freisprechung vorausgesetzt worden ist; die in der Materie später getroffenen Änderungen lassen aber nicht erkennen, daß die Auffassung in betreff der Ziff. 4 eine andere geworden ist und der Gesetzgeber die Ausdehnung der Bestimmung auf eine seinem Systeme fremde sogenannte teilweise Freisprechung hat gestatten wollen. Insbesondere kann auch nach dem später eingeschalteten § 403, welcher eine Wiederaufnahme des Verfahrens zum Zwecke der Änderung der Strafe innerhalb des durch dasselbe Gesetz bestimmten Strafmaßes nicht gestattet, nicht angenommen werden, daß der Gesetzgeber die Wiederaufnahme, soweit er sie grundsätzlich überhaupt für zulässig erachtet hat, überall da hat gestatten wollen, wo es sich um Anwendung eines anderen Gesetzes handelt. Der § 403 schließt sich unmittelbar an die Bestimmungen über die Wiederaufnahme zu Gunsten und zu Ungunsten des Angeklagten an, ist für beide Fälle gegeben und soll alle Zweifel darüber abschneiden, daß das außerordentliche Verfahren der Wiederaufnahme für bloße Änderungen der Strafe innerhalb des durch dasselbe Gesetz gegebenen Strafmaßes nicht bestimmt ist. Einen neuen selbständigen Rechtssatz stellt er nicht auf, wie denn auch die ganze Bestimmung vom Entwurfe für überflüssig, weil selbstverständlich, erachtet worden ist. Im übrigen hat der citierte Paragraph die Bedeutung, welche ihm zukommt, auch gegenüber dem § 402, indem er für die Ziffern 1 bis 3, welche nicht blos den Fall der Freisprechung begreifen, die ausdrückliche Grenze zieht, daß die Wiederaufnahme zum Zwecke der Änderung der Strafe innerhalb des durch dasselbe Gesetz gegebenen Strafmaßes nicht erfolgen darf.

Das Ergebnis, daß im Falle eines freiwillig abgelegten Geständnisses nur eine voraufgegangene Freisprechung, nicht auch die Verurteilung wegen eines minder schweren Delikts die Wiederaufnahme gestattet, kann freilich im einzelnen Falle die materielle Gerechtigkeit schwer schädigen; die entgegengesetzte Auffassung ist aber gegen das Gesetz, nicht eine Auslegung, sondern eine Fortbildung desselben. Hätte der Gesetzgeber in Ziff. 4. des § 402 statt „freigesprochenen“ den Ausdruck „Angeklagten“ gewählt, welchen er im Eingange des Paragraphen gebraucht hat, so würde kein Zweifel obwalten können; die Vermeidung dieses gerade nach dem Eingange so nahe liegenden Ausdrucks läßt aber umsomehr den Willen des Gesetzgebers hervortreten, daß nur der Fall der völligen Freisprechung bei Ablegung eines Geständnisses zur Wiederaufnahme soll führen dürfen. Der Gesetzgeber ist augenscheinlich bei dieser Frage, ebenso wie bei dem von ihm angenommenen Grundsatze des ne bis in idem, allgegemeinen rechtspolitischen Erwägungen gefolgt, welche ihre Bedeutung und ihren Wert behalten, wenn sie auch in einzelnen Fällen zu einer Kollision mit der materiellen Gerechtigkeit führen. Hiernach war das angefochtene Urteil aufzuheben und das erste schwurgerichtliche Urteil vom 18. Oktober 1880 aufrecht zu erhalten."

3. **Das erkennende Gericht hat die Zulässigkeit der durch Beschluß angeordneten Wiederaufnahme des Verfahrens nicht zu prüfen.** conf. L. § 412 N. 4. St. § 410 N. 4. K. S. 415. U. I 30. Juni 81. E. IV 402.

Der durch Urteil vom 11. Dezember 1879 mit einem Jahre Gefängnis bestrafte Angeklagte suchte um Wiederaufnahme des Verfahrens nach und es wurde die Zulässigkeit dieses Gesuches, sowie nach stattgefundener Beweisaufnahme die Wiederaufnahme des Verfahrens durch Erneuerung der Hauptverhandlung von der Strafkammer beschlossen. In der Hauptverhandlung ist indessen das urteilende Gericht in die Erörterung der Strafsache selbst nicht eingetreten. Es hat vielmehr lediglich die Zulässigkeit der Wiederaufnahme des Verfahrens seiner Prüfung unterzogen, dieselbe verneint und sonach den hierauf gerichteten Antrag des Angeklagten als unzulässig verworfen. Dabei ist es von der Erwägung ausgegangen, daß gerade so, wie das urteilende Gericht ermächtigt sei, nach erlassenem Eröffnungsbeschluß die Unzulässigkeit des eröffneten Hauptverfahrens, wie z. B. wegen mangelnden Strafantrages, in Betracht zu ziehen bezw. gegebenen Falles den Eintritt in die Hauptverhandlung abzulehnen, so auch ihm die Befugnis zustehe, vorerst darüber zu befinden, ob die von der Strafkammer bereits angeordnete Wiederaufnahme des Verfahrens und Erneuerung der Hauptverhandlung begründet erscheine.

Nun ist allerdings soviel richtig, daß, wenn nach erfolgter Eröffnung des Hauptverfahrens sich die prozessualische Unzulässigkeit der Strafverfolgung herausstellt, in gewissen Fällen, namentlich in Ermangelung eines erforderlich gewesenen Strafantrages, das urteilende Gericht zu einem sofortigen Abschluß des Hauptverfahrens ermächtigt ist, ohne den Straffall selbst zur Erledigung bringen zu müssen. Gleichwohl aber ist es die Meinung der Strafprozeßordnung, daß das urteilende Gericht an dem ihm vorliegenden Beschluß, welcher nach stattgefundener Anerkennung der Zulässigkeit des Ansuchens um Wiederaufnahme des Verfahrens die Erneuerung der Hauptverhandlung anordnet, gebunden sei, sollte auch in Wirklichkeit dieser Beschluß sich als unbegründet erweisen. Denn abgesehen davon, daß § 413 St. P. O. als Ziel der erneuten Hauptverhandlung die Aufrechterhaltung oder Aufhebung des früheren Urteiles in Aussicht nimmt, so giebt dieselbe, indem sie ein umständliches Verfahren für die Prüfung der Zulässigkeit der Wiederaufnahme des Verfahrens bezw. für die Anordnung der Erneuerung der Hauptverhandlung vorschreibt, insbesondere aber in § 412 die sofortige Beschwerde gegen alle Entscheidungen, welche aus Anlaß eines Antrages auf Wiederaufnahme des Verfahrens von dem Gericht in erster Instanz erlassen werden, für statthaft erklärt, während der Eröffnungsbeschluß in dieser Weise nicht angegriffen werden kann, genugsam zu erkennen, daß der betreffende Beschluß, wenn die Frist zur sofortigen Beschwerde fruchtlos abgelaufen ist, unanfechtbar, das urteilende Gericht also gehalten sein soll, ohne alle Prüfung desselben sofort in die Verhandlung der Strafsache selbst einzutreten und dieselbe nach Vorschrift des § 413 unter Beobachtung der überhaupt für die Hauptverhandlung vorgesehenen Maßnahmen zur Erledigung zu bringen. Auch findet diese Endgültigkeit des betreffenden Beschlusses darin eine weitere Bestätigung, daß das zulassende Gericht selbst nach § 411 Abs. 1 und 2 St. P. O. mit ihm die Aufhebung des früheren Urteils und Freisprechung des Angeklagten verbinden kann, wie auch endlich auf diese definitive Gültigkeit die Meinung der Motive (zu § 333 des Entwurfes) hinweist, daß auch der Staatsanwaltschaft die Beschwerde gegen einen auf die Wiederaufnahme der Verfahrens sich beziehenden Beschluß eingeräumt werden müsse, damit eine etwa gebotene Abhilfe behufs Wahrung des Ansehens rechtskräftiger Urteile ermöglicht werde.

Fünftes Kapitel.

Beteiligung des Verletzten bei dem Verfahren.

§ 18.

Privatklage.

1. **Wegen wechselseitiger Beleidigungen und Körperverletzungen ist Widerklage zulässig, auch wenn diese weder in ursächlichem noch sonstigem thatsächlichen Zusammenhang gestanden haben.** conf. L. § 428 N. 1. St. ibid. N. 2. U. II 4. Juni 80. E. II 87.

„Was unter wechselseitigen Beleidigungen im Sinne des § 198 St. G. B.'s zu verstehen sei, ist sehr bestritten. Die in dem angefochtenen Erkenntnisse vertretene Ansicht erscheint jedoch als die richtige. Die §§ 198 und 199 St. G. B.'s sind den §§ 161 und 153 des preuß. Strafgesetzbuches nachgebildet. Konnte auch für letztere angesichts der Entstehungsgeschichte derselben und des Platzes, welcher ihnen in systematischer Beziehung gegeben war, vielleicht mit gutem Grunde die Ansicht vertreten werden (vgl. Goldammer, Archiv Bd. 15, S. 373), daß die wechselseitigen Beleidigungen identisch seien mit den auf der Stelle erwiderten, und der § 153 ihre materielle, der § 161 ihre prozessuale Behandlung zu regeln bezweckte, so kann dies doch für die §§ 198 und 199 R. St. G. B.'s nicht maßgebend sein. Denn bei der unmittelbaren Aufeinanderfolge beider Bestimmungen läßt sich nicht annehmen, daß der Gesetzgeber für denselben Begriff verschiedene Bezeichnungen gewählt haben sollte. Man wird daher die Bestimmung des § 198 auch auf zeitlich auseinanderliegende Beleidigungen anwenden müssen. Dies wird auch allseitig zugegeben, vielfach aber behauptet, daß unter wechselseitigen Beleidigungen nur solche zwischen denselben Personen gewechselte Beleidigungen zu verstehen sind, zwischen denen ein ursächlicher oder sonstiger thatsächlicher Zusammenhang stattfindet. Damit wird jedoch eine Bedeutung in das Wort „wechselseitig" hineingetragen, die demselben an sich nicht zukommt. Hat man dem obigen nach zugegeben, daß die wechselseitigen Beleidigungen nicht auf die Fälle der eigentlichen Retorsion beschränkt sind, so fehlt es an einer genügenden Veranlassung, einen ursachlichen Zusammenhang zwischen beiden Beleidigungen für notwendig zu erklären. Denn das Wort „wechselseitig" bezeichnet an sich nur, daß jede der Parteien die andere beleidigt hat. Die Motive zu diesem Paragraphen ergeben für die hier vorliegende Frage nichts Entscheidendes. Man wird aber nicht fehlgreifen, wenn man den Grund für die in solchem Falle eintretende Verlängerung der Antragsfrist in der Erwägung erblickt, daß es demjenigen, der wegen Beleidigung von seiten einer Person angegriffen wird, ohne Unbilligkeit nicht verwehrt werden könne, nun auch seinerseits eine noch nicht verjährte Beleidigung zu verfolgen, welche ihm selbst von dem Kläger widerfahren ist und deren Verfolgung innerhalb der Rügefrist er vielleicht in der Erwartung unterlassen hat, daß auch Kläger die ihm zugefügte Beleidigung nicht verfolgen werde. Diese Erwägung trifft aber nicht bloß in dem Falle zu, wenn ein ursächlicher oder thatsächlicher Zusammenhang zwischen den beiden Beleidigungen vorliegt.

Wenn von einem Vertreter der gegenteiligen Ansicht (Oppenhoff, Kommentar § 198 Not. 1) auf den § 508 der preußischen Strafprozeßordnung von 1867 verwiesen wird, so könnte diese Bestimmung eher zum Beweise des Gegenteiles verwendet werden. Denn sie spricht ausdrücklich von wechselseitigen Ehrverletzungen, welche denselben Vorfall betreffen, läßt mithin erkennen, daß der Begriff der wechselseitigen Ehrverletzungen an sich nicht notwendig einen ursächlichen Zusammenhang voraussetzt."

2. **Eine Widerklage ist unzulässig, falls die Staatsanwaltschaft die Verfolgung übernommen hat.** conf. L. § 428 N. 9. St. ibid. N. 1. U. I 17. Okt. 81. E. V 133. R. III 627.

§ 19.

Nebenklage.

1. **Der Nebenkläger kann als Zeuge eidlich vernommen werden.** U. V 25. Okt. 80. E. II 384. R. II 381. conf. L. § 437 N. 1 b. St. ibid. N. 3.

„Angeklagter hat zur Beschwerde gezogen, daß der Verletzte, obwohl sich derselbe mit dem Antrage auf Zuerkennung einer Buße der Klage als Nebenkläger angeschlossen habe, in der Hauptverhandlung als Zeuge vernommen worden sei."

Wäre diese Beschwerde zutreffend, so würde das Urteil aufzuheben sein; denn inhalts der Entscheidungsgründe ist das eidliche Zeugnis des Nebenklägers bei der Beweisbeurteilung mitverwertet worden. Die Vernehmung des Nebenklägers als Zeugen verstößt jedoch nicht gegen Normen des Verfahrens.

Bei Prüfung der Streitfrage, ob der Nebenkläger als Zeuge vernommen werden kann, hat man sich zunächst zu vergegenwärtigen, daß der Gesetzgeber der Nebenklage ein sehr weites Gebiet eingeräumt hat, und daß dieses Gebiet eine der praktisch wichtigsten Materien des Strafrechts mitumfaßt. Zur Nebenklage ist nicht nur der zur Privatklage Berechtigte befugt, die gleiche Befugnis hat derjenige, welcher durch einen Antrag auf gerichtliche Entscheidung die Erhebung der öffentlichen Klage herbeigeführt hat, wenn die strafbare Handlung gegen sein Leben, seine Gesundheit, seine Freiheit, seinen Personenstand oder gegen seine Vermögensverhältnisse gerichtet war, ferner derjenige, welcher die Zuerkennung einer Buße zu verlangen berechtigt ist.

Vgl. §§ 188 und 231 St. G. B.'s, §§ 18, 43, 45 des Gesetzes v. 11. Juni 1870 betreffend das Urheberrecht an Schriftwerken, § 15 des Gesetzes v. 30. November 1874 über Markenschutz, § 16 des Gesetzes v. 9. Januar 1876 über das Urheberrecht an Werken der bildenden Künste, § 9 des Gesetzes v. 10. Januar 1876 über den Schutz der Photographieen, § 14 des Gesetzes v. 11. Januar 1876 über das Urheberrecht an Mustern und Modellen, § 36 des Patentgesetzes v. 25. Mai 1877.

Mit der letzterwähnten Bestimmung ist der Nebenklage Raum gewährt für alle Fälle der Körperverletzung, und gerade auf diesem Gebiete findet die Nebenklage vorzugsweise Anwendung, weil der Verletzte, welcher die Zuerkennung einer Buße in einem auf erhobene öffentliche Klage anhängigen Verfahren begehren will, sich zu diesem Zwecke der Klage als Nebenkläger anschließen muß. Berücksichtigt man nun die thatsächliche Bedeutung dieser Deliktsart in der Rechtspflege, erwägt man den Wert des Zeugnisses des Verletzten für den Beweis und die empfindliche Schädigung der Interessen der Anklage wie auch des Verletzten selbst, wenn das Zeugnis des letzteren nach der Anschlußerklärung unzulässig sein soll, hält man sich ferner in Erinnerung, daß keine der vor dem 1. Oktober 1879 bestandenen Gesetzgebungen dem Verletzten die Fähigkeit abgesprochen hat, als Zeuge eidlich vernommen zu werden, gleichviel ob er als Denunziant aufgetreten oder nicht, so wird es schon nach diesen Erwägungen der zwingendsten Gründe für die Annahme bedürfen, daß die deutsche Strafprozeßordnung dem Nebenkläger die Fähigkeit zum Zeugnisse habe absprechen wollen. Solche Gründe liegen nicht vor, und es lassen sich auch aus einzelnen Bestimmungen der Strafprozeßordnung Anhaltepunkte dafür gewinnen, daß der Gesetzgeber dem Nebenkläger vom Zeugnisse nicht hat ausschließen wollen. Zunächst kommt in Betracht, daß der Nebenkläger an keiner Stelle des Gesetzes für unfähig zum Zeugnisse erklärt ist. Es zwingt aber auch nicht die prozessuale Stellung des Nebenklägers als solche zur Annahme der Zeugnisunfähigkeit. Freilich ist nicht zu verkennen, daß das Gesetz mit Gewährung der Rechte des Privatklägers durch § 437 Abs. 1 St. P. O. dem Nebenkläger eine Parteistellung eingeräumt hat; er hat die Befugnis sich durch einen Anwalt Akteneinsicht zu nehmen; er kann der ganzen Verhandlung beiwohnen, unmittelbar Zeugen und Sachverständige laden lassen, Beweisanträge stellen, Fragen an Zeugen und Sachverständige richten, Richter ablehnen, plädieren und selbständig Rechtsmittel einlegen. Alle diese Rechte übt er aber nur im Anschlusse an die öffentliche Klage, welche im öffentlichen Interesse erhoben worden ist, und jene Befugnisse sind ihm allein aus dem Grunde eingeräumt, um bei seinem vom Gesetze anerkannten Interesse an der Sache alles zur Geltung zu bringen, was er noch neben den Maßnahmen des Staatsanwaltes zum Betriebe der Sache dienlich erachten sollte. Auf die erhobene Anklage selbst hat er daher keinen Einfluß und wie er sich derselben in jeder Lage des Verfahrens anschließen kann, so ist andererseits sein Ausbleiben in der Hauptverhandlung ohne Bedeutung für den Fortgang der Sache, ja für die Nebenklage selbst welche nur durch Widerruf sowie durch den Tod des

Nebenklägers ihre Wirkung verliert, hat er mithin auch die Rechte des Privatklägers, so ist doch seine rechtliche Stellung nicht in jeder Beziehung der Stellung gleich, welche der Privatkläger für die von ihm erhobene und von ihm allein vertretene Klage einnimmt, und kann daher, wenn man dem Privatkläger die Fähigkeit zum Zeugnisse absprechen zu müssen glaubte, hieraus noch nicht auf die Unfähigkeit des Nebenklägers zum Zeugnisse in der öffentlichen Klagsache zurückgeschlossen werden. Die grundsätzliche Unvereinbarkeit jener oben bezeichneten, die öffentliche Klage unterstützenden Thätigkeit mit der Zeugenrolle ist aber nicht zu begründen, wie ja auch niemals derjenige als unzulässiger Zeuge behandelt ist, welcher dem Staatsanwalte die Anzeige einer strafbaren Handlung erstattet, demselben das Beweismaterial verschafft und das Interesse der Klage nach seinen Kräften gefördert hat. Der oberste Grundsatz jedes Strafprozesses ist die Ermittelung der materiellen Wahrheit und die deutsche Strafprozeßordnung hat diesen Gedanken auch in der Art, wie sie die Zeugnispflicht geordnet hat, Ausdruck gegeben. Dem Gesetzgeber muß auch gegenwärtig gewesen sein, daß es bei Ausschluß des Nebenklägers vom Zeugnisse in allen Fällen der Nebenklage in der Hand des Verletzten liegt, dem Staatsanwalte ein wesentliches, nach den Umständen des Falles vielleicht das einzige Beweismittel durch seine einfache Anschlußerklärung zu entziehen, daß daher die Ausschließung des Nebenklägers vom Zeugnisse nicht selten das ganze Verfahren vereiteln muß, zumal dem Richter nicht die Befugnis eingeräumt worden ist, das persönliche Erscheinen des Nebenklägers anzuordnen und zu erzwingen, um denselben als Auskunftsperson zur Aufklärung der Sache zu hören. Ist von vornherein nicht anzunehmen, daß der Gesetzgeber den Erfolg der staatsanwaltlichen und gerichtlichen Thätigkeit durch die Anschlußerklärung des Verletzten hat beeinflussen lassen wollen, so giebt auch die Bestimmung in § 435 Abs. 1 St. P. O., nach welcher sich der Berechtigte in jeder Lage des Verfahrens, also auch noch nach verkündetem Urteile, der öffentlichen Klage als Nebenkläger anschließen kann, einen bestimmten Anhalt für die Annahme, daß der Gesetzgeber den Nebenkläger nicht für unfähig zum Zeugnisse gehalten hat. Denn durch diese Bestimmung ist zugelassen, daß die Anschlußerklärung der zeugeneidlichen Vernehmung des Verletzten nachfolgt, und es ist nicht ausgesprochen, auch nicht aus anderen Bestimmungen zu entnehmen, daß nach der Anschlußerklärung die voraufgegangene zeugeneidliche Vernehmung des Verletzten ihre Bedeutung als Zeugnis verliert; dann aber muß auch umgekehrt die zeugeneidliche Vernehmung der Anschlußerklärung nachfolgen können. Sind die Rollen des Nebenklägers und des Zeugen in jenem Falle vereinbar, so sind sie es auch in diesem; ein innerer Grund für eine verschiedene Behandlung der Sache je nach der Reihenfolge der Rollen ist nicht erfindlich. Einen weiteren Anhalt für die Zulässigkeit der Verbindung beider Rollen bietet die Bestimmung des Gesetzes, daß der Verletzte, wenn er die Zuerkennung einer Buße in einem auf erhobene öffentliche Klage anhängigen Verfahren beantragen will, sich zu diesem Zwecke der Klage als Nebenkläger anschließen muß. Der Gesetzgeber zwingt also denjenigen, welcher von der Befugnis Gebrauch machen will, an Stelle der im Civilprozesse zu verfolgenden Entschädigungsansprüche im Anschlusse an das öffentliche Verfahren eine Buße zu fordern, zur Rolle des Nebenklägers und soll ihm gleichzeitig ein wichtiges, nicht selten das einzige Beweismittel entziehen? Dies Ergebnis müßte um so mehr befremden, als vor der deutschen Strafprozeßordnung die eidliche Vernehmung des im öffentlichen Verfahren Buße fordernden Verletzten außer Frage war.

Nach vorstehenden Erwägungen muß angenommen werden, daß die Ausschließung des Nebenklägers vom Zeugnisse, wie sie im Gesetze selbst keinen Ausdruck gefunden hat und auch nicht aus der prozessualen Stellung des Nebenklägers an sich notwendig folgt, auch überall nicht in der Absicht des Gesetzgebers gelegen hat, daß einzelne Bestimmungen des Gesetzes auch einen ausreichend sicheren Schluß auf die entgegengesetzte Absicht des Gesetzgebers gestatten, mit welcher allein die Interessen der öffentlichen Klage wie auch des Verletzten selbst zu vereinbaren sind. Allerdings entsteht durch die Zulassung des Nebenklägers zum Zeugnisse ein Widerspruch mit jenen Bestimmungen des Gesetzes, nach welchen der Zeuge der Verlesung des Beschlusses über die Eröffnung des Hauptverfahrens und der Vernehmung des Angeklagten nicht beiwohnen darf, auch derselbe in Abwesenheit der später abzuhörenden Zeugen zu vernehmen ist. Allein abgesehen davon, daß der Richter der letzteren Vorschrift dadurch genügen kann, daß er den Nebenkläger als Zeugen vor allen anderen Zeugen vernimmt, so steht auch nichts der Annahme im Wege, daß der Gesetzgeber, indem er dem Nebenkläger durch § 437 Abs. 1 St. P. O. die Anwesenheit bei der ganzen Verhandlung auch im Falle seiner eigenen zeugeneidlichen Vernehmung gestattet hat, eben für den Fall der Nebenklage eine Ausnahme von jenen Bestimmungen hat zulassen wollen.

2. **Der verurteilte Angeklagte hat auch dem Nebenkläger die diesem erwachsenen notwendigen Auslagen zu erstatten.** U. I 27. Apr. 82. E. VI 237. R. IV 388. conf. L. § 437 N. 5a. St. ibid. N. 7.

Die Ehefrau H., durch einen Rechtsanwalt vertreten, hatte wider den Angeklagten Privatklage wegen Mißhandlung erhoben. Später übernahm auf Anregung der Verletzten die Staatsanwaltschaft die Verfolgung aus § 223a St. G. B.'s, welcher erstere sich als Nebenklägerin anschloß mit dem Antrage, den Angeklagten zum Ersatze der Kosten und zur Entrichtung einer Buße neben der Strafe zu verurteilen. Die Strafkammer lehnte die Eröffnung des Hauptverfahrens aus § 223a St. G. B.'s ab, eröffnete solches nur aus § 223 St. G. B.'s und überwies die Entscheidung gemäß § 75 N. 4 an das Schöffengericht, beschloß aber, nachdem auf Unzuständigkeitserklärung des Schöffengerichtes die Sache an sie zurückgelangt war, Zulassung der vor ihr aufgetretenen Nebenklägerin, verurteilte den Angeklagten aus § 223 St. G. B.'s wegen vorsätzlicher Körperverletzung, verwarf den Antrag auf Zuerkennung einer Buße, da hierfür wegen der Unerheblichkeit der Verletzungen und wegen der vorgängigen Anreizung des Angeklagten seitens der Ehefrau H. „keine genügende Veranlassung" vorliege, legte aber dem Angeklagten die Kosten, „auch die der Nebenklage," nach St. P. O. §§ 497, 437, 503 auf, diese

Kosten in den Gründen als „die durch die Nebenklage der Ehefrau H. erwachsenen notwendigen Auslagen" bezeichnend.

Durch Verurteilung zu diesen Kosten hält Angeklagter wegen Verletzung des § 437 Abs. 1 und § 503 St. P. O. sich beschwert und beantragt insoweit mittels der Revision Aufhebung und Beseitigung.

Die Zulässigkeit der Revision kann wegen deren Beschränkung auf den Kostenpunkt nicht mit der Nebenklägerin beanstandet werden, weil die Strafprozeßordnung eine Bestimmung der Art, wie im § 94 C. P. O. enthalten, nicht aufgenommen hat, die Revision (§ 374 St. P. O.) vielmehr unter den sonstigen Voraussetzungen gegen die Urteile der Landgerichte und Schwurgerichte allgemein, insbesondere auch dann statthaft erklärt, wenn darin keine Entscheidung in der Sache selbst getroffen wird (Motive zum Entwurf der St. P. O. § 299).

Ebensowenig würde, wie die Nebenklägerin glaubt, der etwaige Mangel eines bestimmten, den Beschwerdepunkt direkt entscheidenden Gesetzes die Revision hindern, weil mit diesem Rechtsmittel die Verletzung jeder Rechtsnorm anfechtbar ist (§ 376 St. P. O., Einf.-Ges. zur St. P. O. § 7), mag solche auf ausdrücklicher Bestimmung beruhen oder einen „aus Sinn und Zusammenhang der gesetzlichen Vorschriften" sich ergebenden Grundsatz (Motive zum Entwurfe der St. P. O. § 300) betreffen.

Indessen erscheint die Revision des Angeklagten unbegründet.

Dem früheren Rechte sich anschließend ordnet § 496 Abs. 1 St. P. O. an, daß jedes Urteil bestimmen soll, von wem die Kosten des Verfahrens zu tragen sind, und legt in § 497 die Kostenpflicht prinzipiell dem Angeklagten auf, wenn er zu Strafe verurteilt wird. Besondere, wesentlich dem Gesichtspunkte der materiellen Verschuldung eines anderen im Einzelfalle entspringende Modifikationen treten nur ausnahmsweise auf (St. P. O. §§ 50, 69, 77, 145, 175, 501, 502, 504, 505, vgl. Entsch. des R. G.'s in Straff. Bd. 1 S. 337).

Nach § 503 Abs. 1 St. P. O. hat in einem Verfahren auf erhobene Privatklage der Verurteilte auch die dem Privatkläger erwachsenen, notwendigen Auslagen zu erstatten, und unter diesen Auslagen sind nach Abs. 5 das., wenn sich der Gegner der erstattungspflichtigen Partei eines Rechtsanwaltes bedient, die Gebühren und Auslagen des Anwaltes insoweit inbegriffen, als solche dem § 87 C. P. O. zufolge die unterliegende Partei der obsiegenden zu erstatten hat. Die entsprechende Obliegenheit des Privatangeklagten zur Erstattung jener Auslagen an den Privatkläger ist daher lediglich durch die Verurteilung des ersteren zur Strafe — abgesehen von der Spezialbestimmung des § 500 St. P. O. — bedingt. Im vorliegendem Falle hat im Verlaufe der Sache amtsseitige Verfolgung stattgefunden, an welche seitens der ursprünglichen Privatklägerin in Gemäßheit des § 417 Abs. 3 und §§ 435, 436, 443 St. P. O. Anschluß mit dem Antrage auf Zuerkennung einer Buße erfolgt ist. Es fragt sich sohin, ob die von der Strafkammer ausgesprochene Verurteilung des aus § 223 St. G. B.'s bestraften Angeklagten auch in die durch die Nebenklage der

Ehefrau H. erwachsenen notwendigen Auslagen, worauf sich dieser Teil des Urteiles beschränkt (vgl. § 496 Abs. 2 St. P. O.), gerechtfertigt ist.

Eine direkte Lösung durch eine ausdrückliche Bestimmung findet sich in der Strafprozeßordnung nicht. Trotzdem hat die Strafkammer jene Frage durch Bezugnahme auf §§ 437, 497, 503 St. P. O. ohne Rechtsirrtum bejaht.

Wenn § 437 Abs. 1 dem Nebenkläger nach erfolgtem Anschlusse „die Rechte des Privatklägers" gewährt, so mag in erster Reihe an die im vorausgehenden ersten Abschnitte, insbesondere in den §§ 418, 425 flg. erörterten Befugnisse gedacht sein (vgl. Motive zum Entwurfe der St. P. O. § 368), immerhin ergiebt sich kein Anlaß, von diesen auf den Nebenkläger übertragenen Rechten des Privatklägers diejenigen auszuscheiden, welche der § 503 Abs. 1, 3 und 5 rücksichtlich des Anspruches auf Erstattung notwendiger Auslagen dem zur Sache obsiegenden Privatkläger einräumt.

Aus diesem Ergebnisse ist nicht mit der Revision zu schließen, daß konsequent auch Abs. 2 des § 503 zur Anwendung gelangen müsse. Diese Vorschrift unterstellt eine Freisprechung, Außerverfolgungsetzung des Privatbeschuldigten oder Einstellung des wider denselben anhängig gemachten Verfahrens. Es werden alsdann die Kosten dem Privatkläger aufgebürdet, weil er das Verfahren angeregt und betrieben hat, und zwar, wie durch den Erfolg sich erweist, ohne vorgängig geübte gebotene Aufmerksamkeit und Prüfung, sohin nicht ohne eigenes Verschulden (vgl. § 501). Völlig verschieden hiervon ist das Verhältnis und die Rechtsstellung eines Nebenklägers, der sich der amtsseitigen Verfolgung durch den Staatsanwalt, welche auf den Gang des Verfahrens entscheidend einwirkt, nur angeschlossen hat und in dieser seiner Eigenschaft, abgesehen von der Geltendmachung seiner Entschädigung in der strafrechtlichen Form der Buße und von der Selbständigkeit seiner Rechtsmittel, nur unterstützend thätig wird (vgl. §§ 438 flg. St. P. O. und Motive zum Entwurfe der St. P. O. § 366). Es erscheint daher unstatthaft, die Nichtgewährung einer angesprochenen Buße der Freisprechung des Privatbeschuldigten, welche an sich von der Pflicht zur Kostentragung entbindet (§ 499 St. P. O.), gleichwertig zu achten und daraus die Verpflichtung des Nebenklägers zur Tragung der Kosten in Bezug auf die ihm entstandenen Auslagen zu folgern.

Der amtsseitig Angeklagte ist zur Strafe verurteilt und haftet deshalb für die Kosten im oben berührten Umfange, gleichgültig, ob der Nebenkläger anfänglich die Privatklage angestrengt hatte (§ 417 Abs. 3 St. P. O.). Folgerichtig würde die Auffassung der Revision zu der offensichtlich falschen und dem § 497 Abs. 1 St. P. O. widersprechenden Ansicht führen, daß die Nebenklägerin nicht nur ihre Auslagen zu tragen, sondern auch an Stelle des verurteilten Angeklagten für die sämtlichen Kosten des Verfahrens zu haften und dem als schuldig Bestraften seine Auslagen zu erstatten habe.

Bedenken wider die Anwendung des Abs. 1 und 5 auf einen Nebenkläger könnten vielleicht insofern sich aufwerfen lassen, als es ungerechtfertigt gehalten werden dürfte, den nach Verfolgung durch den Staatsanwalt schuldig erkannten Angeklagten zum Ersatze der Auslagen eines Nebenklägers pflichtig zu erklären, dessen vorerst zugelassener Anspruch auf Buße sich nach Gestaltung der Hauptverhandlung als objektiv unstatthaft demjenigen Delikte gegenüber darstellt, welches das erkennende Gericht in der angeklagten That findet (vgl. §§ 263, 424 St. P. O.); allein dann wäre bestreitbar, ob dem Nebenkläger überhaupt notwendige Auslagen erwachsen seien, und jedenfalls liegt ein derartiger Fall nicht vor. Angeklagter ist wegen vorsätzlicher Körperverletzung aus § 223 St. G. B.'s, also wegen eines Vergehens verurteilt worden, bei welchem neben der Strafe auf eine an den Verletzten zu erlegende Buße erkannt werden kann. Der Anschluß der Nebenklägerin mit Rücksicht auf den gegebenen Anspruch auf Buße ist gerichtsseitig ausdrücklich für berechtigt erklärt (§ 436 St. P. O.) und Zuerkennung der Buße, wie dem Gerichte freistand, nur in Erwägung der eigentümlichen konkreten Umstände als nicht veranlaßt versagt worden.

Überdies beweist die Entstehungsgeschichte des § 503 St. P. O. die Richtigkeit der Anwendung des Abs. 1 und 5 auf den Nebenkläger. Abs. 1, 2, 3, 4 a. a. O. lauteten schon im Entwurfe des § 424 St. P. O. im wesentlichen gleich und ebenso Entwurf § 369 über Rechte des Nebenklägers im Verhältnisse zum jetzigen § 437. Dagegen entstammt § 503 Abs. 5 St. P. O. einem Beschlusse der Reichstagskommission. Der Abgeordnete Eysoldt hatte nämlich (Protokolle der Kommission S. 728) hervorgehoben, die Privatklage nähere sich wesentlich dem Civilprozesse, sodaß es sich empfehle, die entsprechenden Handlungen durch Rechtsanwälte vornehmen zu lassen und der unterliegenden Partei auch diejenigen Kosten aufzuerlegen, welche dem Gegner durch Zuziehung eines Rechtsanwaltes erwachsen seien. „Die Erstattungspflicht solle ganz analog, wie in der Civilprozeßordnung" — damals Entwurf § 85, jetzt § 87 — „geregelt werden." Gegenteilig wurde vom Abgeordneten Bähr und anderen bemerkt, es würde sehr bedenklich sein, den Angeklagten, „wenn der Privatankläger sich als Nebenkläger der öffentlichen Klage angeschlossen habe, die Kosten eines vom Privatankläger angenommenen Rechtsanwaltes bezahlen zu lassen", wie nach § 369 und § 424 Abs. 1 (jetzt §§ 437, 503 Abs. 1 St. P. O.) werde geschehen müssen. Deshalb wurde der Zusatz befürwortet: „der Verletzte, welcher als Nebenkläger auftritt, erhält keinen Ersatz der von ihm aufgewendeten Kosten." Der Regierungsbevollmächtigte von Amsberg erklärte hierauf: Er für seine Person fasse den § 424 Abs. 1 des Entwurfes (jetzt § 503 Abs. 1 St. P. O.) dahin auf, daß er sich auf „den Nebenkläger nicht mit beziehe." Da jedoch einige der übrigen Vertreter der Regierung anderer Meinung seien, „stelle er die Entscheidung hierüber der Kommission anheim." Es wurde sodann der Antrag Bähr abgelehnt, der Antrag Eysoldt aber, in den § 503 den Abs. 5 St. P. O. wörtlich aufzunehmen, zum Beschluß erhoben, ohne daß sich ich Reichstage weitere Stimmen dagegen geltend machten (vgl. Hahn, Materialien zur St. P. O. S. 1989, 2098 flg.). Da ferner auch das Reichsgerichtskostengesetz einer von dem Nebenkläger als solchem zu erhebenden Gerichtsgebühr nur für den Fall erwähnt, wo ein von ihm eingelegtes Rechtsmittel verworfen wird (§ 74 vgl. § 84 Abs. 2), ist die Ansicht für zutreffend zu erachten, daß § 503 Abs. 1 und 5 St. P. O. auch für den Nebenkläger dem zur Strafe verurteilten Angeklagten gegenüber anzuwenden sei.

3. **Der Nebenkläger kann auch allein wegen des Anspruchs auf Buße Rechtsmittel einlegen.** U. III 1. Juli 82. E. VII 12. R. IV 662.

Der Nebenkläger F. legt die Revision ein, weil er mit dem Antrage auf Zuerkennung einer Buße von M. 2500 kostenpflichtig abgewiesen worden. Als verletzt sind besonders die §§ 29, 30, 32, 34, 51, 56 und 58 Pr. A. L. R.'s I 6 bezeichnet.

Nach § 231 St. G. B.'s kann in allen Fällen der Körperverletzung auf Verlangen des Verletzten neben der Strafe auf eine von dem Thäter zu erlegende Buße bis zum Betrage von M. 6000 erkannt werden. Für diese Buße haften die zu derselben Verurteilten als Gesamtschuldner.

Das hiernach — wie im § 188 a. a. O. bei Beleidigungen — dem Strafrichter bei erhobener Nebenklage gegebene Ermessen hat die Bedeutung, daß er nicht unbedingt verpflichtet ist, darüber zu entscheiden, daß er den Anspruch auf Buße überhaupt, bezw. in der geltend gemachten Höhe, für begründet hält, sondern daß ihm nach den Umständen des Falles freisteht, sich der Entscheidung darüber zu enthalten, also dem Verletzten die Verfolgung des Entschädigungsanspruches bei dem Civilrichter zu überlassen.

Von präjudiziellem Gewichte ist die Frage: ob in dem Falle, wenn der Verletzte zu einer Strafe verurteilt, der Antrag des Nebenklägers auf Zuerkennung einer Buße aber abgewiesen ist, dem Nebenkläger — bei rechtskräftiger Entscheidung über die Strafe — nach der Strafprozeßordnung die Befugnis zusteht, gegen diesen Teil des Urteiles allein die Revision einzulegen? Wäre die Frage zu verneinen, so würde hier auf eine Beurteilung der Beschwerde des Nebenklägers nicht einzugehen sein, da die Revision der Staatsanwaltschaft in betreff der Strafe verworfen ist. Sie muß aber bejaht werden.

Nach § 443 St. P. O. steht die Befugnis, sich einer öffentlichen Klage nach den Bestimmungen der §§ 435—442 a. a. O. als Nebenkläger anzuschließen, auch demjenigen zu, welcher berechtigt ist, die Zuerkennung einer Buße zu verlangen. Von den bezogenen Vorschriften lautet der § 441 a. a. O.:

Der Rechtsmittel kann sich der Nebenkläger unabhängig von der Staatsanwaltschaft bedienen.

Wird auf ein nur von dem Nebenkläger eingelegtes Rechtsmittel die angefochtene Entscheidung aufgehoben, so liegt der Betrieb der Sache wiederum der Staatsanwaltschaft ob.

Zwar betrifft diese Bestimmung zunächst nur die Klage auf Bestrafung; infolge der im § 443 ausgesprochenen Bezugnahme aber muß der Grundsatz, daß der in seinem Rechtsinteresse verletzte Nebenkläger

Rechtsmittel selbständig einlegen kann, auch dann Anwendung finden, wenn es sich nur um die Buße handelt.

Dies wird durch die Geschichte der Entstehung des Gesetzes bestätigt. Der Entwurf einer deutschen Strafprozeßordnung von 1873 enthielt allerdings im 4. Abschnitte: „von dem Anschlusse des Verletzten als Civilkläger“ die Bestimmung, daß gegen eine Verweisung des Civilklägers mit seinem Anspruche an das Civilgericht ein Rechtsmittel nicht stattfinde (§ 326 a. a. O.). Und in den Motiven ist zur Rechtfertigung angeführt: Dem Kläger erwachse aus einer solchen Verweisung kein materieller Nachteil; auch würde ein Rechtsmittel meist ohne praktischen Erfolg bleiben, da, wenn der Strafrichter in derselben Sitzung, in welcher er den Anspruch an den Civilrichter verweise, in der Strafsache erkenne, das Verfahren vor ihm sein Ende erreiche, und es unzulässig erscheine, demnächst eine Erneuerung der mündlichen Verhandlung bloß zu dem Zwecke eintreten zu lassen, damit der Strafrichter über den Civilanspruch entscheide. In diesem Entwurfe war aber von dem Prinzipe ausgegangen, daß jeder durch eine strafbare That Verletzte die ihm daraus erwachsenen vermögensrechtlichen Ansprüche gegen den Angeklagten im Anschluß vor dem Strafrichter geltend machen könne (Adhäsionsverfahren). Der Grundsatz der Adhäsion ist im Entwurfe von 1874 verlassen, und deshalb der Abschnitt von dem Anschlusse des Verletzten als Civilklägers nicht aufgenommen.

Vgl. Hahn, Materialien zur Strafprozeßordnung S. 283 flg.

Nach der Strafprozeßordnung (§§ 443 flg.) ist dem Verletzten nur für die Fälle, in welchen nach den Strafgesetzen auf Buße erkannt werden kann, die Befugnis erteilt, den Anspruch auf Buße durch Anschluß an die öffentliche Klage als Nebenkläger zu verfolgen, und eine dem § 326 des älteren Entwurfes entsprechende Bestimmung fehlt im Entwurfe von 1874 und im Gesetze. Bei der Beratung durch die Kommission des Reichstages in erster Lesung beantragte der Abgeordnete Dr. v. Schwarze, nach § 367 des Entwurfes (betreffend den Anschluß des Bußberechtigten) mehrere Paragraphen einzuschalten, namentlich § c.

> Gegen die Abweisung des Anspruches durch das Strafgericht hat der Antragsteller nur insoweit das Rechtsmittel der Revision, als er behauptet hat, daß die Abweisung auf einer falschen Anwendung einer Rechtsnorm des materiellen Rechtes beruhe.

Direktor v. Amsberg hielt den Satz für unklar; er lasse sich dahin verstehen, daß der zur Buße Berechtigte ein freisprechendes Urteil aus Rechtsgründen anfechten könne. v. Schwarze bemerkte erläuternd, der Satz beziehe sich nur auf den Fall, daß der Angeklagte verurteilt, der Anspruch auf Buße aber abgewiesen werde. In diesem einzigen Falle liege eine Abweisung vor; sie könne aus unrichtiger Gesetzesanwendung hervorgegangen sein. Der § c wurde von der Kommission angenommen. Er lautete nach der Beilage zu den Protokollen als § 374 d: „Gegen die Abweisung des Anspruches auf Buße durch das Strafgericht kann der Nebenkläger die Revision auf die Verletzung einer Rechtsnorm über das Verfahren nicht stützen.“ (Hahn a. a. O. S. 1101—1112, 2334).

Bei der zweiten Lesung befürwortete der Geheime Ober-Regierungsrat Hanauer die Streichung des § 374d mit dem Bemerken: daß nach Ansicht der verbündeten Regierungen die Beschränkung der Revision des Nebenklägers auf Verletzung einer materiellen Rechtsnorm sich durch nichts empfehle, daß vielmehr auch hier in Übereinstimmung mit dem der Revision zu Grunde gelegten Systeme die Einwendung dieses Rechtsmittels wegen Formenverletzungen gestattet sein müsse. Die Streichung wurde hierauf beschlossen (Hahn a. a. O. S. 1425, 2335).

Es ist hiernach nicht zu bezweifeln, daß man bei der Beratung und Feststellung des letzten Entwurfes schließlich der Ansicht gewesen ist, dem mit dem Spruche auf Buße gegen den zu Strafe verurteilten Angeklagten abgewiesenen Nebenkläger stehe wegen der Abweisung die Revision nach den für dieses Rechtsmittel überhaupt geltenden Grundsätzen zu. Diese Ansicht hat in der Fassung der §§ 443, 441 St. P. O. Ausdruck gefunden.

Ergiebt sich hieraus die Bejahung der obigen Präjudizialfrage, so kann den formalen Bedenken, welche im Falle, daß die Revision des Nebenklägers für begründet erachtet wird, gegen die Durchführung des Verfahrens hervortreten, eine Erheblichkeit nicht beigemessen werden.

Es muß, wenn die Abweisung der Nebenklage auf einer Rechtsverletzung beruht, in Konsequenz des Gesetzes der Revisionsrichter auch befugt sein, behufs Erledigung des anhängigen Verfahrens die Sache zur Verhandlung und Entscheidung über die Nebenklage allein zurückzuverweisen. Die Lückenhaftigkeit des Gesetzes, welches für diesen Fall keine Vorschriften enthält, und die Anomalie, welche unverkennbar darin liegt, daß, nach rechtskräftiger Erledigung der öffentlichen Klage, vor dem Strafrichter noch eine Verhandlung ausschließlich behufs einer von demselben über den Antrag auf Buße abzugebenden Entscheidung stattzufinden hat, rechtfertigt nicht die Annahme, daß eine Zurückverweisung der Sache oder gar das Rechtsmittel überhaupt unstatthaft sei. Es findet sich keine Bestimmung, daß die Nebenklage einem solchen Falle ihre Wirkung verliere; wäre die Absicht des Gesetzgebers darauf gerichtet gewesen, für denselben den in § 411 Abs. 1 enthaltenen Satz nicht gelten zu lassen, so hätte dies im Gesetze zum Ausdrucke gebracht werden müssen (vgl. §§ 442, 444 Abs. 3). Hat auch bei dem Verfahren nach Aufhebung der angefochtenen Entscheidung (vgl. § 441 Abs. 2) der Staatsanwalt den Anspruch auf Buße nicht zu vertreten, so muß er doch dabei zugezogen und mit etwaigen Anträgen gehört werden.

Ebensowenig erscheinen die aus dem oben beregten besonderen Verhältnisse, daß das Gericht auf Buße erkennen kann, sowie die daraus, daß der Antrag auf Zuerkennung einer Buße bis zur Verkündung des Urteiles zurückgenommen werden kann (§ 444 Abs. 2), möglicherweise sich ergebenden Folgen von Belang. Der Strafrichter muß, wenn er von dieser Befugnis dahin Gebrauch macht, daß er den Antrag des Nebenklägers auf Zuerkennung einer Buße ablehnt, die Gründe darlegen, welche ihn dabei geleitet haben. Stützt sich die Ablehnung bloß auf thatsächliche

Erwägungen, namentlich darauf, daß durch die Erörterung des Anspruches das Strafverfahren Aufenthalt erleiden würde (§ 438 a. a. O.), so unterliegt sie einer Anfechtung nicht. Beruht die Abweisung auf einem Rechtsgrunde, und wird, weil das Revisionsgericht denselben für irrig hält, die Sache zur anderweiten Verhandlung und Endscheidung in die Instanz zurückgewiesen, so muß eine Verhandlung stattfinden. Es ist aber dem Gerichte nicht verwehrt, aus thatsächlichen Gründen den Entschädigungsanspruch an den Civilrichter zu verweisen. Die Möglichkeit eines solchen Ausganges der Sache, wodurch der in der Revisionsinstanz erlangte Erfolg wirkungslos werden kann, hängt aber mit der Eigenartigkeit des Rechtsverhältnisses zusammen und läßt sich nicht als Grund benutzen, um den aus dem Gesetze und der Entstehungsgeschichte erhellenden allgemeinen Grundsatz in Zweifel zu stellen.

Sachregister.

(Die Zahlen bedeuten die Seiten.)

FSC
www.fsc.org
MIX
Papier | Fördert gute Waldnutzung
FSC® C083411

Kolibri 360 GmbH
Ferdinand-Jühlke-Straße 7
99095 Erfurt, Deutschland
produktsicherheit@kolibri360.de